N 국가직무능력표준
National Competency Standards

한국세무사회 자격시험 대비

권기열, 정호주, 수험정보기획실

2021 KcLep(케이렙) 프로그램에 의한

전산회계 2급
모의+기출문제집

본 교재의 기초데이터 및 답안파일은 파스칼미디어
홈페이지의 자료실/기초자료다운코너에서 다운로드
받아 사용하실 수 있습니다.

 파스칼미디어
www.pascal21.co.kr

2021 KcLep(케이렙) 프로그램에 의한

전산회계 2급(모의+기출문제집)

- **발행일** 2021년 2월 26일 15판 1쇄 발행
- **지은이** 권기열, 정호주, 수험정보기획실
- **펴낸이** 고봉식
- **펴낸곳** 파스칼미디어
- **등록번호** 제301-2012-102호
- **홈페이지** www.pascal21.co.kr
- **편집·디자인** 전정희
- **주소** 서울특별시 중구 마른내로4길 28
- **전화** 02-2266-0613
- **팩스** 02-332-8598
- **ISBN** 979-11-6103-076-0
- **내용문의** 실기 010-5612-4624, 이론 010-3820-4237

"God bless you"

2021 改正 增補版을 내면서 ...

우리는 매일 숫자와 접하며 살아가고 있다. 그리고 우리 생활에서 있으면 좋고 없으면 궁핍하다고 여겨지는 것이 돈이다. 우리 생활이 돈으로부터 떠날 수 없는 것처럼 숫자와도 떠날 수 없다. 이렇게 돈을 숫자로 관리해 주는 것이 회계이며 회계를 잘 알면 돈을 잘 관리하게 되고 그 생활도 윤택해 진다는 것이다. 이에 정부에서도 국가공인 민간자격 전산세무회계시험에 대하여 전산세무 1급은 16학점, 전산세무 2급은 10학점, 전산회계 1급은 4학점을 인정하고 있으며, 경찰공무원 임용시험에서도 전산회계 1급이상 취득하면 가산점을 부여하고 있어 앞으로의 전망이 밝아지고 있다.

본 서는 한국세무사회에서 시행하는 전산세무회계 자격시험 중 전산회계 2급시험에 대비하기 위해 한국세무사회에서 개발하여 시행되고 있는 KcLep(케이렙) 프로그램으로 구성한 수험서이다. 지금까지 한국세무사회 대비 수험서는 기계적으로 모의고사만을 숙달하여 시험만 합격하면 되는 식으로 출간되어져 왔고 저자 또한 그러한 형식에 사로 잡혀왔다. 하지만 많은 독자들로부터 실제 실행 매뉴얼과 답안작성 등에 대한 질문 전화가 많이 온 내용을 본문에 반영하였으며, 최근 들어 변하고 있는 세무사회 자격시험의 출제흐름에 맞추어 문제를 개발하고, 평소 수험생들이 가장 궁금해 하는 필수적인 문제들 중심으로 모의고사를 수록하였다. 기출문제는 가장 최근에 시행한 기출문제를 수록하였다.

본 서로 공부하는 독자들의 편의를 위하여 기초데이터 실행에 따른 자동 연결 프로그램을 개발하여 주신 선생님께 진심으로 감사드리며, 항상 가장 가까운 거리에서 힘이 되어 준 가족과 조언을 해 주신 여러 선생님들께 지면을 빌어 감사드린다. 아무쪼록 본 서로 공부하는 독자들께 한국세무사회 자격시험에 좋은 결과가 있기를 기원하는 바이다.

2021년 2월

저 자 씀

C·O·N·T·E·N·T·S ...... **차례**

Chapter 05 결산/재무제표

Chapter 06 장부 조회

Chapter 07 분개실습문제

Chapter 08 최근 기출문제

 C/O/N/T/E/N/T/S

Chapter 09 실전대비 모의고사

Chapter 10 해답편

※ 정답 파일은 홈페이지 [자료실]-[기초자료다운코너] -[전산회계2급]에
  게시되어 있습니다.

Chapter 01 시험안내 및 프로그램의 설치

① 전산세무회계 자격시험 안내

 1. 목 적

전산세무 및 전산회계 등의 실무처리능력을 보유한 전문인력을 양성할 수 있도록 조세의 최고 전문가인 10,000여명의 세무사로 구성된 한국세무사회가 엄격하고 공정하게 자격 시험을 실시하여 그 능력을 등급으로 부여함으로써

- 학교의 세무회계 교육방향을 제시하여 인재를 양성시키도록 하고
- 기업체에는 실무능력을 갖춘 인재를 공급하여 취업의 기회를 부여하며
- 평생교육을 통한 우수한 전문인력의 양성으로 국가발전에 기여하고자 함.

 2. 자격 구분

종목	등급	시 험 구 성	비고
전산세무	1급	이론시험 30%(4지선다형)와 실무시험 70%(컴퓨터 프로그램 이용)	국가공인자격
	2급	이론시험 30%(4지선다형)와 실무시험 70%(컴퓨터 프로그램 이용)	
전산회계	1급	이론시험 30%(4지선다형)와 실무시험 70%(컴퓨터 프로그램 이용)	
	2급	이론시험 30%(4지선다형)와 실무시험 70%(컴퓨터 프로그램 이용)	

 3. 2021년 시험 일정

회차	종목 및 등급	원서 접수	시험 일자	합격자 발표
제 94 회		01.20 ~ 01.26	**02. 21 (일)**	03. 09 (화)
제 95 회		03.11 ~ 03.17	**04. 11 (일)**	04. 27 (화)
제 96 회	전산세무1, 2급	04.29 ~ 05.06	**06. 05 (토)**	06. 24 (목)
제 97 회	전산회계1, 2급	07.08 ~ 07.14	**08. 07 (토)**	08. 26 (목)
제 98 회		09.01 ~ 09.07	**10. 03 (일)**	10. 21 (목)
제 99 회		11.04 ~ 11.10	**12. 04 (토)**	12. 22 (수)

▶ 자격시험은 '코로나-19' 집단감염 급증으로 인한 사회적거리두기 단계 상향 시 시험일정이 변경 또는 취소될 수 있음.

4. 검정 요강

(1) 검정기준

종목 및 등급	검 정 기 준
전산세무 1급	대학 졸업수준의 재무회계와 원가관리회계, 세무회계(법인세, 소득세, 부가가치세)에 관한 지식을 갖추고 기업체의 세무회계 관리자로서 전산세무회계프로그램을 활용한 세무회계 전 분야의 실무업무를 완벽히 수행할 수 있는지에 대한 능력을 평가함.
전산세무 2급	전문대학 졸업수준의 재무회계와 원가회계, 세무회계(소득세, 부가가치세)에 관한 지식을 갖추고 기업체의 세무회계 책임자로서 전산세무회계프로그램을 활용한 세무회계 전반의 실무처리 업무를 수행할 수 있는지에 대한 능력을 평가함.
전산회계 1급	전문대학 중급수준의 회계원리와 원가회계, 세무회계(부가가치세 중 매입매출전표와 관련된 부분)에 관한 기본적 지식을 갖추고 기업체의 회계실무자로서 전산세무회계프로그램을 활용한 세무회계 기본업무를 처리할 수 있는지에 대한 능력을 평가함.
전산회계 2급	대학 초급 또는 고등학교 상급수준의 재무회계(회계원리)에 관한 기본지식을 갖추고 기업체의 세무회계 업무보조자로서 전산회계프로그램을 이용한 회계업무 처리능력을 평가함.

(2) 검정방법 - 전산회계 2급

구 분		평 가 범 위	세 부 내 용
이 론	회계원리(30%)	1. 회계의 기본원리	자산, 부채, 자본 및 수익, 비용의 개념, 회계의 순환과정, 결산
		2. 당좌자산	현금및현금성자산, 단기예금(단기금융상품), 매출채권
		3. 재고자산	재고자산의 개념과 종류, 상품계정
		4. 유형자산	유형자산의 개념과 종류, 유형자산의 취득과 처분
		5. 부채	부채의 개념과 종류, 매입채무
		6. 자본	자본의 분류, 개인기업의 자본금
		7. 수익과 비용	수익과 비용의 분류
실 무	기초정보의 등록, 수정(20%)	1. 회사등록	사업자등록증에 의한 회사등록
		2. 거래처 등록	거래처 자료에 의한 거래처등록
		3. 계정과목 및 적요 등록	계정과목, 적요의 추가등록 또는 변경
		4. 초기이월	전기분 재무제표를 보고 추가등록, 오류 정정
	거래자료의 입력 (40%)	1. 일반전표 입력	거래내용에 따른 일반전표의 입력
		2. 입력자료의 수정, 삭제 등	입력자료의 계정과목, 금액 등 수정, 중복입력 자료의 삭제
		3. 결산정리사항의 입력	결산정리사항을 일반전표입력메뉴에 입력(상기업에 한함)
	입력자료 및 제 장부 조회(10%)	1. 전표입력 자료의 조회	입력되어 제공되는 자료에 대한 금액, 건수, 거래처 등을 조회
		2. 장부의 조회	특정 계정과목, 특정 거래처, 특정기간의 금액 조회

- 각 구분별 ±10% 이내에서 범위를 조정할 수 있다.

(3) 시험 일자 및 장소

　① 시험일자 : 연 4회이상 실시되며, 시험일정에 관한 자료는 한국세무사회 자격시험 홈페이지(http://license.kacpta.or.kr)를 참고할 것.

　② 시험장소 : 응시원서 접수결과에 따라 시험 시행일 7일전부터 한국세무사회 홈페이지에 공고한다.(응시인원이 일정인원에 미달할 때는 인근지역을 통합하여 실시함)

(4) 합격자 결정 기준

　▶100점 만점에 70점 이상 합격

(5) 응시 자격 기준

　▶응시자격 제한은 없다. 다만, 부정행위자는 해당 시험을 중지 또는 무효로 하며, 이후 2년간 시험에 응시할 수 없다.

(6) 원서 접수

　① 접수 기간 : 각 회별 원서접수기간 내 접수

　② 접수 방법 : 한국세무사회 자격시험 홈페이지(http://license.kacpta.or.kr)로 접속하여 단체 및 개인별 접수(회원 가입 및 사진 등록)

　③ 응시료 납부 방법 : 원서 접수시 공지되는 입금기간 내에 금융기관을 통한 계좌이체 또는 무통장 입금

(7) 합격자 발표

　▶각 회차별 합격자 발표일에 한국세무사회 자격시험 홈페이지에 공고하며, 자동응답전화(ARS : 060-700-1921)를 통해 확인할 수 있음.

　▶합격자에게는 자격증을 발급하며, 취업희망자는 한국세무사회의 인력뱅크를 이용하시기 바람.

(8) 기타 사항

　▶기타 자세한 사항은 한국세무사회 자격시험 홈페이지(http://license.kacpta.or.kr)를 참고하거나 전화로 문의바람. - 문의 : TEL. (02)521-8398~9 FAX. (02)521-8396

② 질문과 답변

 1. [시험관련] 한국채택국제회계기준(K-IFRS)이 출제되나요?

– 2011년부터 상장회사에 한국채택국제회계기준(K-IFRS)을 전면적으로 적용하고 있고, 비상장회사는 일반기업회계기준을 채택하고 있습니다. 따라서 현재 우리나라에는 일반기업회계기준과 한국채택국제회계기준(K-IFRS)이 함께 적용되고 있습니다. 국가공인 [전산세무회계자격시험]은 현행세법과 일반기업회계기준을 중심으로 출제됩니다.

 2. [공인관련] 학점인정이 되나요?

– [국가평생교육진흥원 고시 제2013-21호]
– 학점인정 등에 관한 법률 제7조 제2항 제4호 및 동법시행령 제9조 제2항, 제11조의 별표에 의하여 「제17차 자격 학점인정 기준」을 다음과 같이 수정고시
★ 학점은행제 : 전산세무1급(16학점), 전산세무2급(10학점) 전산회계1급(4학점)

 3. [공인관련] 전산세무회계 자격증은 실기교사 자격증으로 인정이 되나요?

– 실기교사 자격증은 실기교사 자격기준을 규정하고 있는 "초중등교육법"에 의거, 전문대학에서 관련 교과를 이수한 후 해당 자격증을 취득한 학생에게 학장이 교육부장관을 대신하여 부여하는 제도입니다. 교육부의 공식적인 입장은 해당학과에서 관련교과를 이수한 학생이 "국가기술자격"을 취득하였을 때 실기교사 자격을 부여한다는 것으로, 현 제도상에서 국가공인자격시험인 한국세무사회의 "전산세무회계자격시험" 합격자에게는 실기교사자격을 부여하지 않고 있습니다. <한국세무사회>

 4. [공인관련] 국가(기술)자격과 국가공인자격의 차이점은?

– 현재 우리나라에서 실시하고 있는 자격제도는 크게 국가(기술)자격과 민간자격이 있습니다. 국가(기술)자격은 국가가 신설하여 관리, 운영하는 자격으로서, 특정기관에 위임하여 시행할 수 있으며, 민간자격은 국가외의 법인, 단체 또는 개인이 신설하여 관리, 운영하는 자격입니다. <한국세무사회>

5. [원서접수] 응시자격에 제한이 있나요?

– 한국세무사회에서 실시하는 전산세무, 전산회계, 세무회계, 기업회계 자격시험은 제한 없이 누구나 응시 가능합니다. <한국세무사회>

6. [원서접수] 중복접수가 가능한가요?

– 시험시간이 중복되지 않는다면 중복접수가 가능합니다.

종 목	전 산 세 무 회 계				세무회계, 기업회계		
등 급	전산세무 1급	전산세무 2급	전산회계 1급	전산회계 2급	1급	2급	3급
시험시간	15:00~ 16:30 90분	12:30~ 14:00 90분	15:00~ 16:00 60분	12:30~ 13:30 60분	09:30~ 11:10 100분	09:30~ 10:50 80분	09:30~ 10:30 60분

7. 부분점수 및 채점기준은 어떻게 되나요?

– 전산세무회계 실무처리능력을 검증하는 자격시험의 특성상 부분점수는 원칙적으로 없습니다. 매회 [채점기준]은 시험후 공개발표한 [확정답안]이 곧 채점기준입니다. 참고로 시험의 공정성과 정확성을 확보하기 위하여 시험직후 가답안 발표에 따른 [답안이의 신청제도]와 합격자 발표 후 이에 따른 [합격이의신청제도]를 각각 개설하여 운영하고 있습니다.

8. 구분 점수에 대해 알고 싶어요

– 각 문제상에 점수의 표시가 제시 되어 있습니다. 그대로 개별 점수의 합이 70점이상이면 합격입니다.

9. 답안 작성방법에 대하여 정확히 알고 싶어요

– 검정기출문제를 시작하기 전 상세하게 그림파일과 함께 답안 작성방법(본서 p.126~ 128)이 제시되어 있으니 참고하시면 됩니다. 검정시험시는 감독관이 답안 저장 방법을 알려주고 있습니다.

10. 입금전표(출금전표)로 입력을 하여야 하는 데 대체전표로 입력을 하였을 때 오답으로 처리 하나요?

– 입금전표(출금전표)를 대체전표로 잘못 입력하여도 답안은 같게 나오기 때문에 점수와는 상관이 없습니다.

11. 전력비, 가스수도비, 수도광열비계정 사용방법을 정확히 알고 싶습니다.

- 판매업(전산회계 2급)은 전기요금, 가스요금, 수도요금, 연료비를 합산하여 **"수도광열비"**로 일괄처리하고, 제조업(전산회계 1급)은 전기요금은 **"전력비"**로, 가스수도연료비는 **"가스수도료"**로 구분 처리합니다.

12. [데이터 관리]-[데이타체크]에 대하여 알고 싶습니다.

- 전표입력을 끝낸 후 입력된 내용이 정확하게 입력되었는가를 입력된 데이터를 체크해 보는 곳이다.
- 상단 툴바의 [검사시작] 버튼을 클릭하면 만약 오류부분이 있으면, 그 내용을 검색하여 알려주는 데 이를 수정하기 위해서 사용한다.
- 초보자일수록 전표입력이 서툴기 때문에 전표입력이 끝나고 항상 데이터를 체크하여 보고 오류가 없으면 다음 작업을 할 수 있도록 한다.

13. 개인기업의 최종 결산대체분개는 어디서 어떻게 하나요? 전산회계2급에서는 기말정리사항을 일반전표에 입력을 한 후 손익계산서, 재무상태표의 순서로 출력을 하면 끝인가요? 개인기업의 결산대체분개 마지막은 (차변) 손익 xxx (대변) 자본금 xxx로 알고 있는데..

- 모든 작업을 끝낸 후 손익계산서를 띄워 놓고, 상단 툴바의 [Ctrl+F5 전표추가]를 누르면 "안내 메시지"가 나타난다.
- 일반전표 12월 31일자를 확인하여 보면 결산대체분개가 자동으로 생성되어 있음을 알 수가 있다.
- 최종 분개는 : (차변) 손   익 ××× (대변) 자본금 ××× ⇒ 당기순이익인 경우
　　　　　　　　　(차변) 자본금 ××× (대변) 손   익 ××× ⇒ 당기순손실인 경우

【 안내 메시지 화면의 예 】

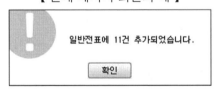

14. 수동결산과 자동결산에 대하여 정확히 알고 싶습니다.

- 기말상품재고액, 감가상각비 계상, 대손충당금 설정에 관련된 자료는 반드시 결산자료입력란에서 자동결산을 하여 상단 툴바의 전표추가키를 이용하여 일반전표에 결산대체분개를 생성시켜야만 하지만, 그 외의 것은 수동결산이든 자동결산이든 상관이 없으며, 관련 내용은 다음과 같습니다.

1. 수동 결산 〈일반전표에 입력〉
   – 선급비용, 선수수익, 미수수익, 미지급비용, 가지급금, 가수금, 단기매매증권평가
     손익, 현금과부족, 대손충당금환입 등
2. 자동 결산
   ㉠ 기말재고자산 : 도·소매업 : 상품
   　　　　　　　　　 제조 기업 : 원재료, 재공품, 제품
   ㉡ 퇴직급여　　　　　　　　㉢ 유형자산의 감가상각비
   ㉣ 대손충당금설정〈단, 대손충당금환입은 수동으로 입력한다〉
   ㉤ 무형고정자산의 상각　　　㉥ 소득세 추산액 등

15. [기출문제] 문제와 답안파일이 열리지 않는 경우는?
   – 내려받은 회차별 기출문제 파일은 압축되어 있으니 알집이나 밤톨이 등 압축프로그
     램을 이용하여 압축해제 한 후 사용해야 합니다.
   – 문제설치파일(Tex.exe) 또한 [수험용회계프로그램]이 사용자 PC에 설치되어 있
     어야만 이용이 가능합니다.
   – 문제설치시 "이름없는 파일~~~", "메뉴가 열리지 않는다" 등 오류 메시지는 사용
     자 PC에 수험용회계프로그램이 먼저 설치되어 있지 않거나 기출문제와 동일한 해
     당 년도용 수험용 회계프로그램 아닐 경우임을 주의하시기 바랍니다.

16. 단답형 조회에 관련하여 알고 싶습니다.
   – 일계표 : 일일 집계표로서 ×월 ×일 ~ ×일까지의 정보를 파악할 수가 있다.
   – 월계표 : 월별 집계표로서 ×월 ~ ×월까지의 정보를 파악할 수가 있다.
   – 합계잔액시산표 : 현재 월까지의 총집계표로서 ×월 현재까지의 정보를 파악할 수가
     있다.
   – 계정별원장 : 각 각의 계정별 정보를 파악할 수가 있다.
   – 총계정원장 : 1년 전체의 월별 상황에 관련 정보를 파악할 수가 있다.
   – 거래처별원장 : 각 각거래처별 정보를 파악할 수가 있다.(잔액란을 조회)
   – 현금출납장 : 현금의 수입과 지출에 관련 정보를 파악할 수가 있다.
   – 매입매출장 : 부가가치세와 관련된 모든 과세유형별로 정보를 파악 할 수가 있다.
     〈전산회계 1급 이상〉
     예 매입 : 51과세, 52영세, 53면세, 54불공, 55수입, 56금전, 57카과, 58카면, 59카영,
       60면건, 61현과, 62현면
     예 매출 : 11과세, 12영세, 13면세, 14건별, 15간이, 16수출, 17카과, 18카면, 19카영,
       20면건, 21전자, 22현과, 23현면, 24현영

③ KcLep 프로그램의 설치

1. 한국세무사회 국가공인자격시험 홈페이지(http://license.kacpta.or.kr) 좌측 하단의 케이렙 (수험용)다운로드 배너창을 클릭하여 바탕화면에 다운로드를 받아 실행파일 아이콘 [KcLepSetup]을 더블클릭하여 설치를 진행한다.

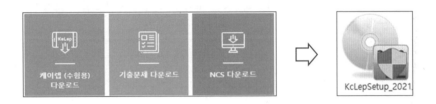

2. [설치준비마법사]창이 나타나면 잠시 기다린 후에 사용 중인 컴퓨터에 구 버전이 설치되어 있는 경우 아래와 같은 [설치옵션] 창이 나타난다. [재설치]를 선택하고 [다음(N)] 단추를 클릭하면 된다. 단, 프로그램을 처음 설치할 때는 아래의 [설치옵션] 창이 나타나지 않는다.

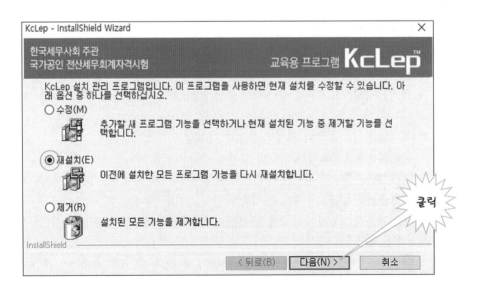

3. [사용권 계약의 조항에 동의합니다.(A)]에 체크를 하고 [다음(N)] 단추를 클릭하면 프로
그램 설치 대상 위치 화면이 나타난다.

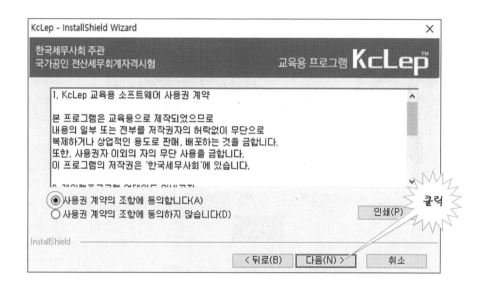

4. 프로그램의 설치 대상 위치는 <C:W>가 자동으로 선택되어지므로 [다음(N)] 단추를 클
릭하면 자동으로 설치가 진행된다.

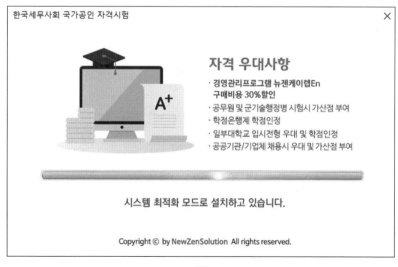

5. 설치가 완료되면 '안전하게 설치가 완료 되었습니다.' 라는 메시지가 나타나며, [확인]
   단추를 클릭하면 바탕화면에 <KcLep교육용> 프로그램 바로가기 아이콘이 생성된다.

Chapter 02 KcLep 프로그램의 기능정리

① KcLep 프로그램의 시작

▶ 프로그램의 메인 화면을 실행하는 절차는 아래와 같은 순서로 진행한다.

① 실행 절차

(1) KcLep 교육용프로그램의 바로가기아이콘(🇰)을 더블클릭하여 실무요육용 프로그램을 실행시킨다.

번호	구 분	내 용
①	종목선택	작업하고자 하는 급수(⑩ 전산회계2급)를 선택하는 곳이다.
②	드라이브	기본 드라이브 : C:WKcLepDB가 지정되어 나타난다.
③	회사코드	• 기존 DB를 불러오지 않고 최초 실행 시에는 하단의 [회사등록] 단추를 눌러 작업할 회사를 먼저 등록해야 프로그램이 시작된다. • 기존 DB가 있는 경우는 [검색]단추(🔲)를 눌러 [회사코드도움] 창에서 작업할 회사를 선택하고 [확인] 단추를 누르면 된다.
④	검색(🔲)	기존 DB가 있는 경우 [회사코드도움] 창에서 작업할 회사를 선택할 수 있다.
⑤	회사명	[회사코드]를 선택하면 자동으로 회사 이름이 입력된다.
⑥	로그인	작업할 회사가 선택된 후 [로그인]을 누르면 메인화면이 나타난다.
⑦	회사등록	회사를 최초로 등록하는 경우 [회사등록]을 클릭한다.

(2) KcLep 실무교육용 프로그램을 설치한 후 DB를 불러오지 않고 처음으로 로그인 하는 경우에는 초기화면의 (회사등록)단추를 클릭하여 [회사등록] 화면을 실행시킨다.

(3) 회사등록 화면에서 화면 왼쪽 상단의 [코드]란에 '0101~9999' 까지의 회사코드를 임의로 선택하여 작업하고자 하는 회사의 사업자등록증을 참고하여 기본사항을 입력한다.

(4) 회사등록을 완료한 후 [Esc]Key 또는 화면 우측 상단의 오른쪽 창닫기단추()를 눌러 [회사등록] 창을 종료시키면 다음과 같이 사용자설정화면이 나타난다.(단, 회사등록이 이미 등록된 코드가 있는 경우에는 이 작업을 생략하고 사용자설정화면의 회사코드 입력에서 도움키[F2] 또는 옆에 있는 [검색( )]단추를 이용하여 로그인을 하면 된다.)

(5) [검색( )]단추를 눌러 등록한 회사를 선택하고 확인[Enter]Key를 치면 KcLep 실무교육용 프로그램의 [회계관리] 메뉴들이 모듈별로 나타난다.

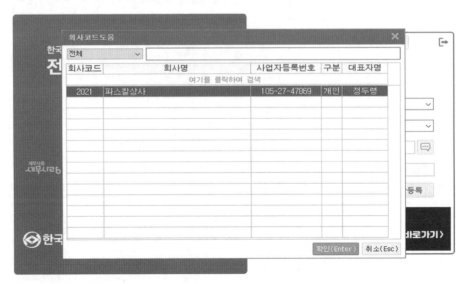

② 초기 메인화면의 구성

① 회계 모듈

번호	구 분	내 용
①	전표입력	일반전표입력 : 부가가치세와 관련이 없는 회계상 거래를 입력하는 곳이다.
②	기초정보관리	프로그램 사용에 필요한 기초정보, 즉 회사등록, 거래처등록, 계정과목 및 적요등록, 환경등록을 하는 곳이다.
③	장부관리	거래처원장, 계정별원장, 현금출납장, 일계표(월계표), 분개장, 총계정원장, 매입매출장, 세금계산서(계산서)현황, 전표출력 등을 조회할 수 있는 곳이다.
④	결산/재무제표	결산자료 입력(자동결산 자료의 입력), 합계잔액시산표, 재무상태표, 손익계산서를 조회할 수 있는 곳이다.
⑤	전기분재무제표	전기분재무상태표, 전기분손익계산서, 거래처별초기이월, 마감후이월로 구성되어 있다.
⑥	데이터관리	입력된 회계관련 자료를 별도의 장소에 저장하기 위한 '데이터백업'과 백업된 데이터를 복구하거나, 입력된 데이터의 오류 체크와 기타코드변환(거래처코드변환)을 할 수 있는 곳이다.

③ 데이터 저장 및 데이터 복구

데이터관리
데이터백업
회사코드변환
회사기수변환
기타코드변환
데이터체크
데이터저장및압축

[데이터저장 및 압축]이란 KcLep 실무교육용 프로그램에서 입력된 자료의 데이터를 별도의 저장장소에 저장하는 작업을 말하는 것이고, [데이터복구]란 저장해 둔 데이터의 연속적인 작업을 위하여 저장파일을 복원하는 것을 말한다. 즉, 교육현장에서 원활하고 연속적인 수업이나 수행평가 등을 위하여 매 수업시간마다 저장하고, 다시 복원하는 작업이다.

① 데이터 저장

① [데이터관리]→[데이터저장 및 압축]을 실행하여 저장할 파일명(학생이름, **예** 홍길동)을 입력한다.

② [저장]을 누르면 저장하고자 하는 파일명으로 [C:₩KcLepDB]와 [이동식디스크(USB)]에 동시에 저장이 되고, [폴더열기]를 누르면, [C:₩KcLepDB]에 저장된 [zip파일(홍길동)]이 보인다. 단, 이동식디스크(USB)가 꽂혀 있지 않으면 [C:₩KcLepDB]에만 저장된다.

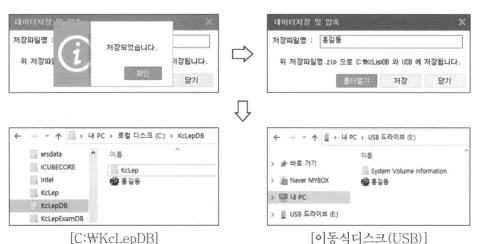

[C:₩KcLepDB]　　　　　　　　　[이동식디스크(USB)]

② 데이터 복구

① [zip파일: 홍길동]을 압축해제 한다.(**예** 압축된 파일은 8003 : 종로상사로 가정한다.)

② 압축 해제한 폴더 안에 있는 [회사코드(**예** 8003)]을 [C:\KcLepDB→KcLep]폴더 안에 붙여넣기를 한다.

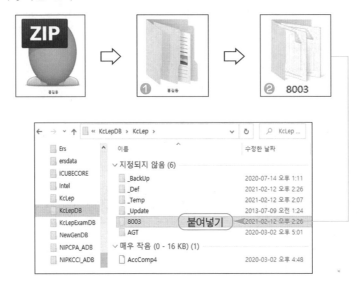

③ KcLep프로그램을 실행한 다음 [종목선택 : 전산회계2급]을 선택한 다음 [회사등록] 단추를 누르고, [회사등록화면] 상단 툴바의 [(F4) 회사코드 재생성]을 누르면, 회사코드재생성이 진행된다.

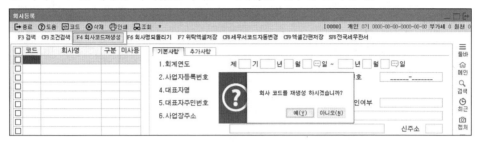

① 회사 코드를 재생성 하시겠습니까? → [예(y)] 단추를 클릭한다.

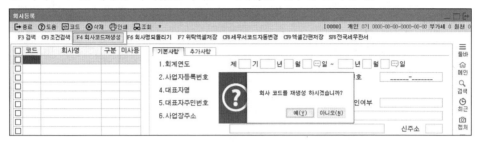

ⓒ 회사코드 재생성 작업이 완료되었습니다. → [확인] 단추를 클릭하면 [회사코드
(**예** 8003) : 종로상사]가 재생성된 것을 알 수가 있다.

④ [회사코드재생성]된 화면에서 [ESC]key 또는 화면 오른쪽 [닫기(⇥)] 단추를 클릭
하면 [사용자설정화면]이 다시 나타난다.

⑤ [회사코드] 선택상자에서 [F2] 또는 [검색(⬚)] 단추를 클릭하여 나타나는 [회사코드 도움창]에서 원하는 회사[예 종로상사]를 선택하고 [확인(Enter)]를 치면 [회계관리] 화면이 나타난다.

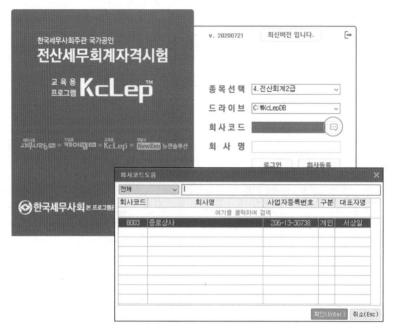

⑥ 모든 작업은 [회계관리] 화면에서 선택작업을 하며, 오른쪽 [회사(⬚)]단추를 이용하여 언제든지 [회사변경]을 할 수 있다.

-1 【 교육현장에서 실제 데이터 저장 및 복구 】

① 회사코드는 네 자리 수로 되어 있으며, 언제든지 원하는 코드번호로 변경하여 사용이 가능하다.

② KcLep프로그램은 회사명은 같아도 코드번호가 다르면 다른 회사로 인식한다. 이를 다음과 같이 이용할 수가 있다.

   다수의 학생이 동일한 문제로 작업한 자료를 e-mail이나, 이동식디스크 (USB)로 받아서 채점 또는 하나의 파일로 저장해 둘 필요가 있을 경우 다음과 같은 방법으로 작업을 하면 된다.

① 학생들에게 [C:₩KcLepDB→KcLep]안에 있는 파일명 압축을 할 때 아래와 같이 지정한다.

- 2학년 1반 1번 학생 : 2101
- 3학년 1반 1번 학생 : 3101
- 2학년 1반 2번 학생 : 2102
- 3학년 1반 2번 학생 : 3102
- 2학년 1반 3번 학생 : 2103
- 3학년 1반 3번 학생 : 3103

② 지정해 준 파일명으로 압축하여 [e-mail이나, 이동식디스크(USB)]로 받는다.

③ 압축파일을 해제한 다음, 압축 해제한 [노란색 폴더] 내에 있는 [회사코드] 네자리를 [C:₩KcLepDB→KcLep]에 붙여넣기 하고, 회사등록 화면에서 상단 툴바 [F4 회사코드재생성]을 누르면, 회사명은 같아도 각각의 학생들에게 부여해 준 코드번호로 나타나므로 작업한 결과에 대하여 확인(채점)할 수 있다.

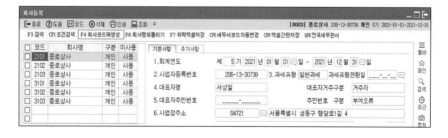

 -2 【 데이터 백업 및 복구 방법 】

① [회계관리] – [데이터관리]에서 "데이터백업"을 사용하지 않고 다음과 같은 방법을 이용하면 편리하다.

② 내컴퓨터 → "C:₩KcLepDB₩KcLep" 안에 있는 "회사코드번호" 중 백업하고자 하는 회사 코드번호를 선택하고, 백업 받고자 하는 폴더(또는 USB)에 복사하여 두었다가 작업 시 다시 "C:₩KcLepDB₩KcLep" 붙여넣기를 하고, "회사등록 화면" 상단에 있는 "회사코드 재생성"을 이용하여 선택 작업을 할 수가 있다.

③ 회사코드번호는 원하는 번호(4자리수)로 언제든지 변경 사용이 가능하다.

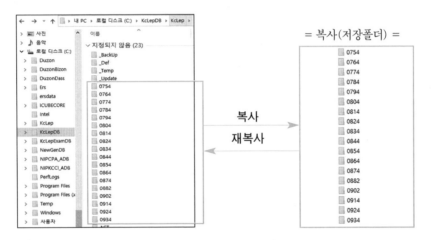

= 복사(저장폴더) =

< 회사코드 재생성된 화면 >

Chapter 03 기초정보관리

① 회사 등록

기초정보관리
회사등록
거래처등록
계정과목및적요등록
환경등록

　　[회사등록]은 작업하고자 하는 회사의 사업자등록증 및 회사관련 기본 자료를 입력하는 메뉴로 세금계산서 발행 및 부가가치세 신고 등 각종 신고 시 이용되므로 정확히 입력해야 한다. 메인화면의 [회계모듈] 세부메뉴에서 [기초정보관리] – [회사등록]을 선택하여 실행한다.

▶ 회사 등록 방법

항　목	입 력 내 용
회사코드	사용할 회사코드를 0101 ~ 9999 번호 중 4자리 코드를 등록한다.
회사명	사용할 회사명을 입력한다.
구분	개인사업자는 '2'를 선택하고, 법인사업자는 '1' 선택한다.
미사용	사용을 선택해야만 로그인 시 조회가 가능하다.
회계연도	기수와 회계연도를 입력한다.(사업자등록증상의 개업연월일을 기준으로 한다.)
사업자등록번호	사업자등록증에 기재되어 있는 번호를 정확히 입력한다. 잘못 입력 시 붉은색으로 표시되지만 계속 진행할 수 있다.
대표자명	사업자등록증상의 대표자 이름을 입력한다.
사업장 주소	[F2] 도움 자판이나 검색단추(💬)를 눌러 도로명 주소나 지번주소로 검색하여 검색된 주소를 선택하고 나머지 상세주소를 입력한다. 시험 시는 우편번호를 생략하고 주소를 직접 입력하여도 된다.
사업장 전화번호	사업장 전화번호와 팩스번호를 입력한다.
개업년월일	사업자등록증상의 개업연월일 등을 참고하여 입력한다.
사업장관할세무서	[F2] 도움 자판이나 검색단추(💬)를 눌러 검색된 관할세무서를 입력한다.

 회사등록 따라하기

◐ 개인사업자인 파스칼상사의 회사정보를 입력하시오.

① 회사코드 : 2021   ② 회사명 : 파스칼상사
③ 회계연도 : 제5기 2021년 1월 1일부터 12월 31일
④ 사업자등록번호 : 105-27-47869   ⑤ 대표자명 : 정두령
⑥ 사업장주소 : 서울특별시 마포구 독막로3길 13(서교동)
⑦ 업태 : 도매   ⑧ 종목 : 문구
⑨ 사업장전화번호 : 02)332-8597   ⑩ 개업연월일 : 2017년 1월 1일
⑪ 사업장관할세무서 : 105 마포

회사등록

코드	회사명	구분	미사용
2021	파스칼상사	개인	사용

기본사항 / 추가사항

1.회계연도   제 5 기 2021 년 01 월 01 일 ~ 2021 년 12 월 31 일
2.사업자등록번호   105-27-47869   3.과세유형 일반과세   과세유형전환일 ____-__-__
4.대표자명   정두령   대표자거주구분 거주자
5.대표자주민번호   _____-_____   주민번호 구분
6.사업장주소   04044   서울특별시 마포구 독막로3길 13
  (서교동)   신주소 여
7.자택주소
  신주소 부
8.업태   도매   9.종목 문구
10.주업종코드
11.사업장전화번호   02) 332 - 8597   12.팩스번호   ) -
13.자택전화번호   ) -   14.공동사업장여부 부
15.소득구분   16.중소기업여부 여
17.개업연월일   2017-01-01   18.폐업연월일 ____-__-__
19.사업장동코드
20.주소지동코드
21.사업장관할세무서   105 마포   22.주소지관할세무서
23.지방소득세납세지   24.주소지지방소득세납세지

코드를 입력하세요

회 계 충전소

▶ 등록한 회사를 삭제하고자 할 때는 [회사등록]화면에서 삭제할 회사를 선택하고 [F5]key를 누른 다음 [Enter]key를 치면 삭제가 된다. 그러나 [C:\KcLepDB\KcLep]에는 자료가 남아 있기 때문에 [회사등록]화면 상단 [F4]회사코드재생성을 하면, 삭제된 회사가 되살아난다. 완전 삭제를 위해서는 [C:\KcLepDB\KcLep]에서 삭제하고자 하는 회사의 코드 '네자리 숫자'를 삭제하면 완전히 삭제가 되어 재생이 불가능하다. (예 2021) 폴더를 삭제하면 된다. 단, 로그인하여 현재 실행 중인 회사는 삭제되지 않는다.

② 거래처 등록

기초정보관리
회사등록
거래처등록
계정과목및적요등록
환경등록

    [거래처등록]은 거래처별로 발행 또는 수취하는 각종 증빙서류(세금계산서, 신용카드매출전표, 현금영수증 등)의 관리 및 거래처별 채권·채무 관리, 통장잔액 관리를 위해 등록하는 메뉴이며, 기본적으로 일반거래처(매입처와 매출처), 금융거래처, 카드거래처를 등록하여 관리하는 곳이다. 메인화면의 [회계모듈]을 선택한 후 세부메뉴에서 [기초정보관리]-[거래처등록]을 선택하여 실행한다.

▶ 거래처 등록 방법

구 분	항 목	입 력 내 용
일반	거래처코드	'00101 ~ 97999' 중 입력하고자 하는 거래처 코드와 거래처명을 입력한다.
	유 형	거래처를 세부적으로 관리하고자 할 경우 1:매출, 2:매입, 3:동시 중 선택한다.
	사 업 자 등 록 번 호	오른쪽 1.사업자등록증상의 사업자등록번호를 입력하면 왼쪽 등록번호란은 자동으로 반영된다.
	대 표 자 명	사업자등록증상의 대표자 이름을 입력한다.
	업 태 / 업 종	사업자등록증상의 업태와 종목을 입력한다.
금융	거래처코드	98000~99599 중 입력하고자 하는 거래처 코드와 거래처명을 입력한다.
	유 형	1:보통예금, 2:당좌예금, 3:정기적금, 4:정기예금, 5:기타, 6:외화 중 선택한다.
	계 좌 번 호	은행계좌번호를 입력한다.
카드	거래처코드	'99600 ~ 99999' 중 입력하고자 하는 거래처 코드와 거래처 명을 입력한다.
	유 형	1:매출, 2:매입 카드 중 선택한다.
툴바	F11전표변경	일반거래처, 금융기관거래처, 신용카드거래처 이름을 변경할 경우 [거래처명]란에서 이름을 변경하고, 상단의 F11전표변경 단추를 눌러주어야 이전에 등록된 모든 거래처명이 변경된다. 그렇지 않으면 변경 전 이름으로 나타난다.

문제1 다음 신규 거래처를 등록하시오, 단, 거래처 등록 시 3:동시를 선택하도록 한다.

(1) 일반 거래처

코드	거래처명	대표자	사업장주소	사업자등록번호	업태	종목
00101	(주)포항상사	이정민	서울 마포구 독막로 3길 17(서교동)	105-86-66878	도매	문구
00102	(주)상수상사	권 혁	서울 마포구 독막로 3길 20(서교동)	211-81-15679	도매	문구
00103	(주)구로상사	구도성	서울 구로구 구로동로 12길 46(구로동)	108-81-57242	도매	문구
00201	영등포상사	남 진	서울 동작구 노들로 2길 9-1(노량진동)	107-02-27089	소매	문구
00202	노량진상사	김미영	서울 동작구 노량진로 171-12(노량진동)	110-01-81516	소매	문구
00203	남대문상사	최일우	서울 중구 남대문로 112(남대문로1가)	105-03-64106	소매	문구
00501	권준우	서울특별시 강남구 강남대로 482(논현동)	주민등록번호		791104-1110413	

(2) 금융기관

코드	거래처명	계좌번호	유형
98000	국민은행	123456-02-7890	보통예금
98001	국민은행	123456-03-5689	당좌예금
98002	신한은행	02589-01-12345	보통예금
98003	신한은행	02589-01-12456	당좌예금

(3) 카드거래처

코드	거래처명	가맹점(카드)번호	유형
99600	국민카드	1234-5678-9876-1234	매입
99601	국민카드	5789-0125-3214-4567	매출

입력화면 [1] 일반거래처 입력화면

1. 개인에게 세금계산서 발행 시 주민등록번호 기재 분으로 선택해야만 세금계산서합계표상 주민기재분으로 표시된다. [전산회계 1급 이상]
2. 전자세금계산서를 발행하는 경우에는 [회사등록] 입력 시 [추가사항]을 입력한다. 단, [6. 신고담당자이메일]란의 E-mail 주소는 반드시 입력하여야 한다. [전산회계 1급 이상]

[2] 금융거래처 입력화면

▶ 은행등록은 받을어음 관리, 금융기관 및 정기예적금을 분류별로 관리하기 위해 등록한다.

[3] 신용카드 거래처 입력화면

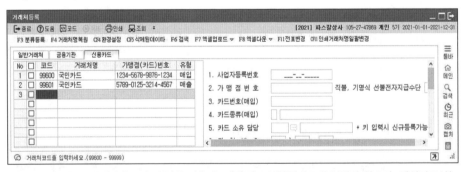

▶ 매출카드사는 부가가치세 부속서류 중 신용카드매출전표 발행집계표와 연관이 있으며, 매입카드사는 신용카드매출전표 등 수령금액합계표와 연관이 있다. [전산회계 1급 이상]

3 계정과목 및 적요 등록

기초정보관리
회사등록
거래처등록
계정과목및적요등록
환경등록

[계정과목및적요등록]은 유동성배열법에 의하여 코드번호를 체계화하여 기본적으로 설정되어 있으나 사용자가 계정과목을 수정하거나 추가 등록하고자 할 때 실행하며, 적색으로 표시되어 있는 계정과목은 임의로 변경하면 안된다. 메인화면의 [회계모듈]을 선택한 후 세부메뉴에서 [기초정보관리] - [계정과목및적요등록]을 선택하여 실행한다.

① 계정과목 신규 등록 및 수정

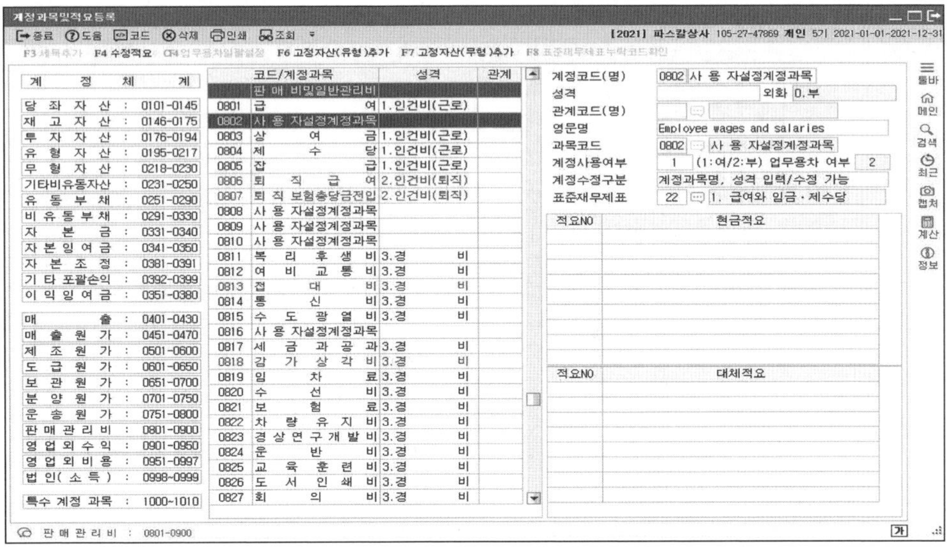

번호	수 정	내 용
1	계 정 체 계	- 유동성배열법으로 코드번호를 부여하여 체계화되어 있다. - 계정과목 등록 시 반드시 코드체계에 맞게 선택하여 등록해야 한다.(예 소모품비는 '판매관리비'에 속하므로 코드체계 '0801-0900' 사이에 등록하여야 한다.)
2	사용자설정계정과목	신규로 계정과목을 등록할 경우에 코드체계에 맞게 선택하는 곳이다.
3	계정코드(명)	코드체계에 맞게 선택하였을 경우 사용자가 직접 계정과목명을 입력하는 곳이다.
4	성 격	성격은 1.인건비(근로), 2.인건비(퇴직), 3.경비, 4.기타, 5.차감 등을 선택한다.
5	현 금 적 요	현금거래의 적요를 등록하는 곳이다.
6	대 체 적 요	현금을 수반하지 않은 대체거래 적요를 등록하는 곳이다.
7	검정색계정과목	수정하고자 하는 계정과목에 바로 덧 씌어 수정한다.
8	적색계정과목	[Ctrl]+[F2] 기능 key를 이용하여 수정한다.

 문제1 일반적인 소모품과 사무용품 지출내역을 별도로 관리하고자 '사무용품비' 계정을 신규등록하여 사용하고자 한다. 계정과목 및 적요등록란을 이용하여 신규등록 하시오.

1. 계정과목의 코드번호가 주어지지 않았을 경우

입력방법

① '사무용품비'는 판매비와관리비에 속하는 계정이기 때문에 왼쪽 '계정체계'의 판매관리비[0801-0900]를 클릭한다.

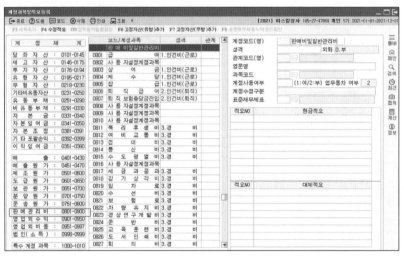

② '0802' 사용자설정계정과목을 클릭한 후, 다시 우측 계정코드(명) 사용자설정계정과목에 '사무용품비'로 입력하고, '성격'은 3.경비를 선택한 뒤 **Enter↵**를 치면 등록이 완료된다.

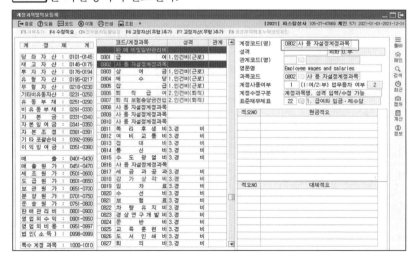

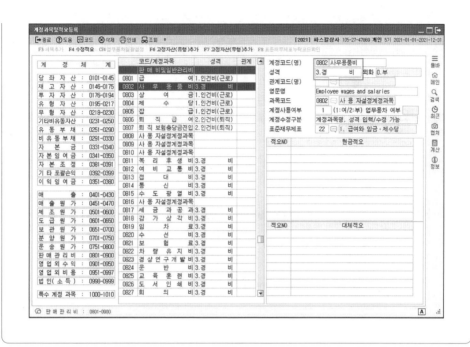

문제2 판매비와관리비 항목인 '사무용품비' 계정을 신규 등록하여 사용하고자 한다. '808 사용자설정계정과목'에 등록하시오.

2. 계정과목의 코드번호가 주어졌을 경우

 입력방법

① [회계관리] − [기초정보관리] − [계정과목및적요등록]을 실행하여, 커서를 "코드번호란"에 두고, 숫자 "808"을 치면 자동으로 마우스포인터는 '808 사용자설정계정과목'으로 이동한다.

② 계정코드(명)의 '808 사용자설정계정과목'을 "사무용품비"라 덧씌워 입력하고, 성격은 "3.경비"을 선택한 후 **Enter↵**를 치면 등록이 완료된다.

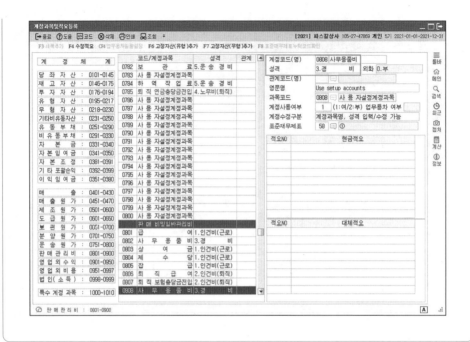

문제3   138 전도금 계정을 '소액현금' 계정으로 수정하여 사용하고자 한다. 적절하게 수정 등록을 하시오.

> **적색 계정과목의 수정 방법 (임의로 수정하면 안된다.)**

 **입력방법**

① [회계관리] − [기초정보관리] − [계정과목및적요등록]을 실행하여 커서를 코드번호란에 두고 숫자 '138'을 치면 커서는 '138 전도금계정'으로 이동한다.

② '138 전도금' 계정에 커서를 두고 [Ctrl+F2]을 누른 후 우측 계정코드(명) '138 전도금'에 '소액현금'을 입력하고, (성격은 3.일반) Enter↵를 치면 등록이 완료된다.

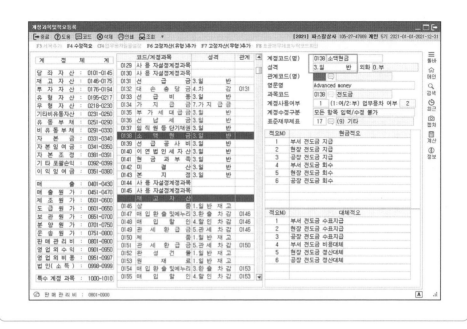

② 적요의 등록과 수정

문제4 다음 항목을 [계정과목적요등록] 메뉴에 추가 입력하시오.

① 계정과목 코드 : 146 　　② 계정과목 : 상품
③ 적요등록 사항
　　1. 현금적요 3번란에 '상품 외상매입'을 추가 입력
　　2. 대체적요 5번란에 '상품 매입 시 수표 및 외상매입'을 추가 입력

▶ [계정과목및적요등록] 코드란에 커서를 두고 "숫자 146"을 치면 커서는 [146 상품계정]으로 이동한다. 현금적요 No란에 숫자 "3"을 입력하고, 적요내용에 "상품 외상매입"과 대체적요 No란에 숫자 "5"를 입력하고, 적요내용에 "상품 매입 시 수표 및 외상매입"을 입력한 후 **Enter↵** 를 치면 입력이 완료된다.

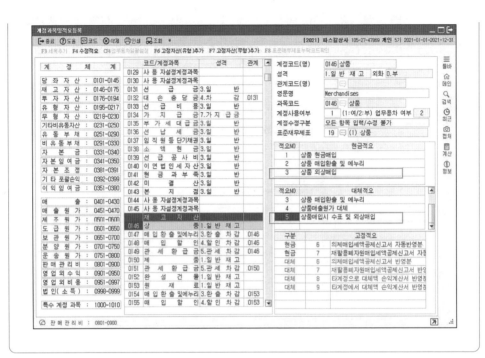

 **문제5** 상품 매출과 관련하여 다음과 같은 적요 내용이 빈번하게 발생되므로 신규로 등록하여 사용하고자 한다. [401. 상품매출] 계정의 현금적요 No 6 란에 추가 등록하시오.

> **상품 매출 / 상품 매출 시 수표 및 현금 회수**

입력방법

▶ [계정과목및적요등록] 코드란에 커서를 두고 "숫자 401"을 치면 커서는 [401 상품매출계정]으로 이동한다. 현금적요 No란에 숫자 "6"을 입력하고, 적요내용에 "상품 매출 시 수표 및 현금회수"를 입력한 후 **Enter↵** 를치면 등록이 완료된다.

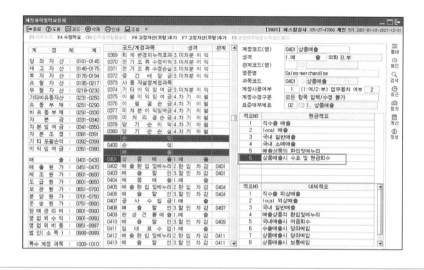

 문제6 당좌예금과 관련하여 외상대금 현금 회수분의 당좌입금 거래를 적요등록하여 사용하고자 한다. [당좌예금] 계정과목의 현금적요 No2 "당좌예금 현금인출"을 삭제하고, "외상대금 현금 회수분 입금"으로 수정 등록하시오.

입력방법

▶ 코드번호가 주어지지 않았기 때문에 왼쪽 계정체계의 "당좌자산"를 클릭하고 커서를 0102 당좌예금에 둔 다음, 우측 현금적요 2번 "당좌예금 현금인출"에 다시 커서를 두고 바로 덧씌워 "외상대금 현금 회수분 입금"을 입력한 후 Enter↵ 를 치면 등록이 완료된다.

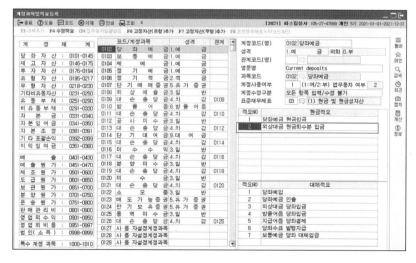

4 전기분 재무상태표

전기분재무제표

전기분재무상태표
전기분손익계산서
거래처별초기이월
마감후이월

실무상 계속사업자는 [마감후이월] 메뉴를 통하여 자동이월 되기 때문에 초기이월 작업을 할 필요가 없지만, 자격시험을 대비 하여 회계프로그램을 처음 시작할 경우 전기자료가 없으므로, 전기분에 대한 필요한 자료를 직접 입력하여 이월을 받아야 한다. 메인화면의 [회계모듈]을 선택한 후 세부메뉴에서 [전기분재무제표] – [전기분재무상태표]를 선택하여 실행한다.

▶ 단, 실제시험의 경우 모든 data가 입력된 자료로 제시되며, "추가입력 및 수정"에 관련된 문제가 출제된다.

문제1 다음 파스칼상사의 전기분 재무상태표를 입력하시오.

재 무 상 태 표

파스칼상사   제4기 2020년 12월 31일   단위 : 원

과 목	금	액	과 목	금 액
현 금		30,500,000	단 기 차 입 금	52,100,000
당 좌 예 금		44,500,000	외 상 매 입 금	48,000,000
보 통 예 금		25,000,000	지 급 어 음	15,500,000
외 상 매 출 금	30,500,000		미 지 급 금	12,000,000
대 손 충 당 금	300,000	30,200,000	선 수 금	500,000
받 을 어 음	20,000,000		예 수 금	900,000
대 손 충 당 금	200,000	19,800,000	자 본 금	140,000,000
단 기 매 매 증 권		10,000,000	당 기 순 이 익	75,000,000
상 품		9,000,000		
건 물	200,000,000			
감가상각누계액	50,000,000	150,000,000		
비 품		25,000,000		
자 산 총 계		344,000,000	**부채와자본총계**	344,000,000

회 계 충전소

▶ 일반기업회계기준서에서 재무상태표 당기순손익의 주기(괄호)표시는 삭제되었으므로 기초자본금과 당기순손익은 구분 표시하여야 한다.(회계기준원 질의회신 06-040) 단, 실제시험에서는 당기순이익이 ( )로 표시되고, 기초자본금에 포함되어 출제되고 있다.

 **입력방법**

▶ [회계관리]→[전기분재무제표]→[전기분재무상태표]에서 직접 입력하면 된다.

① 계정과목 등록 시 계정과목코드 번호를 모르면 커서를 코드란에 두고 [F2]도움 자판을 이용 검색하여 등록을 하거나, 계정과목 앞자리 두 글자를 입력하고 [Enter] 키를 치고 나타나는 보조화면에서 원하는 계정과목을 선택하여 입력하여도 된다.

② 외상매출금의 코드번호는 '108'이며, 외상매출금에 대한 대손충당금은 '109' 대손충당금을 선택하여 등록하면 된다.

③ 건물의 코드번호는 '202'이며, 건물에 대한 감가상각누계액은 '203' 감가상각 누계액을 선택하여 등록하면 된다.

④ 재무상태표에 입력된 상품 9,000,000원은 손익계산서의 기말상품재고액으로 자동 반영된다.

⑤ 거래처별 초기이월 작업을 할 때 입력 된 내용이 반영된다.

⑥ 자본금은 기초자본금(140,000,000원)과 당기순이익(75,000,000원)을 합산한 금액(215,000,000원)을 입력한다.

〈 전기분 재무상태표 입력 화면 〉

자산			부채 및 자본			계정별 합계	
코드	계정과목	금액	코드	계정과목	금액		
0101	현금	30,500,000	0251	외상매입금	48,000,000	1. 유동자산	169,000,000
0102	당좌예금	44,500,000	0252	지급어음	15,500,000	①당좌자산	160,000,000
0103	보통예금	25,000,000	0253	미지급금	12,000,000	②재고자산	9,000,000
0107	단기매매증권	10,000,000	0254	예수금	900,000	2. 비유동자산	175,000,000
0108	외상매출금	30,500,000	0259	선수금	500,000	①투자자산	
0109	대손충당금	300,000	0260	단기차입금	52,100,000	②유형자산	175,000,000
0110	받을어음	20,000,000	0331	자본금	215,000,000	③무형자산	
0111	대손충당금	200,000				④기타비유동자산	
0146	상품	9,000,000				자산총계(1+2)	344,000,000
0202	건물	200,000,000				3. 유동부채	129,000,000
0203	감가상각누계액	50,000,000				4. 비유동부채	
0212	비품	25,000,000				부채총계(3+4)	129,000,000
						5. 자본금	215,000,000
						6. 자본잉여금	
						7. 자본조정	
						8. 기타포괄손익누계액	
						9. 이익잉여금	
						자본총계(5+6+7+8+9)	215,000,000
						부채 및 자본 총계	344,000,000
차 변 합 계		344,000,000	대 변 합 계		344,000,000	대 차 차 액	

퇴직급여충당부채(295) : 제 조 / 분 양 / 도 급 / 운 송 / 보 관 / 판 관 비
퇴직연금충당부채(329) : 제 조 / 분 양 / 도 급 / 운 송 / 보 관 / 판 관 비

⑤ 전기분 손익계산서

전기분재무제표

전기분재무상태표
전기분손익계산서
거래처별초기이월
마감후이월

　　　[전기분손익계산서]는 당기분과 전기분의 손익계산서를 비교식으로 작성한다. 메인화면의 [회계모듈]을 선택한 후 세부메뉴에서 [전기분재무제표]-[전기분손익계산서]를 선택하여 실행한다.

▶ 단, 실제시험의 경우 모든 data가 입력된 자료로 제시되며, "추가입력 및 수정"에 관련된 문제가 출제된다.

문제1　　다음 파스칼상사의 전기분 손익계산서를 입력하시오.

손　익　계　산　서

파스칼상사　　　　　　제4기 2020. 1. 1 ~ 2020. 12. 31　　　　　　단위 : 원

과　　목	금　　액	과　　목	금　　액
매　출　액	174,450,000	**영　업　이　익**	78,900,000
상　품　매　출	174,450,000	**영　업　외　수　익**	250,000
매　출　원　가	84,450,000	이　자　수　익	250,000
상　품　매　출　원　가	84,450,000	**영　업　외　비　용**	250,000
기　초　상　품　재　고　액	50,500,000	이　자　비　용	250,000
당　기　상　품　매　입　액	42,950,000	**소득세비용차감전순이익**	78,900,000
기　말　상　품　재　고　액	9,000,000	**소　득　세　비　용**	3,900,000
매　출　총　이　익	90,000,000	**당　기　순　이　익**	75,000,000
판　매　비　와　관　리　비	11,100,000		
급　　　　　여	5,000,000		
복　리　후　생　비	700,000		
여　비　교　통　비	600,000		
접　　대　　비	900,000		
통　　신　　비	100,000		
세　금　과　공　과	400,000		
임　　차　　료	1,000,000		
차　량　유　지　비	2,000,000		
소　모　품　비	400,000		

① [회계관리]→[전기분재무제표]→[전기분손익계산서]에서 직접 입력하면 된다.

【 전기분 손익계산서 입력 화면 】

② 상품매출 174,450,000원을 입력한 다음 451 상품매출원가를 입력하고 상품매출원가 입력 박스가 나타나면 아래와 같은 순서대로 입력하면 된다.

③ 상품매출원가 입력 방법

▶ **451 상품매출원가를 선택**

㉠ 기초상품재고액 : 50,500,000원 직접 입력

㉡ 당기상품매입액 : 42,950,000원 직접 입력하고 반드시 [Enter↵]로 빠져나온다.

㉢ 기말상품재고액 : 재무상태표에 상품 9,000,000원이 자동 반영된 것이다.

㉣ (801)급여 ~ (999)소득세비용

– 코드번호를 모르면 계정과목 앞자리 두 글자를 입력하고 [Enter] 후 나타나는 보조화면에서 선택하여 등록한다.

< 상품 매출원가 입력 화면 >

④ 당기순손익은 입력하지 않는다.

< 전기분 손익계산서 입력 화면 >

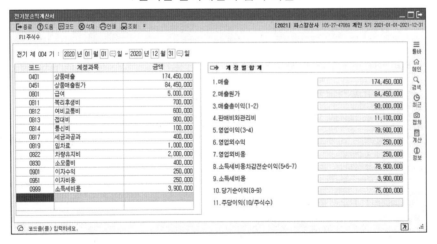

❻ 거래처별 초기이월

전기분재무제표
전기분재무상태표
전기분손익계산서
거래처별초기이월
마감후이월

[거래처별초기이월]은 거래처 별로 채권·채무관계를 관리하기 위하여 입력하는 곳이다. 전기분재무상태표를 입력한 다음 왼쪽상단 툴바의 F4 불러오기 를 클릭하여 불러온 다음 입력할 계정과목을 선택하고, [Tab] key 또는 마우스로 오른쪽 코드란에 커서를 두고 [F2]도움 자판을 누르면 나타나는 보조화면에서 선택하여 입력한다. [회계모듈]을 선택한 후 세부메뉴에서 [전기분재무제표]-[거래처별초기이월]를 선택하여 실행한다.

문제1 파스칼상사의 거래처별 초기이월 자료를 입력하시오.

코드	거래처명	외상매출금	받을어음
00201	영등포상사	10,440,000원	5,000,000원
00202	노량진상사	10,500,000원	10,000,000원
00203	남대문상사	9,560,000원	5,000,000원

코드	거래처명	외상매입금	지급어음
00101	(주)포항상사	15,000,000원	5,000,000원
00102	(주)상수상사	14,500,000원	5,500,000원
00103	(주)구로상사	18,500,000원	5,000,000원

입력방법

① [회계관리]→[전기분재무제표등]→[거래처별초기이월]에 클릭

② 거래처별로 채권, 채무 등을 관리하기 위함이며, 거래처등록란에 등록이 되어 있어야 한다.

③ 상단의 [불러오기]를 클릭하면 재무상태표의 자료가 불러와진다.

④ [Tab]키를 이용 거래처별 입력화면이 나타나도록 한다.

⑤ 코드란에 커서를 두고 [F2]도움 자판을 이용하여 원하는 거래처를 선택하여 입력하고, 주어진 금액을 입력한 다음 반드시 [Enter]로 마무리한다.

【 거래처별 초기이월 화면 】

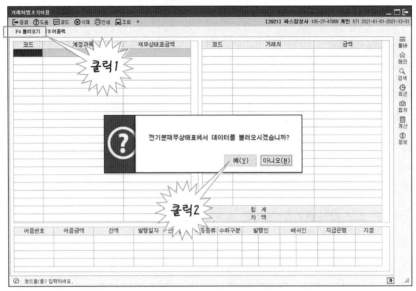

▶ 반드시 [불러오기]를 클릭한 다음 [예]를 클릭하여 '전기분재무상태표 데이터'를 불러온 후 거래처별 초기이월 내용을 입력한다.

▶ 우측 화면 코드란에 커서를 두고 [F2]도움 자판을 이용하여 원하는 거래처를 선택하여 입력하고 주어진 금액을 입력한 다음 반드시 [Enter]로 등록을 완료한다.

【 외상매출금 거래처별 초기이월 입력 화면 】

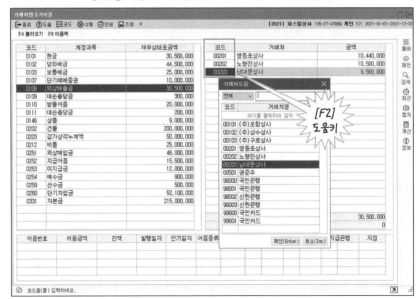

【 받을어음 거래처별 초기이월 입력 】

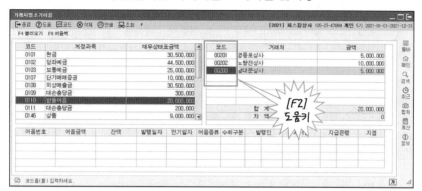

▶ 반드시 금액을 입력한 후 화면 하단에 차액 "0"으로 표시되어 있는지를
확인하고 [ESC]로 빠져 나온다.

【 외상매입금 거래처별 초기이월 입력 화면 】

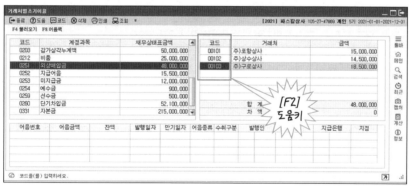

【 지급어음 거래처별 초기이월 입력 화면 】

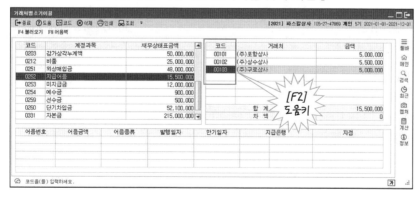

중학교 3학년 시절, 작은 제비집에서 여러 제비 새끼가 오순도순 자라는 것처럼 우리 집도 작은 방에서 8남매가 무럭무럭 자랐다. 한 방에서 온 가족이 큰 이불을 함께 덮고 잤는데, 셋째인 내가 가장 좋아한 잠자리는 아버지 바로 옆이었다. 아버지의 넓은 등이 큰 바위처럼 든든하고 아늑해서 그 자리로 자주 파고들곤 했다. 어느 날 한밤중에 부모님이 도란도란 속삭이셨다. "여보, 위로 둘을 대학까지 보내려면 아무래도 셋째는 고등학교 진학이 어렵겠어요. 그냥 농사를 짓게 해요. 다른 아이들은 형편 봐가며 그때 가서 결정하고요. 이러다가 식구 모두 거리로 나 앉겠어요. 셋째가 딱하지만 어쩔 수 없죠. 그 대신 과수원은 셋째에게 주도록 해요."

"그래야지. 그런데 셋째가 쉽게 말을 들을지 모르겠군."

잠든 체하며 듣고 있었지만 이건 보통 일이 아니었다. 가슴이 답답하더니 콱콱 밟는 디딜방아처럼 갑자기 거세게 쿵덕거렸다. 그러나 부모님과 막내만 빼고 일곱 명이 학생인데다가 빚에 허덕이는 가정형편을 잘 알고 있기에 선뜻 나설 수가 없었다. 아버지 월급으로 생활비와 자식들 학비만 대도 모자랄 판에 빚을 내어 과수원까지 마련했으니 해를 거듭할수록 빚은 늘어만 갔다. 그때는 사람과 소의 힘만으로 농사를 지었으므로 과수원 일은 무척 고달팠다. 가지치기, 꽃과 열매 솎기, 과일따기 등 이어지는 일마다 힘겨워서 나는 일하다 말고 풀밭에 앉아 공부를 했다. 과수원 일보다 학교공부가 훨씬 쉽고 재미있었다.

위기는 비켜 가는 선심도 쓸 줄 모른다. 하루는 아버지가 나를 중국집으로 데려가더니 자장면 곱빼기를 사주셨다. 자장면만 사줘도 칙사 대접인데, 곱빼기라니. 왕후장상에게 베푸는 대접 부럽지 않을 만큼 융숭한 것이었다. 까닭이야 알지만. 모른 체하며 그릇의 음식을 깨끗이 비웠다. 식사를 마치자 아버지는 나직이 말씀하셨다.

"셋째야, 너는 고등학교 진학을 포기하고 농사를 지어야겠다. 네가 미워서 그러는 게 아니야. 아버지는 너를 가장 많이 사랑해. 늙으면 과수원에서 너와 함께 살련다."

"아버지, 제게 간절한 소원이 있어요. 과수원을 잡으려고 애쓰지 마세요. 팔아서 홀가분하게 빚을 갚고 남은 건 제 머리속에 넣어주세요. 저를 믿는다면 꼭 들어주세요."

"음.... 땅도 귀중하지만 자식 앞길이 더 소중하니 한번 생각해보자."

그 뒤 아버지는 과수원을 팔고 나를 고등학교에 보내셨다. 나는 열심히 공부했고 지금은 대학교에서 교편을 잡고 있다. 머릿속에 넣은 과수원에서는 해마다 튼실하게 열매를 맺은 훌륭한 제자들이 사회로 쏟아진다. 나는 일찍이 위기가 곧 성공의 기회가 될 수 있다는 것을 겪었기에 그 뒤에 닥친 위기도 성공의 지렛대로 삼으며 즐겁게 살고 있다.

- 이 글은 좋은생각에서 옮긴 글입니다. -

Chapter 04 일반 전표 입력

① 일반전표 입력

전표입력

일반전표입력

　　[일반전표입력]은 기업에서 발생하는 거래 중 부가가치세 신고와 관련이 없는 모든 거래를 입력하는 메뉴로 각종 장부 및 재무제표에 반영된다. 메인화면의 [회계모듈]을 선택한 후 세부메뉴에서 [전표입력] – [일반전표입력]을 선택하여 실행한다.

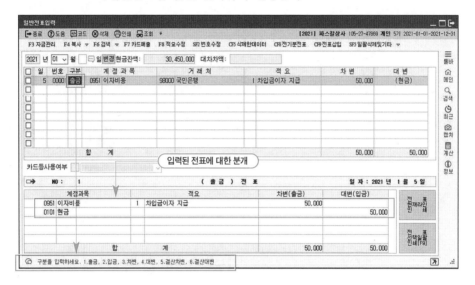

▶ 전표 입력 방법

번호	항목	내　　　용
(1)	월 일	① 해당 월만 입력 후 하단 일에 거래 일자를 입력한다. ② 해당 일자를 입력 후 일일 거래를 바로 입력한다.
(2)	구 분	전표의 유형을 선택한다. ① 현금전표 : 출금전표 : 1번, 입금전표 : 2번 ② 대체전표 : 차변 : 3번, 대변 : 4번 ③ 결산전표 : 결산차변 : 5번, 결산대변 : 6번(결산전표는 결산 수정 분개를 하는 경우만 사용)
(3)	코드/계정과목	계정코드를 입력하면 계정과목명이 자동 입력된다. ① 계정코드를 모르는 경우 　㉠ 코드에서 [F2]도움 자판을 눌러 원하는 계정을 검색한 후 [Enter]로 입력한다. 　㉡ 코드에서 계정과목명 두 글자를 입력하고 원하는 계정을 선택한 후 [Enter]로 입력한다. ② 계정코드를 아는 경우에는 해당 코드를 직접 입력하면 계정과목명이 자동 입력된다.

번호	항목	내　용
(4)	코드/거래처명	거래처코드를 입력하면 거래처명이 자동 입력된다. ① 거래처 코드를 모르는 경우 　㉠ 코드란에 커서를 이동하여 [F2]도움 자판을 눌러 조회하고자 하는 거래처를 검색하여 [Enter]로 입력한다. 　㉡ 코드란에 커서를 이동하여 '+'key를 누른 후 입력하고자 하는 거래처명을 입력 후 [Enter]로 입력한다. 　㉢ 코드란에 거래처명 두 글자를 입력하고 [Enter]로 입력한다. ② 거래처코드를 아는 경우 해당 코드를 입력하면 거래처명이 자동 입력된다. ③ 신규 거래처의 등록 　㉠ 코드란에서 '+'key를 누른 후 거래처명을 입력한 다음 [Enter]를 치면 [거래처등록] 팝업창이 나타난다. 　㉡ 등록하고자 하는 거래처 코드번호를 입력한 다음 [수정] Tab을 누른 후 아래 거래처등록란에 기본사항을 입력한 후 [Enter]하면 거래처가 등록된다.
(5)	적 요	거래 내용에 대한 적요는 화면 아래의 표준 적요를 선택하거나 [F2] 도움 자판을 눌러 [적요코드도움] 창에서 선택하여 입력한다. 실제 자격시험에서는 적요를 입력하지 않아도 불이익은 없지만 실무에서는 적요등록이 중요하기 때문에 거래 내용을 육하원칙에 입각해서 요약 입력하는 연습을 하도록 한다.
(6)	금 액	금액 입력 시 오른쪽 작은 키보드의 '+'key를 누르면 '000'이 바로 입력됨을 알 수가 있다. 즉, 2,000,000원을 입력 시 2++ [Enter↵]를 치면 빠르게 입력할 수가 있다.

　◑ 일반전표 입력 따라하기

▶ 파스칼상사의 영업거래 내용이다. 일반전표에 입력하시오.

① **출금전표** : 현금출금 거래

> 11월 1일 거래처직원과 식사를 하고, 대금은 현금으로 지급하고, 아래의
> 현금영수증을 교부받다.

금 호 갈 비

사업자등록번호	114-81-80641		김 한 국
주소	서울 송파구 문정동 101-2		전화: 02-3289-8085
홈페이지	http://www.kacpta.or.kr		

현금(지출증빙)

구매 : 2021/11/01/18:06		거래번호 :	0026-0107
상품명	**수량**	**단가**	**금액**
정식	2	10,000원	20,000원
- 생 략 -			
합 계			20,000
받은 금액			20,000

입력방법

① 월 : 작업하고자 하는 11월을 입력한다.

② 일 : 하단 "일"에 작업하고자 하는 1일을 입력한다.

③ 구분 : 1번 출금전표를 선택한다.

④ 코드 : 상대 계정과목 813 접대비를 입력한다.
  ㉠ 계정과목 코드를 알면 코드번호를 직접 입력한다.
  ㉡ 코드번호를 모르는 경우 계정과목 앞자리 두글자를 입력한 뒤 Enter↵ 를
  치고 나타나는 메시지 화면에서 원하는 계정과목을 선택하면 된다.
  ㉢ 거래처 등록은 채권, 채무 계정이 아니므로 생략하여도 된다.

⑤ 적요 : 마땅한 적요가 없으니 '거래처직원 식사접대'라 직접 입력한다.(실
  제 시험 시는 생략해도 감점이 없다.)

⑥ 금액 20,000을 20+ Enter↵ 로 입력한다.

분개 : (차변) 접 대 비 20,000 (대변) 현   금 20,000

〈 11월 1일 출금전표 입력완료 화면 〉

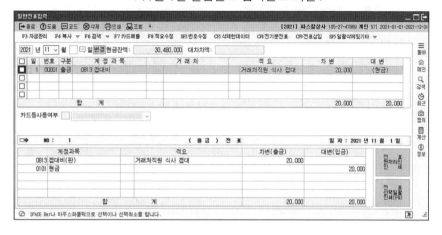

[2] **입금전표** : 현금입금 거래

> **11월 3일** 거래처 남대문상사에서 6개월 후에 상환하기로 하고, 현금 2,000,000
> 원을 차입하다.

 **입력방법**

① 일 : 하단 "일"에 작업하고자 하는 3일을 입력한다.

② 구분 : 2번 입금전표를 선택한다.

③ 코드 : 상대 계정과목인 260 단기차입금을 입력한다.
 ㉠ 계정과목 코드를 알면 코드번호를 직접 입력한다.
 ㉡ 코드번호를 모르는 경우 계정과목 앞자리 두글자를 입력한 뒤 Enter↵를
 치고 나타나는 화면에서 원하는 계정과목을 선택하면 된다.

④ 거래처 등록은 계정과목 '260 단기차입금'을 입력한 후 커서가 거래처코드
 란에 오면 입력하고자 하는 거래처 명 앞자리 두자 '남대'를 치고 Enter↵하
 면 나타나는 보조화면에서 '남대문상사'를 선택한 후 Enter↵로 등록한다.

⑤ '2.차입금 발생시 현금수령'을 선택하여 입력한다.(실제 시험 시는 생략한다.)

⑥ 금액 2,000,000을 2++Enter↵로 입력한다.

> 분개 : (차변) 현 금 2,000,000 (대변) 단기차입금 2,000,000
> (남대문상사)

〈 11월 3일 입금전표 입력완료 화면 〉

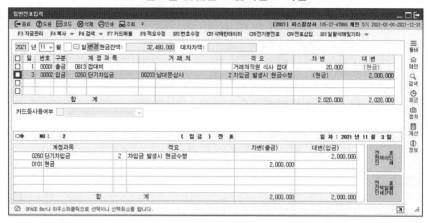

③ **대체전표** : 현금을 수반하지 않는 거래

> **11월 5일** 영업부에서 사용하는 업무용 승용차에 대한 자동차세 25,000원을 보통예금계좌에서 이체하여 납부하다.

① 일 : 하단 "일"에 작업하고자 하는 5일을 입력한다.

② 구분 : 3번(**대체차변**) 코드 계정과목 '817 세금과공과'를 입력한다.

③ 마땅한 적요가 없으니 '자동차세 보통예금 이체'라 입력한다.(실제 시험 시는 생략한다.)

④ 금액 25,000을 25+Enter↵로 입력하고 커서가 다음 입력단계 '구분'에 올 때까지 Enter↵를 친다.

⑤ 구분에서 4번(**대체대변**) 계정과목 '103 보통예금'을 입력한 후 커서가 거래처 코드란에 오면 채권·채무 계정이 아니기 때문에 입력하지 않아도 된다.

⑥ 적요는 '자동차세 보통예금 이체'가 자동으로 입력된다.

⑦ 금액 25,000원은 자동으로 계산되어 나타나며, Enter↵하면 입력이 완료된다.

> 분개 : (차변) 세 금 과 공 과   25,000   (대변) 보 통 예 금   25,000

< 11월 5일 대체전표 입력완료 화면 >

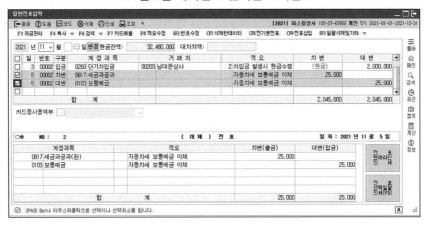

④ **일부출금 일부대체거래**

11월 10일   (주)구로상사로 부터 상품 13,500,000원에 매입하고 대금 중 3,500,000원은 현금으로 지급하고, 잔액은 외상으로 하다.

① 일 : 하단 "일"에 작업하고자 하는 10일을 입력한다.

② 구분 : **3번(대체차변)** 코드 계정과목 (146 상품) 거래처등록은 채권, 채무 계정이 아니므로 하지 않아도 된다.

③ 적요 : '상품매입시 현금 및 외상'을 직접 입력한다.(실제 시험 시 생략)

④ 상품의 금액 13,500,000을 13500+로 입력하고 커서가 다음 입력단계 '구분'에 올 때까지 Enter↵를 친다.

⑤ 구분에서 **4번(대체대변)**, 계정과목 '101 현금'을 입력한다. 거래처등록은 채권, 채무계정이 아니므로 하지 않아도 된다.

⑥ 적요 : '상품매입시 현금 및 외상'이 자동으로 입력된다.(실제 시험 시 생략)

⑦ 현금의 금액 3,500,000을 3500+로 입력하고 커서가 다음 입력단계 계정과목 '코드란'에 올 때까지 계속 Enter↵를 친다.

⑧ 계정과목 251 외상매입금을 입력한 후 커서가 '거래처코드'란에 오면 입력하고자 하는 거래처명 앞자리 두자 '구로'를 치고 [Enter↵]하면 나타나는 보조화면에서 '(주)구로상사'를 선택한 후 [Enter↵]로 등록한다.

⑨ 적요 : '상품매입시 현금 및 외상'이 자동으로 입력된다.(검정시험시 생략)

⑩ 금액 10,000,000원은 자동으로 계산되어 나타나며 [Enter↵]하면 입력이 완료된다.

> 분개 : (차변) 상   품 13,500,000 (대변) 현   금 3,500,000
>   외상매입금 10,000,000
>   (구로상사)

〈 11월 10일 대체전표 입력완료 화면 〉

□	일	번호	구분	계 정 과 목	거 래 처	적 요	차 변	대 변
□	1	00001	출금	0813 접대비		거래처직원 식사 접대	20,000	(현금)
□	3	00002	입금	0260 단기차입금	00203 남대문상사	2.차입금 발생시 현금수령	(현금)	2,000,000
□	5	00002	차변	0817 세금과공과		자동차세 보통예금 이체	25,000	
□	5	00002	대변	0103 보통예금		자동차세 보통예금 이체		25,000
■	10	00002	차변	0146 상품		상품매입시 현금 및 외상	13,500,000	
□	10	00002	대변	0101 현금		상품매입시 현금 및 외상		3,500,000
□	10	00002	대변	0251 외상매입금	00103 (주)구로상사	상품매입시 현금 및 외상		10,000,000
□								
				합 계			15,545,000	15,545,000

---

5 일부입금 일부대체거래

> **11월 20일** 노량진상사에 상품 24,200,000원을 매출하고 대금 중 4,200,000원은 현금으로 회수하고, 잔액은 외상으로 하다.

입력방법

① 일 : 하단 "일"에 작업하고자 하는 20일을 입력한다.

② 구분 : **3번(대체차변)** 코드 계정과목 (101 현금) 거래처등록은 채권, 채무계정이 아니므로 하지 않아도 된다.

③ 적요 : '상품 매출시 현금 및 외상'을 직접 입력한다.(검정시험 시 생략)

④ 현금의 금액 4,200,000을 4200+로 입력하고 커서가 다음 입력단계 계정과목 '코드란'에 올 때까지 계속 Enter↵를 친다.

⑤ 계정과목 108 외상매출금을 입력한 후 커서가 '거래처코드'란에 오면 입력하고자 하는 거래처명 앞자리 두자 '노량'을 치고 Enter↵하면 나타나는 보조화면에서 '노량진상사'를 선택한 후 Enter↵로 등록한다.

⑥ 적요 : '상품 매출시 현금 및 외상'이 자동으로 입력된다.(검정시험 시 생략)

⑦ 외상매출금의 금액 20,000,000을 20++로 입력하고 커서가 다음 입력단계 '구분'에 올 때까지 계속 Enter↵를 친다.

⑧ 구분에서 **4번(대체대변)**, 계정과목 '401 상품매출'을 입력한다.

⑨ 적요 : '상품 매출시 현금 및 외상'이 자동으로 입력된다.(검정시험 시 생략)

⑩ 거래처등록은 채권, 채무 계정이 아니므로 하지 않아도 된다.

⑪ 상품매출 금액 24,200,000원은 자동으로 계산되어 나타나며 Enter↵하면 입력이 완료된다.

> 분개 : (차변) 현　　　금　4,200,000　　(대변) 상 품 매 출 24,200,000
> 　　　　　　외상매출금　20,000,000
> 　　　　　　(노량진상사)

〈 11월 20일 대체전표 입력완료 화면 〉

◆ 11월 30일 현재까지의 합계잔액시산표 내역은 다음과 같다.

합계잔액시산표					_ □ ⅰ
┌→종료 ⑦도움 ㈜코드 ⊗삭제 ㈜인쇄 뭐조회 ▾				【2021】 파스칼상사 105-27-47869 개인 5기 2021-01-01~2021-12-31	
F3 제목수정 F4 통합계정 F6 원장조회 F7 임대주택 F8 계정과목편집 F11계정코드 CF9 영어계정					
기간 : 2021 년 11 ∨ 월 30 일					
관리용 제출용 표준용					

차 변		계정과목	대 변	
잔액	합계		합계	잔액
205,655,000	209,200,000	1.유 동 자 산	4,045,000	500,000
183,155,000	186,700,000	<당 좌 자 산>	4,045,000	500,000
33,180,000	36,700,000	현 금	3,520,000	
44,500,000	44,500,000	당 좌 예 금		
24,975,000	25,000,000	보 통 예 금	25,000	
10,000,000	10,000,000	단 기 매 매 증 권		
50,500,000	50,500,000	외 상 매 출 금		
		대 손 충 당 금	300,000	300,000
20,000,000	20,000,000	받 을 어 음		
		대 손 충 당 금	200,000	200,000
22,500,000	22,500,000	<재 고 자 산>		
22,500,000	22,500,000	상 품		
225,000,000	225,000,000	2.비 유 동 자 산	50,000,000	50,000,000
225,000,000	225,000,000	<유 형 자 산>	50,000,000	50,000,000
200,000,000	200,000,000	건 물		
		감 가 상 각 누 계 액	50,000,000	50,000,000
25,000,000	25,000,000	비 품		
		3.유 동 부 채	141,000,000	141,000,000
		외 상 매 입 금	58,000,000	58,000,000
		지 급 어 음	15,500,000	15,500,000
		미 지 급 금	12,000,000	12,000,000
		예 수 금	900,000	900,000
		선 수 금	500,000	500,000
		단 기 차 입 금	54,100,000	54,100,000
		4.자 본 금	215,000,000	215,000,000
		자 본 금	215,000,000	215,000,000
		5.매 출	24,200,000	24,200,000
		상 품 매 출	24,200,000	24,200,000
45,000	45,000	6.판 매 비및일반관리비		
20,000	20,000	접 대 비		
25,000	25,000	세 금 과공과		
430,700,000	434,245,000	합 계	434,245,000	430,700,000

◆ 일반전표 입력 숙달 과정

▶ 다음 파스칼상사 거래 내역을 일반전표에 추가입력하시오.
(적요등록은 생략하여도 되며, 고정자산 등록 시 나타나는 등록화면은 무시한다.)

(1) **12월 6일** 영업용 비품을 100,000원에 구입하고, 대금은 현금으로 지급하다.

차변		대변		전표선택	

(2) **12월 12일** 11월분 수도요금 35,000원을 현금으로 지급하다.

차변		대변		전표선택	

(3) **12월 15일** (주)포항상사로부터 상품 2,000,000원을 매입하고, 대금은 외상으로 하다.

차변		대변		전표선택	

(4) **12월 17일** 남대문상사에 상품 1,500,000원을 매출하고, 대금은 외상으로 하다.

차변		대변		전표선택	

(5) **12월 21일** (주)포항상사에 대한 외상매입금 17,000,000원 중 10,000,000원에 대하여 약속어음(#001)을 발행하여 지급하다.

차변		대변		전표선택	

(6) **12월 24일** 영업사원 이성실의 시내 출장비 15,000원을 현금으로 지급하다.

차변		대변		전표선택	

(7) **12월 25일** 총무과 직원급여를 지급함에 있어 근로소득세 등을 차감한 잔액은 보통예금계좌에서 이체하여 지급하다.

파스칼 상사 2021년 12월 급여내역

소　속	총무과	지 급 일	2021. 12. 25.
기본급여	4,000,000원	근로소득세	30,000원
직책수당	500,000원	지방소득세	3,000원
상 여 금		고용보험	15,000원
특별수당	300,000원	국민연금	5,000원
차량유지	200,000원	건강보험	2,000원
교육지원		기　　타	
급 여 계	5,000,000원	공제합계	55,000
노고에 감사드립니다.		지급총액	4,945,000원

차변		대변		전표선택	

(8) **12월 25일** (주)상수상사로부터 상품 13,000,000원을 매입하고 대금 중 3,000,000원은 현금으로 지급하고, 잔액은 외상으로 하다.

차변		대변		전표선택	

(9) 12월 30일   남대문상사에 상품(문구류) 일체를 납품하고, 대금은 2022년 2월 20일 만기 약속어음(자02266228)으로 교부받다.

약속어음

자02266228

파스칼상사 귀하

금 팔백만원 (₩8,000,000)

위의 금액을 귀하 또는 귀하의 지시인에게 이 약속어음과 상환하여 지급하겠습니다.

지급기일 : 2022년 2월 20일　　발행일 : 2021년 12월 30일
지 급 지 : 신한은행　　　　　　발행지 : 남대문상사
지급장소 : 중구 남대문지점　　주　소 : 서울특별시 중구 남대문로 112
　　　　　　　　　　　　　　　발행인 : 남대문(인)

차변		대변		전표선택	

회계 충전소

1. 유형자산 중 감가상각 대상자산을 입력할 경우 '고정자산 간편등록' 화면이 나타나는데 이는 전산회계2급에서는 생략하여도 되기 때문에 '취소(Esc)' 버튼을 누르면 된다.

2. 환경등록에서 ⑪번의 고정자산 간편등록을 "0"번 사용 안함을 선택하면, "고정자산 간편등록화면"이 나타나지 않는다.
   – 환경등록을 할 때는 실행되어 있는 모든 화면을 종료한 상태에서 전표입력시 필요한 부분을 선택하고 [ESC]키로 빠져나오므로 자동저장이 되어 전표입력 시 반영이 된다.

기초코드 등록

고정자산 간편등록

자산코드(명)　000001 □□
취득년월일　2021-12-01　상각방법 : 정률법 (1:정률법 2:정액법)
금액　　　　　2,000,000
내용연수　　5
경비구분　　6.800번대/판관비
사용부서코드 □□
현장코드　　□□

확인[TAB]　　취소[ESC]

클릭

【 파스칼상사의 12월 분개 답안 】

분 개 장

2021.12.01 ~ 2021.12.31

회사명: 파스칼상사

구 분		차 변		대 변	
월/일	번호	계 정 과 목	금 액	계 정 과 목	금 액
12/07	00001	비 품	100,000		
				현 금	100,000
		비품취득시 현금지급			
12/13	00001	수 도 광 열 비(판)	35,000		
				현 금	35,000
		상공회의소회비 면허세납부			
12/16	00001	상 품	2,000,000		
				외 상 매 입 금	2,000,000
		상품 외상매입		(주)포항상사	
12/18	00001	외 상 매 출 금	1,500,000		
				상 품 매 출	1,500,000
		상품 외상매출			
12/22	00001	외 상 매 입 금	10,000,000		
				지 급 어 음	10,000,000
		외상매입금 지급어음 발행		(주)포항상사	
12/25	00001	여 비 교 통 비(판)	15,000		
				현 금	15,000
		시내교통비 지급			
12/26	00001	급 여(판)	5,000,000		
				예 수 금	55,000
				보 통 예 금	4,945,000
		급여지급시 보통예금 인출			
12/26	00002	상 품	13,000,000		
				현 금	3,000,000
				외 상 매 입 금	10,000,000
		상품매입시 현금 및 외상		(주)상수상사	
12/30	00001	받 을 어 음	8,000,000		
				상 품 매 출	8,000,000
		상품매출 관련 어음수취			

결산 전 합계잔액시산표

합계잔액시산표   _ □ ➡

➡종료 ⑦도움 ⊞코드 ⊗삭제 🖶인쇄 🔍조회 ▾   **[2021] 파스칼상사** 105-27-47869 **개인** 5기 2021-01-01-2021-12-31

F3 제목수정   F4 통합계정   F6 원장조회   F7 임대주택   F8 계정과목편집   F11 계정코드   CI9 영어계정

기간 : 2021 년 12 ∨ 월 31 일 💬

관리용	제출용	표준용

차 변		계정과목	대 변	
잔액	합계		합계	잔액
222,060,000	233,700,000	1.유 동 자 산	12,140,000	500,000
184,560,000	196,200,000	〈당 좌 자 산〉	12,140,000	500,000
30,030,000	36,700,000	현 금	6,670,000	
44,500,000	44,500,000	당 좌 예 금		
20,030,000	25,000,000	보 통 예 금	4,970,000	
10,000,000	10,000,000	단 기 매 매 증 권		
52,000,000	52,000,000	외 상 매 출 금		
		대 손 충 당 금	300,000	300,000
28,000,000	28,000,000	받 을 어 음		
		대 손 충 당 금	200,000	200,000
37,500,000	37,500,000	〈재 고 자 산〉		
37,500,000	37,500,000	상 품		
225,100,000	225,100,000	2.비 유 동 자 산	50,000,000	50,000,000
225,100,000	225,100,000	〈유 형 자 산〉	50,000,000	50,000,000
200,000,000	200,000,000	건 물		
		감 가 상 각 누 계 액	50,000,000	50,000,000
25,100,000	25,100,000	비 품		
	10,000,000	3.유 동 부 채	163,055,000	153,055,000
	10,000,000	외 상 매 입 금	70,000,000	60,000,000
		지 급 어 음	25,500,000	25,500,000
		미 지 급 금	12,000,000	12,000,000
		예 수 금	955,000	955,000
		선 수 금	500,000	500,000
		단 기 차 입 금	54,100,000	54,100,000
		4.자 본 금	215,000,000	215,000,000
		자 본 금	215,000,000	215,000,000
		5.매 출	33,700,000	33,700,000
		상 품 매 출	33,700,000	33,700,000
5,095,000	5,095,000	6.판 매 비및일반관리비		
5,000,000	5,000,000	급 여		
15,000	15,000	여 비 교 통 비		
20,000	20,000	접 대 비		
35,000	35,000	수 도 광 열 비		
25,000	25,000	세 금 과 공 과		
452,255,000	473,895,000	합 계	473,895,000	452,255,000

② 전표의 수정과 삭제

번호	툴바의 기능키	내　　　용
(1)	전표 번호 수정	전표입력 후 전표번호가 맞지 않아 에러 메시지(적색)가 나타나는 경우
(2)	전표 이동	전표입력 시 해당 '[월일]'을 잘못 선택하여 입력 한 경우 전표이동을 통하여 이동할 수 있다.
(3)	전표 입력 시 삭제 및 복구	① 자판의 기능키 [F5] 또는 상단 툴바의 단추를 이용 삭제한다. ② 상단 툴바 이용 : 삭제한데이타, 데이터복구, 휴지통비우기, 전표번호재생성을 할 수가 있다.
(4)	거래처 삭제 및 복구	등록된 거래처를 삭제한 경우, 자료는 휴지통에 남아 있어 동일한 거래처코드 번호를 이용할 수 없게 된다. 상단 툴바를 이용하여 삭제된 [데이터를 복구] 또는 [휴지통비우기]를 할 수가 있다.
(5)	거래처명 변경	[거래처등록]에서 [거래처명]을 변경한 다음 반드시 상단 툴바의 F11전표변경 단추를 눌러 주어야 앞서 내장된 모든 자료의 거래처명이 동시에 변경된다.
(6)	거래처 코드 변환	시작화면의 데이터관리의 기타코드변환을 이용하여 변환한다. 거래처명을 변환할 때도 기타코드변환을 이용하여 변환할 수 있다.

① 전표번호 수정

　전표번호는 예를 들어 1월 5일자로 3건의 거래가 있었다면, 전표발행 수는 3매, 전표번호는 1번에서 3번까지 부여되며, 다시 1월 6일자에 10건의 거래가 발생되었다면 전표발행 수는 10매가 되며, 전표번호는 다시 1번에서 10번까지 부여된다.

　KcLep 교육용프로그램에서는 자동으로 전표번호가 생성되긴 하지만 전표번호가 일치하지 않는 경우도 발생하기 때문에 이 경우 [전표번호수정(번호수정)]키를 이용하여 수정을 하여야 하는데 그 방법은 다음과 같다.

▶ 서울상사(코드번호 : 2022)는 사무용품을 판매하는 개인기업이다. 당기(제5기) 회계기간은 2021. 1. 1. ~ 2021. 12. 31. 이다. 전산세무회계 수험용 프로그램을 이용하여 다음 물음에 답하시오.

> **1월 7일** 남대문상사에 상품 1,000,000원을 매출하고 대금은 외상으로 한 거래입력자료를 조회하여 전표번호를 적절히 수정하시오.

① 커서를 [일 또는 구분]란에 두고, 반드시 상단 툴바의 ([SF2] 번호수정) 단추를 누르면 커서는 [번호]란으로 이동한다.

② 바로 위 전표번호와 동일한 전표번호를 입력하고 Enter↵를 친다. 본 문제에서는 '1 또는 00001'을 입력하고 Enter↵를 친다.

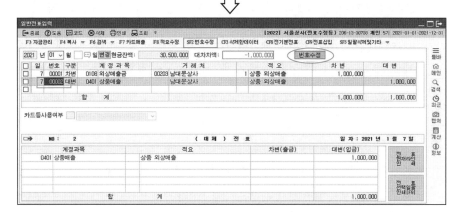

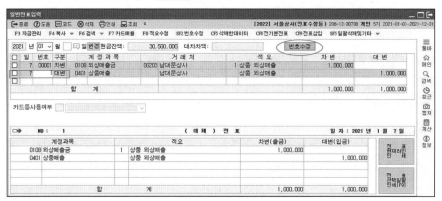

③ 수정이 끝나면 다시 [[SF2] 번호수정] 단추를 누르면 수정이 완료된다.

▶ 전표번호 수정이 끝나면 [오른쪽 마우스]를 눌러 나타나는 보조 메뉴 창에서 "[전표번호 재생성]"을 눌러 전표번호가 항상 일률적으로 부여되도록 하여야 한다. 실무에서의 전표증빙관리는 매우 중요한 부분이기 때문이다.(자격시험 시 점수와는 상관이 없다.)

② 전표 이동

예제1 NH농협카드로 결제한 문화접대비의 9월 5일 거래를 7월 5일자로 잘못 입력하였다. 9월 5일자로 수정 입력하시오.

전표 이동 방법

① 일반전표 2021년 07월 05일을 조회한다. 이동이 필요한 부분을 체크(∨)한다.

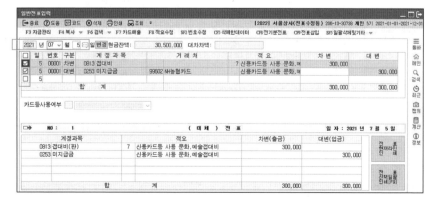

② 상단 툴바의 복사 옆 '[역삼각형(▽)]' 단추를 눌러서 '[(SF3)이동]'을 클릭하면 이동할 창이 뜬다.

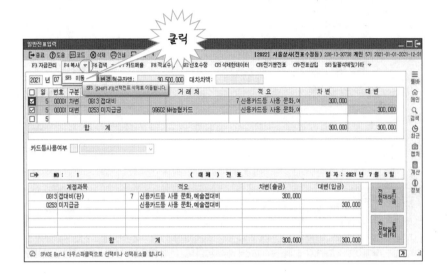

③ 나타나는 '[이동창]'에서 [이동일자 : 9월 5일] [일괄적요: 2.변경하지 않음]을 입력한 다음 [확인(Tab)] 단추를 누르면, 7월 5일자는 삭제가 되고, 9월 5일자로 전표입력 내용은 이동한다.

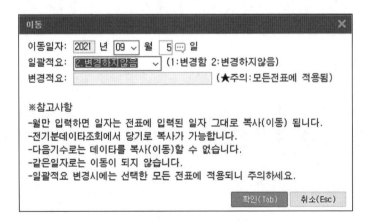

④ 9월 5일 자를 조회하여 보면 이동되어 있는 것을 확인할 수가 있다.

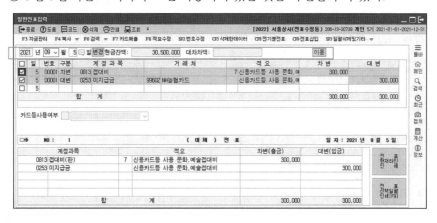

③ 전표 입력 시 삭제 및 복구

예제2 일반전표에 입력한 12월 15일자 거래는 잘못 입력한 것이다. 이를 삭제하시오.

 **전표 삭제 방법**

① 삭제하고자 하는 일자에(예 12월 15일)자에 체크(∨)한 다음 기능 key [F5] 또는 상단 툴바의 ⊗삭제 단추를 누르고, 나타나는 삭제메시지 창에서 [예(y)] 를 클릭하면 삭제된다.

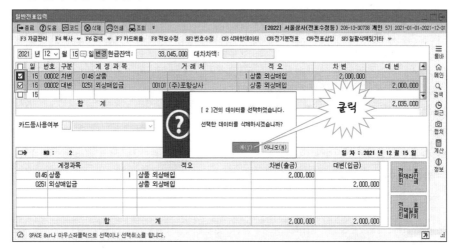

② 상단 툴바의 [삭제한데이타] 단추를 눌러, [삭제데이타 조회기간 입력]란에서 [조회일자]를 입력한 다음 [확인(Tab)] 단추를 누르면 삭제된 데이터가 다시 나타난다.

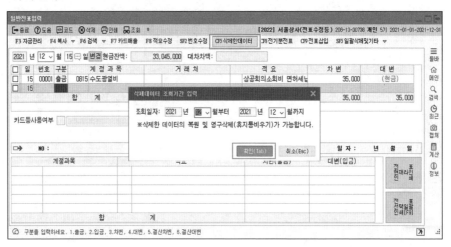

③ 데이터복구 또는 삭제하고자 하는 부분에 체크(∨)한 다음 [데이터복구] 및 [휴지통비우기]를 하면 된다.

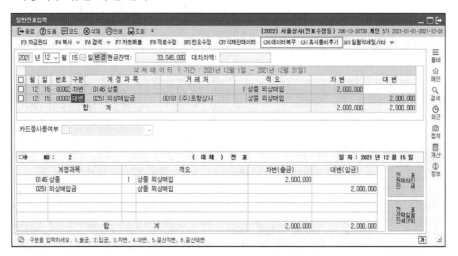

⑤ 삭제를 하고 [휴지통비우기]를 한 다음에는 전표번호를 일률적으로 부여하기 위해 [오른쪽 마우스]를 눌러 나타나는 보조 메뉴 창에서 [전표번호재생성]을 눌러 전표번호가 항상 일률적으로 부여되도록 한다. <점수와는 상관이 없다>

④ 거래처코드 및 거래처명 삭제와 변경

예제3 다음 입력된 거래처 중 [거래처코드 8003 : 팔도상사]를 삭제하시오.

① 삭제하고자 하는 거래처에 체크(∨)하고, 기능key [F5] 또는 상단 툴바의
❌삭제 단추를 누른 다음 나타나는 메시지에서 [예(Y)] 단추를 누르면 데이
터는 삭제된다.(주의 : 삭제한 데이터는 완전히 삭제되지 않고 [휴지통]에 보
관된다.)

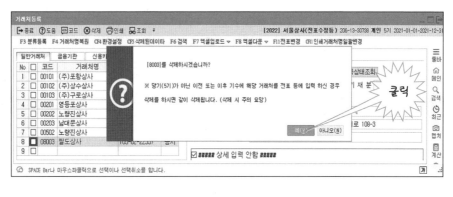

② 거래처등록 화면 상단 툴바의 [삭제한데이타] 단추를 누르고, 나타나는 [삭제 된 거래처 관리]란 보조 창에서 거래처를 체크(∨)한 다음, [데이터복구]-[휴 지통비우기]를 선택하면 된다. [확인(Tab)] 단추를 누르면 바로 삭제가 된다.

③ [삭제된 거래처 관리]란에서 삭제하지 않으면, 동일한 코드번호로는 거래처 가 등록되지 않는다.

④ 전표입력 시 등록되어 있는 거래처는 삭제할 수 없다.

예제4 거래처 [00502 : 노량진상사]가 [평창상사]로 상호가 변경되었다는 연락이 왔다.
거래처코드는 변경이 없다. 상호를 변경하시오.

 거래처명 변경 방법

① 변경하고자 하는 거래처에 체크(∨) 한 다음, 거래처명에서 거래처 명을 수정
입력한다.

② 상단 툴바의 [(F11)전표변경] 단추를 누르고 나타나는 보조 창에서 [예
(y)]를 클릭하면, 이전 입력된 모든 거래처가 변경된다. [(F11)전표변경]
단추를 누르지 않으면 변경 이전 거래처는 변경되지 않고 변경 전의 거래처
명으로 나타난다.

③ '전표 전송 완료!!' 메시지가 나타나면 거래처명 변경이 완료된다.

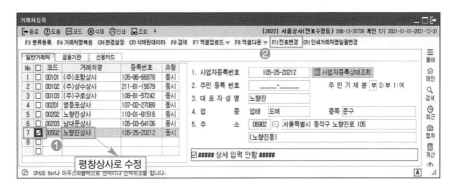

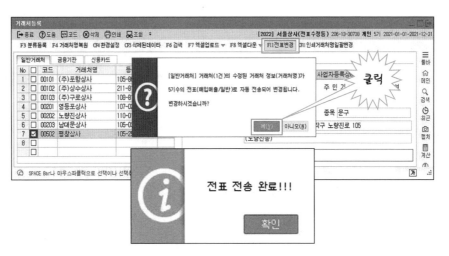

⑤ 거래처코드 변환

데이터관리

데이터백업
회사코드변환
회사기수변환
기타코드변환
데이터체크
데이터저장및압축

　　[거래처코드변환] : 이미 등록된 거래처 코드는 바로 수정되지 않기 때문에 [데이터관리] – [기타코드변환] 단추를 누르고 나타나는 [기타 코드 변환창]의 [거래처코드변환]을 통하여 거래처코드를 변환한다.

 예제5　거래처 [00502 : 평창상사]의 거래처 코드를 [00204 : 평창상사]로 거래처 코드를 변환하시오.

거래처코드 변환 방법

① [회계모듈]에서 [데이터관리] – [기타코드변환]을 선택하여 실행하고, 나타나는 [기타코드변환] 창에서 상단 툴바의 [거래처코드변환] 단추를 누른다.

② 기존거래처코드 : 기능key [F2] 또는 검색 단추 💬를 누르고 나타나는 보조 창에서 기존거레치를 등록한다.

③ 치환거래처코드 : 변경하고자 하는 거래처코드 번호를 입력하면 거래처명은 자동 등록된다.

④ 상단 [F6]변환실행을 클릭하면 원하는 거래처코드 번호로 변환된다.

⑤ 치환거래처 명을 입력하면, 여기서 거래처 명을 변환할 수도 있다.

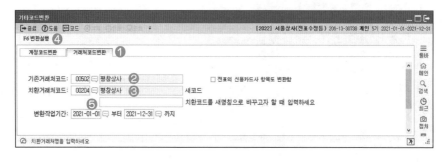

Chapter 05 결산 및 재무제표

① 결산 및 재무제표

【 결산 작업 순서 】

결산 전 합계잔액시산표 ➡ 수동결산 및 자동결산 ➡

결산 후 합계잔액시산표 ➡ 손익계산서 ➡ 재무상태표

① 결산 전 합계잔액시산표

모든 전표입력이 끝나면 입력한 내용이 각 계정별로 집계되며, 그 내용의 오류를 검증하기 위한 계정집계표로서 이상이 있으면 에러 메시지가 나타나며, 이상이 없으면 잔액 란을 기준으로 기말정리사항을 분개하여 추가 입력한 다음 결산을 완료한다. 결산방법에는 수동결산과 자동결산으로 나누어 입력한다.

② 수동결산 및 자동결산

－. 회계연도 말 일자 12월 31일자로 일반전표에 직접 입력한다.

－. 수동결산을 하는 것은 선급비용, 선수수익. 미수수익, 미지급비용, 가지급금, 가수금, 단기매매증권평가손익, 현금과부족, 대손충당금환입 등이 있다.

(1) 손익의 이연

① 수익 계정의 이연 : 해당 수익에서 차감

| (차변) 임 대 료(등) ×××　(대변) 선 수 수 익 ××× |

② 비용 계정의 이연 : 해당 비용에서 차감

| (차변) 선 급 비 용 ×××　(대변) 보 험 료(등) ××× |

(2) 손익의 예상

① 수익 계정의 예상 : 해당 수익에 가산

| (차변) 미 수 수 익 ×××　(대변) 임 대 료(등) ××× |

② 비용 계정의 예상 : 해당 비용에 가산

| (차변) 임 차 료(등) ×××　(대변) 미 지 급 비 용 ××× |

(3) 소모품의 결산 정리

① 비용 처리법 : 미사용액으로 분개한다.

| (차변) 소 　모 　품 ×××　(대변) 소 모 품 비 ××× |

② 자산 처리법 : 사용액으로 분개한다.

(차변) 소 모 품 비   ×××   (대변) 소 모 품   ×××

(4) 가지급금과 가수금의 결산 정리

① 가지급금의 정리

(차변) 여비교통비(등)   ×××   (대변) 가 지 급 금   ×××

② 가수금의 정리

(차변) 가 수 금   ×××   (대변) 외 상 매 출 금   ×××

(5) 인출금의 결산 정리 : 개인 기업에서만 사용하는 계정

(차변) 자 본 금   ×××   (대변) 인 출 금   ×××

(6) 현금과부족의 결산 정리

(가) 회계기간 중 사건

① 합계잔액시산표상 현금과부족 잔액이 차변에 있는 경우

(차변) 잡 손 실   ×××   (대변) 현 금 과 부 족   ×××

② 합계잔액시산표상 현금과부족 잔액이 대변에 있는 경우

(차변) 현 금 과 부 족   ×××   (대변) 잡 이 익   ×××

(나) 결산일 현재 사건

① 실제금액이 장부액보다 부족한 경우

(차변) 잡 손 실   ×××   (대변) 현 금   ×××

② 실제금액이 장부액보다 과잉인 경우

(차변) 현 금   ×××   (대변) 잡 이 익   ×××

(7) 단기매매증권의 평가

① 장부금액 >공정가치(시가)

(차변) 단기매매증권평가손실   ×××   (대변) 단 기 매 매 증 권   ×××

② 장부금액 <공정가치(시가)

(차변) 단 기 매 매 증 권   ×××   (대변) 단기매매증권평가이익   ×××

자동결산의 절차

예제 ○

▶ 다음 [2021] 파스칼상사의 제5기말 결산정리사항을 분개하여 입력하고, 12월 31일자로 결산을 완료하시오.

(1) 기말상품재고액 35,000,000원
(2) 비품감가상각비 200,000원, 건물감가상각비 1,000,000원
(3) 매출채권에 대하여 각각 1%의 대손을 예상한다.

입력방법

(1) [회계관리] - [결산/재무제표] - [결산자료입력]을 실행하여 기간란에 1월부터 12월까지의 회계기간을 입력하면 아래와 같이 [매출원가 및 경비선택] 나타난다. [판매업(도·소매)]에서는 각종 매출원가 코드는 자동 반영되므로 사용여부를 무시하고 [확인(Enter)] 단추를 누르면 [결산자료입력] 화면이 나타난다.

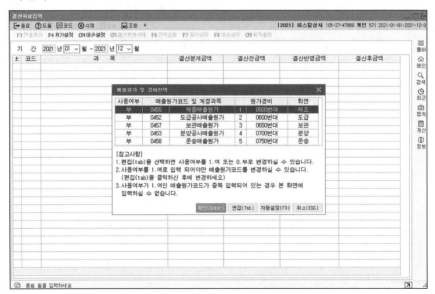

(2) [결산자료입력] 화면에서 주어진 자료를 해당란에 직접 입력한다.

  ① 0146 기말상품재고액란에 35,000,000원을 입력한다.
  ② 0818 감가상각비 : 비품란에 200,000원, 건물란에 1,000,000원을 입력한다.

③ 0835 대손상각비 : 외상매출금란에 220,000원, 받을어음란에 80,000원을 입력한다.

> ▶ 합계잔액시산표 차변잔액을 기준으로 계산한다.
> –. 외상매출금 : 52,000,000×1%-300,000 = 220,000
> –. 받을어음 : 28,000,000×1%-200,000 = 80,000

(3) 상단 툴바의 [F3 전표추가] 단추를 누르면 "결산분개를 일반전표에 추가하시겠습니까?" 라는 메시지 창에서 [예(y)] 단추를 누르면 12월 31일자로 [일반전표]에 결산정리 분개가 자동으로 생성된다.

< 결산자료 입력 후 전표추가 >

±	코드	과 목	결산분개금액	결산전금액	결산반영금액	결산후금액
		1. 매출액		33,700,000		33,700,000
	0401	상품매출		33,700,000		33,700,000
		2. 매출원가		37,500,000		2,500,000
	0451	상품매출원가				2,500,000
	0146	① 기초 상품 재고액		9,000,000		9,000,000
	0146	당기 상품 매입액		28,500,000		28,500,000
❶	0146	⑩ 기말 상품 재고액			35,000,000	35,000,000
		3. 매출총이익		-3,800,000	35,000,000	31,200,000
		4. 판매비와 일반관리비		5,095,000	1,500,000	6,595,000
		1). 급여 외		5,000,000		5,000,000
	0801	급여		5,000,000		5,000,000
	0806	2). 퇴직급여(전입액)				
	0850	3). 퇴직연금충당금전입액				
	0818	4). 감가상각비			1,200,000	1,200,000
❷	0202	건물			1,000,000	1,000,000
	0212	비품			200,000	200,000
	0835	5). 대손상각			300,000	300,000
❸	0108	외상매출금			220,000	220,000
	0110	받을어음			80,000	80,000
		7). 기타비용		95,000		95,000
	0812	여비교통비		15,000		15,000
	0813	접대비		20,000		20,000
	0815	수도광열비		35,000		35,000
	0817	세금과공과		25,000		25,000
		5. 영업이익		-8,895,000	33,500,000	24,605,000
		6. 영업외 수익				
	0924	2). 준비금 환입				
		7. 영업외 비용				
	0972	3). 준비금 전입				
	0977	4). 조특법상 특별상각				
		8. 소득세차감전이익		-8,895,000	33,500,000	24,605,000
	0999	9. 소득세등				
	0999	2). 추가계상액				
		10. 당기순이익		-8,895,000	33,500,000	24,605,000
		매출액:[33,700,000] 당기순이익:[24,605,000] 소득률:73.01%				

결산자료입력   — □ ⊟

⤷종료 ⑦도움 ⊞코드 ⊗삭제 ⊜인쇄 ⊟조회 ⋮   [2021] 파스칼상사 105-27-47869 개인 5기 2021-01-01~2021-12-31

F3 전표추가   F4 원가설정   CF4 대손설정   CF5 결산분개삭제   F6 잔액조회   F7 감가상각   F8 대손상각   CF8 퇴직충당

기 간 2021 년 01 ∨ 월 ~ 2021 년 12 ∨ 월

±	코드	과 목	결산분개금액	결산전금액	결산반영금액	결산후금액
		1. 매출액		33,700,000		33,700,000
	0401	상품매출		33,700,000		33,700,000
		2. 매출원가		37,500,000		2,500,000
	0451	상품매출원가				2,500,000
	0146	① 기초 상품 재고액		9,000,000		9,000,000
	0146	⑤ 당기 상품 매입액		28,500,000		28,500,000
	0146	⑩ 기말 상품 재고액			35,000,000	35,000,000
		3. 매출총이익		-3,800,000	35,000,000	31,200,000
		4. 판매비와 일반관리비		5,095,000	1,500,000	6,595,000
		1). 급여 외		5,000,000		5,000,000
	0801	급여		5,000,000		5,000,000
	0806	2). 퇴직급여(전입액)				
	0850	3). 퇴직연금충당금전입액				
	0818	4). 감가상각비				1,200,000
	0202	건물				1,000,000
	0212	비품			200,000	200,000
	0835	5). 대손상각			300,000	300,000
	0108	외상매출금			220,000	220,000
	0110	받을어음			80,000	80,000
		7). 기타비용		95,000		95,000
	0812	여비교통비		15,000		15,000
	0813	접대비		20,000		20,000
	0815	수도광열비		35,000		35,000
	0817	세금과공과		25,000		25,000
		5. 영업이익		-8,895,000	33,500,000	24,605,000
		6. 영업외 수익				
+	0924	2). 준비금 환입				
		7. 영업외 비용				
+	0972	3). 준비금 전입				
+	0977	4). 조특법상 특별상각				
		8. 소득세차감전이익		-8,895,000	33,500,000	24,605,000
	0999	9. 소득세등				
	0999	2). 추가계상액				
		10. 당기순이익		-8,895,000	33,500,000	24,605,000

매출액:[33,700,000] 당기순이익:[24,605,000] 소득평율:73.01%

? 결산분개를 일반전표에 추가하시겠습니까?   예(Y)   아니오(N)

클릭

< 자동 생성된 결산정리분개 >

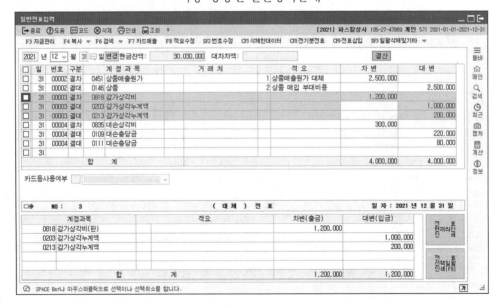

결산 후 합계잔액시산표

합계잔액시산표 【2021】 파스칼상사 105-27-47869 개인 5기 2021-01-01~2021-12-31

F3 제목수정　F4 통합계정　F6 원장조회　F7 임대주택　F8 계정과목편집　F11계정코드　Ctl9 영어계정

기간 :　2021 년　12 ∨ 월　31 일

관리용　제출용　표준용

차 변		계정과목	대 변	
잔액	합계		합계	잔액
219,560,000	233,700,000	1.유 동 자 산	14,940,000	800,000
184,560,000	196,200,000	<당 좌 자 산>	12,440,000	800,000
30,030,000	36,700,000	현　　　　금	6,670,000	
44,500,000	44,500,000	당 좌 예 금		
20,030,000	25,000,000	보 통 예 금	4,970,000	
10,000,000	10,000,000	단 기 매 매 증 권		
52,000,000	52,000,000	외 상 매 출 금		
		대 손 충 당 금	520,000	520,000
28,000,000	28,000,000	받 을 어 음		
		대 손 충 당 금	280,000	280,000
35,000,000	37,500,000	<재 고 자 산>	2,500,000	
35,000,000	37,500,000	상　　　　품	2,500,000	
225,100,000	225,100,000	2.비 유 동 자 산	51,200,000	51,200,000
225,100,000	225,100,000	<유 형 자 산>	51,200,000	51,200,000
200,000,000	200,000,000	건　　　　물		
		감 가 상 각 누 계 액	51,000,000	51,000,000
25,100,000	25,100,000	비　　　　품		
		감 가 상 각 누 계 액	200,000	200,000
	10,000,000	3.유 동 부 채	163,055,000	153,055,000
	10,000,000	외 상 매 입 금	70,000,000	60,000,000
		지 급 어 음	25,500,000	25,500,000
		미 지 급 금	12,000,000	12,000,000
		예 수 금	955,000	955,000
		선 수 금	500,000	500,000
		단 기 차 입 금	54,100,000	54,100,000
		4.자 본 금	215,000,000	215,000,000
		자 본 금	215,000,000	215,000,000
		5.매　　　　출	33,700,000	33,700,000
		상 품 매 출	33,700,000	33,700,000
2,500,000	2,500,000	6.매 출 원 가		
2,500,000	2,500,000	상 품 매 출 원 가		
6,595,000	6,595,000	7.판 매 비 및 일 반 관 리 비		
5,000,000	5,000,000	급　　　　여		
15,000	15,000	여 비 교 통 비		
20,000	20,000	접 대 비		
35,000	35,000	수 도 광 열 비		
25,000	25,000	세 금 과 공 과		
1,200,000	1,200,000	감 가 상 각 비		
300,000	300,000	대 손 상 각 비		
453,755,000	477,895,000	합　　　　계	477,895,000	453,755,000

툴바　메인　검색　최근　캡처　계산　정보

⊙ **시산표란** : 거래 내역을 프로그램을 통하여 입력한 회계자료가 정확하게 입력되었는지를 파악하기 위한 계정 집계표로서 기업의 일정한 시점에 있어서의 재무상태와 일정한 기간의 경영성과를 계략적으로 파악할 수가 있다.

손익계산서(관리용)

손익계산서

[종료] [도움] [코드] [삭제] [인쇄] [조회] ≡   【2021】 파스칼상사 105-27-47869 개인 5기 2021-01-01-2021-12-31

F3 유형 F4 통합계정 F6 원장조회 F7 주식수 F11계정코드 CF5전표추가 CF7분류표시 ▾ CF9영어계정 CF12법인세효과

기간 : 2021 년 12 ∨ 월

관리용 | 제출용 | 표준용

과 목	제 5(당)기 2021년1월1일 ~ 2021년12월31일 금액		제 4(전)기 2020년1월1일 ~ 2020년12월31일 금액	
I.매출액		33,700,000		174,450,000
상품매출	33,700,000		174,450,000	
II.매출원가		2,500,000		84,450,000
상품매출원가		2,500,000		84,450,000
기초상품재고액	9,000,000		50,500,000	
당기상품매입액	28,500,000		42,950,000	
기말상품재고액	35,000,000		9,000,000	
III.매출총이익		31,200,000		90,000,000
IV.판매비와관리비		6,595,000		11,100,000
급여	5,000,000		5,000,000	
복리후생비			700,000	
여비교통비	15,000		600,000	
접대비	20,000		900,000	
통신비			100,000	
수도광열비	35,000			
세금과공과	25,000		400,000	
감가상각비	1,200,000			
임차료			1,000,000	
차량유지비			2,000,000	
소모품비			400,000	
대손상각비	300,000			
V.영업이익		24,605,000		78,900,000
VI.영업외수익				250,000
이자수익			250,000	
VII.영업외비용				250,000
이자비용			250,000	
VIII.소득세차감전이익		24,605,000		78,900,000
IX.소득세등				3,900,000
소득세비용			3,900,000	
X.당기순이익		24,605,000		75,000,000

재무상태표(관리용)

재무상태표

[➡종료] [⑦도움] [⌨코드] [⊗삭제] [🖨인쇄] [🔍조회] ▾　　　　　[2021] **파스칼상사** 105-27-47869 **개인** 5기 2021-01-01~2021-12-31

F3 유형　F4 통합계정　F6 원장조회　F7 임대주택　F11 계정코드　CF7 제목수정 ▾　CF9 퇴직부채 합산여부　CF10 타이틀 변경

기간 : 　2021 년　12 ▾ 월

| 관리용 | 제출용 | 표준용 |

과　목	제 5(당)기 2021년1월1일 ~ 2021년12월31일 금액		제 4(전)기 2020년1월1일 ~ 2020년12월31일 금액	
자산				
Ⅰ.유동자산		218,760,000		169,000,000
① 당좌자산		183,760,000		160,000,000
현금		30,030,000		30,500,000
당좌예금		44,500,000		44,500,000
보통예금		20,030,000		25,000,000
단기매매증권		10,000,000		10,000,000
외상매출금	52,000,000		30,500,000	
대손충당금	520,000	51,480,000	300,000	30,200,000
받을어음	28,000,000		20,000,000	
대손충당금	280,000	27,720,000	200,000	19,800,000
② 재고자산		35,000,000		9,000,000
상품		35,000,000		9,000,000
Ⅱ.비유동자산		173,900,000		175,000,000
① 투자자산				
② 유형자산		173,900,000		175,000,000
건물	200,000,000		200,000,000	
감가상각누계액	51,000,000	149,000,000	50,000,000	150,000,000
비품	25,100,000		25,000,000	
감가상각누계액	200,000	24,900,000		25,000,000
③ 무형자산				
④ 기타비유동자산				
자산총계		392,660,000		344,000,000
부채				
Ⅰ.유동부채		153,055,000		129,000,000
외상매입금		60,000,000		48,000,000
지급어음		25,500,000		15,500,000
미지급금		12,000,000		12,000,000
예수금		955,000		900,000
선수금		500,000		500,000
단기차입금		54,100,000		52,100,000
Ⅱ.비유동부채				
부채총계		153,055,000		129,000,000
자본				
Ⅰ.자본금		239,605,000		215,000,000
자본금		239,605,000		215,000,000
(당기순이익)				
당기: 24,605,000				
전기: 75,000,000				
자본총계		239,605,000		215,000,000
부채와자본총계		392,660,000		344,000,000

돌바
메인
검색
최근
캡처
계산
정보

재무상태표(제출용)

재무상태표

➡️종료 ⑦도움 ⌨️코드 ⓧ삭제 🖨️인쇄 🖥️조회 ▾ **[2021] 파스칼상사** 105-27-47869 **개인** 5기 2021-01-01-2021-12-31

F3 유형 F4 통합계정 F6 원장조회 F7 임대주택 F11 계정코드 CF7 제목수정 ▾ CF9 퇴직부채 합산여부 CF10 타이틀 변경

기간 : 2021 년 12 ▾ 월

관리용 | 제출용 | 표준용

과 목	제 5(당)기 2021년1월1일 ~ 2021년12월31일		제 4(전)기 2020년1월1일 ~ 2020년12월31일	
	금액		금액	
자산				
Ⅰ.유동자산		218,760,000		169,000,000
① 당좌자산		183,760,000		160,000,000
현금및현금성자산	94,560,000		100,000,000	
단기투자자산	10,000,000		10,000,000	
매출채권	80,000,000		50,500,000	
대손충당금	(800,000)		(500,000)	
② 재고자산		35,000,000		9,000,000
상품	35,000,000		9,000,000	
Ⅱ.비유동자산		173,900,000		175,000,000
① 투자자산				
② 유형자산		173,900,000		175,000,000
건물	200,000,000		200,000,000	
감가상각누계액	(51,000,000)		(50,000,000)	
비품	25,100,000		25,000,000	
감가상각누계액	(200,000)			
③ 무형자산				
④ 기타비유동자산				
자산총계		392,660,000		344,000,000
부채				
Ⅰ.유동부채		153,055,000		129,000,000
매입채무	85,500,000		63,500,000	
미지급금	12,000,000		12,000,000	
예수금	955,000		900,000	
선수금	500,000		500,000	
단기차입금	54,100,000		52,100,000	
Ⅱ.비유동부채				
부채총계		153,055,000		129,000,000
자본				
Ⅰ.자본금		239,605,000		215,000,000
자본금	239,605,000		215,000,000	
(당기순이익)				
당기: 24,605,000				
전기: 75,000,000				
자본총계		239,605,000		215,000,000
부채와자본총계		392,660,000		344,000,000

연습문제 다음 물음에 답하시오

(1) 12월 31일 현금 계정 잔액은 얼마인가?
  < 현금출납장 조회 > ·· 30,030,000원

(2) 12월 31일 외상매입금 계정 잔액은 얼마인가?
  < 계정별원장 조회 > ·· 60,000,000원

(3) 12월 31일 외상매출금 계정 잔액은 얼마인가?
  < 계정별원장 조회 > ·· 52,000,000원

(4) 현금출납장에서 11월 현금 입금액은 얼마인가?
  < 현금출납장 조회 >·· 6,200,000원

(5) 상품재고장에서 12월 31일 잔액은 얼마인가?
  < 계정별원장 조회 > ·· 35,000,000원

(6) 결산정리 후 합계잔액시산표상의 "현금및현금성자산의 잔액"은 얼마인가?
  < 제출용을 클릭 > ·· 94,560,000원

(7) 재무상태표에 보고되는 부채와 자본총계는 얼마인가?
  < 관리용 및 제출용 조회 >·· 392,660,000원

(8) 손익계산서에 보고되는 당기순손익은?
  < 관리용 및 제출용 조회 > ····························· 당기순이익 24,605,000원

(9) 당기 상품매출액은 얼마인가?
  < 손익계산서 조회 > ·· 33,700,000원

(10) 당기 상품매출원가는 얼마인가?
  < 손익계산서 조회 >·· 2,500,000원

(11) 당기 상품매출총이익은 얼마인가?
  < 손익계산서 조회 > ·· 31,200,000원

(12) 결산 완료 시 손익 계정에서 자본금 계정으로 대체되는 금액은 얼마인가?
  < 분개장 12월 31일 분 조회 >·· 24,605,000원

▶ 손익계산서 조회 : 상단 툴바 [전표추가(Ctrl+F5)]키를 클릭하면 일반전표에 (12월 31일자) 결산대체 분개가 자동으로 생성된다.
▶ 12월 31일 분개 하단 : (차변) 손익 24,605,000 (대변) 자본금 24,605,000(손익계산서상 당기순이익)

② 자동 결산

결산/재무제표 ⇨ 결산자료 입력 ⇨ [F3]전표추가

[결산자료입력]란에 입력 후 왼쪽 상단 [(F3)전표추가] 단추를 클릭하면 일반전표에 12월 31일자로 결산 정리 분개가 자동으로 생성된다.

> ※ 일반적인 자동 결산 정리 사항은 다음과 같다.
> ㉠ 기말재고자산 : 도,소매업 : 상품
>   제조기업 : 원재료, 재공품, 제품
> ㉡ 유형자산과 무형자산의 감가상각
> ㉢ 대손충당금의 설정(단, 대손충당금환입은 수동으로 입력한다.)
> ㉣ 퇴직급여   ㉤ 소득세 추산액 등

❂ 경기상사(코드 번호 : 2023)는 사무용품을 판매하는 개인기업이다. 당기(제2기) 회계기간은 2021. 1. 1. ~ 2021. 12. 31. 이다. 전산세무회계 수험용 프로그램을 이용하여 다음 물음에 답하시오.

─── < 기 본 전 제 > ───
문제에서 한국채택국제회계기준을 적용하도록 하는 전제조건이 없는 경우, 일반기업회계기준을 적용한다.

예제 결산 정리사항은 다음과 같다. 해당 메뉴에 입력하여 결산을 완료하시오.(12점)

[1] 기말상품재고액은 16,500,000원이다.(3점)

[2] 한국상사에서 사용하고 있는 자산에 대한 당기분 감가상각비는 건물 800,000원, 차량운반구 500,000원, 비품 100,000원이다.(3점)

[3] 매출채권(외상매출금, 받을어음) 잔액에 대하여 1%의 대손충당금을 보충법으로 설정하다.(3점)

[4] 퇴직급여충당부채 추계액은 25,000,000원이다.(3점)

(1) [회계관리] – [결산/재무제표] – [결산자료입력]을 실행하여 기간란에 1월부터 12월까지의 회계기간을 입력하면 아래와 같이 [매출원가 및 경비선택] 창이 나타난다. [판매업(도,소매)]에서는 매출원가 코드는 자동 반영되므로 사용여부를 무시하고 [확인(Enter)] 단추를 누르면 [결산자료 입력] 화면이 나타난다.

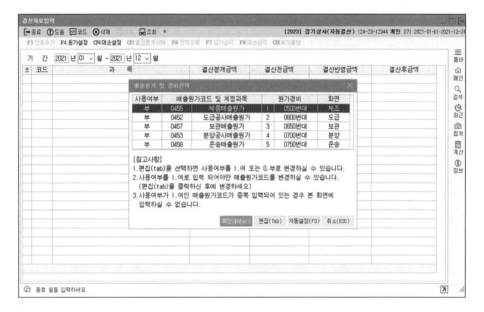

(2) 결산자료 입력화면에서 주어진 자료를 해당란에 직접 입력한다.

① 0146 기말상품재고액란에 16,500,000원 입력한다.

② 0818 감가상각비 : 건물란에 800,000원, 차량운반구란에 500,000원, 비품란에 100,000원 입력한다.

③ 0835 대손상각 : 외상매출금란에 851,500원, 받을어음란에 132,500원을 입력한다.

> ▶ 합계잔액시산표 차변잔액을 기준으로 계산한다.
> 　 -. 외상매출금 : 116,400,000×1%−312,500 = 851,500
> 　 -. 받 을 어 음 : 17,750,000×1%−45,000 = 132,500

④ 0801 급여의 2). 퇴직급여(전입액)란에 [25,000,000−20,000,000 = 5,000,000원] 입력

< 결산자료 입력 화면 >

결산자료입력   _ □ ⏻

종료 ⑦도움 코드 ⊗삭제 인쇄 조회 ⇅   [2023] 경기상사(자동결산) 124-23-12344 개인 27| 2021-01-01~2021-12-31

F3 전표추가 F4 원가설정 CF4 대손설정 CF5 결산분개삭제 F6 잔액조회 F7 감가상각 F8 대손상각 CF8 퇴직충당

기 간 2021 년 01 ▼ 월 ~ 2021 년 12 ▼ 월

±	코드	과 목	결산분개금액	결산전금액	결산반영금액	결산후금액
		1. 매출액		254,960,000		254,960,000
	0401	상품매출		254,960,000		254,960,000
		2. 매출원가		170,800,000		154,300,000
	0451	상품매출원가				154,300,000
	0146	① 기초 상품 재고액		12,800,000		12,800,000
	0146	② 당기 상품 매입액		158,000,000		158,000,000
❶	0146	⑩ 기말 상품 재고액			16,500,000	16,500,000
		3. 매출총이익		84,160,000	16,500,000	100,660,000
		4. 판매비와 일반관리비		80,845,250	7,384,000	88,229,250
		1). 급여 외		20,500,000		20,500,000
	0801	급여		20,500,000		20,500,000
❹	0806	2). 퇴직급여(전입액)			5,000,000	5,000,000
	0850	3). 퇴직연금충당금전입액				
	0818	4). 감가상각비			1,400,000	1,400,000
❷	0202	건물			800,000	800,000
	0208	차량운반구			500,000	500,000
	0212	비품			100,000	100,000
	0835	5). 대손상각			984,000	984,000
❸	0108	외상매출금			851,500	851,500
	0110	받을어음			132,500	132,500
		7). 기타비용		60,345,250		60,345,250
	0811	복리후생비		14,634,540		14,634,540
	0812	여비교통비		1,782,550		1,782,550
	0813	접대비		12,938,500		12,938,500
	0814	통신비		2,110,800		2,110,800
	0815	수도광열비		2,022,950		2,022,950
	0817	세금과공과		1,034,050		1,034,050
	0819	임차료		4,700,000		4,700,000
	0820	수선비		3,073,900		3,073,900
	0821	보험료		2,459,460		2,459,460
	0822	차량유지비		10,105,970		10,105,970
	0824	운반비		286,150		286,150
	0826	도서인쇄비		200,000		200,000
	0830	소모품비		3,176,380		3,176,380
	0831	수수료비용		1,820,000		1,820,000
		5. 영업이익		3,314,750	9,116,000	12,430,750
		6. 영업외 수익		6,830,000		6,830,000
		1). 이자수익		1,210,000		1,210,000
	0901	이자수익		1,210,000		1,210,000
	0924	2). 준비금 환입				
		3). 기타영업외수익		5,620,000		5,620,000
	0904	임대료		5,620,000		5,620,000
		7. 영업외 비용		1,396,000		1,396,000
		1). 이자비용		1,328,000		1,328,000
	0951	이자비용		1,328,000		1,328,000
	0954	2). 기타의대손상각				
	0120	미수금				
	0131	선급금				
	0972	3). 준비금 전입				
	0977	4). 조특법상 특별상각				
		5). 기타영업외비용		68,000		68,000
	0980	잡손실		68,000		68,000
		8. 소득세차감전이익		8,748,750	9,116,000	17,864,750
	0999	9. 소득세등				
	0999	2). 추가계상액				
		10. 당기순이익		8,748,750	9,116,000	17,864,750

매출액:[254,960,000] 당기순이익:[17,864,750] 소득평율:7.01%

(3) 상단 툴바의 [전표추가(F3)]를 클릭하면 [일반전표] 12월 31일자로 결산정리분개가
자동으로 생성된다.

< 전표추가 화면 >

< 자동 생성된 결산정리분개 >

< 손익계산서 출력 화면 >

손익계산서

[2023] 경기상사 (자동결산) 124-23-12344 개인 2기 2021-01-01-2021-12-31

F3 유형 F4 통합계정 F6 원장조회 F7 주식수 F11계정코드 CF5전표추가 CF7분류표시 CF9영어계정 CF0법인세효과

기간 : 2021 년 12 월

관리용 제출용 표준용

과 목	제 2(당)기 2021년1월1일 ~ 2021년12월31일 금액		제 1(전)기 2019년4월23일 ~ 2019년12월31일 금액	
I.매출액		254,960,000		85,000,000
상품매출	254,960,000		85,000,000	
II.매출원가		154,300,000		22,200,000
상품매출원가		154,300,000		22,200,000
기초상품재고액	12,800,000		4,000,000	
당기상품매입액	158,000,000		31,000,000	
기말상품재고액	16,500,000		12,800,000	
III.매출총이익		100,660,000		62,800,000
IV.판매비와관리비		88,229,250		4,984,000
급여	20,500,000		3,200,000	
퇴직급여	5,000,000			
복리후생비	14,634,540		1,400,000	
여비교통비	1,782,550		54,000	
접대비	12,938,500			
통신비	2,110,800			
수도광열비	2,022,950			
세금과공과	1,034,050			
감가상각비	1,400,000			
임차료	4,700,000			
수선비	3,073,900			
보험료	2,459,460			
차량유지비	10,105,970		100,000	
운반비	286,150			
도서인쇄비	200,000			
소모품비	3,176,380		230,000	
수수료비용	1,820,000			
대손상각비	984,000			
V.영업이익		12,430,750		57,816,000
VI.영업외수익		6,830,000		1,110,000
이자수익	1,210,000		300,000	
임대료	5,620,000		810,000	
VII.영업외비용		1,396,000		400,000
이자비용	1,328,000			
유형자산처분손실			400,000	
잡손실	68,000			
VIII.소득세차감전이익		17,864,750		50,526,000
IX.소득세등				
X.당기순이익		17,864,750		58,526,000

회계 충전소

▶ **참고사항이며, 자격증시험 시 점수와는 상관이 없음**

1. 실무에서는 반드시 손익계산서 상단 툴바의 [(F3)전표추가] 단추를 클릭하면 영미식 결산법에 의한 결산대체분개가 생성된다.

2. 실무에서는 반드시 [마감 후 이월]에서 상단 툴바의 [마감실행]을 클릭하여, 모든 자료를 마감시킨다.

> = 영미식 결산법의 본 절차에 대한 결산대체분개가 자동으로 생성된다. =
> ① 수익과 비용에 속하는 계정을 손익 계정에 대체
> ② 손익 계정 잔액 당기순손익을 자본금 계정에 대체
> ③ 자산·부채·자본에 속하는 계정을 차기로 이월

3. [마감 후 이월] 작업이 끝나면, 당기의 (2021년) 모든 장부는 마감이 되었으므로 조회는 가능하지만, 수정 및 삭제는 되지 않는다.

4. 수정 및 삭제가 필요하면, [마감 후 이월]에서 상단 툴바의 [마감취소]를 클릭한 후 필요한 수정 및 삭제를 하면 된다.

< 수익과 비용 계정을 손익 계정에 대체 / 당기순손익을 자본금 계정에 대체되는 분개 >

< 재무상태표 출력 화면 >

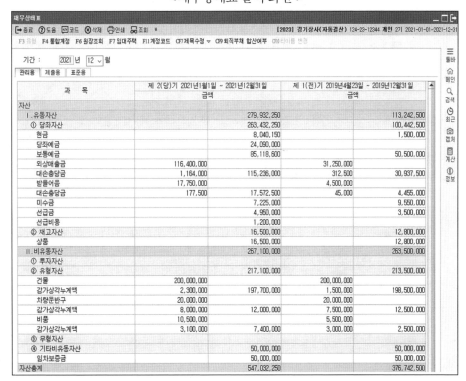

부채			
Ⅰ.유동부채	170,520,000		33,095,000
외상매입금	96,445,000		16,850,000
지급어음	30,460,000		4,560,000
미지급금	2,040,000		6,000,000
예수금	175,000		65,000
선수금	1,400,000		
단기차입금	40,000,000		
선수수익			5,620,000
Ⅱ.비유동부채	35,000,000		20,000,000
장기차입금	10,000,000		
퇴직급여충당부채	25,000,000		20,000,000
부채총계	205,520,000		53,095,000
자본			
Ⅰ.자본금	341,512,250		323,647,500
자본금	341,512,250		323,647,500
(당기순이익)			
당기: 17,864,750			
전기: 58,526,000			
자본총계	341,512,250		323,647,500
부채와자본총계	547,032,250		376,742,500

▶ 상단 툴바의 [감가상각] [대손상각] [퇴직충당]을 이용하여 자동결산 하는 경우

(1) [감가상각] : 툴바의 [F7 감가상각] 단추를 누르면 고정자산등록에서 입력
하여 계산된 감가상각비의 자료가 반영되도록 되어있다. 하지만 [고정자산
및 감가상각 모듈]은 전산회계 1급 이상에서 활성화 되도록 되어 있어 상단
툴바를 이용할 수가 없다. 따라서 [결산자료 입력란] 각 해당란에 문제에서
주어진 감가상각비 금액을 직접입력 해야 한다.

(2) [대손상각] : 툴바의 [F8 대손상각]을 클릭하고 나타나는 화면에서 대손율
(1%)을 확인한 다음 매출채권(외상매출금, 받을어음)외의 금액(미수금과
선급금)은 삭제를 한 후 [결산반영]을 클릭하면 해당란에 입력된다.

<대손충당금 자동 설정 >

(3) [퇴직충당] : 툴바의 [퇴직충당]을 클릭하고 나타나는 화면에서 [퇴직급여추계액 25,000,000원]을 입력 후 [결산반영]을 클릭하면, 추가 설정액 "해당란에 5,000,000원"이 입력된다.

<퇴직급여충당부채 자동 설정 >

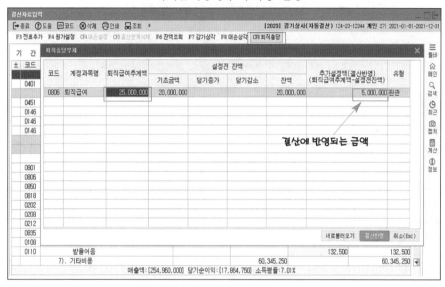

쉬어 가는 페이지

회계 정보는 사회적으로 약속된 소통 방법이다.

몇년 전 인기 TV프로그램 [짝]에 출연한 28세의 여자 5호가 화제를 불러 일으킨 적이 있다. 지각을 했으면서 기사 딸린 고급 승용차를 타고 온 그녀가 "해운회사 회장의 외동딸입니다. 앞으로 아버지의 뒤를 이어 회사를 맡고 싶습니다."라고 소개하자 남성 출연자들의 태도가 바뀌었다. 그녀의 지각을 비난하던 남자들은 어느새 "웃는 모습이 너무 예쁘다. 바라는 것 없이 그냥 잘해주고 싶다."라며 칭찬을 늘어놨다. 또 여자 5호의 눈에 들기 위해 애정촌을 열심히 청소하기도 했다. 방송을 본 네티즌들은 "사람이 어쩜 저렇게 갑자기 바뀌나?", "역시 돈이라면…….", "솔직히 여자의 배경을 보면 나라도 그럴 거다."라며 뜨거운 반응을 보였다.

필자가 이 게시판에 댓글을 단다면 이렇게 올릴 것 같다. "혹시 그 해운회사의 재무제표를 보셨나요? 자산이 500억 원인데, 부채가 1,000억 원이면 어쩌지요?" 물론 그 회사의 재무제표가 엉망이라는 뜻은 아니다. 하지만 배우자든, 회사든, 눈에 보이는 것이 좋다고 해서 확인도 안 하고 덥석 붙들었다가는 큰 코 다칠 수 있다.

회계가 자본 자원의 효율적 배분에 기여한다고는 하지만, 막상 회계 정보를 접해도 이 회사와 정말 거래를 해도 될 지, 투자를 해도 되는지, 내가 입사를 해도 될 지 의문이 들 때가 많다. "지금 잘나가는 회사는 ○○회사입니다. 왜냐하면 올해 순이익을 100억 원이나 달성했거든요."라고 회계 용어를 써서 이야기해도 그렇다. 왜냐하면 한 가지 단순한 회계 정보만 가지고 재무상태나 경영성과를 판단할 수 없고, 그 정보가 진실된 정보인지도 모르는 일이기 때문이다. 그래서 회계가 진정으로 가치를 지니기 위해서는 정보 제공자가 사회적 약속에 맞는 회계 정보를 제공하고, 정보이용자 또한 기본적인 회계 상식을 가지고 있어야 하는 것이다.

출처 : 〈지금 당장 회계 공부 시작하라〉 - 강대준, 신홍철 저 (한빛비즈) -

Chapter 06 장부 조회

- 제장부 조회

① 제장부 조회

★ 회사코드 : 2018 제장부 조회 ★

① 전표 조회

(1) 일반전표에서 입력된 전표를 조회/출력을 할 수가 있다.

(2) 조회기간 : 조회하고자 하는 해당 월 일을 입력한다.

(3) 구분 : 조회하고자 하는 전표유형을 선택하는 곳

① 전체 – 입금전표, 출금전표, 대체전표를 조회하고자 할 때 선택한다.

② 출금 – 현금 출금거래를 조회하고자 할 때 선택한다.

③ 입금 – 현금 출입거래를 조회하고자 할 때 선택한다.

④ 대체 – 대체전표를 조회하고자 할 때 선택한다.

 예제 ▶

▶ 제장부 조회의 12월 10일 ~12월 20일까지 거래의 내역을 확인하고자 한다. 전표 조회를 통하여 내용을 조회하시오.

입력방법

1. [회계관리]메뉴에서 [장부관리] – [전표출력]을 클릭하면 전표조회 화면이 나타난다.

2. 조회기간 : 12월 10일부터 12월 20일까지를 입력한다.

3. 구분 : 1.전체를 선택한다.

4. 부서/사원, 현장코드, 전표번호는 무시하고 "Enter"를 친다.

5. 다음과 같이 12월 10일부터 12월 20일까지 입력된 내용을 알 수가 있다.

6. 조회하고자 하는 일자에 '체크'를 한 후 상단 툴바의 [인쇄] 단추를 누르면 원하는 날짜의 전표를 출력 인쇄할 수 있다.

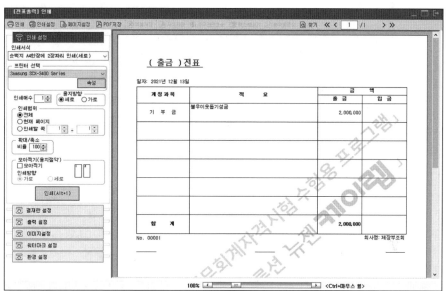

② 계정별원장

(1) 각 계정별로 정보를 알 수 있는 장부이며, 주요부에 속한다.

(2) 현금 계정의 정보는 현금출납장에서만 그 정보를 얻을 수가 있다.

(3) 오류가 있을 때 해당일에 더블클릭을 하고 [전표조회(수정)]또는 [삭제(F5)]를 할 수 있다.

> **예** 12월 31일 현재 상품매출 잔액은 얼마인가?　　【 답 : 791,580,000원 】

【 계정별원장 상품매출 조회 화면 】

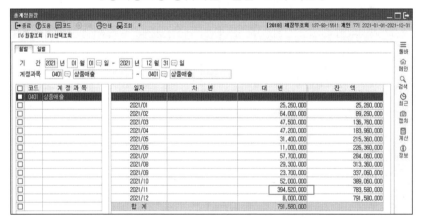

③ 총계정원장

(1) 1년 전체의 정보를 월별로 집계된 현황을 파악 할 수가 있으며, 주요부에 속한다.

(2) 오류가 있을 때 해당일에 더블클릭을 하고 [전표조회(수정)] 또는 [삭제(F5)]를 할 수 있다.

> **예** 상품매출거래가 가장 많이 일어난 달은 몇 월이며, 금액은 얼마인가?
> 【 답 : 11월, 394,520,000원 】

【 총계정원장 상품매출 "월별" 조회 화면 】

④ 일계표

(1) 일일집계표로서 몇일부터 몇일까지의 현금입금 거래, 현금출금 거래 및 대체거래에 대한 정보를 파악 할 수가 있다.

(2) 오류가 있을 때 해당일에 더블클릭을 하고 [전표조회(수정)] 또는 [삭제(F5)]를 할 수 있다.

예 12월 10일에서 12월 20일까지의 상품매출 총액은 얼마인가? 【 답 : 8,000,000원 】

【 일계표 조회 화면 】

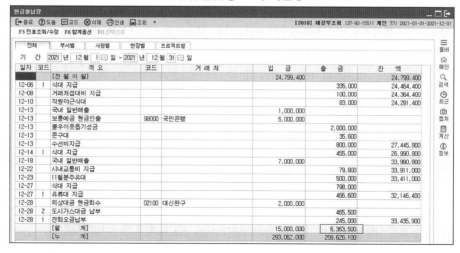

⑤ **현금출납장**

(1) 현금 거래를 보다 구체적으로 기장하기 위해 작성하는 보조기입장이다.

(2) 오류가 있을 때 해당 일에 더블클릭을 하고 [전표조회(수정)] 또는 [삭제(F5)]를 할 수 있다.

예 12월 총 현금지출액은 얼마인가? 【 답 : (월계) 6,363,500원 】

【 현금출납장 조회 화면 】

⑥ 월계표

(1) 월별로 집계현황을 파악할 수가 있다.

(2) 오류가 있을 때 해당 일에 더블클릭을 하고 [전표조회(수정)] 또는 [삭제(F5)]를 할 수 있다.

> **예** 7월에서 12월까지 현금으로 매입한 상품은 얼마인가? 【 답:10,520,000원 】

【 월계표 조회 화면 】

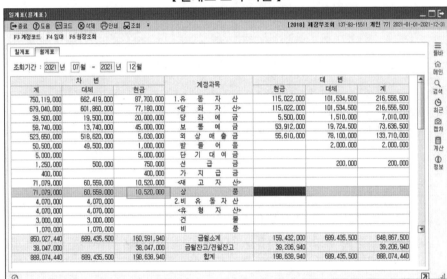

⑦ 거래처원장

각 거래처별로 외상거래를 파악하기 위한 장부로서 매입처원장과 매출처원장이 있다.

(1) 매입처원장 : 각 거래처별로 외상매입거래를 파악하기 위한 장부로서 잔액, 내용, 총괄로 표시된다.

(2) 매출처원장 : 각 거래처별로 외상매출거래를 파악하기 위한 장부로서 잔액, 내용, 총괄로 표시된다.

< 잔액 및 내용 >

(1) 잔액 : 거래처별 잔액, 및 거래처별 거래내용을 파악할 수가 있다.

(2) 내용 : 거래처별 내용을 구체적으로 파악할 수가 있다.

(3) 기간 : 작업하고자 하는 기간을 입력한다. < **예** 12월 1일 ~ 12월 31일 >

(4) 계정과목란 : 외상매입금 또는 외상매출금을 입력한다.

(5) 거래처 분류 : 무시한다.

(6) 거래처 코드 : [F2] 도움 자판을 이용하여 작업하고자 하는 거래처를 선택하여 입력한다.

(7) 총괄잔액, 총괄내용은 각 거래처별 잔액과 내용을 총괄적으로 알 수가 있다.

【예1】 12월 말 현재 외상매입금 잔액이 가장 많은 거래처와 금액은 얼마인가?
【 답 : 아이들완구, 25,000,000원 】

【 매입처별 외상매입금 조회 화면 】

코드	거래처	등록번호	대표자명	전일이월	차 변	대 변	잔 액	담당)코	(담당)부서
02005	주홀문구	236-43-17937	이찬희	5,900,000			5,900,000		
02007	소율완구	202-44-00390		2,000,000			2,000,000		
03001	우리상사	104-25-41233	이화미	3,200,000			3,200,000		
06009	하동상사	117-42-70158	조은미	650,000			650,000		
06100	크로바완구	605-10-25862	정한샘	12,150,000			12,150,000		
06110	아이들완구	505-21-21994	윤대식	25,000,000			25,000,000		
06190	기린완구	220-36-74158	안달수	15,300,000			15,300,000		
06230	(주)발해완구	219-03-69263	정해윤	4,600,000			4,600,000		
06350	설악상사	113-45-10256	홍길동	3,000,000			3,000,000		
06370	영진완구	120-16-90961	최동찬	5,050,000			5,050,000		
06380	영순완구	111-11-11119	이지희	3,000,000			3,000,000		
06430	장미화원	620-09-72072	박민규	2,500,000			2,500,000		
06660	세동아완구	129-25-25611	하동건	3,000,000			3,000,000		
	합 계			85,350,000			85,350,000		

▶ 조회기간을 입력하고 계정과목란에 [0251 외상매입금]을 입력한 다음 거래처 코드란에 커서를 두고 [Enter]를 계속치면 외상매입금에 대한 모든 거래처가 조회되어 나타난다. 거래처 아이들완구 잔액란 금액이 가장 많음을 알 수가 있다.

【예2】 11월 1일에서 11월 30일까지 매입처 크로바완구의 외상매입금 지급액은 얼마인가? 【 답 : 11,500,000원 】

(1) [회계관리] – [장부관리] – [거래처원장]을 실행하여 거래처원장 잔액란 입력 화면이 나타난다.

(2) 기간 11월 1일 ~ 11월 30일을 입력한 다음 계정과목 [0251 외상매입금]을 입력 후 거래처란에서 [F2] 도움 자판을 누르고 크로바완구를 선택하여 입력한 다음 [Enter]를 치면 조회가 되며, 차변금액 11,500,000원이 외상매입금 지급액이 된다.

【 매입처 크로바완구의 외상매입금 조회화면 ① 】

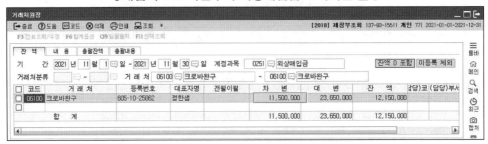

⑧ 합계잔액시산표

(1) 일정기간 동안 발생한 모든 계정과목의 합계와 잔액을 나타내는 계정 집계표이다.

(2) 제장부 조회의 2021년 12월 31일 현재까지 결산 후 합계잔액시산표는 다음과 같다.

【 합계잔액시산표 출력 화면 】

Chapter 07 분개실습문제

- 분개실습문제 80선

① 분개실습문제(80선)

❍ 종합도매상사(회사코드 : 2019)은 각종 잡화를 판매하는 개인기업이며, 당기(제2기) 회계기간은 2021. 1. 1 ~ 2021. 12. 31 이다. 전산세무회계 수험용 프로그램을 이용하여 일반전표에 입력하시오.

――――― < 입력시 유의사항 > ―――――

- 적요의 입력은 생략한다.
- 부가가치세는 고려하지 않는다.
- 채권 · 채무와 관련된 거래처명은 반드시 기 등록되어 있는 거래처코드를 선택하는 방법으로 거래처명을 입력한다.
- 회계처리 시 계정과목은 등록되어 있는 계정과목 중 가장 적절한 과목으로 한다.

[01] 1월 1일 매장 신축용 토지를 20,000,000원에 한국개발(주)에서 구입하고, 대금 중 5,000,000원은 자기앞수표로 지급하고, 잔액은 2개월 후에 지급하기로 하다. 또한 토지에 대한 취득세 300,000원을 현금으로 지급하다.(3점)

[02] 1월 21일 태평상사의 1월 말 현재 외상매입금 잔액 2,000,000원 인터넷뱅킹을 통하여 보통예금에서 상환하다.(3점)

[03] 1월 30일 당사는 1월 16일부터 창고를 임차하였으며, 월 임차료(1일~말일까지)는 3,000,000원이나 1월분 임차료 해당액(월임차료의 50%)을 현금으로 지급하다.(3점)

[04] 2월 8일 총무부 최 호순 과장은 2월 5일 세미나 참석을 위한 출장 시 지급받은 업무 가지급금에 대하여 다음과 같이 정산하고 차액은 현금으로 회수하다.(3점)

<table>
<tr><th colspan="4">가지급금 정산서</th></tr>
<tr><td>소 속
영업부</td><td>직 위
과 장</td><td>이 름</td><td>최순호</td></tr>
<tr><td rowspan="3">출 장
내 역</td><td>일 시</td><td colspan="2">2021.02.04. ~ 2021.02.06</td></tr>
<tr><td>출 장 지</td><td colspan="2">제주도 제주호텔 5층</td></tr>
<tr><td>출장목적</td><td colspan="2">거래처 방문 및 신제품 홍보</td></tr>
<tr><td rowspan="2">출장비</td><td>지급받은 금액</td><td>실제소요액</td><td>정산차액</td></tr>
<tr><td>500,000원</td><td>490,00원</td><td>10,000원</td></tr>
<tr><td>지 출
내 역</td><td colspan="3">-. 왕복 항공료 : 240,000원
-. 택 시 요 금 : 50,000원
-. 숙 박 비 : 200,000원</td></tr>
<tr><td colspan="4">2021년 02월 08일

신청인 성명 : 최 순호(인)</td></tr>
</table>

[05] 2월 9일 거래처 영남상사로부터 외상매출금 중 5,000,000원은 현금으로 회수하고, 10,000,000원은 보통예금 통장으로 입금 받다.(3점)

[06] 2월 10일 일제자전거의 받을어음 12,000,000원을 거래은행에 추심의뢰하여 추심료 30,000원을 차감한 잔액이 당사 당좌예금계좌에 입금되었음을 통보받다.(거래처입력 생략)(3점)

[07] 2월 12일 관리부 직원의 결혼축의금 500,000원을 현금으로 지급하고, 증빙으로 청첩장을 첨부하다.(3점)

[08] 2월 15일 태백상사에 자전거부품 5,000,000원(500개, @10,000원)을 판매하기로 계약하고, 대금 중 10%를 당좌예금계좌로 송금받다.(3점)

[09] 3월 10일 부서장 강은비의 출장비를 다음과 같이 현금으로 지급하고, 출장비의 사용명세서를 받아 정산키로 하다.(3점)

가지급금 지급신청서					제출용

계정책임자 (인)	신청 부서	담당 (인)	부장 ✔	사장 (인)	감사

아래 내용으로 가지급금 지급을 신청하오니
조치하여 주시기 바랍니다.

2021년 03월 10일

신청부서 : 영 업 팀
부 서 장 : 강 은 비   (인)

계정과목 : 여비교통비등	신청금액 : 500,000원
신청사유 : 지방 출장	정산예정일 : 2021. 03. 12.
신청내용	

출 장 지 : 대구 달성
출장기간 : 2021.03.11.~2021.03.11.
출장사유 : 신제품 홍보 및 거래처 방문

[10] 3월 14일 만기가 2024년 6월 30일인 정기적금에 이달분 1,000,000원을 예금하기 위해 보통예금통장에서 이체하다.(3점)

[11] 3월 15일   거래처 하늘기업에 다음과 같이 상품을 매출하다.(3점)

품 목	수량(BOX)	단가(원)	금액(원)	결 제	
복사용지	70	20,000	1,400,000	현금 1,000,000원	
볼 펜	100	10,000	1,000,000	어음 1,400,000원	
계			2,400,000		

[12] 3월 24일   추석을 맞이해 직원선물용 과일바구니 500,000원과 거래처선물용 홍삼세트 200,000원을 비자카드로 결제하다.(부채 계정은 미지급금으로 할 것)(3점)

[13] 4월 21일   사용 중이던 업무용 화물차(취득가액 6,000,000원, 감가상각누계액 4,200,000원)를 종로중고에 1,500,000원에 매각하고 대금은 월말에 받기로 하다.(3점)

[14] 4월 25일   매장 건물의 모든 출입문을 자동화 시설로 교체하고, 출입문 설치비 6,000,000원은 태극설비에 2개월 후에 지급하기로 하다.(자본적지출로 회계 처리)(3점)

[15] 4월 26일   거래처 태안상회로부터 받은 약속어음 1,000,000원을 만기 전에 거래처 은행으로부터 할인받고, 할인료 38,000원을 차감한 금액을 보통예금 통장으로 입금받다. 단, 할인된 어음은 매각거래로 가정한다.(3점)

[16] 4월 30일   현금출납장의 잔액과 비교하여 실제 현금이 50,000원 부족한데 그 원인을 파악할 수 없어서, 원인을 찾을 때까지 현금과부족으로 처리하기로 하였다.(3점)

[17] 5월 13일   영업부서 직원들의 사기진작을 위하여 회식비 182,000원을 지출하고 현금영수증을 수취하다.(3점)

[18] 5월 16일   우신유통에 휴대폰 4,000,000원(10개, @400,000원)을 판매하기로 계약하고, 대금 중 20%를 당좌예금계좌로 송금받다.(3점)

[19] 5월 17일   지난 달에 미지급비용으로 회계처리한 직원급여 18,000,000원을 지급하면서 근로소득세 등 1,200,000원을 원천징수하고 보통예금 계좌에서 이체하다.(3점)

[20] 5월 18일   한국상사에 2년 후 회수예정으로 6,000,000원을 대여하고 선이자 600,000원을 공제한 잔액을 보통예금계좌에서 이체하다.(단, 선이자는 수익으로 처리하기로 한다)(3점)

[21] 5월 22일 거래처 미래상사에서 다음과 같이 상품을 매입하다.(3점)

품 목	수량(개)	단가(원)	금액(원)	결 제
폰케이스	350	10,000	3,500,000	어음 3,500,000원(만기 : 2022. 01. 22)

[22] 5월 23일 매장을 홍보하기 위한 광고비용 330,000원을 현금 지급하다.(3점)

[23] 6월 5일 매출처인 칠성문구에 대한 외상매출금 잔액 중 1,000,000원은 칠성문구 발행 2021년 8월 5일 만기인 약속어음을 받았고, 500,000원은 보통예금계좌에 입금되었다.(3점)

[24] 6월 6일 당월 분 직원 급여 총액 6,500,000원 중 근로소득세 등 130,000원을 차감한 잔액을 당점 거래은행의 보통예금 계좌에서 종업원 급여계좌로 이체하다.(3점)

[25] 6월 8일 한일전자에서 사무용 컴퓨터를 외상으로 780,000원에 구입하고 회사는 소모품비로 회계처리하기로 한다.(3점)

[26] 6월 12일 보해산업에 상품을 2021년 06월 15일까지 납품하기로 계약을 완료하였다. 부가가치세에 대한 금액을 계약금 조로 현금으로 받다.(계약금에 대해서만 분개 할 것) (3점)

거 래 명 세 서 　　　　　　(공급자보관용)

	등록번호	101-23-33351				등록번호	137-06-65200		
공급자	상호	(주)종합도매상사	성 명	정하나	공급받는자	상호	보해산업	성 명	최미미
	사업장주소	서울특별시 관악구 관악로 100				사업장주소	서울특별시 강동구 상암로 191		
	업 태	도매	종 목	잡화		업 태	도, 소매	종 목	잡화
	이메일	kiyoul0909@hanmail.net				이메일	lob0909@naver.com		

거래일자	공급가액	세액	비 고
2021. 06. 12	3,000,000	300,000	

월	일	품　　　　목	규 격	수 량	단 가	공 급 가 액	세 액	비 고
06	12	갑 상 품		200개	10,000	2,000,000	200,000	
06	12	을 상 품		100개	10,000	1,000,000	100,000	

합 계 금 액	현　　금	수　표	어　음	외 상 미 수 금	이 금액을 영수 함 청구
3,300,000	300,000			3,000,000	

[27] 6월 24일 상품 배송에 사용하는 트럭(취득가액 5,000,000원, 폐차시점까지 감가상각누계액 4,800,000원)을 폐차하고, 폐차에 대한 고철값 100,000원을 현금으로 받다.(3점)

[28] 6월 26일 별사랑레스토랑에 상품 1,000,000원을 판매하고, 미리 받은 계약금 200,000원을 제외한 나머지 대금은 동사가 발행한 약속어음(만기 : 2022. 02. 26)을 받다.(3점)

[29] 6월 27일 명품식당의 파산으로 인하여 외상매출금 530,000원이 회수불가능하여 대손처리하다. 단, 대손처리시점의 대손충당금 잔액은 180,000원이다.(3점)

[30] 6월 28일 디씨백화점의 9월 말 현재 외상매출금 잔액 3,200,000원 전부를 보통예금 통장으로 입금 받다.(3점)

[31] 6월 29일 정일상사로부터 판매용 사무용품 5,000,000원을 외상으로 매입하고, 매입 시 당사부담 운반비 50,000원을 한길택배에 현금으로 지급하다.(3점)

[32] 6월 30일 업무용 승용차의 주차요금을 현금으로 지급하고, 아래의 영수증을 수취하다.(3점)

영 수 증

주 차 장 명: (학)가톨릭대학교서울성모병원
사 업 자 명: (학)가톨릭대학교서울성모병원
사업자 번호: 114-82-*****
대   표   자: ○○○
주   소: 서울 서초구 반포대로 222
전 화 번 호: 02-1588-****

주차권 번호: 0111121809191201304
차 량 번 호: 33소2473
입 차 일 시: 2021-06-30 12:03:04
정 산 일 시: 2021-06-30 12:42:14
주 차 시 간: 2시간40분
정 상 요 금: 10,000원
할 인 요 금: 0원
사전정산요금: 0원
영 수 금 액: 10,000원

[33] 7월 1일 한라상사에서 상품 2,000,000원을 매입하고, 6월 30일 지급한 계약금 200,000원을 차감한 대금 중 500,000원은 현금으로 지급하고 잔액은 외상으로 하다.(3점)

[34] 7월 2일 지방 출장을 마치고 돌아온 영업부 직원 김성실로부터 6월 30일 지급한 금액에 대하여 다음과 같이 지출증명서류를 받고 차액은 현금으로 회수하였다.(가지급금에 대한 거래처 입력은 생략한다.) (3점)

【 출장비 내역 】	• 교통비 : 90,000원	• 숙박비 : 180,000원

[35] 7월 3일 경동은행에서 10,000,000원을 2개월간 차입하고, 선이자 500,000원을 차감한 잔액이 당사 보통예금통장에 계좌이체 되다.(선이자는 이자비용으로 회계처리 하기로 한다.) (3점)

[36] 7월 4일 지혜상사에 상품 2,000,000원을 판매하기로 하고 계약금 200,000원을 현금으로 받다.(3점)

[37] 7월 6일 가구매장을 홍보하기 위한 광고비용으로 330,000원을 현금으로 지급하다.(3점)

[38] 7월 8일 수동가구에 상품 3,000,000원을 매출하고 2,000,000원은 수동가구가 발행한 어음으로 받고 잔액은 외상으로 하다.(3점)

[39] 7월 14일 영업거래처 직원의 결혼식 축하화환을 200,000원에 현금 구입하여 전달하다.(3점)

[40] 7월 16일 사용 중인 업무용 승용차(취득원가 8,000,000원, 처분 시까지 감가상각누계액 4,000,000원)를 군산상사에 3,000,000원에 처분하고 대금은 1개월 후에 받기로 하다.(단, 부가가치세는 무시한다) (3점)

[41] 7월 16일 현금 잔고를 확인한 결과 장부잔액보다 현금 잔고가 100,000원 더 적은 것을 확인하였으나 그 원인이 밝혀지지 않다.(3점)

[42] 7월 17일 거래처 푸른상사의 상품매출에 대한 외상대금 2,000,000원을 회수하면서 약정기일보다 빠르게 회수하여 2%를 할인해 주고, 대금은 보통예금 계좌로 입금받다.(3점)

[43] 7월 18일 미래상사에서 판매용화장품 1,500,000원을 매입하고 7월 3일 지급한 계약금 200,000원을 제외한 금액은 1개월 후에 지급하기로 하다.(3점)

[44] 7월 20일 당월분 영업사원 급여를 다음과 같이 보통예금계좌에서 종업원 급여계좌로 이체하다.(3점)

성 명	직 급	급 여	원천징수세액		차감지급액
			소득세	지방소득세	
한복판	과 장	4,200,000원	250,000원	25,000원	3,925,000원
장병지	대 리	3,500,000원	180,000원	18,000원	3,302,000원
계		7,700,000원	430,000원	43,000원	7,227,000원

[45] 7월 21일 나라은행으로부터 원금 10,000,000원을 2개월 동안 차입하면서 선이자 140,000원을 차감한 금액이 당사 보통예금계좌로 입금되다(단, 선이자는 이자비용으로 회계처리 하기로 한다).(3점)

[46] 7월 29일 폭설로 피해를 입은 농민을 돕기 위해 현금 500,000원을 한국방송공사에 지급하다.(3점)

[47] 7월 30일 미지급금으로 계상되어 있는 임차료 1,000,000원을 임대인(하늘부동산)과 합의 하에 보증금과 상계하다.(3점)

[48] 7월 31일 영업부 강유빈 사원이 7월 29일 제주 출장 시 지급받은 가지급금 500,000원에 대해 아래와 같이 사용하고 잔액은 현금으로 회사에 입금하고 가지급금을 정산하였다.(가지급금에 대한 거래처 입력은 생략한다).(3점)

> • 숙박비 : 120,000원   • 왕복항공료 : 250,000원   • 택시요금 : 80,000원

[49] 8월 10일 영남상사에서 매출대금으로 받아 보관 중인 약속어음 4,000,000원이 만기가 도래하여 국민은행에 추심 의뢰한 바, 추심수수료 40,000원을 차감한 금액이 당점 국민은행 보통예금 통장에 입금되다.(3점)

[50] 8월 24일 사업 확장을 위해 한라저축은행에서 5,000,000원을 차입하여 즉시 당사 보통예금에 이체하다.(상환예정일 : 2024. 8. 23, 이자지급 : 매월 말일, 이자율 : 연 6%)(3점)

[51] 8월 25일 경기상사에 상품을 5,000,000원에 판매하여 미리 받은 계약금 500,000원을 제외한 대금 중 1,000,000원은 동점 발행 약속어음(만기 : 2022. 03. 25)으로 받고, 잔액은 1개월 후에 받기로 하다.(3점)

[52] 8월 28일 매장에서 사용중인 냉온풍기를 경인상사에 800,000원에 처분하고, 대금은 월말에 받기로 하다.(취득원가 3,000,000원, 감가상각누계액 1,800,000원)(3점)

[53] 9월 2일 보라상사의 외상매입금 1,500,000원을 지급하기 위하여 대박상사로부터 매출대금으로 받은 약속어음을 배서양도하다.(3점)

[54] 9월 5일 삼일카드사의 청구에 의해 회사의 전월 카드사용액 800,000원이 당사 보통예금에서 인출되다.(거래처원장을 조회하여 처리할 것)(3점)

[55] 9월 6일 성수기를 맞이하여 지난 9월 2일 일용직근로자 정성일을 고용하고, 상품 포장 일에 대한 5일간 급여를 현금으로 지급하다.(3점)

```
            일용직 급여지급 영수증
이          름 : 정성일
주 민 등 록 번 호 : 8800801-1******
주          소 : 서울특별시 서대문구 간호대로 10
              < 근 무 내 역 >
입  사  일 : 2021. 09. 02.
근 무 기 간 : 2021. 09. 02. ~ 2021. 09. 06.
수 령 금 액 : 250,000원        (일당:50,000원)
       본인은 상기 금액을 수령하였음을 확인 합니다.
              2021년  09월  06일
                        수령자 : 정성일(인)

            종합도매상사   [직인]
```

[56] 9월 15일 영업용 트럭의 자동차세 100,000원과 사장 개인 승용차의 자동차세 60,000원을 현금으로 납부하다. (3점)

[57] 9월 15일 우리전자에서 상품 2,000,000원을 매입하고, 대금 중 500,000원은 소유하고 있던 거래처 발행 당좌수표로 지급하고, 잔액은 당사가 당좌수표를 발행하여 지급하다. 단, 매입운임 20,000원은 현금으로 지급하다. (3점)

[58] 9월 17일 영업부 직원의 전략적 성과관리 교육을 하나컨설팅에 위탁하고 교육비 800,000원을 보통예금 계좌에서 이체하여 지급하다. (3점)

[59] 9월 20일 백제상사와의 판매계약이 해지되어 6월 30일에 수령하였던 계약금 450,000원을 보통예금계좌에서 송금하다. (3점)

[60] 9월 26일 추석 선물로 홍삼세트를 신용카드(비씨카드)로 구입하여 400,000원은 본사 영업부 직원에게 지급하고, 나머지는 매출처 직원에게 전달하다. (3점)

```
              매 출 전 표
단말기번호   11213112      전표번호      734568
카드종류                거래종류    결재방법
비씨카드                신용구매    일시불
회원번호(Card No)        취소 시 원거래 일자
4340-7202-3345-0958
유효기간        거래일시          품명
              2021. 09. 26      기계수선
전표제출        금  액 / AMOUNT        909,090
              부 가 세 / VAT          90,910
전표매입사      봉 사 료 / TIPS
              합   계 / TOTAL      1,000,000
거래번호        승인번호/(Approval No.)  98421147

가맹점    (주)정관장
대표자    김주민
사업자번호  204-19-76690
주소      서울특별시 관악구 관악로 101
                        서명(Signature)
```

[61] 9월 27일 거래처 영남상사로부터 받아 보관 중인 약속어음 2,000,000원을 만기 전에 국민은행으로부터 할인을 받고, 할인료 45,000원을 차감한 금액이 당점 보통예금 계좌로 입금되다. 단, 할인된 어음은 매각거래로 인식한다.(3점)

[62] 9월 28일 당사의 장부기장을 의뢰하고 있는 세무사사무소에 당월분 수수료 200,000원을 보통예금계좌에서 인터넷뱅킹으로 이체하여 지급하다.(3점)

[63] 9월 29일 3/4분기 매출목표를 달성하여 영업부 직원들에게 상여금 3,000,000원을 보통예금계좌에서 이체하다.(단, 소득세 등 예수한 금액은 없다.) (3점)

[64] 9월 30일 상품 보관을 위해 대성건설로부터 임차하여 사용하고 있던 창고 건물의 임차기간이 완료되어 임차보증금 9,000,000원을 보통예금계좌로 돌려받다.(3점)

[65] 10월 2일 동신상사에서 상품 1,600,000원을 매입하고, 9월 30일 지급한 계약금 200,000원을 차감한 잔액은 외상으로 하다. 또한 매입 시 당사 부담 운반비 10,000원은 현금으로 지급하다.(하나의 전표로 입력할 것) (3점)

[66] 10월 3일 국민은행의 단기차입금(차입기간 : 2021. 9. 4. ~ 2021. 11. 3.)에 대한 이자 150,000원이 당사의 보통예금 계좌에서 자동이체 됨을 확인하고 회계처리하다.(3점)

[67] 10월 5일 매장 건물을 장미전자에서 10,000,000원에 구입하고, 대금 중 2,000,000원은 현금으로 지급하며, 잔액은 미지급하다. 이 건물에 대한 등록면허세(취득원가 처리) 200,000원은 당사 보통예금 계좌에서 이체하다.(하나의 전표로 입력할 것) (3점)

[68] 10월 10일 세운상사에서 상품 3,000,000원을 매입하기로 계약하고, 이 중 매입금액의 20%를 계약금 명목으로 당사 보통예금 계좌에서 이체하다.(3점)

[69] 10월 17일 당사 영업사원의 부친 회갑연 축하화환, 거래처직원의 조문화환을 팔도꽃배달에 주문하고 화환 대금은 보통예금 통장에서 이체하다.(하나의 전표로 입력할 것) (3점)

전 자 계 산 서						승인번호		20211017-21058052-11726645	
공급자	사업자등록번호	138-11-97937	종사업장 번호		공급받는자	사업자등록번호	131-23-33351	종사업장 번호	
	상호(법인명)	팔도꽃배달	성명	한하영		상호(법인명)	종합도매상사	성 명	정하나
	사업장주소	서울 노원구 상계로 100				사업장 주소	서울특별시 관악구 관악로 100		
	업 태	도, 소매	종목	꽃, 화환		업 태	도, 소매	종 목	잡화
	이메일	lob0426@naver.com				이메일	kiyoul0909@hanmail.net		
작성일자		공급가액					비 고		
2021. 10. 17.		200,000							
비고									

월	일	품 목	규 격	수 량	단 가	공 급 가 액	비 고
10	17	꽃 화환		2	100,000	200,000	

합계금액	현 금	수 표	어 음	외 상 미 수 금	이 금액을 영수 청구 함
200,000	200,000				

[70] 10월 30일 현금시재를 확인한 결과 실제잔액이 장부잔액보다 110,000원이 많은 것을 발견하였으나 그 차액에 대하여는 원인이 아직 밝혀지지 않았다.(3점)

[71] 10월 31일 영업사원의 급여 1,800,000원을 지급하면서 근로소득세 100,000원과 건강보험료(근로자 부담분) 60,000원을 차감한 잔액을 보통예금 통장에서 사원 통장으로 이체하였다.(3점)

[72] 11월 1일 당점이 소유하고 있던 영업용 트럭을 제일카센터에서 수리하고 수리대금 150,000원을 현금으로 지급하다.(수익적 지출로 처리할 것)(3점)

[73] 11월 2일 진미상사에서 상품 1,000,000원을 매입하기로 계약하고, 계약금 100,000원을 당좌수표를 발행하여 먼저 지급하다.(3점)

[74] 11월 6일 진미상사에서 매입 계약(7월 2일)한 상품 1,000,000원을 인수하고, 계약금(100,000원)을 차감한 잔액을 1개월 후에 지급하기로 하였다. 인수 운임 30,000원은 당점이 부담하기로 하여 현금 지급하다.(3점)

[75] 11월 9일 11월 1일 성동상사에 상품을 매출하면서 발생한 외상매출금 3,000,000원이 빨리 회수 되어, 외상매출금의 2%를 할인시킨 금액을 보통예금 통장으로 이체받다.(3점)

[76] 11월 11일 11월 5일자 가수금 중 1,000,000원은 우리상사에 대한 상품매출의 계약금이고 나머지는 백제상사의 외상매출금 500,000원을 회수한 것으로 확인되다.(3점)

[77] 11월 20일　대표자 자택에서 사용할 가구를 상록가구에서 현금으로 구입하고 현금영수
증을 발급받다. 인출금 계정으로 회계처리하다.(3점)

현금영수증

가맹점명
　상록가구 106-02-30000　　　윤 상 록
　서울 송파구 동남로 81길 12　　TEL : 02-369-4488
　홈페이지 http://www.ghdrlfehd.co.kr

현금(지출증빙용)

구매 2021/11/20/13:20　　거래번호 : 8012-1111

상품명	수량	금액
가구	1	600,000
A D C-8-456		
과세공급가액		545,454
부가가치세		54,546
합계		600,000

[78] 11월 25일　판매부서의 건물에 엘리베이터 설치비(자본적 지출) 6,000,000원과 외벽 도
색비(수익적 지출) 500,000원을 현금으로 지급하다.(3점)

[79] 11월 27일　한국신문에 상품광고를 게재하고 광고료 1,000,000원을 보통예금 계좌에서
이체하다.(3점)

[80] 11월 30일　다음과 같이 11월 급여를 보통예금에서 이체하다.(3점)

부 서	성 명	급여총액	소득세	차감지급액	지급 방법
영업부	김정연	1,500,000원	150,000원	1,350,000원	
경리부	송영준	1,830,000원	183,000원	1,647,000원	보통예금에서
총무부	유주연	2,020,000원	202,000원	1,818,000원	이체
계		5,350,000원	535,000원	4,815,000원	

Chapter 08 최근 기출문제

- 기초데이터 실행 방법(수험용 및 교육용)
- 답안 작성 방법
- 제93회~제75회 시행 전산회계2급 기출문제

기초데이터 실행 방법

1. 수험용으로 실행하기

2020년에 시행된 기출문제 5회(제93회~제88회)분을 실제 검정시험을 치듯이 연습할 수 있도록 별도의 파일로 구성하였다.

(1) 2020년에 시행된 기출문제 제5회(93회~88회)분을 다운받아 실행하는 방법

　① 한국세무사회 자격시험(http://license.kacpta.or.kr) 사이트에 접속하여 회원가입후 다운

　② 파스칼미디어 홈페이지(www.pascal21.co.kr)에 접속하여 [자료실]−[기초자료다운코너]의 [전산회계2급] Tab을 선택한 후 [KcLep-회계2급 최근기출문제93회−88회]를 다운받아 압축 해제한 후 폴더를 더블클릭한다.

(2) 2020년도에 시행된 기출문제 5회분이 보여진다. [제93회 전산회계2급]폴더를 더블클릭하여 나타나는 파일 중 [수험용 Tax]를 더블클릭하면 '[제93회 전산세무회계 자격시험 기초데이터 설치]' 화면이 나타난다.

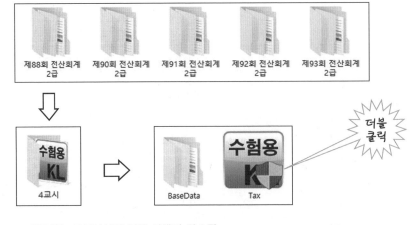

※ 제89회는 코로나19로 인해 시행이 취소됨.

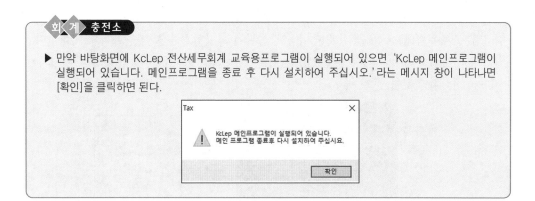

회계 충전소

▶ 만약 바탕화면에 KcLep 전산세무회계 교육용프로그램이 실행되어 있으면 'KcLep 메인프로그램이 실행되어 있습니다. 메인프로그램을 종료 후 다시 설치하여 주십시오.'라는 메시지 창이 나타나면 [확인]을 클릭하면 된다.

(3) [제93회 전산세무회계 자격시험 기초데이터 설치] 화면에서 수험번호[**예** 22111111] 와 이름[**예** 권기열]을 입력 후 [설치]단추를 클릭하면 프로그램이 자동으로 설치되며 '제93회 전산세무회계 자격시험' 메인화면인 시작화면이 나타난다.

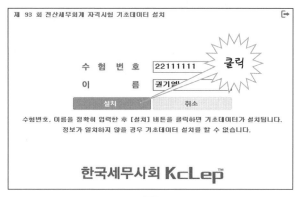

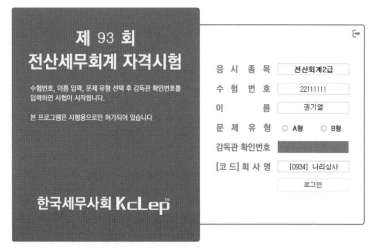

(4) 시작화면에서 다음과 같은 순서로 진행하면 된다.

　　① 문제유형(**예** A형)을 선택한 다음 감독관이 확인번호를 불러줄 때까지 기다린다.

　　② 감독관이 불러준 확인번호(**예** 8100)를 입력하고 [로그인]을 클릭하여 검정시험을 시작하면 된다.

(5) 본 교재는 개정 기업회계기준과 개정 세법에 의하여 모든 기출문제에 대한 기초데이터를 교육용으로 실행하기는 2021년으로 업그레이드 하였으나, 2020년에 시행된 제5회 (93회~88회)분은 [로그인] 후 회계기간은 2020년 01월 01일 ~ 2020년 12월 31일 로 연습하도록 한다.

(6) 우측상단 [0934] 나리상사 개인 2기 2020-01-01~2020-12-31을 확인한다. 모든 작업은 [회계관리]의 [재무회계] 화면에서 선택작업을 한다.

기출문제 수험번호 및 감독관 확인번호

횟수 \ 구분	수험번호	감독관확인번호
제93회	22111111	[8100]
제92회	22111111	[7891]
제91회	22111111	[6819]
제90회	22111111	[9133]
※ 제 89회는 코로나19로 시행이 취소됨.		
제88회	22111111	[1061]

기출문제 실행 시 유의사항

1. 2020년 시행 최근 기출문제(93회~88회)는 자격시험을 치듯이 실습할 수 있도록 편집하였다.(수험용 기초데이터 실행방법은 p.118~p.120 참고) 87회~75회는 교육용으로 실습하므로 감독관확인번호는 입력하지 않고 시작화면에서 해당 회차의 회사코드를 선택하면 된다.

2. 본 서에 수록된 모든 기출문제(93회~75회)의 교육용 기초데이터는 한번에 설치되도록 하였으므로 본인이 작업하고자 하는 회사를 선택하여 실습을 하도록 하였다.(교육용 기초데이터 실행방법은 p.122~p.125 참고)

3. 교육용 기초데이터는 모두 2021년으로 실습을 할 수 있도록 되어 있다.

2. 교육용으로 실행하기

 본 서에 수록된 모든 기출문제(제93회~75회)의 기초데이터는 한번에 설치되도록 하였으므로 본인이 작업하고자 하는 회사를 선택하여 실습할 수 있도록 구성하였다.

○ 기초데이터는 파스칼미디어 홈페이지(www.pascal21.co.kr)에 접속하여 [자료실] - [기초자료다운코너]의 [전산회계2급] Tab을 선택한 후 [KcLep-회계2급기출(93회-75회)교육용]을 다운받아 더블클릭하면 작업하고자 하는 모든 데이터가 'C:\KcLepDB\KcLep' 방에 자동으로 설치가 되며, 아래 실행방법을 참고하여 작업을 하면 된다.

(1) 다운로드 받은 바탕화면의 기초데이터 파일을 더블클릭하면 나타나는 화면①에서 '모든 파일에 적용(A)'에 체크를 하고 [예(Y)]를 클릭하면 교육용로그인 화면②가 나타난다.

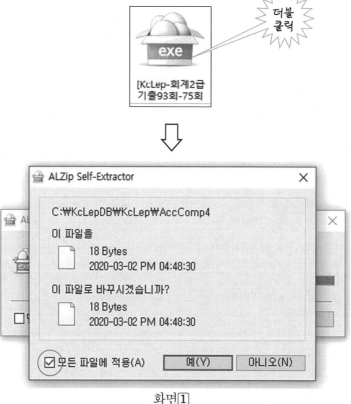

화면①

(2) 화면②에서 종목선택 상자에서 [4.전산회계2급]을 선택하고 [회사등록]단추를 클릭하면
회사등록화면 ③이 나타난다.

화면②

(3) 회사등록 화면 ③의 상단 툴바의 '회사코드재생성'을 클릭하고 '회사코드를 재생성 하시
겠습니까?' 메시지 창에서 [예(Y)]를 클릭하면 화면④가 나타난다.

화면③

(4) 화면④와 같이 회사코드 재생성 완료창의 [확인]단추를 클릭한 후 [Esc]자판을 눌러 빠져
   나오면 화면⑤가 나타난다.

화면④

화면⑤

▶ [기초데이터] 파일을 다운로드 받아 설치하였지만 작업할 회사명이 나타나지 않는 것은 [회사코드
   재생성]을 하지 않았기 때문이다.

(5) 화면⑤의 회사코드 선택상자 옆의 풍선아이콘을 클릭하거나 [F2]도움 자판을 누르면 화면 ⑥이 나타난다.

화면⑥

(6) 화면⑥에서 작업하고자 하는 회사(예 0934 나리상사)를 선택한 후 [확인(Enter)]하면 '회계관리-재무회계 화면⑦'이 나타나며, 모든 작업은 여기서부터 시작된다.

화면⑦

답안 작성 방법

<전산세무회계 자격시험 시작화면>

➡ 전산세무회계 자격시험은 급수에 관계없이 실기<70%>부터 이론<30%>로 출제 되기 때문에 실기를 완전히 끝내고 나서 이론시험을 치루는 것도 하나의 요령이다.

(1) 실기시험을 끝내고 메인화면 왼쪽하단에 있는 이론문제 답안작성 을 클릭하여, 이론문제 답안 및 실무시험답안을 입력하고, 우측상단에 있는 [닫기]를 클릭하면 (2)의 화면이 나타난다.

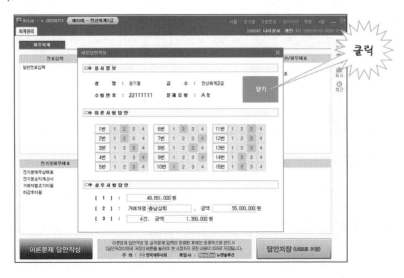

(2) 이론 및 실무 답안은 작성되었으나 반드시 화면 하단우측의 노란색 답안저장 (USB로 저장) 버튼을 눌러야만 이론답안과 실무답안이 USB로 저장된다.

(3) [확인]버튼을 누르고 답안저장 (USB로 저장) 을 클릭하면 USB로 저장되는 화면이 나타나며, [현 시점까지 작성한 이론 및 실무 답안이 USB로 전송되었습니다.] 라는 메시지에서 확인을 클릭하고 USB를 감독관에게 제출하면 된다.

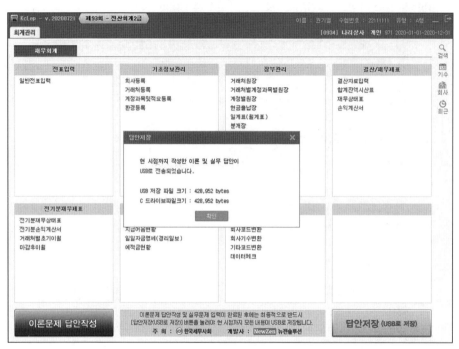

종목 및 등급 :　**전산회계 2급**

– 제한시간 : 60분

▶ 시험시작 전 문제를 풀지 말 것 ◀

① USB 수령	·감독관으로부터 시험에 필요한 응시종목별 기초백데이타 설치용 **USB**를 지급받는다. · **USB 꼬리표**가 **본인 응시종목인지 확인**하고, 뒷면에 **수험정보를** 정확히 기재한다.
② USB 설치	(1) USB를 컴퓨터에 정확히 꽂은 후, 인식된 해당 USB드라이브로 이동한다. (2) USB드라이브에서 기초백데이타설치프로그램인 '**Tax.exe**' 파일을 실행시킨다. [주의] USB는 처음 설치이후, 시험 중 수험자 임의로 절대 재설치(초기화)하지 말 것.
③ 수험정보입력	·[수험번호(**8자리**)] –[성명]을 정확히 입력한 후 [설치]버튼을 클릭한다. ＊ 처음 입력한 수험정보는 이후 절대 수정이 불가하니 정확히 입력할 것.
④ 시험지 수령	·시험지가 본인의 응시종목(급수)인지 여부와 문제유형(**A또는B**)을 확인한다. ·문제유형(**A또는B**)을 프로그램에 입력한다. ·시험지의 총 페이지수를 확인한다. ·급수와 페이지수를 확인하지 않은 것에 대한 책임은 수험자에게 있음.
⑤ 시험시작	·감독관이 불러주는 '**감독관확인번호**'를 정확히 입력하고, 시험에 응시한다.
(시험을 마치면) ⑥ USB 저장	(1) **이론문제의 답**은 메인화면에서 이론문제 답안작성 을 클릭하여 입력한다. (2) **실무문제의 답**은 문항별 요구사항을 수험자가 파악하여 각 메뉴에 입력한다. (3) 이론과 실무문제의 **답을 모두입력한 후** 답안저장(USB로 저장) 을 클릭하여 저장한다. (4) **저장완료** 메시지를 확인한다.
⑦ USB제출	·답안이 수록된 USB메모리를 빼서, <감독관>에게 제출 후 조용히 퇴실한다.

▶ 본 자격시험은 전산프로그램을 이용한 자격시험입니다. 컴퓨터의 사양에 따라 전산진행속도가 느려질 수
　도 있으므로 전산프로그램의 진행속도를 고려하여 입력해주시기 바랍니다.
▶ 수험번호나 성명 등을 잘못 입력했거나, 답안을 USB에 저장하지 않음으로써 발생하는 일체의 불이익과
　책임은 수험자 본인에게 있습니다.
▶ 타인의 답안을 자신의 답안으로 부정 복사한 경우 해당 관련자는 모두 불합격 처리됩니다.
▶ PC, 프로그램 등 조작미숙으로 시험이 불가능하다고 판단될 경우 불합격처리 될 수 있습니다.

이론문제 답안작성 을 한번도 클릭하지 않으면 답안저장(USB로 저장) 을 클릭해도 답안이 저장되지 않습니다.

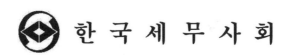

❶ 제93회 기출문제

이 론 시 험

⊙ 다음 문제를 보고 알맞은 것을 골라 이론문제 답안작성 메뉴화면에 입력하시오.
(※ 객관식 문항당 2점)

─< 기 본 전 제 >─
문제에서 한국채택국제회계기준을 적용하도록 하는 전제조건이 없는 경우, 일반기업회계기준을 적용한다.

01 다음 설명 중 잘못된 것은?

① 자산은 과거의 거래나 사건의 결과로서 현재 기업실체에 의해 지배되고 미래에 경제적 효익을 창출할 것으로 기대되는 자원
② 기업의 자금조달방법에 따라 타인자본과 자기자본으로 구분된다. 부채는 자기자본에 해당되며, 타인으로부터 빌린 빚을 말한다.
③ 자본은 기업실체의 자산총액에서 부채총액을 차감한 잔여액 또는 순자산을 말한다.
④ 비용은 기업실체의 경영활동과 관련된 재화의 판매 또는 용역의 제공 등에 따라 발생하는 자산의 유출이나 사용 또는 부채의 증가이다.

02 다음 중 회계의 순환과정을 올바르게 나열한 것은?

| ㉠ 시산표 작성 | ㉡ 재무제표 작성 | ㉢ 거래의 발생 |
| ㉣ 총계정원장 기입 | ㉤ 분개장 기입 | |

① ㉠ → ㉢ → ㉤ → ㉣ → ㉡   ② ㉢ → ㉤ → ㉣ → ㉠ → ㉡
③ ㉢ → ㉤ → ㉠ → ㉣ → ㉡   ④ ㉢ → ㉠ → ㉤ → ㉣ → ㉡

03 다음 중 잔액시산표에서 잔액이 대변에 나타나는 계정과목으로 옳은 것은?

① 개발비   ② 영업권
③ 자본금   ④ 장기대여금

04 다음 중 결산 절차 (가)에 해당하는 내용으로 옳은 것은?

결산 예비 절차	➡	결산 본 절차	➡	(　　가　　)

① 시산표 작성   ② 분개장 마감
③ 총계정원장 마감   ④ 재무상태표 작성

05 다음은 유동자산의 분류이다. (ㄱ)에 해당하는 계정과목으로 적절한 것은?

> • 유동자산은 (ㄱ)과 재고자산으로 구성된다.

① 상품   ② 장기금융상품
③ 외상매출금   ④ 토지

06 다음 자료에 의하여 당기 외상매출금 기말잔액을 계산한 금액은 얼마인가?

> • 외상매출금 기초잔액   500,000원   • 당기 외상매출액   700,000원
> • 외상매출금 중 환입액   30,000원   • 외상매출금 당기 회수액   300,000원

① 800,000원   ② 870,000원   ③ 900,000원   ④ 930,000원

07 유형자산의 취득 또는 완성 후의 지출이 유형자산으로 인식되기 위한 조건을 충족한 자본적 지출로 처리해야 하는 경우가 아닌 것은?

① 내용연수 연장   ② 상당한 원가절감
③ 생산능력 증대   ④ 수선유지를 위한 지출

08 판매용 TV 10대(@1,000,000원)를 구입하면서 어음을 발행(3개월 후 지급조건)하여 교부하였을 경우, 올바른 분개(계정과목)는?

① (차) 비　품　10,000,000원 　　(대) 지 급 어 음　10,000,000원
② (차) 비　품　10,000,000원 　　(대) 미 지 급 금　10,000,000원
③ (차) 상　품　10,000,000원 　　(대) 지 급 어 음　10,000,000원
④ (차) 상　품　10,000,000원 　　(대) 미 지 급 금　10,000,000원

09 다음 중 유형자산으로 분류할 수 없는 것은?

① 전화기 생산업체가 보유하고 있는 조립용 기계장치
② 생수업체가 사용하고 있는 운반용 차량운반구
③ 핸드폰 판매회사가 사용하는 영업장 건물
④ 자동차판매회사가 보유하고 있는 판매용 승용자동차

10 2021년 10월 1일에 구입한 영업용 차량(단, 취득원가 25,000,000원, 잔존가액 1,000,000원, 내용연수 10년, 결산 연 1회)에 대한 2021년 12월 31일 결산시 정액법으로 계산한 감가상각비는 얼마인가?

① 600,000원
② 625,000원
③ 1,875,000원
④ 2,400,000원

11 다음 계정과목 중 성격(소속구분)이 다른 하나는?

① 매입채무
② 미지급금
③ 장기차입금
④ 유동성장기부채

12 다음 자료에서 A 개인기업의 2021년 12월 31일 현재 자본금은 얼마인가?

- 1월 1일 : 현금 51,000,000원을 출자하여 영업을 개시하였다.
- 9월 15일 : 사업주가 개인사용을 목적으로 1,910,000원을 인출하였다.
- 12월 31일 : 기말 결산 시 사업주가 인출한 금액을 자본금계정으로 대체하였다.
- 12월 31일 : 기말 결산 시 당기순이익 6,200,000원이다.

① 49,090,000원
② 51,000,000원
③ 55,290,000원
④ 57,200,000원

13 다음의 계정과목 중 영업이익에 영향을 주지 않는 것은?

① 접대비
② 감가상각비
③ 유형자산처분손실
④ 대손상각비

14 다음 자료를 참고로 적절한 회계처리는?

> • 4월 2일 매출처 A사의 부도로 매출채권 2,000,000원이 회수불가능하여 대손
> 처리하였다(대손충당금 잔액은 930,000원으로 확인됨).

① (차) 대 손 상 각 비　2,000,000　　(대) 매 출 채 권　2,000,000

② (차) { 대 손 충 당 금　　930,000

　　　　 대 손 상 각 비　1,070,000 }　(대) 매 출 채 권　2,000,000

③ (차) 대 손 충 당 금　　930,000　　(대) 매 출 채 권　　930,000

④ (차) 대 손 상 각 비　1,070,000　　(대) 매 출 채 권　1,070,000

15 다음 자료에 의하여 영업외비용을 계산하면 얼마인가?

• 이자비용	100,000원	• 복리후생비	120,000원
• 통 신 비	150,000원	• 잡 손 실	170,000원
• 임 차 료	210,000원	• 기 부 금	110,000원

① 270,000원　　② 380,000원　　③ 480,000원　　④ 650,000원

◯ 나리상사(코드번호 : 0934)는 전자제품을 판매하는 개인기업이다. 당기(제9기) 회계기간은 2021. 1. 1. ~ 2021. 12. 31. 이다. 전산세무회계 수험용 프로그램을 이용하여 다음 물음에 답하시오.

─< 기 본 전 제 >─

문제에서 한국채택국제회계기준을 적용하도록 하는 전제조건이 없는 경우, 일반기업회계기준을 적용한다.

문제1 다음은 나리상사의 사업자등록증이다. 회사등록메뉴에 입력된 내용을 검토하여 누락분은 추가입력하고 잘못된 부분은 정정하시오.(주소 입력시 우편번호는 입력하지 않아도 무방함)(6점)

사 업 자 등 록 증

(일반과세자)

등록번호 : 135-27-40377

상 호 명 : 나리상사
대 표 자 명 : 나은혜
개 업 연 월 일 : 2013. 3. 20.
사업장소재지 : 서울특별시 관악구 과천대로 855(남현동)
사업자의종류 : 업태 / 도소매   종목 / 전자제품

사업자 단위 과세 적용사업자 여부 : 여( ) 부(∨)
전자세금계산서 전용 전자우편 주소 :

2013년 3월 20일

관악세무서장

문제2 다음은 나리상사의 전기분 손익계산서이다. 입력되어 있는 자료를 검토하여 오류부분은 정정하고 누락된 부분은 추가 입력하시오.(6점)

손 익 계 산 서

회사명 : 나리상사   제8기 2020. 1. 1 ~ 2020. 12. 31   (단위 : 원)

과 목	금 액	과 목	금 액
Ⅰ 매 출 액	200,000,000	Ⅴ 영 업 이 익	14,350,000
상 품 매 출	200,000,000	Ⅵ 영 업 외 수 익	3,550,000
Ⅱ 매 출 원 가	60,000,000	이 자 수 익	1,100,000
상 품 매 출 원 가	160,000,000	임 대 료	2,450,000
기 초 상 품 재 고 액	11,000,000	Ⅶ 영 업 외 비 용	1,100,000
당 기 상 품 매 입 액	170,000,000	이 자 비 용	1,100,000
기 말 상 품 재 고 액	21,000,000	Ⅷ 소득세차감전순이익	
Ⅲ 매 출 총 이 익	40,000,000	Ⅸ 소 득 세 등	0
Ⅳ 판 매 비 와 관 리 비	25,650,000	Ⅹ 당 기 순 이 익	16,800,000
급 여	13,200,000		
복 리 후 생 비	1,500,000		
여 비 교 통 비	3,240,000		
차 량 유 지 비	2,200,000		
소 모 품 비	3,130,000		
광 고 선 전 비	2,380,000		

문제3 다음 자료를 이용하여 입력하시오.(6점)

[1] 나리상사의 거래처별 초기이월 채권과 채무잔액은 다음과 같다. 자료에 맞게 추가입력이나 정정 및 삭제하시오.(3점)

계정과목	거 래 처	잔 액	계
외상매출금	내 일 관 광	4,500,000원	12,000,000원
	퓨 처 뷰 티	3,300,000원	
	한 국 상 사	4,200,000원	
지 급 어 음	한 샘 크 루 즈	10,000,000원	18,020,000원
	넥 스 코	5,000,000원	
	미 래 투 어	3,020,000원	

[2] 다음 자료를 이용하여 [기초정보등록]의 [거래처등록] 메뉴에서 거래처(신용카드)를 추가로 등록하시오.(주어진 자료 이외 다른 항목은 입력할 필요 없음) (3점)

- 거래처코드 : 99601   • 거래처명 : 희망카드   • 유형 : 매입
- 카드번호 : 1234-4568-6464-8431   • 카드종류(매입) : 사업용카드

문제4 다음 거래 자료를 일반전표입력 메뉴에 추가 입력하시오.(24점)

─── < 입력시 유의사항 > ───

• 적요의 입력은 생략한다.

• 부가가치세는 고려하지 않는다.

• 채권·채무와 관련된 거래는 반드시 기 등록되어 있는 거래처코드를 선택하는 방법으로 거래처명을 입력한다.

• 회계처리시 계정과목은 등록되어 있는 계정과목 중 가장 적절한 과목으로 한다.

[1] 7월 31일 영업부에서 구독한 신문대금(정기구독료)를 현금으로 지급하였다.(도서인쇄비로 처리할 것) (3점)

> **영 수 증**
>
> 나리상사 귀하
>
> ──────────────
>
> 월 구독료 15,000원
>
> 위 금액을 7월분 구독료로 영수함.
>
> 2021. 07. 31.
>
> 희망일보

[2] 9월 12일 본사 건물에 엘리베이터를 설치하고 13,000,000원을 넥스코에 2개월 후에 지급하기로 하다.(건물에 대한 자본적지출로 회계처리) (3점)

[3] 9월 21일 삼촌컴퓨터로부터 컴퓨터 11대를 구입(@1,750,000원)하였다. 이 중 10대는 판매용으로 외상구입했으며, 1대는 업무용으로 현금결제하였다.(3점)

[4] 9월 30일 영업사원 김창원의 9월 급여를 다음과 같이 당사 보통예금통장에서 이체하였다.(3점)

나리상사 2021년 9월 급여내역

(단위:원)

이 름	김 창 원	지 급 일	2021년 9월 30일
기 본 급 여	3,800,000	소 득 세	111,000
직 책 수 당	200,000	지 방 소 득 세	11,100
상 여 금		고 용 보 험	36,450
특 별 수 당		국 민 연 금	122,000
차 량 유 지		건 강 보 험	50,000
급 여 계	4,000,000	공 제 합 계	330,550
노고에 감사드립니다.		지 급 총 액	3,669,450

[5] 11월 6일 영업부 직원용 유니폼을 600,000원에 삼호패션㈜에서 제작하고 신한 카드로 결제하였다.(3점)

> **카드매출전표**
> ────────────────────
> 카드종류 : 신한카드
> 회원번호 : 2234-2222-****-1767
> 거래일시 : 2021.11.06. 15:07:18
> 거래유형 : 신용승인
> 매 출 : 600,000원
> 부 가 세 : 0원
> 합 계 : 600,000원
> 결제방법 : 일시불
> 승인번호 : 61999998
> 은행확인 : 신한은행
> ────────────────────
> 가맹점명 : 삼호패션(주)
> – 이 하 생 략 –

[6] 12월 2일 에코상점에 상품 1,000,000원을 매출하고, 대금은 외상으로 하다.(단, 부가가치세는 무시한다) (3점)

권	호			거 래 명 세 표 (보관용)				
2021 년 12 월 2 일		공급자	등록번호	135-27-40377				
			상 호	나리상사		성명	나은혜 ㉑	
에코상점 귀하			사업장소재지	서울 관악구 과천대로 855				
아래와 같이 계산합니다.			업 태	도소매		종목	전자제품	
합계금액			백만 원정 (₩ 1,000,000)					
월일	품 목	규 격	수량	단 가	공 급 가 액	세 액		
12/2	상품		10	100,000원	1,000,000원			
	계							
전잔금				합 계	1,000,000원			
입 금		잔 금	1,000,000원	인수자	김영수 ㉑			
비 고								

[7] 12월 9일 매출거래처의 야유회 지원을 위해 경품 2,000,000원을 구매하고 사업 용카드(하나카드)로 결제하였다.(3점)

[8] 12월 27일 희망은행으로부터 2022년 12월 20일 상환하기로 하고, 30,000,000원 을 차입하여 보통예금에 입금하였다.(3점)

문제5 일반전표입력메뉴에 입력된 내용 중 다음과 같은 오류가 발견되었다. 입력된 내용을 확인하여 정정 또는 추가입력 하시오.(6점)

[1] 11월 9일 매입거래처 장미상사에 보통예금으로 이체하여 지급된 외상매입금 320,000원이 담당직원의 실수로 상품계정으로 입력되어 있음을 확인하였다.(3점)

[2] 11월 12일 신용카드로 결제한 저녁식사비(350,000원)는 거래처 직원들이 아닌 영업부 판매담당 직원들을 위한 지출이다.(3점)

전자서명전표

단말기번호	
8002124738	120524128234
카드종류	
비씨카드	신용승인
회원번호	
4906-0302-3245-9952	
거래일자	
2021/11/12 13:52:46	
일반	
일시불	금액 350,000원
은행확인	세금 (무시)
비씨	
판매자	봉사료 0원
	합계 350,000원
대표자	
이학주	
사업자등록번호	
117-09-52793	
가맹점명	
평화정	
가맹점주소	
경기 구리시 경춘로 20	
	서명
	나리상사

문제6 다음의 결산정리사항을 입력하여 결산을 완료하시오.(12점)

[1] 결산일 현재 단기대여금에 대한 이자수익 중 기간 미경과분이 300,000원이다.(3점)

[2] 판매부문의 소모품 구입시 비용으로 처리한 금액 중 기말 현재 미사용한 금액은 150,000원이다.(3점)

[3] 결산 시 관리 및 영업부문으로 사용하는 건물에 대하여 4,200,000원, 업무용 차량에 대하여 1,600,000원의 감가상각을 하다.(3점)

[4] 기말상품재고액은 3,600,000원이다.(5.결산차변, 6.결산대변으로 입력할 것) (3점)

문제7 다음 사항을 조회하여 답안을 │ 이론문제 답안작성 │ 메뉴에 입력하시오.(10점)

[1] 6월 30일 현재 보통예금 잔액은 총 얼마인가?(3점)

[2] 5월 말 외상매출금 잔액이 가장 많은 거래처와 금액은 얼마인가?(4점)

[3] 상반기(1월 ~ 6월) 중 자산계정으로 처리된 소모품 구입 건수는 몇 건이며, 총금액은 얼마인가?(3점)

이론과 실무문제의 답을 모두 입력한 후 「답안저장(USB로 저장)」을 클릭하여 저장하고, USB메모리를 제출하시기 바랍니다.

93회 전산회계 2급 A형 답안

이론시험

1	②	2	②	3	③	4	④	5	③
6	②	7	④	8	③	9	④	10	①
11	③	12	③	13	③	14	②	15	②

01. 기업의 자금조달방법에 따라 타인자본과 자기자본으로 구분된다. 부채는 타인자본에 해당되며, 타인으로부터 빌린 빚을 말한다.

02. 회계의 순환과정 : 거래의 발생 → 분개(분개장 기입) → 전기(총계정원장 기입) → 수정전시산표 작성 → 결산분개 → 수정후시산표 작성 → 재무제표 작성

03. 잔액시산표에서 잔액이 차변에 나타나는 것은 자산과 비용 계정과목이며, 대변에 나타나는 것은 부채와 자본금 및 수익 계정과목이다. 즉 거래의 결합관계 8요소에서의 증가와 발생쪽에 항상 잔액이 나타난다.

04. (가)는 결산의 재무제표 작성 절차에 해당한다. 따라서 재무상태표 작성이 결산의 재무제표의 작성 절차이다.

05. (ㄱ)은 당좌자산이다. 외상매출금은 매출채권으로서 당좌자산에 해당한다.

06.

외 상 매 출 금

기 초 잔 액	500,000	매 출 환 입	30,000
당 기 매 출 액	700,000	회 수 액	300,000
		기 말 잔 액	(870,000)
	1,200,000		1,200,000

07. 유형자산의 취득 또는 완성 후의 지출이 생산능력 증대, 내용연수 연장, 상당한 원가절감 또는 품질향상을 가져오는 경우에는 자본적 지출로 처리하고, 그렇지 않은 경우(예: 수선유지를 위한 지출)에는 발생한 기간의 비용으로 인식한다.

08. 판매용 상품을 구입하면서 약속어음을 발행하면 상품 계정 차변과 지급어음 계정 대변에 기록한다.

09. 판매회사가 보유하고 있는 판매용 승용자동차는 재고자산(상품)이다.

10. 정액법에 의한 감가상각비 = (취득원가 − 잔존가액) ÷ 내용연수
= ((25,000,000원−1,000,000원)÷10년)×3/12 = 600,000원

11. 장기차입금은 비유동부채이고, 나머지는 유동부채이다.

12. 자본금 51,000,000원−인출금 1,910,000원+당기순이익 6,200,000원 = 55,290,000원

13. 유형자산처분손실은 영업외비용에 해당하므로 영업이익에 영향을 미치지 않는다. 다른 항목들은 판매관리비에 해당하며 영업이익을 감소시킨다.

14. 매출채권이 회수불능되었을 때 대손충당금 계정 잔액이 있는 경우에는 차변에 기록하고 부족한 금액은 대손상각비로 처리한다.

15. 이자비용 100,000원 + 잡손실 170,000원 + 기부금 110,000원 = 380,000원 복리후생비와 통신비, 임차료는 판매비와관리비 항목이다.

실 무 시 험

문제1 기초정보등록의 회사등록메뉴에서
① 사업장소재지 주소 신규 입력 : 서울특별시 관악구 과천대로 855 (남현동)
② 종목 : 문구 → 전자제품으로 수정 입력
③ 관할세무서 : '수원' → '관악'으로 수정 입력

문제2 ① 전기분 재무상태표의 기말상품재고액 20,000,000원을 21,000,000원으로 수정 후 전기분손익계산서 확인
② 전기분 손익계산서의 여비교통비 2,240,000원을 3,240,000원으로 수정 입력
③ 전기분 손익계산서의 광고선전비 2,380,000원을 추가 입력

문제3 [1] ① 거래처별초기이월 메뉴 108.외상매출금의 퓨처뷰티 잔액을 3,300,000원으로 수정 입력
② 252.지급어음 계정의 넥스코 5,000,000원을 추가 입력후 차액란이 0이어야 한다.

[2] [거래처등록]메뉴의 신용카드 탭에 거래처코드를 99601로 등록하여 나머지 항목 모두 입력

문제4 일반전표입력메뉴에 추가 입력

[1] **7월 31일** 일반전표 입력

(차) 도서인쇄비(판)　　　15,000　　　(대) 현　　　금　　　15,000

※ 지문에서 도서인쇄비로 처리할 것으로 제시되어 있으므로 잡비 계정으로 처리하면 정답으로 인정하지 않는다.

[2] 9월 12일 일반전표 입력

(차) 건 물 13,000,000 (대) 미지급금(넥스코) 13,000,000

[3] 9월 21일 일반전표 입력

(차) 상 품 17,500,000 (대) 외상매입금(삼촌컴퓨터) 17,500,000
비 품 1,750,000 현 금 1,750,000

※ 판매의 목적으로 구입한 경우 : 상품(외상인 경우–외상매입금)
※ 사용에 목적으로 구입한 경우 : 비품(외상인 경우–미지급금)

[4] 9월 30일 일반전표 입력

(차) 급 여(판) 4,000,000 (대) 예 수 금 330,550
보 통 예 금 3,669,450

※ 근로자 부담금 소득세 등을 급여지급 시 예수한 경우의 계정과목은 세금과공과가 아니라 예수금으로 처리하여야 한다.

[5] 11월 6일 일반전표 입력

(차) 복리후생비(판) 600,000 (대) 미 지 급 금 600,000
또는 미지급비용(신한카드)

[6] 12월 2일 일반전표 입력

(차) 외상매출금(에코상점) 1,000,000 (대) 상 품 매 출 1,000,000

[7] 12월 9일 일반전표 입력

(차) 접 대 비(판) 2,000,000 (대) 미 지 급 금(하나카드) 2,000,000
또는 미지급비용(하나카드)

[8] 12월 27일 일반전표 입력

(차) 보 통 예 금 30,000,000 (대) 단기차입금(희망은행) 30,000,000

※ 재무상태표 작성일을 기준하여 상환기간이 1년 이내인 경우 유동부채인 '단기차입금' 으로, 1년 이상인 경우 비유동부채에 속하는 '장기차입금' 을 처리한다.

문제5 입력된 내용 오류 정정

[1] 11월 9일 일반전표 수정

수정전 : (차) 상 품 320,000 (대) 보 통 예 금 320,000
수정후 : (차) 외상매입금(장미상사) 600,000 (대) 보 통 예 금 320,000

※ 또는 실수로 잘못 작성된 전표를 직접 수정하지 않고, 추가로 (차) 외상매입금(장미상사) 320,000 (대) 상품 320,000으로 수정분개를 하여도 정답으로 인정된다.

[2] 11월 12일　일반전표 수정

　　수정전 : (차) 접　대　비(판)　　350,000　　(대) 미지급금(비씨카드)　　350,000
　　수정후 : (차) 복리후생비(판)　　350,000　　(대) 미지급금(비씨카드)　　350,000

문제6　**결산정리사항을 입력 결산 완료**

　　　　수동결산 : 12월31일자로 일반전표에 직접 입력한다.

[1] 12월 31일　일반전표 입력

　　(차) 이 자 수 익　　300,000　　(대) 선 수 수 익　　300,000

[2] 12월 31일　일반전표 입력

　　(차) 소 모 품　　150,000　　(대) 소 모 품 비(판)　　150,000

※ 구입 시 비용으로 처리하였으므로 미사용 금액을 소모품(자산) 계정에 대체한다.

[3] 12월 31일　일반전표 입력

　　(차) 감가상각비(판)　5,800,000　　(대) 감가상각누계액(203)　4,200,000
　　　　　　　　　　　　　　　　　　　　　감가상각누계액(209)　1,600,000

[4] 12월 31일　일반전표 입력

　　(결차) 상 품 매 출 원 가　210,550,000　　(결대) 상　　　　품　210,550,000

※ 합계잔액시산표 상품 계정 차변잔액에서 - 기말상품재고액 = 상품매출원가
　(214,150,000원 - 3,600,000원 = 210,550,000원)

<자동결산> 결산자료입력란을 이용하여 자동결산을 할 경우

　[결산자료입력] 화면을 이용하여 대손충당금, 감가상각비 계상 및 기말상품재고액은 반드시 해당란에 입력을 한 후 [결산자료입력]화면 좌측 상단의 [(F3) 전표추가]단추를 클릭하여 결산전표를 자동생성 시킨 후 [일반전표입력]에서 12월 31일로 결산자동 분개를 확인한다.

【**참고사항**】 결산전 전표입력과정이 잘못 입력되었다 하더라도 채점은 자기가 입력한 데이터로 채점 된다. **예** 외상매출금, 받을어음, 상품 등

문제7　**장부조회하여 답안 메뉴에 입력**

[1] [총계정원장 → 보통예금계정 잔액 월계액] : 49,651,000원

[2] [거래처원장 : 외상매출금 잔액 조회] : 충남상회, 55,000,000원

[3] [계정별원장(소모품 계정) 조회] : 4건(1/3, 2/4, 3/5, 3/30), 1,350,000원

Computer Accountant

❷ 제92회 기출문제

이 론 시 험

❖ 다음 문제를 보고 알맞은 것을 골라 │이론문제 답안작성│ 메뉴화면에 입력하시오.
(※ 객관식 문항당 2점)

─────< 기 본 전 제 >─────
문제에서 한국채택국제회계기준을 적용하도록 하는 전제조건이 없는 경우, 일반기업회계기준을 적용한다.

01 다음은 재무상태표 작성기준에 대한 설명이다. 틀린 것은?

① 재무상태표의 계정과목은 유동성이 낮은 순서대로 배열한다.
② 재무상태표에서 자산·부채·자본은 총액 표시를 원칙으로 한다.
③ 자본 항목 중 잉여금은 자본잉여금과 이익잉여금으로 구분하여 표시한다.
④ 자산과 부채는 원칙적으로 결산일 현재 1년을 기준으로 유동항목과 비유동항목으로 구분하여 표시한다.

02 다음 중 회계상 거래를 모두 고른 것은?

> 영미실업은 ㉠ 종업원을 추가로 채용하고 ㉡ 건물을 추가로 사용하기 위해 임대차계약을 체결하였으며 ㉢ 영업용 자동차 1대를 현금으로 매입하였다. 또한, ㉣ 1천만원의 상품을 추가로 주문하였고, ㉤ 바른은행에서 현금 2천만원을 3년간 차입하였다.

① ㉢, ㉤   ② ㉠, ㉣   ③ ㉠, ㉡   ④ ㉣, ㉤

03 다음 중 회계정보의 내부이용자에 속하는 이해관계자로 옳은 것은?

① 고객   ② 정부   ③ 경영자   ④ 채권자

04 다음 거래에서 표시될 수 없는 계정과목은?

> • 11월 30일 상품 1,100,000원을 지니상사에 외상으로 판매하고 운송비 140,000원을 국민은행 보통예금으로 지급하였다.

① 외상매출금   ② 상품매출   ③ 보통예금   ④ 외상매입금

05 다음 자료에 의하여 재무상태표에 표시되는 당좌자산을 계산하면 얼마인가?

• 현 금	200,000원	• 보통예금	300,000원
• 외상매출금	600,000원	• 예수금	50,000원
• 지급어음	100,000원	• 단기대여금	180,000원

① 1,100,000원　　② 1,230,000원　　③ 1,280,000원　　④ 1,330,000원

06 다음에서 설명하고 있는 자산에 해당하지 않는 것은?

> 1. 한국은행에서 발행된 지폐나 주화
> 2. 통화와 언제든지 교환할 수 있는 통화 대용 증권

① 자기앞수표　　　　　　　　　② 우편환증서
③ 배당금지급통지표　　　　　　④ 수입인지

07 기말재고자산을 과소 평가한 경우 나타나는 현상으로 옳은 것은?

	매출원가	당기순이익		매출원가	당기순이익
①	과대계상	과대계상	②	과대계상	과소계상
③	과소계상	과대계상	④	과소계상	과소계상

08 다음 거래 내용에서 기록되어야 할 보조부가 아닌 것은?

> • 상품을 600,000원에 매출하고, 대금은 동점 발행 당좌수표로 회수하다.

① 매출장　　　　　　　　　　② 당좌예금출납장
③ 현금출납장　　　　　　　　④ 상품재고장

09 다음의 자산 중 감가상각의 대상이 아닌 것은?

① 건물　　　　　　　　　　　② 차량운반구
③ 기계장치　　　　　　　　　④ 임차보증금

10 자본적 지출을 수익적 지출로 잘못 회계처리한 경우, 이로 인해 발생하는 영향으로 바른 것은?

① 자산은 증가하고 이익은 감소한다.　　② 자산은 증가하고 이익은 증가한다.
③ 자산은 감소하고 이익은 감소한다.　　④ 자산은 감소하고 이익은 증가한다.

11 다음 계정과목 중 재무제표상 분류기준 항목이 다른 것은?

① 예수금　　　　② 미지급금　　　　③ 미수수익　　　　④ 미지급비용

12 다음 거래를 회계처리 시 차변 계정과목으로 옳은 것은?

> 기업주가 매출처로부터 외상매출금 1,000,000원을 현금으로 회수하여 개인적 용도로 사용하다.

① 보통예금　　　　② 인출금　　　　③ 단기차입금　　　　④ 외상매출금

13 다음 중 수익의 이연에 해당하는 계정과목은?

① 미수수익　　　　② 선수수익　　　　③ 미지급비용　　　　④ 선급비용

14 다음 중 세금과공과 계정으로 처리할 수 없는 것은?

① 적십자 회비　　　　　　　　② 회사 소유 건물에 대한 재산세
③ 업무용 승용차에 대한 자동차세　　④ 건물 구입 시 지급한 취득세

15 다음 자료에 의하여 2021년 말 손익계산서에 계상될 감가상각비는 얼마인가?

> • 기계장치 취득원가 : 11,000,000원　　　• 취득시기 : 2021년 1월 1일
> • 잔존가치 : 1,000,000원　　• 내용연수 : 5년　　• 감가상각방법 : 정액법

① 2,000,000원　　② 2,200,000원　　③ 4,510,000원　　④ 4,961,000원

실 무 시 험

○ 동백상사(회사코드 : 0924)는 컴퓨터부품을 판매하는 개인기업이다. 당기(제11기) 회계기간은 2021. 1. 1. ~ 2021. 12. 31. 이다. 전산세무회계 수험용 프로그램을 이용 하여 다음 물음에 답하시오.

─< 기 본 전 제 >─

문제에서 한국채택국제회계기준을 적용하도록 하는 전제조건이 없는 경우, 일반기업회계기준을 적용한다.

문제1 다음은 동백상사의 사업자등록증이다. 회사등록메뉴에 입력된 내용을 검토하여 누 락분은 추가입력하고 잘못된 부분은 정정하시오.(주소 입력시 우편번호는 입력하 지 않아도 무방함)(6점)

사 업 자 등 록 증

(일반과세자)

등록번호 : 101-23-33346

상 호 명 : 동백상사
대 표 자 명 : 홍국화
개 업 연 월 일 : 2011. 3. 9.
사업장소재지 : 서울특별시 중구 남대문로 2(남대문로 4가)
사업자의종류 : 업태 / 도소매   종목 / 컴퓨터부품

사업자 단위 과세 적용사업자 여부 : 여( ) 부(∨)
전자세금계산서 전용 전자우편 주소 :

2011년 3월 9일

남대문세무서장

문제2 다음은 동백상사의 전기분 재무상태표이다. 입력되어 있는 자료를 검토하여 오류 부분은 정정하고 누락된 부분은 추가 입력하시오.(6점)

재 무 상 태 표

회사명 : 동백상사 　　　　제10기 2020. 12. 31. 　　　　(단위 : 원)

과　　목	금　　액		과　　목	금　　액
현　　　　　금		21,000,000	외 상 매 입 금	23,200,000
당 좌 예 금		25,200,000	지 급 어 음	18,020,000
보 통 예 금		5,000,000	미 지 급 금	15,000,000
외 상 매 출 금	12,000,000		단 기 차 입 금	21,800,000
대 손 충 당 금	80,000	11,920,000	자 본 금	38,000,000
받 을 어 음	20,000,000		(당기순이익 12,800,000)	
대 손 충 당 금	100,000	19,900,000		
단 기 대 여 금		2,000,000		
미 수 금		1,000,000		
상　　　　　품		6,000,000		
차 량 운 반 구	35,000,000			
감가상각누계액	15,000,000	20,000,000		
비　　　　　품	7,000,000			
감가상각누계액	3,000,000	4,000,000		
자 산 총 계		116,020,000	부채와 자본총계	116,020,000

문제3 다음 자료를 이용하여 입력하시오.(6점)

[1] 동백상사의 거래처별 초기이월 채권과 채무잔액은 다음과 같다. 자료에 맞게 추가입력이나 정정 및 삭제하시오.(3점)

계정과목	거 래 처	잔 액	계
받을어음	영 미 실 업	2,250,000원	20,000,000원
	삼 미 그 룹	3,300,000원	
	더 베 스 트 유 통	14,450,000원	
외상매입금	잘 남 회 사	19,100,000원	23,200,000원
	삼 송 물 류	2,300,000원	
	우 진 상 사	1,800,000원	

[2] 당사의 신규 거래처이다. 거래처등록메뉴에 추가 등록하시오.(3점)

```
• 거래처코드 : 41120      • 상호 : 지니상사      • 유형 : 동시
• 사업자등록번호 : 215-48-16654      • 대표자명 : 김지니
• 업태/종목 : 도소매/조명기구
• 사업장소재지 : 경기도 수원시 장안구 팔달로 197 (영화동)
※ 주소 입력 시 우편번호는 입력하지 않아도 무방함
```

문제4 다음 거래 자료를 일반전표입력 메뉴에 추가 입력하시오.(24점)

─── < 입력시 유의사항 > ───

• 적요의 입력은 생략한다.
• 부가가치세는 고려하지 않는다.
• 채권·채무와 관련된 거래는 반드시 기 등록되어 있는 거래처코드를 선택하는 방법으로 거래처명을 입력한다.
• 회계처리시 계정과목은 등록되어 있는 계정과목 중 가장 적절한 과목으로 한다.

[1] 7월   3일   창고에서 상품의 적재를 위해 고용한 일용직 근로자에게 일당 150,000
원을 현금으로 지급하였다.(3점)

[2] 8월   6일   경리부서에서 사용할 사무용품을 다모아문구에서 구입하고 신한카드
로 결제하였다(비용으로 회계 처리하며 사무용품비 계정과목을 사용
하시오) (3점)

```
             카드매출전표
─────────────────────────────
카 드 종 류  :  신한카드
회 원 번 호  :  5841-4512-****-8858
거 래 일 시  :  2021.8.6. 16:05:16
거 래 유 형  :  신용승인
금      액  :  80,000원
결 제 방 법  :  일시불
승 인 번 호  :  71999995
은 행 확 인  :  신한은행
─────────────────────────────
가 맹 점 명  :  다모아문구

          - 이하생략 -
```

[3] 9월   25일   승합차 등록비용 205,000원을 자동차등록대행업체인 예스카에 현금
으로 지급하였다.(3점)

<table>
<tr><td colspan="5">영 수 증</td><td>발행일</td><td colspan="2">2021.9.25.</td></tr>
</table>

영 수 증		발행일		2021.9.25.
		받는이	동백상사	귀하

공급자				
상 호	예스카	대표자	김센타	(인)
등록번호	321-21-00256			
주 소	경기도 구리시 경춘로 125			
전 화	031-570-9963	팩스		
받은 금액				205,000원

날짜	품목	수량	단가	금액
9/25	차량등록비용			150,000원
	번호판 구입 외			55,000원
합 계			₩	205,000원

부가가치세법시행규칙 제25조의 규정에 의한 (영수증)으로 개정

[4] 10월 11일 상품 1,700,000원을 매입하고 대금은 당좌수표를 발행하여 지급하였다(단, 당좌예금 잔액은 300,000원이었고 국민은행과의 당좌차월계약 한도액은 5,000,000원이다) (3점)

[5] 11월 8일 영업부 사무실 에어컨이 고장나서 이를 수리하고 수리비를 현금으로 지급하였다(단, 수익적 지출로 처리한다) (3점)

NO.	**영 수 증** (공급받는자용)			
	동백상사			귀하

공급자	사업자 등록번호	126-01-18454		
	상 호	에지서비스	성명	오휘연
	사업장 소재지	인천 서구 승학 로 57		
	업 태	서비스	종목	수리

작성일자	금액합계	비고
2021. 11. 8.	30,000원	

공급내역			
월/일	품명	수량	단가	금액

월/일	품명	수량	단가	금액
11. 8.	수리비			30,000원

합 계	30,000원

위 금액을 영수(청구)함

[6] **11월 19일** 거래처 아사달유통의 상품매출에 대한 외상대금 3,000,000원을 회수하면서 약정기일보다 빠르게 회수하여 2%를 할인해 주고, 대금은 보통예금 계좌로 입금받다.(3점)

[7] **12월 10일** 11월분 건강보험료 250,000원(회사부담분 125,000원 본인부담분 예수액 125,000원)을 현금으로 납부하였다(회사부담분은 복리후생비로 처리하며, 하나의 전표로 입력할 것)(3점)

[8] **12월 22일** 단기 운용목적으로 (주)동행 발행주식 1,000주(1주당 액면 5,000원)를 1주당 6,500원에 구입하다. 취득 시 수수료 110,000원을 포함한 대금은 보통예금에서 지급하다.(3점)

문제5 일반전표입력메뉴에 입력된 내용 중 다음과 같은 오류가 발견되었다. 입력된 내용을 ●●●●● 확인하여 정정 또는 추가입력 하시오.(6점)

[1] **10월 3일** 외상매출금 170,000원의 회수거래로 회계처리한 내용은 지에스상사에 대여한 단기대여금에 대한 이자가 국민은행 보통예금계좌에 입금된 거래로 확인되었다.(3점)

[2] **10월 15일** 지출된 대금은 당좌수표를 발행하여 지급한 것이 아니라 보통예금으로 지급한 것으로 밝혀졌다.(3점)

문제6 다음의 결산정리사항을 입력하여 결산을 완료하시오.(12점)
●●●●●

[1] 2021년 4월 1일에 본사영업부 운영차량에 대해 아래와 같이 보험에 가입하고 전액 당기비용으로 처리하였다. 기말수정분개를 하시오.(단, 월할 계산하고, 음수로 입력하지 말 것)(3점)

> • 보험회사 : (주)만세보험
> • 보험료납입액 : 1,200,000원
> • 보험적용기간 : 2021년 4월 1일 ~ 2022년 3월 31일

[2] 결산일 현재 장부에 계상되지 않은 당기분 임대료(영업외수익)는 500,000원이다.(3점)

[3] 결산일 현재 현금실제액이 현금장부잔액보다 51,000원 많고 차이원인은 확인되지 않았다.(3점)

[4] 결산일 현재 기말상품재고액은 8,500,000원이다.(단, 전표입력에서 구분으로 '5.결산차변, 6.결산대변'을 사용하여 입력할 것)(3점)

문제7 다음 사항을 조회하여 답안을 [이론문제 답안작성] 메뉴에 입력하시오.(10점)

[1] 6월 30일 현재 유동부채의 금액은 얼마인가?(4점)

[2] 3월 31일 현재 거래처 아사달유통의 외상매출금 잔액은 얼마인가?(3점)

[3] 상반기(1월 ~ 6월) 중 복리후생비의 지출이 가장 많은 월과 가장 적은 월의 차이금액은 얼마인가?(3점)

92회 전산회계 2급 A형 답안

이론시험

1	①	2	①	3	③	4	④	5	③
6	④	7	②	8	②	9	④	10	③
11	③	12	②	13	②	14	④	15	①

01. 유동성배열법 : 재무상태표의 계정과목은 유동성이 높은 순서대로 배열한다.

02. 회계상의 거래는 회사 재산상 증감을 가져오는 사건을 의미한다. 종업원 채용, 임대차계약의 체결, 상품의 주문은 회계상 거래에 해당하지 않는다.

03. 회계정보이용자 중 내부이용자는 경영자와 종업원이 해당되며, 외부이용자에는 투자자, 채권자, 주주, 정부, 거래처 등이 있다.

04. (차) 외상매출금 1,100,000, 운반비 140,000 (대) 상품매출 1,100,000, 보통예금 140,000

05. 현금 200,000 + 보통예금 300,000 + 외상매출금 600,000 + 단기대여금 180,000
= 1,280,000원

06. 수입인지는 세금과공과로 회계처리한다.

07. 기말재고자산을 과소 평가하면 매출원가가 과대계상되고 당기순이익은 과소계상된다.

08. (차) 현금 600,000 (대) 상품매출 600,000 이므로 현금출납장, 매출장, 상품재고장에 기록된다.

09. 임차보증금은 기타비유동자산으로 분류되며 감가상각대상 자산이 아니다.

10. 자본적 지출(자산)을 수익적 지출(비용)로 잘못 처리하였으므로 자산은 감소하고, 비용이 증가하여 이익은 감소하게 된다.

11. 미수수익은 자산항목이고 나머지는 부채항목이다.

12. (차) 인출금 1,000,000 (대) 외상매출금 1,000,000

13. 선수수익은 수익의 이연, 선급비용은 비용의 이연, 미수수익의 수익의 계상, 미지급비용은 비용의 계상에 해당된다.

14. 자산 구입 시 취득세는 자산의 취득원가이므로 해당 자산계정으로 처리한다.

15. (11,000,000−1,000,000) ÷ 5년 = 2,000,000원

실무시험

문제1 기초정보등록의 회사등록메뉴에서
1. 업태 : 제조 → '도소매'로 수정입력
2. 종목 : 문구 → '컴퓨터부품'으로 수정입력
3. 관할세무서 : '종로'세무서에서 → '남대문'세무서로 수정입력

문제2 전기분 재무상태표 수정 및 추가입력
1. 외상매출금 대손충당금 80,000원 추가 입력할 것
2. 단기차입금 2,180,000원 → 단기차입금 21,800,000원으로 수정

문제3 [1] ① 거래처별 초기이월 메뉴 110.받을어음의 삼미그룹 잔액을 3,300,000원으로 수정
입력
② 251.외상매입금 계정의 우진상사 1,800,000원을 추가로 입력

[2] 거래처등록 메뉴(일반거래처 탭)에 (41120) [지니상사]에 대한 정보를 입력한다.

문제4 일반전표입력메뉴에 추가 입력

[1] 7월 3일 일반전표입력

(차) 잡   급(판)   150,000   (대) 현   금   150,000

※ 일용직 근로자에 대한 분개이므로 급여가 아닌 잡급 계정으로 회계처리한다.

[2] 8월 6일 일반전표입력

(차) 사무용품비(판)   80,000   (대) 미지급금(신한카드)   80,000
                                          또는 미 지 급 비 용

※ 문제 단서에서 사무용품비 계정과목을 사용하라는 단서가 있으므로 소모품비는 정답으로 인정되지
않는다.

[3] 9월 25일 일반전표입력

(차) 차 량 운 반 구   205,000   (대) 현   금   205,000
※ 차량운반구 취득원가에 가산처리한다.

[4] 10월 11일 일반전표입력

(차) 상   품   1,700,000   (대) 당 좌 예 금   300,000
                                          당 좌 차 월   1,400,000
                                          (또는 단기차입금)

[5] 11월 8일 일반전표입력

(차) 수 선 비(판) 30,000 (대) 현 금 30,000

[6] 11월 19일 일반전표입력

(차) 매 출 할 인(403) 60,000 (대) 외 상 매 출 금 3,000,000
보 통 예 금 2,940,000 (아 사 달 유 통)

[7] 12월 10일 일반전표입력

(차) 예 수 금 125,000 (대) 현 금 250,000
복 리 후 생 비 (판) 125,000

[8] 12월 22일 일반전표입력

(차) 단 기 매 매 증 권 6,500,000 (대) 보 통 예 금 6,610,000
수 수 료 비 용(984) 110,000

※ 단기매매증권의 매입에 관한 수수료비용이기 때문에 영업외비용에 해당하는 984 수수료비용을
사용하여야 한다.

문제5 입력된 내용 오류 정정

[1] 10월 3일 일반전표 수정

수정전 : (차) 보 통 예 금 170,000 (대) 외상매출금(지에스상사) 170,000
수정후 : (차) 보 통 예 금 170,000 (대) 이 자 수 익 170,000

[2] 10월 15일 일반전표 수정

수정전 : (차) 소프트웨어(0227) 200,000 (대) 당 좌 예 금 200,000
수정후 : (차) 소프트웨어(0227) 200,000 (대) 보 통 예 금 200,000

문제6 결산정리사항을 입력 결산 완료

수동결산 : 12월31일자로 일반전표에 직접 입력한다.

[1] 12월 31일 일반전표 입력

(차) 선 급 비 용 300,000 (대) 보 험 료(판) 300,000

※ 보험료 미경과분 계산 1,200,000×3/12 = 300,000원
※ 선급금은 상품이나 원재료를 구입조건으로 미리 지급하는 계약금을 말하고, 선급비용은 당기
에 지출한 비용 중 차기분에 해당하는 비용으로 결산시기에 처리하는 금액으로 본 문제에서
는 선급비용 계정으로 회계 처리하여야 한다.

[2] 12월 31일　일반전표 입력

　(차) 미 수 수 익　　500,000　　　(대) 임 대 료(904)　　500,000

[3] 12월 31일　일반전표 입력

　(차) 현　　　　금　　51,000　　　(대) 잡　이　익　　51,000

　　※ 현금과잉액이 기존에 "현금과부족"으로 처리되어 있던 경우에는 현금과부족 계정을 상계 처
　　　리하여야 하지만 결산일 현재의 사건일 경우는 [현금과부족계정]을 사용하지 않고 과잉 시는
　　　잡이익, 부족시는 잡손실로 회계 처리하여야 한다.

[4] 12월 31일　일반전표 입력

　(결차) 상 품 매 출 원 가　182,080,000　　　(결대) 상　　　　품　182,080,000

　　※ 190,580,000 − 8,500,000 = 182,080,000원

〈자동결산〉 결산자료입력란을 이용하여 자동결산을 할 경우

　　[결산자료입력] 화면을 이용하여 대손충당금, 감가상각비 계상 및 기말상품재고액은 반드
시 해당란에 입력을 한 후 [결산자료입력]화면 좌측 상단의 [(F3) 전표추가]단추를 클릭하여
결산전표를 자동생성 시킨 후 [일반전표입력]에서 12월 31일로 결산자동 분개를 확인한다.

　【참고사항】결산전 전표입력과정이 잘못 입력되었다 하더라도 채점은 자기가 입력한 데이터
　　　　　　로 채점 된다. **예** 외상매출금, 받을어음, 상품 등

문제7 ┃ 장부조회하여 답안 메뉴에 입력

　[1] [합계잔액시산표 → 6월 30일 조회] : 179,800,000원

　[2] [거래처원장을 선택하고 외상매출금, 아사달유통 조회] : 4,200,000원

　[3] [총계정원장에서 1월 ~ 6월 복리후생비 계정 조회] : 1,320,000원(1,825,000원
　　　(2월) − 505,000원(6월) = 1,320,000원)

❸ 제91회 기출문제

이 론 시 험

❂ 다음 문제를 보고 알맞은 것을 골라 이론문제 답안작성 메뉴화면에 입력하시오.
(※ 객관식 문항당 2점)

─────< 기 본 전 제 >─────
문제에서 한국채택국제회계기준을 적용하도록 하는 전제조건이 없는 경우, 일반기업회계기준을 적용한다.

01 다음 자료에 의한 기말부채(가)와 기말자본금(나)을 계산하면 얼마인가?

• 기초자산 600,000원	• 기말자산 800,000원	• 기초부채 200,000원
• 총수익 900,000원	• 총비용 700,000원	

① (가) 600,000원 (나) 200,000원   ② (가) 200,000원 (나) 600,000원

③ (가) 400,000원 (나) 300,000원   ④ (가) 600,000원 (나) 300,000원

02 다음 중 재무상태표에 포함되어야 하는 사항이 아닌 것은?

① 기업명   ② 금액단위   ③ 보고통화   ④ 회계기간

03 다음 계정과목들 중 그 성격이 다른 것은?

① 가지급금   ② 미지급금   ③ 선수금   ④ 외상매입금

04 다음과 같이 주어진 자료에서 당기의 외상매출금 현금회수액은 얼마인가?

• 외상매출금 기초잔액 : 5,000,000원
• 당기에 발생한 외상매출액 : 13,000,000원
• 외상매출금 기말잔액 : 3,000,000원
• 당기에 외상매출금을 받을어음으로 대체한 금액 : 10,000,000원

① 13,000,000원   ② 10,000,000원   ③ 5,000,000원   ④ 3,000,000원

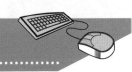

05 결산 결과 당기순이익 500,000원이 발생하였으나, 기말 정리 사항이 다음과 같이 누락되었다. 수정후의 당기순이익은 얼마인가?

> • 임대료 미수분 50,000원을 계상하지 않았다.
> • 단기차입금에 대한 이자 미지급액 10,000원을 계상하지 않았다.

① 460,000원　　　② 495,000원　　　③ 505,000원　　　④ 540,000원

06 다음 자료를 활용하여 기초상품재고액을 바르게 계산한 것은?(단, 주어진 자료만 고려한다)

• 매출원가	540,000원	• 총매출액	1,000,000원
• 총매입액	550,000원	• 매출에누리	100,000원
• 매입할인	50,000원	• 기말상품재고액	120,000원

① 100,000원　　　② 160,000원　　　③ 500,000원　　　④ 900,000원

07 다음은 사용하던 업무용 차량의 처분과 관련된 자료이다. 가장 거리가 먼 것은?

• 취득가액	25,000,000원	• 감가상각누계액	14,000,000원
• 매각대금	10,000,000원	• 매각대금결제	전액 외상

① 이 차량의 장부가액은 25,000,000원이다.
② 매각대금 10,000,000원의 처리계정은 미수금이다.
③ 감가상각누계액 14,000,000원은 이전에 비용처리 되었다.
④ 이 차량의 매각으로 1,000,000원의 유형자산처분손실이 발생했다.

08 다음과 같은 비유동자산들의 특징을 틀리게 설명한 것은?

• 토지	• 건물	• 비품	• 차량운반구	• 기계장치	• 구축물

① 보고기간 종료일로부터 1년이상 장기간 사용가능한 자산
② 판매 목적의 자산
③ 물리적형태가 있는 자산
④ 타인에 대한 임대 또는 자체적으로 사용할 목적의 자산

09 다음 중 재고자산의 매입원가에 가산하는 항목에 해당하지 않는 것은?

① 매입운임　　　　② 매입보험료　　　　③ 매입하역료　　　　④ 매입할인

10 우진상사의 기말 재무상태표에 계상되어 있는 미지급된 보험료는 10,000원이며(기초 미지급된 보험료는 없음), 당기 발생되어 기말 손익계산서에 계상되어 있는 보험료가 40,000원일 때 당기에 지급한 보험료는 얼마인가?

① 12,000원　　　　② 20,000원　　　　③ 30,000원　　　　④ 40,000원

11 다음 중 자본금 계정이 차변에 나타나는 것은?

① 현금 5,000,000원을 출자하여 영업을 개시하다.
② 기중에 현금 5,000,000원 추가출자하다.
③ 기말 결산 시 인출금 3,000,000원을 정리하다.
④ 기말 결산 시 당기순이익 300,000원을 자본금 계정으로 대체하다.

12 다음 중 비용의 이연에 해당하는 계정과목은?

① 선수수익　　　　② 미지급비용　　　　③ 미수수익　　　　④ 선급비용

13 다음과 같은 거래요소의 결합관계로 이루어지는 거래는?

(차변) 자산의 증가　　　　　(대변) 자산의 감소

① 거래처 경조사비로 200,000원을 보통예금에서 계좌이체하다.
② 보통예금 50,000,000원을 출자하여 영업을 개시하다.
③ 사무실 임차보증금 3,000,000원을 보통예금에서 지급하다.
④ 사무실에서 사용할 컴퓨터를 1,000,000원에 구매하고 신용카드로 결제하다.

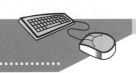

14 다음 거래와 관련이 있는 계정과목은?

> 기말 현재, 미국 하이사의 외상매출금 $1,000에 대하여 외화평가를 하다.(매출 시 환율 1,300원/$, 기말 평가 시 환율 1,000원/$)

① 외환차손   ② 외화환산손실   ③ 외환차익   ④ 외화환산이익

15 다음 중 대여금에 대한 대손상각비를 판매비와관리비 항목에 포함하여 처리하였을 경우 일반기업회계기준으로 판단할 때, 손익계산서에 미치는 영향으로 옳은 것은?

① 영업이익은 과소계상 되었으나 당기순이익에는 변함없다.
② 기업의 매출활동 결과인 매출총이익에 영향을 미친다.
③ 기업회계기준에 따라 정상 처리되었다.
④ 당기순이익 계산에 영향을 미친다.

실 무 시 험

◐ 한솔상사(회사코드 : 0914)는 가전제품을 판매하는 도·소매 개인기업이며, 당기
(제6기) 회계기간은 2021. 1. 1. ~ 2021. 12. 31. 이다. 전산세무회계 수험용 프로그
램을 이용하여 다음 물음에 답하시오.

─────< 기 본 전 제 >─────
문제에서 한국채택국제회계기준을 적용하도록 하는 전제조건이 없는 경우, 일반기업회계기준을 적용한다.

문제1 다음은 한솔상사의 사업자등록증이다. 회사등록메뉴에 입력된 내용을 검토하여 누
●●●●● 락분은 추가입력하고 잘못된 부분은 정정하시오.(주소 입력 시 우편번호는 입력하
지 않아도 무방함) (6점)

사 업 자 등 록 증

(일반과세자)

등록번호 : 106-25-12340

상 호 명 : 한솔상사
대 표 자 명 : 최한솔
개 업 연 월 일 : 2016. 01. 23.
사 업 장 소 재 지 : 서울시 송파구 동남로8길 13(문정동)
사 업 자 의 종 류 : 업태 / 도소매   종목 / 가전제품
교 부 사 유 : 신규

사업자 단위 과세 적용사업자 여부 : 여( ) 부(√)
전자세금계산서 전용 전자우편 주소 :

2016년 1월 23일

송파세무서장

문제2 다음은 한솔상사의 전기분재무상태표이다. 입력되어 있는 자료를 검토하여 오류부
●●●●● 분은 정정하고 누락된 부분은 추가 입력하시오.(6점)

재 무 상 태 표

회사명 : 한솔상사   제5기 2020. 12. 31. 현재   (단위 : 원)

과 목	금	액	과 목	금	액
현 금		50,000,000	외 상 매 입 금		45,000,000
보 통 예 금		30,000,000	지 급 어 음		20,000,000
정 기 예 금		20,000,000	선 수 금		20,000,000
외 상 매 출 금	50,000,000		단 기 차 입 금		40,000,000
대 손 충 당 금	500,000	49,500,000	자 본 금		212,200,000
받 을 어 음	30,000,000		(당기순이익 15,000,000)		
대 손 충 당 금	300,000	29,700,000			
단 기 대 여 금		10,000,000			
미 수 금		20,000,000			
상 품		80,000,000			
차 량 운 반 구	52,000,000				
감가상각누계액	23,000,000	29,000,000			
비 품	20,000,000				
감가상각누계액	1,000,000	19,000,000			
자 산 총 계		337,200,000	부채와 자본총계		337,200,000

문제3 다음 자료를 이용하여 입력하시오.(6점)

[1] 당사는 여행자 보험료를 현금으로 지급하였다. 다음의 적요를 등록 하시오.(3점)

코드	계정과목	적요구분	적요 등록 사항
821	보 험 료	현금적요	7. 여행자 보험료 납부

[2] 한솔상사의 외상매출금과 외상매입금에 대한 거래처별 초기이월 자료는 다음과 같다. 주어진 자료를 검토하여 잘못된 부분을 정정하거나 누락된 부분을 추가 입력하시오.(3점)

계정과목	거래처명	금액(원)	계정과목	거래처명	금액(원)
외상매출금	양 촌 상 사	15,000,000	외상매입금	명 성 상 사	20,000,000
	신 읍 상 사	5,000,000		대 도 상 사	25,000,000
	길 음 상 사	30,000,000			

문제4 다음 거래 자료를 일반전표입력 메뉴에 추가 입력하시오.(24점)

──── < 입력시 유의사항 > ────

• 적요의 입력은 생략한다.

• 부가가치세는 고려하지 않는다.

• 채권·채무와 관련된 거래는 반드시 기 등록되어 있는 거래처코드를 선택하는 방법으로 거래처명을 입력한다.

• 회계처리시 계정과목은 등록되어 있는 계정과목 중 가장 적절한 과목으로 한다.

[1] 7월 26일 태풍으로 인한 피해자를 돕기 위해 송파구청에 현금 100,000원을 기부하였다.(3점)

[2] 8월 8일 상품 2,000,000원을 지나상사에 판매하고 대금은 지나상사 발행 약속어음으로 받고 판매 시 발생한 운송비 50,000원은 현금으로 지급하였다.(3점)

[3] 9월 30일 한일광고와 체결한 광고대행계약과 관련하여 9월 30일 잔금 900,000원을 보통예금 계좌에서 이체하였다. 계약금 100,000원은 계약일인 9월 1일에 지급하고 선급비용으로 회계처리 하였다.(3점)

[4] 10월 21일 거래처 세종스타일의 외상매출금을 현금으로 회수하고 다음의 입금표를 발행하다.(3점)

No. 1													(공급자보관용)			
입 금 표																
												세종스타일 귀하				
공급자	사업자등록번호				106-25-12340											
	상 호			한술상사					성 명			최 한술 (인)				
	사업장소재지			서울시 송파구 동남로 8길 13(문정동)												
	업 태			도소매					종 목			가전제품				
작성일자			금 액								세 액					
년	월	일	공란수	억	천	백	십	만	천	백	일	천	백	십	만	천	백	일
21	10	21														
합계			억		천		백		십		만		천		백		십		일
						3		0		0		0		0		0		0
내용: 외상매출금 회수																
위 금액을 영수함																
영 수 자 　　　　(인)																

[5] **11월 20일** 신입사원들에게 지급할 소모품을 구입하고 다음과 같은 전표를 받았다.(비용 처리할 것) (3점)

카드매출전표
(공급받는자용)

카드종류 : 비 씨 카드
회원번호 : ****-****-****-6553
거래일시 : 2021.11.20. 13:20:26
거래유형 : 신용승인
매　출 : 153,000원
부 가 세 :　　0원
합　계 : 153,000원
결제방법 : 일시불
승인번호 : 133501449
카드사확인 : 비 씨 카드사

가맹점명 : 동산문구

- 이 하 생 략 -

---

[6] **11월 21일** 안양상사에 지급할 외상매입금 3,500,000원을 상환하기 위해 매출거래처인 호수상사로부터 받아 보관중이던 약속어음 3,500,000원을 배서양도하였다.(3점)

[7] **11월 27일** 당사는 보유하고 있던 차량운반구(취득원가 8,000,000원, 감가상각누계액 2,000,000원)를 영동상사에 7,000,000원에 매각하고 대금을 자기앞수표로 지급받았다.(3점)

[8] **12월 17일** 단기간의 매매차익을 얻을 목적으로 황수건설의 주식 100주(1주당 액면금액 20,000원)를 1주당 18,000원에 매입하고 대금은 수수료 100,000원을 포함하여 보통예금 계좌에서 이체하였다.(3점)

문제5 일반전표입력메뉴에 입력된 내용 중 다음과 같은 오류가 발견되었다. 입력된 내용을 확인하여 정정 또는 추가입력 하시오.(6점)

[1] **8월 20일** 장전문구로부터 받은 600,000원은 외상매출금의 회수가 아니라, 상품매출 계약금을 자기앞수표로 받은 것이다.(3점)

[2] **11월 4일** 서울상사로부터 상품 3,000,000원을 매입하고, 선지급한 계약금을 제외한 잔금 2,700,000원을 보통예금 계좌에서 이체하였으나, 담당 직원은 선지급한 계약금 300,000원을 회계처리에서 누락하였다.(3점)

문제6 다음의 결산정리사항을 입력하여 결산작업을 하시오.(12점)

[1] 기말 현재 현금과부족 50,000원은 대표자가 개인적인 용도로 사용한 금액으로 판명되었다.(3점)

[2] 기중에 미국 ABCtech Corp.에 판매한 외상매출금 11,500,000원(미화 $10,000)의 결산일 현재 적용환율이 미화 1$당 1,200원이다. 기업회계기준에 따라 외화환산손익을 인식한다.(3점)

[3] 11월 2일 지급 시 전액 비용 처리한 보험료 지급분 중 당기 기간미경과분은 200,000원이다.(3점)

[4] 3년 전 취득하였던 차량운반구(취득원가 20,000,000원, 잔존가액 4,000,000원, 내용연수 5년, 정액법)의 당기분 감가상각비를 계상하다.(3점)

문제7 다음 사항을 조회하여 답안을 이론문제 답안작성 메뉴에 입력하시오.(10점)

[1] 6월 말 현재 지급어음은 전기 말과 대비하여 얼마 증가하였는가?(3점)

[2] 1월부터 3월까지의 상품매출액은 얼마인가?(3점)

[3] 2분기(4월~6월) 중 접대비가 가장 많은 월과 가장 적은 월의 차이는 얼마인가?(4점)

이론과 실무문제의 답을 모두 입력한 후 「답안저장(USB로 저장)」을 클릭하여 저장하고, USB메모리를 제출하시기 바랍니다.

91회 전산회계 2급 A형 답안

이 론 시 험

1	②	2	④	3	①	4	③	5	④
6	②	7	①	8	②	9	④	10	③
11	③	12	④	13	③	14	②	15	①

01. • 기초자산(600,000원) −기초부채(200,000원) = 기초자본(400,000원)
 • 총수익(900,000원) −총비용(700,000원) = 당기순이익(200,000원)
 • 기초자본(400,000원) +당기순이익(200,000원) = 기말자본(600,000원)
 • 기말자산(800,000원) −기말자본(600,000원) = 기말부채(200,000원)

02. 회계기간은 손익계산서에 포함되어야 하는 사항이며, 재무상태표에는 보고기간종료일이 표시되어야 한다.

03. 가지급금은 자산성격을 띄는 임시적인 가계정이고, 나머지 보기들은 부채에 속한다.

04.

외 상 매 출 금

기 초 잔 액	5,000,000	받을어음대체액	10,000,000
당 기 발 생 액	13,000,000	기 말 잔 액	3,000,000
		현 금 회 수 액	(5,000,000)
	18,000,000		18,000,000

05. 당기순이익 500,000원+임대료 미수분 50,000원−이자 미지급액 10,000원 = 540,000원

06. • 당기상품매입액(500,000원) = 총매입액(550,000원) − 매입할인(50,000원)
 • 매출원가(540,000원) = 기초상품재고액 + 당기상품매입액(500,000원) − 기말상품재고액(120,000원), 따라서 기초상품재고액은 160,000원

07. 차량의 장부가액은 취득가액에서 감가상각누계액을 차감한 11,000,000원이다.

08. 유형자산은 재화의 생산, 용역의 제공, 타인에 대한 임대 또는 자체적으로 사용할 목적으로 보유하는 물리적 형체가 있는 자산으로서, 1년을 초과하여 사용할 것이 예상되는 자산을 말한다.

09. 재고자산의 매입원가는 매입금액에 매입운임, 하역료 및 보험료 등 취득과정에서 정상적으로 발생한 부대원가를 가산한 금액이다. 매입과 관련된 할인, 에누리 및 기타 유사한 항목은 매입원가에서 차감한다.

10. 당기발생 보험료(40,000원) – 기말미지급보험료(10,000원) = 당기지급보험료(30,000원)

11. ① (차) 현 　　　　 금 　5,000,000원 　(대) 자 　본 　금 　5,000,000원
　　 ② (차) 현 　　　　 금 　5,000,000원 　(대) 자 　본 　금 　5,000,000원
　　 ③ (차) 자 　본 　금 　3,000,000원 　(대) 인 　출 　금 　3,000,000원
　　 ④ (차) 손 　　　　 익 　　 300,000원 　(대) 자 　본 　금 　　 300,000원

12. 선수수익은 수익의 이연, 미지급비용은 비용의 계상, 미수수익은 수익의 계상에 해당된다.

13. ① (차) 접대비(비용의 발생) 　　　 200,000원 　(대) 보통예금(자산의 감소) 　 200,000원
　　 ② (차) 보통예금(자산의 증가) 50,000,000원 　(대) 자본금(자본의 증가) 50,000,000원
　　 ③ (차) 임차보증금(자산의 증가) 3,000,000원 　(대) 보통예금(자산의 감소) 3,000,000원
　　 ④ (차) 비품(자산의 증가) 　　 1,000,000원 　(대) 미지급금(부채의 증가) 1,000,000원

14. • $1,000×(1,300–1,000)=300,000원의 외화환산손실이다.(기말에 외화자산, 부채에 대
　한 평가를 하였을 때의 원화금액과 장부상에 기입되어 있는 원화금액과의 사이에서 발생
　하는 차액은 외화환산손익으로 회계 처리한다. 위 경우는 장부상에 기입되어 있는 원화금
　액보다 평가 시 금액이 하락했기 때문에 외화환산손실 계정과목으로 회계 처리한다.)
　　 • 외환차손은 기간 중에 외상매출금을 회수할 때 환율차로 회수액이 적을 때 발생하는 손
　실이다.

15. 대여금에 대한 대손상각비는 기타의 대손상각비 계정으로 영업외비용에 속하는데 판매비와
　관리비로 잘못처리했다면 손익계산서에서 영업이익에 영향을 미치지만 일단 비용으로 처리
　했으므로 당기순이익에 가서는 같아진다. 그리고, 매출총이익은 매출액과 매출원가의 관계
　이므로 기타의 대손상각비와는 관련이 없다.

실 무 시 험

문제1 기초정보등록의 회사등록메뉴에서
　　　 ① 사업자등록번호 : 106-25-12340으로 수정 입력
　　　 ② 대표자명 : 오태식 → 최한솔로 수정 입력
　　　 ③ 사업장소재지 : 서울시 송파구 동남로8길 13(문정동)으로 수정 입력

　　 ※ 데이터 확인 결과 추가사항 등록에 10. 사업자단위승인번호, 11. 종사업자 번호가 빈칸으로 되
　　　 어 있는데 이는 사업자 단위 과세 적용사업자가 아니라는 의미이다.(전산회계2급에서는 부가
　　　 가치세관련문제는 출제되지 않는다.)

문제2 전기분 재무상태표 수정 및 추가 입력
　　　 ① 단기대여금 : 10,000,000원으로 수정 입력
　　　 ② 감가상각누계액(비품) : 1,000,000원으로 수정 입력
　　　 ③ 단기차입금 : 40,000,000원 추가 입력

문제3 [1] 계정과목 및 적요등록에 등록에 주어진 내역 입력

[2] [거래처별 초기이월] 메뉴에서
- 외상매출금 : 양촌상사 15,000,000원으로 수정
- 외상매입금 : 대도상사 25,000,000원으로 수정
  영광상사 1,360,000원을 삭제

문제4 일반전표입력메뉴에 추가 입력

[1] 7월 26일 일반전표 입력

(차) 기　부　금　100,000　　　　　(대) 현　　　　금　100,000
또는, 출금전표 기부금 100,000원

[2] 8월 8일 일반전표 입력

(차) 받을어음(지나상사)　2,000,000　　　(대) 상　품　매　출　2,000,000
　　운　반　비(판)　50,000　　　　　　　현　　　　금　50,000

※ 상품 매입을 할 때는 운반비를 매입원가에 포함하여 회계 처리하지만 매출 시에는 운반비(판)
으로 회계 처리한다. 상품 계정은 매입 시 사용하며, 매출 시에는 상품매출 계정을 사용하여 회
계처리한다.

[3] 9월 30일 일반전표 입력

(차) 광고선전비(판)　1,000,000　　　(대) 선급비용(한일광고)　100,000
　　　　　　　　　　　　　　　　　　보　통　예　금　900,000

※ 입력시 유의사항에 채권 채무와 관련된 거래처명은 반드시 기등록되어 있는 거래처 코드를
선택하는 방법으로 거래처 명을 입력한다고 되어 있다.

[4] 10월 21일 일반전표 입력

(차) 현　　　　금　3,000,000　　　(대) 외　상　매　출　금　3,000,000
　　　　　　　　　　　　　　　　　　　（세　종　스　타　일）

또는 (입금) 외상매출금(세종스타일) 3,000,000원

[5] 11월 20일 일반전표 입력

(차) 소　모　품　비(판)　153,000　　　(대) 미지급금(비씨카드)　153,000
또는 사무용품비(판)　　　　　　　　또는 미　지　급　비　용

※ 문제에 '소모품'을 구입했다고 명시되어 있기 때문에 소모품비(판), 사무용품비(판)으로 회계
처리한다. 또한 '비용처리할 것'이라는 단서가 있는 것은 소모품의 회계처리 시 자산으로 처리
하거나 비용으로 처리할 수 있기 때문에 단서를 준 것이다.

[6] **11월 21일** 일반전표 입력

(차) 외상매입금(안양상사) 3,500,000 (대) 받을어음(호수상사) 3,500,000

[7] **11월 27일** 일반전표 입력

(차) 현   금 7,000,000 (대) 차 량 운 반 구 8,000,000
감가상각누계액(209) 2,000,000   유형자산처분이익 1,000,000

[8] **12월 17일** 일반전표 입력

(차) 단 기 매 매 증 권 1,800,000 (대) 보 통 예 금 1,900,000
수수료비용(984) 100,000

※ 단기매매증권의 매입에 관한 수수료비용이기 때문에 영업외비용에 해당하는 984 수수료비용을 선택하여 입력하여야 한다.

문제5 **입력된 내용 오류 정정**

[1] **8월 20일** 일반전표 수정

수정전 : (차) 현   금 600,000 (대) 외상매출금(장전문구) 600,000
수정후 : (차) 현   금 600,000 (대) 선 수 금(장전문구) 600,000
또는 입금전표 선수금(장전문구) 600,000원

[2] **11월 4일** 일반전표 수정

수정전 : (차) 상   품 2,700,000 (대) 보 통 예 금 2,700,000
수정후 : (차) 상   품 3,000,000 (대) 선급금(서울상사) 300,000
보 통 예 금 2,700,000

- 당초에 누락된 선급금의 대체분개 (차) 상품 300,000 (대) 선급금(서울상사) 300,000을 추가한 답안도 정답으로 인정된다.

문제6 **결산정리사항을 입력 결산 완료**

> **수동결산 : 12월31일자로 일반전표에 직접 입력한다.**

[1] **12월 31일** 일반전표 입력

(차) 인 출 금 50,000 (대) 현 금 과 부 족 50,000
또는 자 본 금

[2] 12월 31일 일반전표 입력

    (차) 외 상 매 출 금   500,000   (대) 외 화 환 산 이 익   500,000

       (미국 ABCtech Corp.)

    ※ 외상매출금이 회수(감소)되고 다시 발생(증가)한 것이 아니라 평가액이 증가한 것이므로 총액
을 감소시키고 다시 증가시키는 회계처리는 올바른 회계처리가 아니다.

[3] 12월 31일 일반전표 입력

    (차) 선 급 비 용   200,000   (대) 보 험 료(판)   200,000

    ※ 보험료 지급 시 비용으로 처리하였다고 하였으니 미경과분을 차기로 이연시키는 회계처리를
하여야 한다.

    ※ 문제에서 당기 기간 미경과분은 200,000원이라고 명확하게 기재되어 있기 때문에 선급비용
은 200,000원으로 회계 처리하여야 한다.

[4] 12월 31일 일반전표 입력

    (차) 감가상각비(판)   3,200,000   (대) 감가상각누계액   3,200,000

                                   (차량운반구)

〈자동결산〉 결산자료입력란을 이용하여 자동결산을 할 경우

    [결산자료입력] 화면을 이용하여 대손충당금, 감가상각비 계상 및 기말상품재고액은 반드
시 해당란에 입력을 한 후 [결산자료입력]화면 좌측 상단의 [(F3) 전표추가]단추를 클릭하여
결산전표를 자동생성 시킨 후 [일반전표입력]에서 12월 31일로 결산자동 분개를 확인한다.

【 참고사항 】 결산전 전표입력과정이 잘못 입력되었다 하더라도 채점은 자기가 입력한 데이터
로 채점 된다. 예 외상매출금, 받을어음, 상품 등

문제7 장부조회하여 답안 메뉴에 입력

[1] [재무상태표 6월 조회] : 16,500,000원

[2] [월계표에서 1월~3월까지의 상품매출액 합계액을 조회, 또는 손익계산서 3월분
조회] : 101,760,000원

[3] [총계정원장 접대비 4월 ~ 6월 조회]
    : 500,000원(4월 접대비 1,100,000원 − 5월 접대비 600,000원 = 500,000원)

④ 제90회 기출문제

이 론 시 험

⊙ 다음 문제를 보고 알맞은 것을 골라 이론문제 답안작성 메뉴화면에 입력하시오.
(※ 객관식 문항당 2점)

─── < 기 본 전 제 > ───
문제에서 한국채택국제회계기준을 적용하도록 하는 전제조건이 없는 경우, 일반기업회계기준을 적용한다.

01 다음 중 장부를 기록하는 방법에 대한 설명이 틀린 것은?

① 부기는 기록, 계산하는 방법에 따라 단식부기와 복식부기로 분류된다.
② 복식부기는 일정한 원리나 원칙에 따라 현금이나 재화의 증감은 물론 손익의 발생을 조직적으로 계산하는 부기이다.
③ 복식부기는 대차평균의 원리에 의하여 오류를 자동으로 검증하는 자기검증기능이 있다.
④ 복식부기는 일정한 원리원칙이 없이 재산의 증가 감소를 중심으로 기록하며 손익의 원인을 계산하지 않는 부기이다.

02 다음 중 외상대금의 조기회수로 인한 매출할인을 당기 총매출액에서 차감하지 않고 영업외비용으로 처리하였을 경우 손익계산서상 매출총이익과 당기순이익에 미치는 영향으로 옳은 것은?

	매출총이익	당기순이익		매출총이익	당기순이익
①	과소계상	과대계상	②	과소계상	불 변
③	과대계상	불 변	④	과대계상	과소계상

03 다음 중 현금 및 현금성자산에 포함되는 것은?

① 매출채권　　　　　　　　　② 우표
③ 타인발행수표　　　　　　　④ 선일자수표

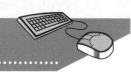

04 다음 거래의 회계처리에 대한 설명으로 옳은 것은?

> 장기 보유 목적으로 (주)문정의 주식(1주당 액면금액 1,000원) 100주를 액면 금액으로 매입하고 수수료 10,000원과 함께 자기앞수표로 지급하다.

① 영업외비용이 10,000원 증가한다.
② 투자자산이 110,000원 증가한다.
③ 만기보유증권이 110,000원 증가한다.
④ 유동자산이 10,000원 감소한다.

05 합계잔액시산표상 혼합 상품 계정에 대한 자료는 다음과 같다. 상품매출원가는 얼마인가?

| • 차 변 | 5,000,000원 | • 대 변 | 4,500,000원 |
| • 기말상품재고액 | 750,000원 | | |

① 3,250,000원
③ 4,500,000원

② 4,250,000원
④ 5,000,000원

06 다음 중 재고자산의 취득원가에 가산되는 항목은?

① 매입에누리
③ 매입할인

② 매입환출
④ 매입운임

07 2021년 7월 1일에 구입한 영업용 건물(취득원가 70,000,000원, 잔존가치 20,000,000원, 내용연수 10년, 결산 연 1회)에 대한 2021년 12월 31일 결산 시 정액법에 의한 감가상각비는 얼마인가?(단, 감가상각은 월할상각한다.)

① 2,500,000원
③ 5,000,000원

② 3,500,000원
④ 7,000,000원

08 다음 내용을 모두 포함하는 계정과목은 무엇인가?

> • 기업의 영업활동에 장기간 사용되며, 기업이 통제하고 있다.
> • 물리적 형체가 없으나 식별가능하다.
> • 미래의 경제적 효익이 있다.

① 실용신안권   ② 선수금

③ 기계장치   ④ 재고자산

09 다음과 같은 결합관계에 해당하는 거래로 옳지 않은 것은?

> (차변) 부채의 감소   (대변) 자산의 감소

① 현금 2,000,000원을 단기간 차입하다.

② 미지급금 100,000원을 현금으로 지급하다.

③ 외상매입금 500,000원을 현금으로 상환하다.

④ 예수금 200,000원을 보통예금 계좌에서 이체하여 지급하다.

10 전자부품을 도소매하는 회사의 경우, 다음의 계정과목들 중 (   )에 들어올 수 없는 항목은?

> (차) 차량운반구   20,000,000원   (대) (   )   20,000,000원

① 현금   ② 미지급금

③ 보통예금   ④ 외상매입금

11 다음과 같은 자료에서 당기의 추가출자액은 얼마인가?

> • 기초자본금   10,000,000원   • 기업주의 자본인출액   4,000,000원
> • 기말자본금   10,000,000원   • 당기순이익   2,000,000원

① 2,000,000원   ② 4,000,000원

③ 6,000,000원   ④ 10,000,000원

12 다음 자료를 토대로 2021년 말 손익계산서에 보고할 대손상각비는 얼마인가?

> • 2021년 1월 1일 현재 대손충당금 잔액은 150,000원이다.
> • 2021년 7월 10일 거래처의 파산으로 매출채권 200,000원이 회수불능 되었다.
> • 기말 매출채권 잔액 7,500,000원에 대해 1%의 대손을 설정하다.

① 25,000원　　　　　　　　② 75,000원
③ 105,000원　　　　　　　　④ 125,000원

13 다음 중 기말결산 수정 정리사항이 아닌 것은?

① 미지급비용의 인식　　　　② 기타채권에 대한 대손의 추정
③ 유가증권 처분에 따른 손익 인식　　④ 건물의 감가상각

14 다음 중 손익계산서에 표시되는 항목으로 옳은 것은?

① 유동자산　　　　　　　　② 자본금
③ 매출원가　　　　　　　　④ 비유동부채

15 다음 등식 중 잘못된 것은?

① 기초부채+기초자본 = 기초자산　　② 기말자산−기초자본 = 순손익
③ 총비용+순손익 = 총수익　　　　　④ 자산+비용 = 부채+자본+수익

실무시험

�》 금정문구(코드번호 : 0904)는 문구 및 잡화를 판매하는 개인기업이다. 당기(제7기) 회계기간은 2021. 1. 1. ~ 2021. 12. 31. 이다. 전산세무회계 수험용 프로그램을 이용하여 다음 물음에 답하시오.

─< 기 본 전 제 >─

문제에서 한국채택국제회계기준을 적용하도록 하는 전제조건이 없는 경우, 일반기업회계기준을 적용한다.

문제1 다음은 금정문구의 사업자등록증이다. 회사등록메뉴에 입력된 내용을 검토하여 누락분은 추가입력하고 잘못된 부분은 정정하시오.(주소입력시 우편번호는 입력하지 않아도 무방함) (6점)

사 업 자 등 록 증

(일반과세자)

등록번호 : 621-01-13463

상 호 명 : 금정문구
대 표 자 명 : 심유혁
개 업 연 월 일 : 2015. 2. 15.
사업장소재지 : 부산광역시 금정구 수림로50번길 103(구서동)
사업자의종류 : 업태 / 도소매　　종목 / 문구 및 잡화

사업자 단위 과세 적용사업자 여부 : 여(　) 부(∨)
전자세금계산서 전용 전자우편 주소 :

2015년 2월 15일

금정세무서장

문제2 다음은 금정문구의 전기분 재무상태표이다. 입력되어 있는 자료를 검토하여 오류부분은 정정하고 누락된 부분은 추가 입력하시오.(6점)

재 무 상 태 표

회사명 : 금정문구   제6기 2020. 12. 31.   (단위 : 원)

과　목	금　액		과　목	금　액
현　　　　　금		15,000,000	외 상 매 입 금	15,000,000
당 좌 예 금		13,000,000	지 급 어 음	5,000,000
보 통 예 금		11,000,000	미 지 급 금	5,500,000
외 상 매 출 금	25,000,000		단 기 차 입 금	15,000,000
대 손 충 당 금	2,000,000	23,000,000	선 　 수 　 금	1,000,000
받 을 어 음	8,000,000		자 　 본 　 금	70,900,000
대 손 충 당 금	800,000	7,200,000	(당기순이익 7,694,200)	
단 기 대 여 금		10,000,000		
미 　 수 　 금		3,000,000		
선 　 급 　 금		2,000,000		
상 　 　 　 품		9,000,000		
차 량 운 반 구	20,000,000			
감가상각누계액	8,000,000	12,000,000		
비 　 　 　 품	9,000,000			
감가상각누계액	1,800,000	7,200,000		
자 산 총 계		112,400,000	부채와 자본총계	112,400,000

문제3 다음 자료를 이용하여 입력하시오.(6점)

•••••

[1] 신규거래처인 에프디노(주)와 태양금속(주)를 거래처등록메뉴에 추가등록 하시오.(단, 사업장 소재지 입력 시 우편번호 입력은 생략하고 직접 입력할 것) (3점)

에프디노(주) (코드 : 03094)	• 대표자명 : 김정은　　• 사업자등록번호 : 208-81-14446 • 거래처 유형 : 매입 • 사업장 소재지 : 경기도 안산시 상록구 예술광장1로 116(성포동) • 업태/종목 : 도소매/문구
태양금속(주) (코드 : 05046)	• 대표자명 : 박서영　　• 사업자등록번호 : 220-81-51306 • 거래처 유형 : 매출 • 사업장소재지 : 전라북도 완주군 이서면 낙산로 223 • 업태/종목 : 도소매/건축자재

[2] 금정문구는 오래 사용하는 소모품을 별도로 관리하고자 한다. [830. 소모품비] 계정과목에 다음의 적요를 등록 하시오.(3점)

현금적요 4. : 장기 사용 소모자재 구입비 지급

문제4 다음 거래 자료를 일반전표입력 메뉴에 추가 입력하시오.(24점)

── < 입력시 유의사항 > ──

• 적요의 입력은 생략한다.

• 부가가치세는 고려하지 않는다.

• 채권·채무와 관련된 거래는 반드시 기 등록되어 있는 거래처코드를 선택하는 방법으로 거래처명을 입력한다.

• 회계처리시 계정과목은 등록되어 있는 계정과목 중 가장 적절한 과목으로 한다.

[1] 7월 13일 업무용 오토바이의 주유비를 신용카드(비씨카드)로 결제하고 다음과 같은 신용카드전표를 수취하였다.(3점)

매 출 전 표

단말기번호	3657398	전표번호	134

카드종류		**거래종류**	**결제방법**
비씨카드		신용구매	일시불
회원번호(Card No)		**취소시 원거래 일자**	
9710-****-****-4587			
유효기간		**거래일시**	
(**/**)		2021년 7월 13일 09: 13: 57	
상품명	**단가**	**수량**	**금액**
무연휘발유	1,443원	13.860L	
전표제출		**금액/AMOUNT**	20,000원
		부가세 / VAT	
전표 매입사		**봉사료 / TIPS**	
비씨 카드사		**합계 / TOTAL**	20,000원
(에스원에너지(주)금정주유소)			
거래번호	0487	**승인번호/(Approval No.)**	
		98421147	
가맹점	에스원에너지(주)금정주유소		
대표자	최우성	**TEL**	0515132700
가맹점번호	785250476	**사업자번호**	621-85-34245
주소	부산 금정구 중앙대로 1972 금정주유소		
		서명(Signature)	
		심유혁	

[2] 8월 12일 주차장으로 사용할 토지를 20,000,000원에 준선상사로부터 매입하고 대금은 당좌수표를 발행하여 지급하다. 토지 취득 시 취득세 920,000 원은 현금으로 지급하였다.(3점)

[3] 9월 11일 사업주가 가정에서 사용할 목적으로 컴퓨터를 국민카드로 1,000,000 원에 구입하였다.(3점)

[4] 10월 1일 금정문구는 소유한 창고를 (주)민철산업에 임대하기로 하고 임대보증금의 잔금을 (주)민철산업이 발행한 당좌수표로 받다.(단, 계약금은 계약서 작성일인 7월 1일에 현금으로 이미 받았으며 별도의 영수증을 발행하여 주었다.) (3점)

부동산 임대차 계약서						■월세 □전세	
임대인과 임차인 쌍방은 표기 부동산에 관하여 다음 계약 내용과 같이 임대차계약을 체결한다.							
1. 부동산의 표시							
소재지	부산광역시 금정구 금샘로323(구서동)						
토 지	지 목	대지				면 적	3,242㎡
건 물	구 조	창고		용 도	사업용	면 적	1,530㎡
임대할 부분	전체					면 적	3,242㎡
2.계약내용							
제1조(목적) 위 부동산의 임대차에 한하여 임대인과 임차인은 합의에 의하여 임차보증금 및 차임을 아래와 같이 지불하기로 한다.							
보증금	金	10,000,000원정					
계약금	金	1,000,000원정은 계약 시에 지불하고 영수함 영수자(　　　)				(인)	
중도금	金	원정은		년　　월　　일에 지불하며			
잔 금	金	9,000,000원정은	2021 년　10월 1일에 지불한다.				
차 임	金	800,000원정은	매월 20일(후불)에 지급한다.				
제2조(존속기간) 임대인은 위 부동산을 임대차 목적대로 사용할 수 있는 상태로 2021년 10월 1일 까지 임차인에게 인도하며 임대차기간은 인도일로부터 2022년 9월 30일(12개월) 까지 로 한다.							

[5] 10월 20일 판매용 문서세단기 5,000,000원(5대분)과 업무용 문서세단기 1,000,000원(1대)를 전포문구에서 구입하고, 대금은 이번 달 30일에 모두 지급하기로 하였다.(하나의 전표로 회계처리할 것.) (3점)

[6] 11월 19일 거래처 대전상사에 경영자금 100,000,000원을 보통예금에서 단기대여해주면서 이체수수료 1,500원을 현금으로 지급하다.(단, 수수료는 수수료비용(금융비용)으로 회계처리한다.) (3점)

[7] 12월 12일 일중상사에 외상으로 매출한 상품 중 불량품 200,000원이 반품되어 오다. 반품액은 외상매출금과 상계하기로 하였다.(3점)

[8] 12월 15일 상품(100개, 개당 10,000원)을 양촌상사로부터 외상으로 매입하고, 운반비 50,000원은 현금으로 지급하였다.(3점)

문제5 일반전표입력메뉴에 입력된 내용 중 다음과 같은 오류가 발견되었다. 입력된 내용을 확인하여 정정 또는 추가입력 하시오.(6점)

[1] 8월 11일 거래처 남산문구로부터 입금된 2,970,000원은 외상매출금 3,000,000
원 전액이 입금된 것이 아니라, 약정기일보다 빠르게 외상매출금이 회
수되어 외상매출금의 1%를 할인한 후의 금액을 보통예금 계좌로 입금
받은 것이다.(3점)

[2] 11월 29일 임차료 300,000원을 보통예금 계좌에서 지급한 것으로 회계처리 한 거
래는, 실제로 보통예금 계좌로 임대료(904) 300,000원을 받은 것이
다.(3점)

문제6 **다음의 결산정리사항을 입력하여 결산작업을 하시오.(12점)**

[1] 결산일 현재 별이상사의 단기대여금 5,000,000원에 대한 기간 경과분 미수이자
62,500원을 계상하다.(3점)

[2] 하나은행의 보통예금통장은 마이너스 통장으로 개설된 것이다. 기말현재 하나은행의
보통예금통장 잔액은 −6,352,500원이다.(단기차입금으로 대체하는 회계처리를 하
시오.)(3점)

[3] 당기분 차량운반구 감가상각비는 250,000원이며, 비품 감가상각비는 150,000원이
다.(3점)

[4] 당기 기말상품재고액은 5,000,000원이다.(단, 전표입력에서 구분으로 5:결산차변,
6:결산대변으로 입력할 것.)(3점)

문제7 **다음 사항을 조회하여 답안을 이론문제 답안작성 메뉴에 입력하시오.(10점)**

[1] 1분기(1월~3월) 중 상품매출이 가장 많은 월과 가장 적은 월의 차이는 얼마인가?(4점)

[2] 6월 말 현재 비품의 장부가액은 얼마인가?(3점)

[3] 상반기(1월~6월) 중 상품매입액과 기초상품재고액을 합한 판매가능한 상품액은 얼
마인가?(3점)

이론과 실무문제의 답을 모두 입력한 후 「답안저장(USB로 저장)」을 클릭하여 저장하고, USB메모리를 제출하시기 바랍니다.

90회 전산회계 2급 A형 답안

이 론 시 험

1	④	2	③	3	③	4	②	5	②
6	④	7	①	8	①	9	①	10	④
11	①	12	④	13	③	14	③	15	②

01. 단식부기는 일정한 원리원칙이 없이 재산의 증가 감소를 중심으로 기록하며 손익의 원인을 계산하지 않는 기장방법이다.

02. 매출할인을 총매출액에서 차감하지 않으면 매출액이 과대계상되어 매출총이익이 과대계상된다. 그렇지만 매출할인을 영업외비용으로 처리했으므로 과대해진 매출총이익이 당기순이익 계산에서 감소되기 때문에 당기순이익은 영향이 없다.

관련 등식은 매출총이익(과대) − 판매비와관리비 = 영업이익 과대계상
영업이익 + 영업외수익 − 영업외비용(매출할인 반영) = 당기순이익

03. 타인발행수표는 통화대용증권으로 현금에 해당한다. 우표는 소모품비 또는 통신비로 처리하고 선일자수표는 미래의 날짜로 당좌수표를 발행하는 것으로 어음으로 처리된다.

04. (차변) 매도가능증권 110,000 (대변) 현금 110,000으로 매도가능증권과 만기보유증권의 구입 시 수수료는 취득원가에 포함한다. 영업외비용과 만기보유증권은 관련이 없으며 투자자산(매도가능증권)은 110,000원 증가한다. 또한 유동자산은 자기앞수표의 지급으로 인해 110,000원 감소한다. 단, 단기보유 목적인 단기매매증권의 구입 수수료는 영업외비용으로 처리한다.

05. 합계잔액시산표상 상품계정 차변금액은 기초상품재고액 + 당기상품매입액을 의미한다.
상품매출원가 : (기초상품재고액 + 당기상품매입액 − 기말상품재고액)
= (5,000,000원 − 750,000원) = 4,250,000원

06. 매입운임은 재고자산의 취득원가에 가산되지만, 매입에누리, 매입환출, 매입할인은 재고자산의 취득원가에서 차감한다.

07. 정액법 = (취득원가 − 잔존가치) ÷ 내용연수
= (70,000,000원 − 20,000,000원) ÷ 10년 × 6/12 = 2,500,000원

08. 무형자산에 대한 설명이다. 실용신안권은 무형자산이다.

09. 보기1번 : (차변) 현금 2,000,000원(자산의 증가) (대변) 단기차입금 2,000,000원(부채의 증가)

10. 외상매입금은 일반적인 상거래에서 발생하는 계정이다. 전자부품을 도소매하는 회사이므로 차량운반구는 상품이 아니다.

11.

자 본 금

자 본 인 출 액	4,000,000	기 초 자 본 금	10,000,000
기 말 자 본 금	10,000,000	당 기 순 이 익	2,000,000
		추 가 출 자 액	(2,000,000)
	14,000,000		14,000,000

12. 7월 10일 : (차) 대손충당금 150,000, 대손상각비 50,000 (대) 매출채권 200,000
(기말 회계처리) (차) 대손상각비 75,000 (대) 대손충당금 75,000
2021년말 손익계산서에 보고할 대손상각비는 50,000원+75,000원 = 125,000원

13. 유가증권 처분에 따른 손익 인식은 기간 도중에 발생하는 것으로 결산정리와는 관련이 없다. 단 유가증권의 평가는 결산정리사항이다.

14. 매출원가는 비용이므로 손익계산서에 표시되지만 나머지 보기는 재무상태표에 표시된다.

15. 기말자본−기초자본 = 순손익이다.

실 무 시 험

문제1 기초정보등록의 회사등록메뉴에서
① 사업장소재지 : 부산광역시 금정구 수림로50번길 103(구서동)으로 수정 입력
② 사업자등록번호 : 621-01-13463으로 수정 입력
③ 종목 : 문구 및 잡화로 수정 입력

문제2 전기분재무상태표 수정 및 추가 입력
① 당좌예금: 10,300,000원을 13,000,000원으로 수정 입력
② 감가상각누계액(차량운반구) 800,000원을 8,000,000원으로 수정 입력
③ 단기차입금 15,000,000원을 추가 입력

문제3 [1] [거래처등록] 메뉴의 [일반거래처등록]에 (코드 : 03094)에프디노(주)와 (코드 : 05046)태양금속(주)를 제시한 대로 입력한다.
[2] 기초정보등록의 [계정과목 및 적요등] 메뉴에서 커서를 [코드/계정과목]의 코드란에 두고 '830'을 치면 커서는 0830 소모품비으로 이동한다. 현금적요란 4번에 '장기 사용 소모자재 구입비 지급'을 입력한다.

문제4 일반전표입력메뉴에 추가 입력

[1] 7월 13일 일반전표 입력

(차) 차량유지비(판)   20,000   (대) 미 지 급 금   20,000
                                        또는 미지급비용(비씨카드)

※ 영업용 차량운반구에 대한 유지관리비는 판매비 및 일반관리비 항목인 차량유지비로 처리하면
   된다.

[2] 8월 12일 일반전표 입력

(차) 토   지 20,920,000   (대) 당 좌 예 금 20,000,000
                                     현   금   920,000

※ 유형자산 취득 시 지급한 취득제비용은 취득원가에 가산하여 처리한다.
  ─. 등기료 및 취득세, 소게수수료, 사용전수선비, 설치비, 시운전비 등

[3] 9월 11일 일반전표 입력

(차) 인   출   금 1,000,000   (대) 미지급금(국민카드)   1,000,000

※ 업무용으로 사용하지 않는 목적의 자산 구입은 사업용 자산으로 계상할 수 없으며, 사업주가
   업무와 관련 없이 개인적인 용도로 사용 하였을 경우 일단 인출금 계정으로 처리하였다가 결산
   시 인출금 계정을 자본금 계정으로 대체하여 소멸시킨다.

[4] 10월 1일 일반전표 입력

(차) 현   금 9,000,000   (대) 임 대 보 증 금 10,000,000
    선수금[(주)민철산업] 1,000,000   [(주)민철산업]

※ 문제에 7월 1일에 이미 계약금을 수령했다는 단서가 있으며 10월 1일에는 잔금에 대한 회계처
   리 및 선수금에 대한 회계처리가 필요한 사항이기 때문에 정답과 같이 회계 처리하여야 한다.

[5] 10월 20일 일반전표 입력

(차) 상   품 5,000,000   (대) 외상매입금(전포문구)   5,000,000
    비   품 1,000,000   미 지 급 금(전포문구)   1,000,000

※ 판매의 목적으로 구입한 상품에 대한 외상거래는 외상매입금 계정으로, 사용의 목적으로 구입
   한 비품에 대한 외상거래는 미지급금 계정으로 처리한다.

[6] 11월 19일 일반전표 입력

(차) 단기대여금(대전상사) 100,000,000   (대) 보 통 예 금 100,000,000
    수수료비용(984)   1,500   현   금   1,500

※ 회사의 경영자금을 거래처에 대여하였다면 이는 사업과 관련이 없는 거래로 인식하여 이에 대
   한 이자수입은 영업외수익 계정에 속하는 (901)이자수익 계정으로, 이에 대한 이체수수료도 영
   업외비용 계정에 속하는 수수료비용(945)으로 처리하면 된다.

[7] **12월 12일** 일반전표 입력

| (차) 상 품 매 출 | 200,000 | (대) 외 상 매 출 금 | 200,000 |
| 또는 매출환입및에누리 | 200,000 | 외 상 매 출 금 | 200,000 |

※ 외상매출한 상품 중 불량품이 다시 반품되어 왔을 경우 정답과 같이 역 분개를 하면 되며, (−) 분개는 하지 않도록 한다.

[8] **12월 15일** 일반전표 입력

| (차) 상 품 | 1,050,000 | (대) 외상매입금(양촌상사) | 1,000,000 |
| | | 현 금 | 50,000 |

※ 상품 매입 시 운반비는 상품 매입원가에 가산하며, 매출 시 운반비는 별도로 판매비와관리비에 속하는 '운반비' 계정으로 처리한다.

문제5 **입력된 내용 오류 정정**

[1] **8월 11일** 일반전표 입력

수정전 : (차) 보 통 예 금 2,970,000 (대) 외상매출금(남산문구) 2,970,000
수정후 : (차) 보 통 예 금 2,970,000 (대) 외상매출금(남산문구) 3,000,000
　　　　　　　매출할인(403) 30,000

※ 상품에 대한 외상대금을 조기 회수 시 결제대금의 일부를 할인해 주었을 경우는 (401)상품매출에 대한 (403)매출할인 계정을 선택하여 입력하면 된다.

[2] **11월 29일** 일반전표 입력

수정전 : (차) 임 차 료 300,000 (대) 보 통 예 금 300,000
수정후 : (차) 보 통 예 금 300,000 (대) 임 대 료(904) 300,000

문제6 **결산정리사항을 입력 결산 완료**

수동결산 : 12월31일자로 일반전표에 직접 입력한다.

[1] **12월 31일** 일반전표 입력

　(차) 미 수 수 익 62,500 (대) 이 자 수 익 62,500

※ 미수수익 계정에 거래처를 입력한 답안도 정답 인정한다.

[2] **12월 31일** 일반전표 입력

　(차) 보 통 예 금 6,352,500 (대) 단기차입금(하나은행) 6,352,500

※ 마이너스 통장에서 인출 또는 이체되는 금액은 보통예금의 잔액이 있어서 인출 또는 이체하는 것이 아니라, 단기차입금을 인출 또는 이체하는 것이므로 (−)잔액은 결산 시 대변에 '단기차입금(부채의 증가)' 계정으로 처리하고 동시에 (차변) 보통예금(자산의 증가)으로 회계처리하면 된다.

[3] 12월 31일　일반전표 입력

(차) 감 가 상 각 비　　400,000　　(대) 감가상각누계액(차량)　250,000
　　　　　　　　　　　　　　　　　　　감가상각누계액(비품)　150,000

[4] 12월 31일　일반전표 입력

(결차) 상 품 매 출 원 가　105,660,000　　(결대) 상　　　품　105,660,000

※ 합계잔액시산표 상품 계정(110,660,000원)에서 110,660,000원−5,000,000원 = 105,660,000원

〈자동결산〉 결산자료입력란을 이용하여 자동결산을 할 경우

[결산자료입력] 화면을 이용하여 대손충당금, 감가상각비 계상 및 기말상품재고액은 반드시 해당란에 입력을 한 후 [결산자료입력]화면 좌측 상단의 [(F3) 전표추가]단추를 클릭하여 결산전표를 자동생성 시킨 후 [일반전표입력]에서 12월 31일로 결산자동 분개를 확인한다.

【 참고사항 】 결산전 전표입력과정이 잘못 입력되었다 하더라도 채점은 자기가 입력한 데이터로 채점 된다. 예 외상매출금, 받을어음, 상품 등

문제7　**장부조회하여 답안 메뉴에 입력**

[1] [월계표 상품매출을 1월, 2월, 3월 각각 조회] : 37,000,000원
　　(3월 상품매출 62,500,000원−2월 상품매출 25,500,000원 = 37,000,000원)

[2] [재무상태표를 조회한다.] : 7,200,000원
　　(비품 금액 9,000,000원 − 비품 감가상각누계액 1,800,000원 = 7,200,000원)

[3] [6월 말의 재무상태표의 당기 상품잔액 또는 6월 말의 합계잔액시산표의 상품차변합계, 계정별원장의 1월 1일부터 6월 30일까지 상품 조회] : 52,960,000원

⑤ 제88회 기출문제

(이 론 시 험)

❂ 다음 문제를 보고 알맞은 것을 골라 이론문제 답안작성 메뉴화면에 입력하시오.
(※ 객관식 문항당 2점)

─────< 기 본 전 제 >─────
문제에서 한국채택국제회계기준을 적용하도록 하는 전제조건이 없는 경우, 일반기업회계기준을 적용한다.

01 다음 중 계정잔액의 표시가 틀린 것은?

①   선 수 금
| 150,000원

②   가 수 금
| 150,000원

③   예 수 금
| 150,000원

④   미 수 금
| 150,000원

02 다음 자료는 2021년 12월 31일 현재 재무상태표의 각 계정의 잔액이다. 단기차입금은 얼마인가?

• 미수금 550,000원	• 외상매출금 250,000원	• 단기차입금 (?)
• 미지급비용 150,000원	• 선급금 130,000원	• 자본금 300,000원

① 540,000원   ② 500,000원
③ 480,000원   ④ 460,000원

03 다음 자료에서 유동성배열법에 의한 자산 계정의 배열 순서가 옳은 것은?

(가) 비품	(나) 상품	(다) 현금	(라) 영업권

① (다) − (나) − (가) − (라)   ② (다) − (가) − (라) − (나)
③ (다) − (가) − (나) − (라)   ④ (다) − (나) − (라) − (가)

04 다음 중 경영성과에 영향을 미치는 거래는?

① 미지급금을 보통예금으로 지급하다.
② 미지급금을 약속어음을 발행하여 지급하다.
③ 예수금을 현금으로 지급하다.
④ 차입금에 대한 이자를 현금으로 지급하다.

05 다음 자료를 기초로 판매비와관리비를 계산하면 얼마인가?

• 기부금	400,000원	• 급여	2,500,000원
• 복리후생비	600,000원	• 소모품비	300,000원

① 2,900,000원   ② 3,400,000원
③ 3,500,000원   ④ 3,800,000원

06 다음 중 분개 시 차변에 기입해야 하는 계정과목은?

기중 현금시재액이 5,000원 부족한 것을 발견하였다.

① 잡이익   ② 현금
③ 잡손실   ④ 현금과부족

07 다음 중 유동부채 계정과목만 짝지어진 것은?

① 미수금, 선수금, 외상매입금, 받을어음
② 미지급금, 선수금, 외상매입금, 지급어음
③ 미수금, 선급금, 외상매출금, 받을어음
④ 미지급금, 선급금, 외상매출금, 지급어음

08 재화의 생산, 용역의 제공, 타인에 대한 임대 또는 자체적으로 사용할 목적으로 보유하는 물리적 형체가 있는 자산으로서, 1년을 초과하여 사용할 것이 예상되는 자산은?

① 건설중인 자산   ② 상품
③ 투자부동산   ④ 산업재산권

09 다음 거래에 대한 기말 분개로 가장 옳은 것은?

> 12월 31일 결산 시 외상매출금 잔액 10,000,000원에 대해 2%의 대손을 예상
> 하였다. 단, 당사는 보충법을 사용하고 있으며 기말 분개 전 대손충당금 잔액은
> 100,000원이 계상되어 있다.

① (차) 대 손 충 당 금   100,000원   (대) 대 손 상 각 비   100,000원
② (차) 대 손 상 각 비   50,000원   (대) 대 손 충 당 금   50,000원
③ (차) 대 손 상 각 비   100,000원   (대) 외 상 매 출 금   100,000원
④ (차) 대 손 상 각 비   100,000원   (대) 대 손 충 당 금   100,000원

10 다음 중 일반 기업회계기준의 손익계산서 작성기준에 대한 설명으로 가장 잘못된
것은?

① 수익과 비용은 순액으로 기재함을 원칙으로 한다.
② 수익은 실현시기를 기준으로 인식한다.
③ 비용은 관련 수익이 인식된 기간에 인식한다.
④ 수익과 비용의 인식기준은 발생주의를 원칙으로 한다.

11 다음 자료에 의하여 기말부채(가)와 기말자본(나)을 계산하면 얼마인가?

> • 기초자산 1,000,000원   • 기말자산   900,000원   • 기초부채 400,000원
> • 총수익   500,000원   • 총비용   700,000원

① (가) 100,000원   (나) 800,000원
② (가) 500,000원   (나) 400,000원
③ (가) 400,000원   (나) 300,000원
④ (가) 600,000원   (나) 300,000원

12 다음 중 비용의 이연에 해당하는 계정과목은?

① 선수수익   ② 미수수익
③ 선급비용   ④ 미지급비용

13 다음 자료에 의하여 매출원가를 구하면 얼마인가?

• 기초상품재고액	900,000원	• 당기총매입액	2,000,000원
• 기말상품재고액	300,000원	• 상품매입시운반비	50,000원
• 매입환출 및 에누리	100,000원	• 매입할인	50,000원

① 2,300,000원   ② 2,400,000원
③ 2,500,000원   ④ 2,600,000원

14 다음 중 통화대용증권으로 분류할 수 없는 것은?

① 자기앞수표   ② 당점발행수표
③ 국공채만기이자표   ④ 송금수표

15 다음 거래 내용 중 발생할 수 있는 계정과목이 아닌 것은?

기업에서 사용 중이던 차량을 5,000,000원에 매각하고 전액 한 달 뒤에 받기로 하였다. 이 차량의 취득원가는 20,000,000원이며, 그 동안의 감가상각누계액은 16,000,000원이다.

① 외상매출금   ② 감가상각누계액
③ 유형자산처분이익   ④ 차량운반구

실 무 시 험

❍ 우현상사(회사코드 : 0884)는 컴퓨터를 판매하는 개인기업이다. 당기(제8기) 회계기간은 2021. 1. 1. ~ 2021. 12. 31. 이다. 전산세무회계 수험용 프로그램을 이용하여 다음 물음에 답하시오.

─< 기 본 전 제 >─

문제에서 한국채택국제회계기준을 적용하도록 하는 전제조건이 없는 경우, 일반기업회계기준을 적용한다.

문제1 다음은 우현상사의 사업자등록증이다. 회사등록메뉴에 입력된 내용을 검토하여 누락 분은 추가입력하고 잘못된 부분은 정정하시오.(6점)

사 업 자 등 록 증

(일반과세자)

등록번호 : 104-04-11258

상 호 명 : 우현상사
대 표 자 명 : 방우현
개 업 연 월 일 : 2014. 1. 25.
사업장소재지 : 서울특별시 관악구 과천대로 855(남현동)
사업자의종류 : 업태 / 도소   종목 / 컴퓨터 및 컴퓨터부품
교 부 사 유 : 신규

사업자 단위 과세 적용사업자 여부 : 여( ) 부(∨)
전자세금계산서 전용 전자우편 주소 :

2014년 1월 25일

관악세무서장

 국세청
NATIONAL TAX SERVICE

문제2 다음은 우현상사의 전기분손익계산서이다. 입력되어 있는 자료를 검토하여 오류부 분은 정정하고 누락된 부분은 추가 입력하시오.(6점)

손 익 계 산 서

회사명 : 우현상사　　　제7기 2020. 1. 1 ~ 2020. 12. 31　　　(단위 : 원)

과 목	금 액	과 목	금 액
Ⅰ 매 출 액	25,000,000	Ⅴ 영 업 이 익	8,850,000
상 품 매 출	25,000,000	Ⅵ 영 업 외 수 익	550,000
Ⅱ 매 출 원 가	10,000,000	이 자 수 익	100,000
상 품 매 출 원 가	10,000,000	임 대 료	450,000
기초상품재고액	3,000,000	Ⅶ 영 업 외 비 용	200,000
당기상품매입액	11,000,000	이 자 비 용	200,000
기말상품재고액	4,000,000	Ⅷ 소득세차감전순이익	
Ⅲ 매 출 총 이 익	15,000,000	Ⅸ 소 득 세 등	0
Ⅳ 판 매 비 와 관 리 비	6,150,000	Ⅹ 당 기 순 이 익	9,200,000
급 여	3,200,000		
복 리 후 생 비	2,000,000		
여 비 교 통 비	240,000		
차 량 유 지 비	200,000		
소 모 품 비	130,000		
광 고 선 전 비	380,000		

문제3 다음 자료를 이용하여 입력하시오.(6점)

[1] 다음 자료를 이용하여 [기초정보등록]의 [거래처등록] 메뉴에서 거래처(금융기관)을 추가로 등록하시오.(단, 주어진 자료 외의 다른 항목은 입력할 필요 없음.) (3점)

> • 거래처코드 : 99100　　　• 거래처명 : 신한은행　　　• 유형 : 보통예금
> • 계좌번호 : 8012-2256-1-258　　　• 계좌개설일 : 2021-02-05

[2] 우현상사의 거래처별 초기이월 채권과 채무잔액은 다음과 같다. 주어진 자료를 검토하여 잘못된 부분을 정정하거나 추가입력하시오.(거래처코드사용) (3점)

계정과목	거 래 처	잔 액	계
외상매출금	용 산 컴 퓨 터	10,000,000원	80,000,000원
	보 석 상 사	35,000,000원	
	다 이 아 상 사	5,000,000원	
	강 서 상 사	30,000,000원	
지 급 어 음	관 악 컴 퓨 터	18,000,000원	25,000,000원
	엠 케 이 컴 퓨 터	7,000,000원	

문제4 다음 거래 자료를 일반전표입력 메뉴에 추가 입력하시오.(24점)

─── < 입력시 유의사항 > ───

• 적요의 입력은 생략한다.

• 부가가치세는 고려하지 않는다.

• 채권·채무와 관련된 거래는 반드시 기 등록되어 있는 거래처코드를 선택하는 방법으로 거래처명을 입력한다.

• 회계처리시 계정과목은 등록되어 있는 계정과목 중 가장 적절한 과목으로 한다.

[1] 8월 16일 아산상점에 상품을 매출하고 받은 약속어음 400,000원을 주거래 은행에서 할인받고 할인료 15,000원을 차감한 나머지 금액은 당좌 예입하다.(단, 관련 비용은 매출채권처분손실로 회계 처리할 것.) (3점)

[2] 9월 3일 영업부서의 영업용 휴대폰 이용요금 영수증을 수령하고 납부해야할 총금액을 현금으로 지급하다.(3점)

【 기본내역 】

휴대폰서비스 이용요금	50,730원
기본료	47,000원
국내이용료	23,500원
데이터이용료	4,400원
할인 및 조정	-24,170원
기타금액	8,320원
당월청구요금	59,050원
미납요금	0원
납부하실 총 금액	59,050원

[3] 9월 5일 미래상사에 상품을 10,000,000원에 판매하기로 계약하고, 계약금 2,000,000원을 당사 보통예금 계좌로 이체받다.(3점)

[4] 10월 17일 상품을 판매하고 발급한 거래명세서이다. 대금 중 일부는 당좌예금계좌로 입금받고, 나머지는 외상으로 하였다.(3점)

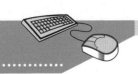
권		호		거래명세표(보관용)				
2021 년 10 월 17 일			공급자	등 록 번 호	104-04-11258			
강원컴퓨터 귀하				상 호	우현상사	성명	방우현	㊞
				사업장 소재지	서울시 관악구 과천대로 855			
아래와 같이 계산합니다.				업 태	도·소매업	종목	컴퓨터부품	
합계 금액		**일천육백오십만 원정 (₩ 16,500,000)**						
월일	품 목		규격	수량	단 가	공 급 가 액	세 액	
10/17	컴퓨터			11	1,500,000원	16,500,000원		
	계							
전 잔 금				합 계			16,500,000원	
입 금	10,000,000원		잔 금	6,500,000원		인수자	박차돌	㊞
비 고								

[5] 11월 5일 인천상사에서 판매용 컴퓨터 10,000,000원과 업무용 컴퓨터 2,000,000 원을 매입하였다. 대금은 당사가 발행한 약속어음 2매(10,000,000원 1 매, 2,000,000원 1매)로 지급하였다.(단, 하나의 분개로 입력할 것.) (3점)

[6] 11월 10일 급여 지급 시 공제한 소득세 및 국민연금 250,000원과 회사 부담분 국 민연금 150,000원을 보통예금에서 지급하다.(회사부담분 국민연금은 세금과공과로 처리한다.) (3점)

[7] 12월 20일 신한상사에서 할부로 구입하고 미지급금으로 처리했던 차량할부금 중 500,000원을 현금으로 지급하였다.(3점)

[8] 12월 22일 사용 중인 업무용 승용차를 무등상사에 5,000,000원에 처분하고 대금 은 1개월 후에 받기로 하였다. 업무용 승용차의 취득원가는 9,000,000 원이고 처분시까지 계상한 감가상각누계액은 3,500,000원이다.(3점)

문제5 일반전표입력메뉴에 입력된 내용 중 다음과 같은 오류가 발견되었다. 입력된 내용을
●●●●● 확인하여 정정 또는 추가입력 하시오.(6점)

[1] 9월 20일 현금으로 지출한 500,000원은 영업부서의 광고선전비가 아니라 영업 부서의 소모품비인 것으로 확인되었다.(3점)

[2] 11월 1일 수진상회로부터 상품을 매입하고 4,500,000원을 보통예금에서 지급하 였다. 해당 상품매입에 대한 회계처리시 매입계약에 따라 선지급했던 계약금 500,000원을 누락하였다.(3점)

문제6 다음의 결산정리사항을 입력하여 결산을 완료하시오.(12점)

[1] 12월분 영업부 직원급여 3,000,000원은 다음달 4일에 지급될 예정이다.(3점)

[2] 기말합계잔액시산표의 가지급금 잔액은 거래처 대연상사에 대한 외상매입금 상환액으로 판명되다.(3점)

[3] 7월 1일 우리은행으로부터 10,000,000원을 연이자율 6%로 12개월 간 차입(차입기간 : 2021. 7. 1. ~ 2022. 6. 30.)하고, 이자는 12개월 후 차입금 상환 시 일시에 지급하기로 하였다. 월할 계산하여 결산분개 하시오.(3점)

[4] 우현상사에서 사용하고 있는 자산에 대한 당기분 감가상각비(판)는 건물 1,500,000원, 차량운반구 2,500,000원, 비품 1,100,000원이다.(3점)

문제7 다음 사항을 조회하여 답안을 이론문제 답안작성 메뉴에 입력하시오.(10점)

[1] 3월에 발생한 이자비용은 얼마인가?(3점)

[2] 5월 말 현재 외상매출금 잔액이 가장 많은 거래처명과 금액은 얼마인가?(3점)

[3] 6월 중에 발생한 상품매출은 몇 건이며, 총 금액은 얼마인가?(4점)

88회 전산회계 2급 A형 답안

이론시험

1	④	2	③	3	①	4	④	5	②
6	④	7	②	8	①	9	④	10	①
11	②	12	③	13	③	14	②	15	①

01. 계정 잔액의 표시는 거래의 8요소 결합관계에서 증가와 발생쪽에 잔액이 생긴다. 따라서 미수금은 자산이므로 차변, 선수금, 예수금, 가수금은 부채의 성질이므로 대변이다.

02.

재 무 상 태 표

미 수 금	550,000	단 기 차 입 금	(480,000)
외 상 매 출 금	250,000	미 지 급 비 용	150,000
선 급 금	130,000	자 본 금	300,000
	930,000		930,000

03. 유동성배열법의 배열 순서는 유동자산(당좌자산-재고자산), 비유동자산(투자자산-유형자산-무형자산-기타비유동자산)이다. 따라서 현금(당좌자산), 상품(재고자산), 비품(유형자산), 영업권(무형자산) 순으로 배열한다.

04. 경영성과는 손익계산서와 관련이 있는 손익거래이다. 보기1, 3번은 (차) 부채의 감소 (대) 자산의 감소, 2번 : (차) 부채의 감소 (대) 부채의 증가로 교환거래이고, 4번 : (차) 비용의 발생 (대) 자산의 감소로 손익거래이다.

05. 판매비와관리비 = 급여 2,500,000원 + 복리후생비 600,000원 + 소모품비 300,000원 = 3,400,000원, 기부금은 영업외비용에 속한다.

06. (차) 현금과부족 5,000 (대) 현금 5,000

07. 미수금, 선급금, 외상매출금, 받을어음은 자산 계정이다.

08. 문제의 지문은 유형자산을 설명하고 있으므로 건설중인자산이다. 상품은 재고자산, 투자부동산은 투자자산, 산업재산권은 무형자산이다.

09. • 결산일 대손추산액 : 외상매출금 10,000,000원 × 대손율 2% = 200,000원
 • 대손 추산액 200,000원 - 대손충당금 100,000원 = 100,000원(추가설정)

10. 수익과 비용은 총액으로 기재함을 원칙으로 한다.(총액주의)

11. 당기순손실 : 총비용 700,000 - 총수익 500,000 = 200,000원
 기초자본 : 기초자산 1,000,000 - 기초부채 400,000 = 600,000원

기말자본 : 기초자본 600,000−당기순손실 200,000=400,000원(나)
기말부채 : 기말자산 900,000−기말자본 400,000=500,000원(가)

12. 선수수익은 수익의 이연, 미수수익의 수익의 계상, 미지급비용은 비용의 계상, 선급비용은 비용의 이연에 해당된다.

13. 기초상품재고액 900,000원 + (당기총매입액 2,000,000원 + 상품매입운반비 50,000원 − 매입환출 및 에누리 100,000원 − 매입할인 50,000원) − 기말상품재고액 300,000원 = 2,500,000원

14. 당점발행수표는 당좌예금으로 처리한다.

15. (차) 미수금   5,000,000원   (대) 차량운반구   20,000,000원
　　　감가상각누계액   16,000,000원   유형자산처분이익   1,000,000원

실 무 시 험

문제1　기초정보등록의 회사등록메뉴에서
　　　　　① 개업연월일 : "2014년 1월 25일" 수정 입력
　　　　　② 종목 : "컴퓨터 및 컴퓨터부품" 수정 입력
　　　　　③ 관할세무서 : "관악세무서"로 수정 입력

문제2　① 전기분 재무상태표의 기말상품재고액 3,000,000원을 4,000,000원으로 수정후 전기분손익계산서 확인
　　　　　② 전기분손익계산서의 복리후생비 1,000,000원을 2,000,000원으로 수정
　　　　　③ 전기분손익계산서의 소모품비 130,000원 추가 입력
　　　　　※ 시험지에 나와 있는 소모품비는 프로그램상 등록되어 있지 않으므로 추가 입력하여야 한다.

문제3　[1] [거래처등록] 메뉴의 금융기관 탭에 거래처코드를 99100으로 등록하여 나머지 항목 모두 입력
　　　　　[2] 거래처별초기이월 메뉴 이동
　　　　　　　− [108]외상매출금계정의 용산컴퓨터 10,000,000원을 추가 입력
　　　　　　　− [252]지급어음계정의 관악컴퓨터 15,000,000원에서 18,000,000원으로 수정 입력

문제4　**일반전표입력메뉴에 추가 입력**

　　[1] **8월 16일** 일반전표입력
　　　　(차) 당 좌 예 금   385,000   (대) 받을어음(아산상점)   400,000
　　　　　　매출채권처분손실   15,000

　　[2] **9월 3일** 일반전표입력
　　　　(차) 통 신 비(판)   59,050   (대) 현   금   59,050

[3] 9월 5일 일반전표입력

(차) 보 통 예 금 2,000,000 　　　(대) 선수금(미래상사) 2,000,000

[4] 10월 17일 일반전표입력

(차) 당 좌 예 금 10,000,000 　　(대) 상 품 매 출 16,500,000
외 상 매 출 금 6,500,000
(강 원 컴 퓨 터)

[5] 11월 5일 일반전표입력

(차) 상 　　　　품 10,000,000 　(대) 지급어음(인천상사) 10,000,000
비 　　　　품 2,000,000 　　　미지급금(인천상사) 2,000,000

※ 상품을 매매하는 상거래인 경우에는 약속어음을 당사가 발행하여 지급할 경우 "지급어음" 계정을 사용하고 상거래가 아닌 경우에는 "미지급금" 계정을 사용한다.

[6] 11월 10일 일반전표입력

(차) 예 　수 　금 250,000 　　　(대) 보 통 예 금 400,000
세 금 과 공 과 150,000

[7] 12월 20일 일반전표입력

(차) 미지급금(신한상사) 500,000 　　　(대) 현 　　　　금 500,000

[8] 12월 22일 일반전표입력

(차) 감가상각누계액(209) 3,500,000 　(대) 차 량 운 반 구 9,000,000
미수금(무등상사) 5,000,000
유형자산처분손실 500,000

문제5 │ 입력된 내용 오류 정정

[1] 9월 20일 일반전표 수정

수정전 : (차) 광고선전비(판) 500,000 (대) 현 　　　　금 500,000
수정후 : (차) 소모품비(판) 500,000 (대) 현 　　　　금 500,000

[2] 11월 1일 일반전표 입력

수정전 : (차) 상 　　　　품 4,500,000 (대) 보 통 예 금 4,500,000
수정후 : (차) 상 　　　　품 5,000,000 (대) 보 통 예 금 4,500,000
　　　　　　　　　　　　　　　　　　　　　　　선급금(수진상회) 500,000

※ 문제에서 11월 1일 보통예금에서 4,500,000원을 지급하였고 그 이전에 선지급한 계약금 500,000원이 있다고 명시하였으므로 상품은 5,000,000원이다.

문제6 결산정리사항을 입력 결산 완료

수동결산 : 12월31일자로 일반전표에 직접 입력한다.

[1] **12월 31일** 일반전표 입력

(차) 급 여 (판) 3,000,000 (대) 미 지 급 비 용 3,000,000
또는 미 지 급 금

※ 발생주의 원칙에 따라 이미 발생된 비용은 당기비용으로 차변에 비용으로 처리하고, 대변에 부채계정인 미지급비용으로 처리한다.

[2] **12월 31일** 일반전표 입력

(차) 외상매입금(대연상사) 500,000 (대) 가 지 급 금 500,000

※ 가지급금 계정은 현금의 지출은 있었으나 지출한 출처가 분명하지 않은 경우 일시적으로 처리하는 임시적 계정으로서 그 출처의 내용이 확인 되면 적절한 계정으로 대체하여 소멸시킨다.

[3] **12월 31일** 일반전표 입력

(차) 이 자 비 용 300,000 (대) 미 지 급 비 용 300,000

※ 미지급이자 = 10,000,000원 × 6% × 6개월/12개월 = 300,000원
※ 결산시기에 지급시기는 도래하지 않았으나, 기간경과분에 대한 이자비용을 장부에 계상할 때에는 미지급비용으로 계상한다.

[4] **12월 31일** 일반전표 입력

(차) 감가상각비(판) 5,100,000 (대) 감가상각누계액(건물) 1,500,000
감가상각누계액(차량) 2,500,000
감가상각누계액(비품) 1,100,000

<자동결산> 결산자료입력란을 이용하여 자동결산을 할 경우

[결산자료입력] 화면을 이용하여 대손충당금, 감가상각비 계상 및 기말상품재고액은 반드시 해당란에 입력을 한 후 [결산자료입력]화면 좌측 상단의 [(F3) 전표추가]단추를 클릭하여 결산전표를 자동생성 시킨 후 [일반전표입력]에서 12월 31일로 결산자동 분개를 확인한다.

【 참고사항 】 결산전 전표입력과정이 잘못 입력되었다 하더라도 채점은 자기가 입력한 데이터로 채점 된다. **예** 외상매출금, 받을어음, 상품 등

문제7 장부조회하여 답안 메뉴에 입력

[1] [월계표에서 3월을 선택하고 이자비용 계정 조회] : 500,000원

[2] [거래처원장 외상매출금 계정 5월말 잔액 조회] : 성효상사, 12,500,000원

[3] [계정별원장 조회, 상품매출 계정 선택, 대변란의 건수와 합계금액 조회] : 3건, 45,500,000원

⑥ 제87회 기출문제

(이 론 시 험)

● 다음 문제를 보고 알맞은 것을 골라 │이론문제 답안작성│ 메뉴화면에 입력하시오.
（※ 객관식 문항당 2점）

─────────────< 기 본 전 제 >─────────────
문제에서 한국채택국제회계기준을 적용하도록 하는 전제조건이 없는 경우, 일반기업회계기준을 적용한다.

01 다음 거래를 분개할 경우 (가), (나)의 계정과목이 올바르게 짝지어진 것은?

> 우현상사는 거래처에서 컴퓨터 10대(@800,000)를 8,000,000원에 매입하고 당사 발행 약속어음으로 지급하였다.(단, 5대는 판매용, 5대는 영업부의 업무용으로 구입 함)
>
> (차변) 상　품　4,000,000원　　(대변) (　　가　) 4,000,000원
> (차변) 비　품　4,000,000원　　(대변) (　　나　) 4,000,000원

① (가) 지급어음, (나) 지급어음　　　② (가) 미지급금, (나) 미지급금
③ (가) 미지급금, (나) 지급어음　　　④ (가) 지급어음, (나) 미지급금

02 다음 중 계정의 증가, 감소, 발생, 소멸을 나타낸 것으로 잘못된 것은?

①	외상매입금	
감 소		증 가

②	외상매출금	
감 소		증 가

③	차 입 금	
감 소		증 가

④	이 자 수 익	
소 멸		발 생

03 다음 중 현금및현금성자산 항목에 해당되지 않는 것은?

① 보통예금　　　　　　　　　　② 타인발행수표
③ 취득당시 만기가 5개월인 채권　　④ 배당금지급통지서

04 다음 중 총계정원장의 기록이 오류가 있는지 여부를 파악하는 검증기능을 갖는 것은?

① 시산표
② 재무상태표
③ 분개장
④ 현금출납장

05 다음 중 재무상태표에 관한 설명으로 가장 적절한 것은?

① 일정기간동안 기업의 경영성과에 대한 정보를 제공하는 재무보고서이다.
② 기업 자본의 크기와 그 변동에 관한 정보를 제공하는 재무보고서이다.
③ 일정기간동안 기업의 현금유입과 현금유출에 대한 정보를 제공하는 재무보고서
이다.
④ 일정시점 현재 기업이 보유하고 있는 자산과 부채, 그리고 자본에 대한 정보를 제
공하는 재무보고서이다.

06 2021년 4월 1일에 구입한 시설장치(단, 취득원가 30,000,000원, 잔존가치 0원, 내용
연수 10년, 결산 연 1회)에 대한 2021년 12월 31일 결산 시 정액법으로 계산한 감가
상각비는 얼마인가?

① 2,250,000원
② 3,000,000원
③ 4,500,000원
④ 6,000,000원

07 다음 중 재무상태표에 표시되는 계정과목이 아닌 것은?

① 기부금
② 영업권
③ 개발비
④ 자본금

08 다음 중 당좌자산에 해당하지 않는 것은?

① 단기투자자산
② 매출채권
③ 선급비용
④ 재공품

09 다음 자료를 이용하여 8월 31일 현재 월말상품재고액을 선입선출법에 의해 계산하면 얼마인가?

> A상품에 대한 거래 내역(단, 월초 A상품 재고는 없다)
> • 8월 2일 매입 800개 550원/개
> • 8월 20일 매입 350개 540원/개
> • 8월 25일 매출 900개 750원/개

① 110,000원   ② 135,000원
③ 187,500원   ④ 189,000원

10 다음은 한국상사의 자료이다. 당기 총수익으로 옳은 것은?

| • 기초자본 | 200,000원 | • 기말자본 | 1,000,000원 |
| • 추가출자액 | 100,000원 | • 총비용 | 3,000,000원 |

① 3,500,000원   ② 3,600,000원
③ 3,700,000원   ④ 3,800,000원

11 다음 설명의 (ⓐ), (ⓑ)의 내용으로 옳은 것은?

> 정상적인 영업과정에서 판매할 목적으로 자산을 취득하면 (ⓐ)으로, 시세 차익을 목적으로 자산을 취득하면 (ⓑ)으로 처리한다.

	ⓐ	ⓑ		ⓐ	ⓑ
①	투자자산	유형자산	②	재고자산	투자자산
③	무형자산	당좌자산	④	유형자산	비유동자산

12 손익계산서상의 계정과목 중 영업외비용에 해당하는 항목은?

① 접대비   ② 복리후생비
③ 기부금   ④ 세금과공과

13 다음 거래 중 8월 3일 거래 분개 시 차변에 올 수 있는 계정과목은?

> • 1월 1일 : 현금 10,000,000원을 출자하여 영업을 개시하였다.
> • 8월 3일 : 사업주가 사업주 자녀 등록금 납입을 위해 3,500,000원을 인출하
>   였다.
> • 12월 31일 : 기말 결산 시 사업주가 인출한 금액을 자본금 계정으로 대체하였다.

① 단기대여금   ② 단기차입금
③ 자본금   ④ 인출금

14 자산과 자본이 다음과 같을 때 부채총액은 얼마인가?

> • 상   품   400,000원   • 건   물   500,000원
> • 차량운반구   150,000원   • 자 본 금   500,000원

① 400,000원   ② 550,000원
③ 650,000원   ④ 900,000원

15 다음은 부채에 대한 설명이다. 가장 옳지 않은 것은?

① 외상매입금은 일반적 상거래에서 발생하는 채무이다.
② 선수금은 상품을 주문받고 대금의 일부를 계약금으로 수취하였을 때 처리하는 계
  정과목이다.
③ 가지급금은 미래에 특정한 사건에 의해 외부로 지출하여야 할 금액을 기업이 급여
  등을 지급 시 종업원등으로부터 미리 받아 일시적으로 보관하는 금액을 처리하는
  계정과목에 해당한다.
④ 가수금은 현금의 수입이 발생하였으나 처리할 계정과목이나 금액이 확정되지 않은
  경우 계정과목이나 금액이 확정될 때까지 일시적으로 처리하는 계정과목이다.

실 무 시 험

◆ 가나다상사(회사코드 : 0874)는 화장품을 판매하는 개인기업이다. 당기(제5기) 회계기간은 2021. 1. 1. ~ 2021. 12. 31. 이다. 전산세무회계 수험용 프로그램을 이용하여 다음 물음에 답하시오.

─────< 기 본 전 제 >─────

문제에서 한국채택국제회계기준을 적용하도록 하는 전제조건이 없는 경우, 일반기업회계기준을 적용한다.

문제1 다음은 가나다상사의 사업자등록증이다. 회사등록메뉴에 입력된 내용을 검토하여 누락분은 추가입력하고 잘못된 부분은 정정하시오.(6점)

사 업 자 등 록 증

(일반과세자)

등록번호 : 101-23-33351

상 호 명 : 가나다상사
대 표 자 명 : 홍길동
개 업 연 월 일 : 2017. 1. 1.
사업장소재지 : 서울특별시 강남구 밤고개로1길 10(수서동)
사업자의종류 : 업태 / 도소매   종목 / 화장품
교 부 사 유 : 신규

사업자 단위 과세 적용사업자 여부 : 여( ) 부( )
전자세금계산서 전용 전자우편 주소 :

2017년 1월 1일

삼성세무서장

문제2 다음은 가나다상사의 전기분 재무상태표이다. 입력되어 있는 자료를 검토하여 오류부분은 정정하고 누락된 부분은 추가 입력하시오.(6점)

재 무 상 태 표

회사명 : 가나다상회　　　　　제4기 2020년 12월 31일 현재　　　　　(단위 : 원)

과　　　목	금　　액		과　　　목	금　　액
현　　　　　금		11,000,000	외 상 매 입 금	12,000,000
당 좌 예 금		5,000,000	지 급 어 음	8,500,000
보 통 예 금		13,600,000	미 지 급 금	4,300,000
외 상 매 출 금	5,500,000		예 수 금	780,000
대 손 충 당 금	55,000	5,445,000	단 기 차 입 금	14,000,000
받 을 어 음	3,800,000		자 본 금	54,327,000
대 손 충 당 금	38,000	3,762,000		
미 수 금		6,500,000		
상　　　　　품		15,000,000		
차 량 운 반 구	25,000,000			
감가상각누계액	14,000,000	11,000,000		
비　　　　　품	8,000,000			
감가상각누계액	3,400,000	4,600,000		
임 차 보 증 금		18,000,000		
자 산 총 계		93,907,000	부채와 자본총계	93,907,000

문제3 다음 자료를 이용하여 입력하시오.(6점)

[1] 가나다상사의 거래처별 초기이월 채권과 채무잔액은 다음과 같다. 자료에 맞게 추가
입력이나 정정 및 삭제하시오.(3점)

계정과목	거 래 처	잔　액	계
외상매출금	잘 함 테 크	1,080,000원	5,500,000원
	그 린 위 즈 덤	1,970,000원	
	오 케 이 더 유 통	2,450,000원	
지 급 어 음	인 컴 트 루	1,100,000원	8,500,000원
	로직인베스트먼트	5,000,000원	
	뉴 　 랜 　 드	2,400,000원	

[2] 판매비와 관리비의 801.급여 계정에 다음 내용의 적요를 등록하시오.(3점)

현금적요3. 직원 생일축하금 지급

문제4 다음 거래 자료를 일반전표입력 메뉴에 추가 입력하시오.(24점)

─── < 입력시 유의사항 > ───

• 적요의 입력은 생략한다.

• 부가가치세는 고려하지 않는다.

• 채권·채무와 관련된 거래는 반드시 기 등록되어 있는 거래처코드를 선택하는 방법으로 거래처명을 입력한다.

• 회계처리시 계정과목은 등록되어 있는 계정과목 중 가장 적절한 과목으로 한다.

[1] 10월 2일 2022년 2월 28일 상환 목적으로 거래처 진주상점에서 10,000,000원을 차입하여 보통예금에 입금하였다.(3점)

[2] 10월 13일 불특정 다수에게 배포할 목적으로 광고용 휴지를 구입하고 다음의 신용카드 전표를 받았다.(3점)

```
단말기번호
9002125248          120524128234
카드종류
국민카드             신용승인
회원번호
4906-0302-3245-9952
거래일자
2021/10/13 13:52:46
일반
일시불                금  액      300,000
은행확인              세  금       30,000
비씨
판매자                봉사료             0
                      합  계      330,000

대표자                이성수
사업자등록번호        117-09-52793
가맹점명              가나다마트
가맹점주소            서울 서초구 매헌로 16

              서명
                      misa
```

[3] 10월 18일 대전상사에서 상품 2,800,000원을 매입하고, 8월 30일 기지급한 계약금(300,000원)을 차감한 대금 중 1,000,000원은 보통예금에서 이체하고 잔액은 외상으로 하다.(3점)

[4] 11월 15일 북부서점에서 회계부서용으로 필요한 서적을 현금으로 구입하고 현금영수증을 발급받았다.(비용으로 처리 함)(3점)

북부서점	
114-90-80643	남 재 안
서울 송파구 문정동 101-2 TEL:3289-8085	
홈페이지 http://www.kacpta.or.kr	

현금(지출증빙)

구매 2021/11/15/13:06   거래번호 : 0026-0107

상품명		수량	단가	금액
경리실무		4	20,000	80,000
2043655000009				
		과세물품가액		80,000
		부 가 세		
합 계				80,000
받은 금액				80,000

[5] **12월 4일** 단기매매차익을 얻을 목적으로 보유하고 있는 (주)사과의 주식 100주를 1주당 10,000원에 처분하고 대금은 수수료 등 10,000원을 차감한 금액이 보통예금계좌에 입금되었다.(단, (주)사과의 주식 1주당 취득원가는 5,000원이다.) (3점)

[6] **12월 9일** 관리부에서 영업부 신입사원이 사용할 컴퓨터 5대를 주문하고 계약금으로 견적서 금액의 10%를 보통예금계좌에서 이체하였다.(3점)

견 적 서

견적번호 : 동아-01112

아래와 같이 견적서를 발송

2021년 12월 9일

	사업자번호		111-11-12345		
공급자	상 호	동아상사	대 표 자	이 강 남 (인)	
	소 재 지		서울시 강남		
	업 태	도소매	종 목	컴퓨터	
	담 당 자	이 강 북	전화번호	1500-2587	

품 명	규 격	수 량(개)	단 가(원)	금 액(원)	비 고
컴퓨터 100시리즈	I-7	5	3,000,000	15,000,000	
	이하여백				
합 계 금 액				15,000,000	

유효기간 : 견적 유효기간은 발행 후 15일
납   기 : 발주 후 3일
결제방법 : 현금결제. 카드결제 가능
송금계좌 : 신한은행 / 123456-01-1234534
기   타 : 운반비 별도 /

[7] **12월 14일** 현금 시재를 확인하던 중 실제 현금이 장부상 현금보다 10,000원 적은 것을 발견하였으나 그 원인을 파악할 수 없다.(3점)

[8] **12월 19일** 영업부사원 최지방이 12월 5일부터 12월 7일까지 부산 출장시 지급받은 가지급금 400,000원에 대해 아래와 같이 사용하고 잔액은 현금으로 정산하다.(단, 가지급금에 대한 거래처 입력은 생략한다.) (3점)

• 왕복 교통비 및 숙박비 : 350,000원

문제5 일반전표입력메뉴에 입력된 내용 중 다음과 같은 오류가 발견되었다. 입력된 내용을 확인하여 정정 또는 추가입력 하시오.(6점)

[1] **11월 30일** 아현상사의 외상대금을 결제하기 위해 보통예금 계좌에서 이체한 금액 1,000,000원에는 송금수수료 12,000원이 포함되어 있다.(3점)

[2] **12월 10일** 직원 급여 지급시 징수한 소득세 10,000원을 현금 납부하고 세금과공 과금으로 처리하였다.(3점)

문제6 다음의 결산정리사항을 입력하여 결산을 완료하시오.(12점)

[1] 영업부서의 소모품비로 계상된 금액 중 결산일 현재 미사용된 소모품이 120,000원 있다.(3점)

[2] 2021년 10월 1일에 아래와 같이 보험에 가입하고 전액 당기비용으로 처리하였다. 기말수정분개를 하시오.(단, 월할 계산하고, 음수로 입력하지 말 것.)(3점)

> - 보험회사 : (주)울산보험 ・ 보험금 납입액 : 600,000원
> - 보험 적용 기간 : 2021년 10월 1일 ~ 2022년 9월 30일

[3] 기말 외상매출금 중에는 미국 abc의 외상매출금 12,000,000원(미화 $10,000)이 포함되어 있으며, 결산일 환율에 의해 평가하고 있다. 결산일 현재의 적용환율은 미화 1$당 1,100원이다.(3점)

[4] 회사는 외상매출금과 받을어음의 기말잔액에 대하여 1%의 대손충당금을 보충법으로 설정하다.(3점)

문제7 다음 사항을 조회하여 답안을 이론문제 답안작성 메뉴에 입력하시오.(10점)

[1] 5월의 보통예금 출금액은 총 얼마인가?(3점)

[2] 6월 30일 현재 매출처 진주컴퓨터의 외상매출금 잔액은 얼마인가?(3점)

[3] 3월 중 현금으로 지급한 판매비와관리비 중 복리후생비는 얼마인가?(4점)

> 이론과 실무문제의 답을 모두 입력한 후 「답안저장(USB로 저장)」을 클릭하여 저장하고, USB메모리를 제출하시기 바랍니다.

87회 전산회계 2급 A형 답안

이론시험

1	④	2	②	3	③	4	①	5	④
6	①	7	①	8	④	9	②	10	③
11	②	12	③	13	④	14	②	15	③

01. 당사가 발행한 약속어음 중에 판매용 컴퓨터를 매입하는 상거래 경우 지급어음 계정으로, 영업부의 업무용 컴퓨터는 비품으로 상거래가 아닌 경우 미지급금 계정으로 회계처리 함.

02. 외상매출금은 자산 계정으로 증가는 차변, 감소는 대변에 기록한다.

03. 취득 당시 만기가 5개월인 채권은 단기금융상품으로 처리하고, 현금성자산은 취득 당시 만기가 3개월인 채권이어야 한다.

04. 시산표는 총계정원장의 기록이 정확한지 여부를 검증하는 계정집계표이다.

05. 보기1번 : 손익계산서에 대한 설명, 2번 : 자본변동표에 대한 설명, 3번 : 현금흐름표에 대한 설명이다.

06. 감가상각비 = (취득원가 – 잔존가치) ÷ 내용연수
= (30,000,000원 – 0) ÷ 10년 × 9/12 = 2,250,000원(월할계산)

07. 기부금은 영업외비용으로 손익계산서 항목이다.

08. 당좌자산에는 현금및현금성자산, 단기투자자산, 매출채권, 선급비용 등이 있다. 재공품은 재고자산에 해당한다.

09. • 월말상품재고수량 : 매입800개 + 매입 350개 – 매출 900개 = 250개
• 선입선출법이므로 늦게 매입한 단가 적용 : 250개 × 540원 = 135,000원

10.

자 본 금			
기 말 자 본	1,000,000	기 초 자 본	200,000
		추 가 출 자	100,000
		(당 기 순 이 익	700,000)
	1,000,000		1,000,000

• 총수익 : 총비용+당기순이익 = 3,000,000+700,000 = 3,700,000원

11. 영업과정에서 판매목적으로 자산을 취득하면 재고자산이며, 시세차익을 목적으로 자산을 취득하면 투자자산 계정으로 처리한다.

12. 접대비, 복리후생비, 세금과공과는 영업 관련 비용으로 판매비와관리비에 속하며, 기부금은 영업외비용에 해당한다.

13. 12월31일 거래를 보면 기말 결산 시 사업주 인출액을 자본금 계정으로 대체한다고 제시하므로 8월 3일 분개는 (차) 인출금 3,500,000 (대) 현금 3,500,000으로 분개한다.

14. 자산 − 자본 = 부채이므로 자산 1,050,000원(상품 400,000원 + 건물 500,000원 + 차량운반구 150,000원) − 자본금 500,000원= 550,000원이 계산된다.

15. 가지급금은 현금의 지출이 발생했으나 처리할 계정과목이나 금액이 확정되지 않은 경우 처리하는 임시적 자산성격을 띄는 계정이다. 예를 들면 출장 사원에게 여비를 어림잡아 지급하는 경우이다. 보기3번의 설명은 예수금에 대한 설명이다. 예를 들면 종업원 급여 지급 시 소득세 원천징수액을 말한다.

실 무 시 험

문제1 ① 대표자명 : 가나다 → 홍길동
② 사업의 종목 : 전기부품 → 화장품
③ 관할세무서장 : 강남세무서장 → 삼성세무서장

문제2 ① 외상매출금에 대한 대손충당금 미기입 → 대손충당금(109) 55,000원 추가 입력
② 비품에 대한 감가상각누계액 3,365,000원을 3,400,000원으로 수정 입력
③ 예수금 870,000원을 780,000원으로 수정 입력

문제3 [1] ① 거래처별초기이월 메뉴 108.외상매출금의 오케이더유통 잔액을 4,250,000원에서 2,450,000원으로 수정
② 252.지급어음 계정의 뉴랜드 2,400,000원을 추가 입력

[2] [계정과목및적요등록] 메뉴에서 801.급여 계정의 현금적요란 3번에 "직원 생일축하금 지급" 입력

문제4 일반전표입력메뉴에 추가 입력

[1] **10월 2일** 일반전표입력

(차) 보 통 예 금 10,000,000   (대) 단기차입금(진주상점) 10,000,000

[2] **10월 13일** 일반전표입력

    (차) 광고선전비(판)   330,000   (대) 미 지 급 금(국민카드)   330,000

                                             또는 미지급비용(국민카드)

    ※ 접대비 : 상품 판매의 목적으로 특정인에게 대한 접대하는 경우
    ※ 광고선전비 : 상품 판매의 목적으로 불특정 다수인에게 광고, 선전하는 경우

[3] **10월 18일** 일반전표입력

    (차) 상   품   2,800,000   (대) 선 급 금(대전상사)   300,000

                                           보 통 예 금   1,000,000

                                           외상매입금(대전상사)   1,500,000

[4] **11월 15일** 일반전표입력

    (차) 도서인쇄비(판)   80,000   (대) 현   금   80,000

    ※ 또는 출금전표 작성

[5] **12월 4일** 일반전표입력

    (차) 보 통 예 금   990,000   (대) 단 기 매 매 증 권   500,000

                                           단기매매증권처분이익   490,000

    ※ 단기매매증권의 매각대금은 매각금액에서 처분과정에서 발생하는 부대비용을 차감한 금액으로
      회계처리하고, 매각대금에서 취득가액을 차감한 금액이 단기매매증권 처분이익에 해당한다.

[6] **12월 9일** 일반전표입력

    (차) 선급금(동아상사)   1,500,000   (대) 보 통 예 금   1,500,000

[7] **12월 14일** 일반전표입력

    (차) 현 금 과 부 족   10,000   (대) 현   금   10,000

    ※ 기중 실제 현금과 장부상 현금의 차이를 발견한 경우에는 "현금과부족" 계정으로 회계처리하
      고, 기말 결산 시 실제 현금과 장부상 현금의 차이를 발견한 경우에는 실제금액이 부족 시는 "잡
      손실"로 실제금액이 부족 시는 "잡이익" 계정으로 회계처리 한다.

[8] **12월 19일** 일반전표입력

    (차) 여비교통비(판)   350,000   (대) 가 지 급 금   400,000

        현   금   50,000

문제5 입력된 내용 오류 정정

[1] 11월 30일   일반전표 수정

　　수정전 : (차) 외상매입금(아현상사)　1,000,000　　(대) 보 통 예 금　1,000,000

　　수정후 : (차) 외상매입금(아현상사)　988,000　　(대) 보 통 예 금　1,000,000

　　　　　　　수수료비용 (판)　12,000

[2] 12월 10일   일반전표 입력

　　수정전 : (차) 세 금 과 공 과　10,000　　(대) 현　　　금　10,000

　　수정후 : (차) 예 　수 　금　10,000　　(대) 현　　　금　10,000

문제6 결산정리사항을 입력 결산 완료

〈수동결산〉 12월 31일자로 일반전표에 직접 입력한다.

[1] 12월 31일   일반전표 입력

　　(차) 소 　모 　품　120,000　　(대) 소 모 품 비(판)　120,000

[2] 12월 31일   일반전표 입력

　　(차) 선 급 비 용　450,000　　(대) 보 험 료(판)　450,000

※ 보험료 선급분 : 600,000×9/12 = 450,000원 (2021년 1월 ~ 9월 미경과분)

[3] 12월 31일   일반전표 입력

　　(차) 외 화 환 산 손 실　1,000,000　　(대) 외 상 매 출 금　1,000,000

　　　　　　　　　　　　　　　　　　　　　　(미 국　abc)

※ 외환차손은 외환거래 결과 실지로 발생한 손실이며, 외화환산손실은 기말 결산일에 환율의 변동을 반영하여 인식한 미실현 항목이다. 해당 문제는 결산일에 환율변동의 효과를 반영한 것이다.
　• $10,000×(1,200-1,100) = 1,000,000원

[4] 12월 31일   일반전표 입력

　　(차) 대손상각비(판)　1,011,500　　(대) 대손충당금(109)　549,500

　　　　　　　　　　　　　　　　　　　　　대손충당금(111)　462,000

※ 자기가 입력한 데이터로 채점한다.
　－. 합계잔액시산표상 잔액을 기준으로 다음과 같이 계산한다.
　　① 외상매출금 : (60,450,000원×1%) − 55,000원 : 549,500원
　　② 받을어음 : (50,000,000원×1%) − 38,000원 : 462,000원

<자동결산> 결산자료입력란을 이용하여 자동결산을 할 경우

　　대손충당금설정과 감가상각비계상 및 기말상품재고액 및 퇴직급여충당부채 설정은 해당란에 계산된 금액을 입력을 한 후 반드시 결산자료입력 화면 상단의 ([F3] 전표추가) 단추를 클릭하여 결산전표를 자동생성 시킨 후 [일반전표 입력]에서 12월 31일자로 결산자동 분개를 확인한다.

【 참고사항 】
　　－. 결산전 전표입력과정이 잘못 입력되었다 하더라도 채점은 자기가 입력한 데이터로 채점 된다. 📵 외상매출금, 받을어음, 상품 등

문제7 **장부조회하여 답안 메뉴에 입력**

[1] [총계정원장 5/1~5/31 조회 – 보통예금 계정 대변 월계액] : 6,375,000원

[2] [거래처원장 6/30~6/30 외상매출금 조회] : 15,000,000원

[3] [월계표 3월~3월 판매비와관리비의 복리후생비 차변 중 현금부분 조회]
　: 556,300원

　※ 월계표만 차변에 "현금" 및 "대체"로 구분되어, "현금"란은 현금으로 지급한 복리후생비를 의미하고, "대체"란은 현금으로 지급하지 않은, 카드 또는 미지급을 의미하고 있다. 총계정원장을 조회하는 경우에는 현금지급 및 카드지급 또는 미지급을 모두 포함하므로 복리후생비를 현금으로만 지급한 금액은 찾기가 어렵다.

❼ 제86회 기출문제

이 론 시 험

❑ 다음 문제를 보고 알맞은 것을 골라 │이론문제 답안작성│ 메뉴화면에 입력하시오.
(※ 객관식 문항당 2점)

─────< 기 본 전 제 >─────
문제에서 한국채택국제회계기준을 적용하도록 하는 전제조건이 없는 경우, 일반기업회계기준을 적용한다.

01 다음 중 자산, 부채, 자본에 대한 설명 중 틀린 것은?

① 자본은 기업실체의 자산총액에서 부채총액을 차감한 순자산을 말한다.
② 기업의 자금조달 방법에 따라 타인자본과 자기자본으로 구분하며, 부채는 자기자본에 해당한다.
③ 자산은 과거의 거래나 사건의 결과로서 현재 기업실체에 의해 지배되고 미래에 경제적 효익을 창출할 것으로 기대되는 자원을 말한다.
④ 자본은 기업실체의 자산에 대한 소유주의 잔여청구권이다.

02 다음 중 시산표 등식으로 올바른 것은?

① 기말자산 + 총수익 = 기말부채 + 기초자본 + 총비용
② 기말자산 + 총수익 = 기말부채 + 기말자본 + 총비용
③ 기말자산 + 총비용 = 기말부채 + 기초자본 + 총수익
④ 기말자산 + 총비용 = 기말부채 + 기말자본 + 총수익

03 다음 중 일반기업회계기준에서 정하고 있는 재무제표가 아닌 것은?

① 주석
② 현금흐름표
③ 자본변동표
④ 합계잔액시산표

04 다음 중 물가하락시 당기순이익이 가장 높게 계상되는 재고자산 원가결정방법은?(단, 재고자산의 기초재고수량과 기말재고수량이 동일하다고 가정 함)

① 선입선출법
② 이동평균법
③ 총평균법
④ 후입선출법

05 다음은 건물 처분과 관련된 자료이다. 건물의 처분가액은 얼마인가?

• 취득가액 　　　 100,000,000원	• 감가상각누계액 　 50,000,000원
• 유형자산처분이익 　 40,000,000원	

① 10,000,000원 　　　　　　　　　　② 80,000,000원

③ 90,000,000원 　　　　　　　　　　④ 100,000,000원

06 다음 자료에서 재무상태표에 단기투자자산 항목으로 표시되는 금액은?

• 현금 　　　 50,000원	• 보통예금 　　　 500,000원
• 당좌예금 　　 200,000원	• 단기매매증권 　 150,000원
• 받을어음 　　 100,000원	• 단기대여금 　　 180,000원

① 330,000원 　　　　　　　　　　　② 430,000원

③ 480,000원 　　　　　　　　　　　④ 1,180,000원

07 상품매출에 대한 계약금을 거래처로부터 현금으로 받고 대변에 "상품매출"계정으로 분개하였다. 이로 인해 재무상태표와 손익계산서에 미치는 영향으로 옳은 것은?

① 자산이 과소계상 되고, 수익이 과소계상 된다.

② 자산이 과대계상 되고, 수익이 과소계상 된다.

③ 부채가 과소계상 되고, 수익이 과대계상 된다.

④ 부채가 과대계상 되고, 수익이 과대계상 된다.

08 다음 자료에 기초한 장보고회사의 매출원가와 매출총이익은 얼마인가?(단 재고의 흐름은 선입선출법을 적용하고 있다.)

• 기초상품 : 100개(@2,000)	• 당기상품매입 : 900개(@3,000)
• 당기상품판매 : 800개(@4,000)	

	매출원가	매출총이익		매출원가	매출총이익
①	1,600,000원	1,600,000원	②	2,300,000원	900,000원
③	2,400,000원	800,000원	④	2,400,000원	0원

09 다음 중 재무상태표에 표시되는 매입채무 계정에 해당하는 것은?

① 외상매입금, 지급어음   ② 미수금, 미지급금

③ 외상매출금, 받을어음   ④ 가수금, 가지급금

10 다음 중 재무상태표상 당좌자산에 속하는 계정과목이 아닌 것은?

① 받을어음   ② 투자부동산

③ 보통예금   ④ 현금

11 다음의 설명과 관련한 계정과목은?

> 상품 매입대금을 조기에 지급함에 따라 약정한 일정 대금을 할인받는 것.

① 매입할인   ② 매입환출

③ 매출채권처분손실   ④ 매입에누리

12 다음 자료에 의해 정액법으로 계산할 경우, 2021년 12월 31일 결산 이후 기계장치 장부가액은 얼마인가?

• 기계장치 취득원가 : 20,000,000원	• 취득 시기 : 2019년 1월 1일
• 잔존 가치 : 2,000,000원	• 내용 연수 : 5년
• 전기말 감가상각누계액 : 7,200,000원	

① 3,600,000원   ② 4,000,000원

③ 9,200,000원   ④ 10,800,000원

13 다음의 상품과 관련된 지출금액 중 상품의 취득원가에 포함할 수 없는 것은?

① 상품 매입 시 하역료

② 상품 매입 시 수수료비용

③ 상품을 수입함에 따라 발생하는 관세

④ 상품 매출 시 운반비

14 다음 자료에서 개인기업의 12월 31일 현재 자본금은 얼마인가?

> - 1월 1일 현금 5,000,000원을 출자하여 영업을 개시하였다.
> - 10월 5일 사업주가 개인사용을 목적으로 1,500,000원을 인출하였다.
> - 12월 31일 기말 결산 시 사업주가 인출한 금액을 자본금 계정으로 대체하였다.
> - 12월 31일 기말 결산 시 당기순이익 5,000,000원이다.

① 10,000,000원   ② 8,500,000원
③ 6,500,000원   ④ 5,000,000원

15 다음 중 연결이 바르지 않은 것은?

① 신입사원 명함인쇄비용 – 복리후생비
② 거래처 직원과의 식사비용 – 접대비
③ 직원들에 대한 컴퓨터 교육에 대한 강사비 지출 – 교육훈련비
④ 단기차입금에 대한 이자 지급 – 이자비용

실무시험

◉ 동래상사(회사코드 : 0864)는 의약품을 판매하는 개인기업이다. 당기(제9기) 회계
기간은 2021. 1. 1. ~ 2021. 12. 31. 이다. 전산세무회계 수험용 프로그램을 이용하
여 다음 물음에 답하시오.

─── < 기 본 전 제 > ───

문제에서 한국채택국제회계기준을 적용하도록 하는 전제조건이 없는 경우, 일반기업회계기준을 적용한다.

문제1 다음은 동래상사의 사업자등록증이다. 회사등록메뉴에 입력된 내용을 검토하여 누
•••••• 락분은 추가입력하고 잘못된 부분은 정정하시오.(주소 입력시 우편번호는 입력하
지 않아도 무방함)(6점)

사 업 자 등 록 증

(일반과세자)

등록번호 : 131-04-90726

상 호 명 : 동래상사
대 표 자 명 : 이숙련
개 업 연 월 일 : 2013. 3. 7.
사업장소재지 : 부산광역시 동래구 충렬대로 126번길 5(온천동)
사업자의종류 : 업태 / 도소매   종목 / 의약품

사업자 단위 과세 적용사업자 여부 : 여( ) 부(∨)
전자세금계산서 전용 전자우편 주소 :

2013년 3월 7일

동래세무서장

문제2 다음은 동래상사의 전기분 손익계산서이다. 입력되어 있는 자료를 검토하여 오류
•••••• 부분을 정정하고 누락된 부분을 추가 입력하시오.(6점)

손 익 계 산 서

회사명 : 동래상사	제8기 2020. 1. 1 ~ 2020. 12. 31			(단위 : 원)
과 목	금 액	과 목	금 액	
Ⅰ 매 출 액	100,000,000	Ⅴ 영 업 이 익	4,800,000	
상 품 매 출	100,000,000	Ⅵ 영 업 외 수 익	200,000	
Ⅱ 매 출 원 가	80,000,000	이 자 수 익	200,000	
상 품 매 출 원 가	80,000,000	Ⅶ 영 업 외 비 용	360,000	
기 초 상 품 재 고 액	10,000,000	유형자산처분손실	360,000	
당 기 상 품 매 입 액	90,000,000	Ⅷ 소득세차감전순이익	4,640,000	
기 말 상 품 재 고 액	20,000,000	Ⅸ 소 득 세 등	0	
Ⅲ 매 출 총 이 익	20,000,000	Ⅹ 당 기 순 이 익	4,640,000	
Ⅳ 판 매 비 와 관 리 비	15,200,000			
급 여	10,000,000			
복 리 후 생 비	4,000,000			
여 비 교 통 비	600,000			
차 량 유 지 비	100,000			
소 모 품 비	200,000			
잡 비	300,000			

문제3 다음 자료를 이용하여 입력하시오.(6점)

[1] 동래상사의 전기분 받을어음계정과 지급어음계정의 기말 잔액은 다음과 같다. 거래
처별 초기이월을 검토하여 수정 또는 추가 입력하시오.(3점)

계정과목	거래처명	금 액	계정과목	거래처명	금 액
받을어음	광 주 상 사	1,400,000원	지급어음	서 울 상 사	5,000,000원
	부 산 상 사	1,300,000원		인 천 상 사	1,200,000원
	대 구 상 사	1,100,000원		순 천 상 사	2,100,000원

[2] 신규거래처인 찬별상사를 거래처 등록메뉴에 추가 등록하시오(3점)

찬별상사 (코드:2220)	• 사업자등록번호 : 215-02-12344　　• 대표자명 : 황찬별 • 업태 : 도소매　　• 종목 : 컴퓨터및컴퓨터부품　　• 유형 : 동시 • 사업장소재지 : 서울 강남구 테헤란로 410(금강타워, 대치동)

※ 주소입력 시 우편번호는 입력하지 않아도 무방함

문제4 다음 거래 자료를 일반전표입력 메뉴에 추가 입력하시오.(24점)

< 입력시 유의사항 >

- 적요의 입력은 생략한다.
- 부가가치세는 고려하지 않는다.
- 채권·채무와 관련된 거래는 반드시 기 등록되어 있는 거래처코드를 선택하는 방법으로 거래처명을 입력한다.
- 회계처리시 계정과목은 등록되어 있는 계정과목 중 가장 적절한 과목으로 한다.

---

[1] 7월 5일 무한상사에 상품을 6,000,000원에 판매하기로 계약하고, 계약금(판매 금액의 10%)을 현금으로 받다.(3점)

[2] 7월 12일 (주)울산중고나라에서 영업부 비품(에어컨)을 1,100,000원에 구입하고 대금은 다음과 같이 하나카드로 결제하였다.(3점)

```
카드매출전표
------------------------------------
카드종류 : 하나카드
회원번호 : 1754-6599-****-9997
거래일시 : 2021.7.12. 16:05:16
거래유형 : 신용승인
금    액 : 1,100,000원
결제방법 : 일시불
승인번호 : 71999995
은행확인 : 하나은행
====================================
가맹점명 : ㈜울산 중고나라
          - 이하 생략 -
```

[3] 7월 25일 국제상사에서 상품 5,000,000원을 매입하였다. 대금은 7월 15일 계약 금으로 지급한 500,000원을 차감하고 나머지 잔액은 1개월 후에 지급 하기로 하다. 또한, 상품 매입 시 운임 50,000원은 당사가 부담하기로 하여 현금으로 지급하다.(3점)

[4] 8월 4일 관리부 직원의 경리실무 책을 현금으로 구매하였다.(3점)

```
동래서점
131-90-67801              임 애 숙
부산 동래구 충렬대로 126번길 5 TEL:507-4683

현금(지출증빙)
구매 2021/08/04/17:06 거래번호 : 0026-0107
   상품명          수량        금액
     도서           1        88,000원
  2043655000009
 합    계                    88,000원
 받은 금액                   88,000원
```

[5] 8월   5일   7월분 영업부 사무실의 인터넷요금 50,000원과 수도요금 30,000원을
보통예금에서 이체하였다.(3점)

[6] 9월 25일   영업부 건물 화재보험료(2021년 9월 25일 ~ 2021년 12월 31일 귀속
분) 150,000원을 현금으로 납부하였다.(3점)

[7] 10월   3일   매출처의 체육행사 지원을 위해 과일 1,000,000원을 구매하고 법인카
드(신한카드)로 결제하다.(3점)

[8] 10월 18일   강남상사의 단기대여금 8,000,000원과 이자 302,000원이 당사 보통예
금계좌에 입금되다.(3점)

문제5 일반전표입력메뉴에 입력된 내용 중 다음과 같은 오류가 발견되었다. 입력된 내용을
●●●●● 확인하여 정정 또는 추가입력 하시오.(6점)

[1] 7월 30일   업무용 차량을 구입하면서 현금으로 지불한 취득세 100,000원을 세금
과공과로 회계처리하였다.(3점)

[2] 9월 30일   행복상사에 지급하고 선급금으로 처리했던 200,000원이 영업부 회식
비로 지출한 영수증으로 확인 되었다.(3점)

문제6 다음의 결산정리사항을 입력하여 결산을 완료하시오.(12점)
●●●●●

[1] 결산일 현재 장부상 현금 잔액이 현금 실제액보다 30,000원 많은 것으로 확인되었으
나, 그 원인은 밝혀지지 않았다.(3점)

[2] 기말 합계잔액시산표의 가지급금 잔액은 거래처 보석상사에 이자를 지급한 것으로
판명된다.(3점)

[3] 대손충당금은 기말 매출채권(외상매출금, 받을어음) 잔액에 대하여 1% 보충법으로
설정하다.(3점)

[4] 결산일 현재 기말상품재고액은 9,200,000원이다.(단, 전표입력에서 구분으로 5:결
산차변, 6:결산대변으로 입력할 것.)(3점)

문제7 다음 사항을 조회하여 답안을 │이론문제 답안작성│ 메뉴에 입력하시오.(10점)

[1] 2분기(4월 ~ 6월) 중 판매비와관리비가 가장 많은 월과 가장 적은 월의 차이는 얼마 인가?(4점)

[2] 1월의 외상매출금 입금액은 얼마인가?(3점)

[3] 상반기(1월 ~ 6월) 중 현금의 지출이 가장 많은 달은 몇 월이며, 그 금액은 얼마인 가?(4점)

이론과 실무문제의 답을 모두 입력한 후 「답안저장(USB로 저장)」을 클릭하여 저장하고, USB메모리를 제출하시기 바랍니다.

86회 전산회계 2급 A형 답안

이론시험

1	②	2	③	3	④	4	④	5	③
6	①	7	③	8	②	9	①	10	②
11	①	12	③	13	④	14	②	15	①

01. 기업의 자금조달 방법에 따라 타인자본과 자기자본으로 구분하며, 부채는 타인자본에 해당한다.

02. 시산표 등식 : 기말자산 + 총비용 = 기말부채 + 기초자본 + 총수익

03. 재무제표는 재무상태표, 손익계산서, 자본변동표, 현금흐름표, 주석이고, 합계잔액시산표는 결산의 예비절차에서 작성하는 계정집계표이다.

04. 당기순이익의 크기는 물가하락 시 : 선입선출법 < 이동평균법 < 총평균법 < 후입선출법이고, 물가상승 시에는 선입선출법 > 이동평균법 > 총평균법 > 후입선출법이다.

05. 분개를 추정하면   (차) 처분가액   (90,000,000)   (대) 건물   100,000,000
                        감가상각누계액   50,000,000   유형자산처분이익   40,000,000

06. 현금, 보통예금, 당좌예금은 '현금및현금성자산', 받을어음은 '매출채권', 단기매매증권과 단기대여금은 '단기투자자산'으로 표시한다. 150,000원 + 180,000원 = 330,000원

07. 상품매출에 대한 계약금을 받으면 (차)현금 (대)선수금으로 처리해야하는데, (차)현금 (대) 상품매출로 잘못 처리했으므로 부채가 과소계상되고, 수익은 과대계상된다.

08. • 매출원가는 100개×2,000원+700개×3,000원 = 2,300,000원
   • 매출총이익은 매출액 3,200,000원(800개 × 4,000원) − 매출원가 2,300,000원
     = 900,000원

09. 매입채무는 외상매입금과 지급어음의 통합계정이다.

10. 투자부동산은 비유동자산 중 투자자산에 해당된다.

11. 상품 매입대금을 조기에 지급함에 따라 약정한 일정 대금을 할인받는 것은 매입할인이라 한다.

12. • (취득가액 20,000,000원 – 잔존가치 2,000,000원) /내용연수 5년 = 감가상각비 3,600,000원

• 정액법은 매기말 감가상각비가 동일하므로 3,600,000×3년간 = 10,800,000원(감가상각누계액)

• 장부금액 : 취득가액 20,000,000원 – 감가상각누계액 10,800,000원 = 9,200,000원

13. 상품 매출 시 운반비는 자산(상품)으로 처리하지 않고 비용(운반비)으로 처리한다.

14. 자본금 5,000,000원 – 인출금 1,500,000원 + 당기순이익 5,000,000원 = 8,500,000원

15. 신입사원 명함인쇄비용은 도서인쇄비로 처리한다.

실무시험

문제1
① 업태 : 제조 → 도소매로 수정입력
② 종목 : 문구 → 의약품
③ 관할세무서 : '금정' 세무서에서 → '동래' 세무서로 수정한다.

문제2
① 전기분재무상태표의 기말상품 재고액 10,000,000원을 20,000,000원으로 수정 후 전기분손익계산서 조회
② 전기분손익계산서의 급여를 15,000,000원에서 10,000,000원으로 수정
③ 전기분손익계산서의 이자수익 100,000원을 200,000원으로 수정

문제3
[1] 거래처별 초기이월을 검토 수정 또는 추가 입력
① 받을어음 : 광주상사 1,200,000원을 1,400,000원으로 수정
　　　　　　　부산상사 1,500,000원을 1,300,000원으로 수정
② 지급어음 : 서울상사 4,100,000원을 5,000,000원으로 수정
　　　　　　　인천상사 2,100,000원을 1,200,000원으로 수정
　　　　　　　순천상사 2,100,000원을 추가 입력

[2] 신규거래처 거래처 등록 메뉴에 추가 등록
– [거래처등록]메뉴의 일반거래처 탭에 거래처코드 : 2220으로 등록, 주어진 거래처의 정보를 모두 입력

문제4 일반전표입력메뉴에 추가 입력

[1] **7월 5일** 일반전표입력

(차) 현　　　　　금　600,000　　　　(대) 선수금(무한상사)　600,000

[2] **7월 12일** 일반전표입력

(차) 비　　　　　품　1,100,000　　　(대) 미지급금(하나카드)　1,100,000

※ 일반적 상거래에서 발생된 매출채권은 외상매출금과 받을어음, 매입채무 : 외상매입금과 지급어음

※ 일반적 상거래 이외에 발생한 채권과 채무(미지급비용은 제외) : 미수금과 미지급금으로 처리한다.

[3] **7월 25일** 일반전표입력

(차) 상　　　　　품　5,050,000　　　(대) 선 급 금(국제상사)　500,000
　　　　　　　　　　　　　　　　　　　　　외상매입금(국제상사)　4,500,000
　　　　　　　　　　　　　　　　　　　　　현　　　　　금　50,000

※ 재고자산의 매입 시 지급한 매입운임, 하역료 및 보험료 등 취득과정에서 정상적으로 발생한 비용은 취득원가에 가산한다.

[4] **8월 4일** 일반전표입력

(차) 도서인쇄비(판)　88,000　　　(대) 현　　　　　금　88,000

※ 복리후생비는 근로자에게 지급되는 임금 등의 보수(상여금과 시간외 수당 포함)를 제외하고 근로자의 복지와 후생, 즉 특별급여(fringe benefits)를 위해 지불되는 경비를 말한다. 본 문제에서 경리실무 도서의 구입은 관리부 직원의 복지와 후생을 위한 것이 아닌 업무용 도서를 구매한 것이므로 "도서인쇄비" 계정과목이 타당하다.

[5] **8월 5일** 일반전표입력

(차) 통 신 비(판)　50,000　　　(대) 보 통 예 금　80,000
　　　수도광열비(판)　30,000

[6] **9월 25일** 일반전표입력

(차) 보 험 료(판)　150,000　　　(대) 현　　　　　금　150,000

[7] **10월 5일** 일반전표입력

(차) 접 대 비(판)　1,000,000　　　(대) 미 지 급 금(신한카드)　1,000,000
　　　　　　　　　　　　　　　　　　또는 미지급비용(신한카드)

[8] 10월 18일 일반전표입력

(차) 보 통 예 금	8,302,000	(대) 단기대여금(강남상사)	8,000,000
		이 자 수 익	302,000

문제5 입력된 내용 오류 정정

[1] 7월 30일

수정전 : (차) 세금과공과(판)	100,000	(대) 현	금	100,000
수정후 : (차) 차 량 운 반 구	100,000	(대) 현	금	100,000

[2] 9월 30일 일반전표입력

수정전 : (차) 선급금(행복상사)	200,000	(대) 현	금	200,000
수정후 : (차) 복리후생비(판)	200,000	(대) 현	금	200,000

※ 복리후생비로 수정 후 거래처는 그대로 행복상사이므로 거래처 표시에 대해서는 감점요소가 되지 않는다.

문제6 결산정리사항을 입력 결산 완료

<수동결산> 12월 31일자로 일반전표에 직접 입력한다.

[1] 12월 31일 일반전표입력

(차) 잡 손 실	30,000	(대) 현 금	30,000

※ 기중에는 장부상의 현금 잔액과 실제 현금 잔액이 불일치 할 경우에는 "현금과부족" 계정으로 처리하여 결산일까지 판명되지 않을 경우 잡손실 및 잡이익 계정으로 대체하고 현금과부족 계정은 상계한다. 그러나 결산 당일에 장부상의 현금 잔액과 실제 현금 잔액이 불일치 할 경우에는 현금과부족 계정을 설정하지 않고 현금 계정에서 바로 잡손실 및 잡이익 계정으로 대체한다.

[2] 12월 31일 일반전표입력

(차) 이 자 비 용	711,000	(대) 가 지 급 금	711,000

[3] 12월 31일 일반전표입력

(차) 대손상각비(835)	270,600	(대) 대손충당금(109)	200,600
		대손충당금(111)	70,000

※ 합계잔액시산표상 잔액을 기준으로 다음과 같이 계산한다.
 • 외상매출금 : (68,560,000원 × 1%) − 485,000원 = 보충액 200,600원
 • 받 을 어 음 : (38,800,000원 × 1%) − 318,000원 = 보충액 70,000 원

[4] 12월 31일 일반전표입력(반드시 '결차', '결대'로 입력한다.)

　　(결차) 상품매출원가　143,120,000　　(결대) 상　　　　품　143,120,000

※ 합계잔액시산표 상품 계정 차변잔액 152,320,000 − 기말상품재고액 9,200,000 = 143,120,000원

<자동결산> 결산자료입력란을 이용하여 자동결산을 할 경우

　　대손충당금설정과 감가상각비계상 및 기말상품재고액 및 퇴직급여충당부채 설정은 해당란에 계산된 금액을 입력을 한 후 반드시 결산자료입력 화면 상단의 ([F3] 전표추가) 단추를 클릭하여 결산전표를 자동생성 시킨 후 [일반전표 입력]에서 12월 31일자로 결산자동 분개를 확인한다.

> **【 참고사항 】**
> 　−. 결산전 전표입력과정이 잘못 입력되었다 하더라도 채점은 자기가 입력한 데이터로 채점 된다. **예)** 외상매출금, 받을어음, 상품 등

문제7 　**장부조회하여 답안 메뉴에 입력**

[1] [월계표 4월, 5월, 6월의 판매비와관리비 각각 조회] : 5,400,000원
　　(가장 많은 4월 9,800,000원 − 가장 적은 6월 4,400,000원 = 5,400,000원)

[2] [월계표 1월의 외상매출금 대변 합계액] 또는 [1월의 총계정원장 외상매출금 대변 월계액] : 30,850,000원

[3] [총계정원장, 1월~6월, 현금 계정 조회] : 1월, 70,397,890원

⑧ 제85회 기출문제

이 론 시 험

❂ 다음 문제를 보고 알맞은 것을 골라 이론문제 답안작성 메뉴화면에 입력하시오.
(※ 객관식 문항당 2점)

─< 기 본 전 제 >─

문제에서 한국채택국제회계기준을 적용하도록 하는 전제조건이 없는 경우, 일반기업회계기준을 적용한다.

01 다음 중 자산, 부채, 자본의 개념에 대한 설명으로 틀린 것은?

① 자산은 미래의 경제적 효익으로 미래 현금흐름 창출에 기여하는 잠재력을 말한다.
② 자본은 자산 총액에서 부채 총액을 차감한 잔여액 또는 순자산으로서 자산에 대한 소유주의 잔여청구권이다.
③ 부채는 과거의 거래나 사건의 결과로 미래에 자원의 유입이 예상되는 의무이다.
④ 복식부기를 적용시 대차평균의 원리가 사용된다.

02 다음 중 비유동자산과 영업외수익으로 짝지은 것으로 옳지 않은 것은?

① 투자자산, 이자수익
② 재고자산, 기부금
③ 유형자산, 배당금수익
④ 무형자산, 임대료

03 다음 중 회계상 현금으로 처리하는 것은?

| (가) 타인발행수표 | (나) 주식 | (다) 가계수표 |
| (라) 수입인지 | (마) 약속어음 | (바) 자기앞수표 |

① (가), (다), (바)
② (가), (라), (마)
③ (가), (나), (라)
④ (가), (나), (다)

04 다음 중 손익계산서에 포함되어야 할 거래는 어떤 것인가?

① 거래처로부터 계약금을 현금수령하다.
② 전기요금을 현금으로 지급하다.
③ 토지를 매입하고 당좌수표를 지급하다.
④ 현금을 보통예금통장에 입금하다.

05 11월 5일 현금과부족계정 대변 잔액 20,000원의 원인이 단기대여금 이자수입 누락으로 판명되었다. 분개로 맞는 것은?

① (차) 11/5 현　　　　금　20,000원　(대) 이 자 수 익　20,000원
② (차) 11/5 현금과부족　20,000원　(대) 현　　　　금　20,000원
③ (차) 11/5 현금과부족　20,000원　(대) 잡　이　익　20,000원
④ (차) 11/5 현금과부족　20,000원　(대) 이 자 수 익　20,000원

06 다음은 매출채권계정에 대한 설명이다. 당기에 매출액 중에서 현금으로 회수한 금액이 300,000원이라면 발생주의에 의한 당기매출액은 얼마인가? (매출거래는 모두 외상거래로 이루어짐.)

매 출 채 권

1/1 전 기 이 월　200,000원	
	12/31 차 기 이 월　240,000원

① 260,000원　　② 340,000원　　③ 440,000원　　④ 300,000원

07 다음은 당사의 당기 재고자산과 관련된 자료이다. 원가흐름의 가정을 선입선출법을 적용한 경우와 총평균법을 적용한 경우의 기말재고자산 가액의 차이는 얼마인가?

	수량	단가
기초재고(1월 1일)	10개	100원
매입(3월 10일)	20개	200원
매입(7월 25일)	30개	300원
매입(8월 20일)	40개	400원
매출(9월 15일)	30개	700원

① 3,000원　　② 4,000원　　③ 5,000원　　④ 6,000원

08 다음 중 부채계정이 아닌 것은?

① 예수금　　　② 미지급비용　　　③ 단기차입금　　　④ 임차보증금

09 상품을 보관하는 과정에서 파손, 마모, 도난, 분실 등으로 인하여 실제재고수량이 장부 상의 재고수량보다 적은 경우에 발생하는 손실을 처리하기 위한 계정과목으로 적절한 것은?

① 대손상각비　　　　　　　　　　② 재고자산감모손실
③ 재해손실　　　　　　　　　　　④ 잡손실

10 다음 중 거래 결합관계에서 성립할 수 없는 것은?

① (차변) 부채의 증가　　　(대변) 부채의 감소
② (차변) 자산의 증가　　　(대변) 자본의 증가
③ (차변) 자산의 증가　　　(대변) 수익의 발생
④ (차변) 비용의 발생　　　(대변) 자산의 감소

11 다음 자료에 의해 순매출액을 구하면 얼마인가?

• 총매출액	2,000,000원	• 매출할인	200,000원
• 매출에누리	100,000원	• 매입환출	50,000원
• 매출환입	300,000원		

① 1,950,000원　　　　　　　　　② 1,550,000원
③ 1,500,000원　　　　　　　　　④ 1,400,000원

12 다음 중 계정기입의 설명으로 옳은 것은?

상		품
현　　　　금　　400,000원		

① 상품을 400,000원 매출하고, 대금은 약속어음으로 받다.
② 상품을 400,000원 매출하고, 대금은 동점발행 수표로 받다.
③ 상품을 400,000원 매입하고, 대금은 현금으로 지급하다.
④ 상품을 400,000원 매입하고, 대금은 외상으로 하다.

13 다음 자료에 따라 영업이익을 계산한 것으로 옳은 것은?

• 매 출 액 5,000,000원		• 매 출 원 가 2,000,000원	
• 접 대 비 300,000원		• 유형자산처분손실 100,000원	
• 복 리 후 생 비 200,000원		• 이 자 비 용 100,000원	

① 2,300,000원 ② 2,400,000원
③ 2,500,000원 ④ 2,800,000원

14 다음 (가)와 (나)에 해당하는 계정과목을 <보기>에서 바르게 짝지은 것은?

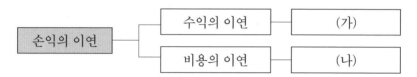

―― < 보기 > ――
ㄱ. 미수수익   ㄴ. 미지급비용   ㄷ. 선급비용   ㄹ. 선수수익

	(가)	(나)
①	ㄱ	ㄴ
②	ㄴ	ㄱ
③	ㄷ	ㄹ
④	ㄹ	ㄷ

15 아래 거래의 기입이 필요한 보조부로 올바르게 묶인 것은?

방탕상사에 원가 500,000원의 상품을 600,000원에 판매하고, 대금 중 400,000원은 현금으로 받고, 잔액 200,000원은 약속어음으로 받았다.

[a. 매입장   b. 매출장   c. 현금출납장   d. 매입처원장   e. 받을어음기입장]

① b, c, e   ② a, c, e   ③ c, d, e   ④ a, b, e

실 무 시 험

◆ 보은상회(회사코드 : 0854)는 가전제품을 판매하는 도 · 소매 개인기업이며, 당기(제6기) 회계기간은 2021. 1. 1. ~ 2021. 12. 31. 이다. 전산세무회계 수험용 프로그램을 이용하여 다음 물음에 답하시오.

―< 기 본 전 제 >―

문제에서 한국채택국제회계기준을 적용하도록 하는 전제조건이 없는 경우, 일반기업회계기준을 적용한다.

문제1 다음은 보은상회의 사업자등록증이다. 회사등록메뉴에 입력된 내용을 검토하여 누락분은 추가입력하고 잘못된 부분은 정정하시오.(주소 입력 시 우편번호는 입력하지 않아도 무방함)(6점)

사 업 자 등 록 증

(일반과세자)

등록번호 : 135-27-40377

상 호 명 : 보은상회
대 표 자 명 : 나기동
개 업 연 월 일 : 2016. 3. 20.
사업장소재지 : 경기도 안산시 단원구 거미울길 13(선부동)
사업자의 종류 : 업태 / 도소매　　　종목 / 가전제품

사업자 단위 과세 적용사업자 여부 : 여(　) 부(∨)
전자세금계산서 전용 전자우편 주소 :

2016년 3월 20일

안산세무서장

문제2 다음은 보은상회의 전기분 재무상태표이다. 입력되어 있는 자료를 검토하여 오류 부분은 정정하고 누락된 부분은 추가 입력하시오.(6점)

재 무 상 태 표

회사명 : 보은상회　　　　　제5기 2020년 12월 31일 현재　　　　　(단위 : 원)

과　　　목	금　　　액		과　　　목	금　　　액
현　　　　　금		10,000,000	외 상 매 입 금	40,000,000
당 좌 예 금		30,000,000	지 급 어 음	20,000,000
보 통 예 금		100,000,000	선 　 수 　 금	20,000,000
외 상 매 출 금	50,000,000		단 기 차 입 금	30,000,000
대 손 충 당 금	500,000	49,500,000	자 　 본 　 금	147,100,000
받 을 어 음	40,000,000		(당기순이익 : 15,000,000)	
대 손 충 당 금	400,000	39,600,000		
상　　　　　품		20,000,000		
비　　　　　품	10,000,000			
감가상각누계액	2,000,000	8,000,000		
자 산 총 계		257,100,000	부채와 자본총계	257,100,000

문제3 다음 자료를 이용하여 입력하시오.(6점)

[1] 보은상회의 전기분 기말채권과 기말채무 잔액은 다음과 같다. 주어진 자료를 검토하여 수정 및 추가 입력하시오.(3점)

계정과목	거래처명	금액(원)	계정과목	거래처명	금액(원)
외상매출금	강 진 상 회	35,000,000	외상매입금	양 지 전 자	17,000,000
	하 이 전 자	6,000,000		두리컴퓨터	20,000,000
	일 동 상 사	9,000,000		케 이 전 자	3,000,000

[2] 다음 자료를 이용하여 [기초정보등록]의 [거래처등록] 메뉴에서 거래처(금융기관)를 추가로 등록하시오.(주어진 자료 외의 다른 항목은 입력할 필요 없음.) (3점)

- 거래처코드 : 98002　　　　• 거래처명 : 우리은행
- 유형 : 보통예금　　　　　　• 계좌번호 : 1005-302-998167
- 예금종류 : 보통예금　　　　• 사업용계좌 : 여

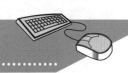

문제4 다음 거래 자료를 일반전표입력 메뉴에 추가 입력하시오.(24점)

――――――――――― < 입력시 유의사항 > ―――――――――――

• 적요의 입력은 생략한다.

• 부가가치세는 고려하지 않는다.

• 채권·채무와 관련된 거래는 반드시 기 등록되어 있는 거래처코드를 선택하는 방법으로 거래처명을 입력한다.

• 회계처리시 계정과목은 등록되어 있는 계정과목 중 가장 적절한 과목으로 한다.

[1] 8월 2일 보통예금 계좌에 2,000,000원이 입금되었으나, 입금자명이 불분명하여 그 내역을 확인할 수 없다.(3점)

[2] 8월 21일 당사는 거래처 동백상사로부터 상품 10개(1개당 10,000원)를 매입하고, 그 대금은 당사발행 어음으로 지급하였다.(3점)

[3] 9월 5일 8월 25일에 매출계약하고 선수금을 받은 미림전자에 세탁기 5대를 인도하고 계약금을 차감한 잔액을 외상으로 하다. 당사 부담 운반비 150,000원은 현금으로 지급하다.(하나의 전표로 입력할 것.)(3점)

1권		2호		**거래명세표**(거래용)				
2021 년 09 월 05 일			등 록 번 호	135-27-40377				
미림전자 귀하			상 호	보은상회		성명	나기동 ㊞	
			사업장 소재지	경기도 안산시 단원구 거미울길 13(선부동)				
아래와 같이 계산합니다.			업 태	도소매		종목	가전제품	
합계 금액	**육백만원 원정 (₩ 6,000,000)**							
월일	품 목		규 격	수량	단 가	공 급 대 가	비 고	
9/5	세탁기		15KG	5	1,200,000	6,000,000		
			이하	여백				
	계							
전잔금				합 계		6,000,000		
입 금	8/25 계약금600,000		잔금	5,400,000		인수자	김 선태 ㊞	
비 고	당사부담 운임 150,000원 현금지급							

[4] 9월 7일 당사는 보유하고 있던 토지(취득원가 30,000,000원)를 영동상사에 50,000,000원에 매각하고 대금 중 10,000,000원은 당좌수표로 지급받았으며, 나머지는 다음달 10일 수령하기로 하였다.(3점)

[5] 9월 8일 매출거래처 영아상사에 대한 외상매출금 5,000,000원을 현금으로 회수하고, 다음의 입금표를 발행하였다.(3점)

No. 1			(공급자 보관용)											
			입 금 표											
							영아상사 귀하							

공급자	사업자등록번호		135-27-40377											
	상 호		보은상회			성 명		나기동			(인)			
	사 업 장 소 재 지		경기도 안산시 단원구 거미울길13(선부동)											
	업 태		도소매			종 목		가전제품						

작성일			금액								세액			
년	월	일	공란수	억	천	백	십	만	천	백	십	일	천백십만천백십일	
2021	9	8												

합계	십	억	천	백	십	만	천	백	십	일
				5	0	0	0	0	0	0

내 용	외상매출금 현금 입금
위 금액을 정히 영수함	

[6] 10월 14일 고객응대를 위한 접견실을 꾸밀 화분과 꽃 등 소모품을 구입하고 국민카드로 결제하다.(비용처리할 것.)(3점)

```
        카드매출전표
        (공급받는자용)
  ────────────────
  카드종류 : 국민카드
  회원번호 : ****-****-****-0001
  거래일시 : 2021.10.14. 13:20:26
  거래유형 : 신용승인
  매   출 : 200,000원
  부 가 세 :       0원
  합   계 : 200,000원
  결제방법 : 일시불
  승인번호 : 133501449
  은행확인 : 국민카드사
  ────────────────
  가맹점명 : 선부화원
       – 이 하 생 략 –
```

[7] 11월 18일 상품 홍보관을 개설하기 위해 점포를 보증금 10,000,000원에 남촌빌딩으로부터 임차하고, 대금은 현금으로 지급하다.(3점)

[8] 11월 30일 회사의 차량을 15,000,000원에 취득하고 취득세 450,000원 및 기타매입부대비용 150,000원을 보통예금에서 이체하다.(3점)

문제5 일반전표입력메뉴에 입력된 내용 중 다음과 같은 오류가 발견되었다. 입력된 내용을 확인하여 정정·추가입력 또는 삭제하시오.(6점)

[1] 9월 30일 보통예금에서 자동 이체되어 회계 처리한 전기요금 200,000원 중에는 사무실 전화요금 80,000원이 포함되어 있다.(3점)

[2] 12월 11일 당사는 거래처인 용인상사에 상품 2,000,000원을 판매하기로 계약하였다.(3점)

문제6 다음의 결산정리사항을 입력하여 결산을 완료하시오.(12점)

[1] 8월 31일에 구입하여 자산(취득원가 470,000원)으로 회계 처리한 소모품 중 기말까지 사용하고 남은 금액은 210,000원이다.(3점)

[2] 기말 현재 단기차입금에 대한 이자 미지급액 300,000원을 계상하다.(3점)

[3] 12월 1일에 12개월분 화재보험료(보험계약기간 : 2021. 12. 1. ~ 2022. 11. 30.) 3,000,000원을 보통예금 계좌에서 이체하면서 전액 보험료(판)로 처리하였다. 기말 수정분개를 하시오.(월할계산할 것.)(3점)

[4] 기말 결산 시 기말상품재고액은 3,000,000원이다.(단, 결산차변, 결산대변으로 입력할 것.)(3점)

문제7 다음 사항을 조회하여 답안을 이론문제 답안작성 메뉴에 입력하시오.(10점)

[1] 상반기(1월 ~ 6월) 중 복리후생비(판) 발생이 가장 큰 달은 몇 월이며, 금액은 얼마인가?(3점)

[2] 6월 말 현재 비유동자산은 전기말과 대비하여 얼마 증가하였는가?(3점)

[3] 2~3월 중에 발생한 상품구입 총구입건수와 총구입대금은 얼마인가?(4점)

이론과 실무문제의 답을 모두 입력한 후 「답안저장(USB로 저장)」을 클릭하여 저장하고, USB메모리를 제출하시기 바랍니다.

85회 전산회계 2급 A형 답안

이론시험

1	③	2	②	3	①	4	②	5	④
6	②	7	②	8	④	9	②	10	①
11	④	12	③	13	③	14	④	15	①

01. 부채는 과거의 거래나 사건의 결과로 현재 기업실체가 부담하고 있고 미래에 자원의 유출 또는 사용이 예상되는 의무이다.

02. 비유동자산의 항목에는 투자자산, 유형자산, 무형자산, 기타비유동자산이고, 영업외수익 항목에는 이자수익, 배당금수익, 임대료 등이다. 재고자산은 유동자산에 속한다.

03. 통화대용증권이란 통화와 언제든지 교환 가능한 것으로 타인발행수표, 가계수표, 자기앞수표, 송금수표, 우편환증서, 일람출급어음, 국고송금통지서, 공·사채 만기이자표, 배당금영수증, 만기도래어음 등을 말한다. 주식은 단기매매증권(또는 매도가능증권) 등으로, 수입인지는 세금과공과(또는 잡비, 소모품비)로, 약속어음은 받을어음으로 처리한다.

04. 전기요금은 통신비 계정, 비용항목으로 손익계산서에 표시되는 계정과목이다.

05. 기간 중 거래에서 현금과부족계정 대변 잔액은 현금과잉의 경우로 원인규명 시 차변에 소멸하고, 판명 계정으로 대체한다.

06.

매 출 채 권

전 기 이 월	200,000	현 금 회 수 액	300,000
당 기 매 출 액	(340,000)	차 기 이 월	240,000
	540,000		540,000

07.
- 기말재고수량 : 10+20+30+40−30 = 70개
- 선입선출법 : (7/25 30×300) + (8/20 40×400) = 25,000원
- 총평균법 : 총평균단가는 총합계/총수량이므로, 30,000원/100개= 300원, 300원×70개 = 21,000원
- 따라서 25,000원−21,000원 = 4,000원

08. 임차보증금은 자산 계정이다.

09. 상품의 보관과정에서 발생하는 수량 부족으로 생기는 손실은 재고자산감모손실 계정으로 처리한다.

10. 부채의 증가는 대변요소이고, 부채의 감소는 차변요소이다.

11. 순매출액 1,400,000원 = 총매출액−매출에누리및환입−매출할인(2,000,000원−100,000원−300,000원−200,000원)

12. 분개를 하면 (차변) 상품 400,000 (대변) 현금 400,000 으로 상품을 매입하고, 대금은 현금으로 지급한 거래이다.

13. (매출액 − 매출원가 = 매출이익) − 판매비와관리비 = 영업이익
(5,000,000원−2,000,000원 = 3,000,000원) − 300,000원 − 200,000원 = 2,500,000원

14. • 수익의 이연 : 선수수익, 비용의 이연 : 선급비용
• 수익의 예상 : 미수수익, 비용의 예상 : 미지급비용

15. 분개를 추정하면 (차) 현금 400,000, 받을어음 200,000 (대) 상품매출 600,000이다. 상품의 매매는 반드시 상품재고장에는 기록되지만 본 문제에서는 제시가 없다.
현금 → 현금출납장, 받을어음→ 받을어음기입장, 상품판매 → 매출장

실 무 시 험

문제1
① 사업장소재지 주소 신규 입력 : 경기도 안산시 단원구 거미울길 13(선부동)
② 종목: 문구 → 가전제품
③ 관할세무서: '수원' → '안산' 으로 수정입력

문제2
① 당좌예금 : 3,000,000원을 30,000,000원으로 수정입력
② 대손충당금(외상매출금) : 400,000원을 500,000원으로 수정입력
③ 선수금 : 20,000,000원 추가입력

문제3
[1] [전기분재무제표]−[거래처별초기이월]에서 다음과 같이 수정 및 추가입력
① 외상매출금 : 하이전자 5,000,000원을 6,000,000원으로 수정입력
② 외상매출금 : 선부상사 9,000,000원을 일동상사 9,000,000원으로 수정입력
③ 외상매입금 : 케이전자 3,000,000원 추가입력

[2] [기초정보관리]의 [거래처등록] 메뉴에서 거래처(금융기관)를 추가로 등록
[거래처등록] 메뉴의 금융기관 탭에 거래처코드를 98002로 우리은행 등록

문제4 일반전표입력메뉴에 추가 입력

[1] **8월 2일** 일반전표입력

(차) 보 통 예 금 2,000,000　　　　(대) 가 　 수 　 금 2,000,000

※ 입금자가 불분명한 경우 가수금이라는 임시계정과목을 사용해서 회계처리한 다음, 입금내역이 밝혀지면 실제 내용에 알맞은 계정과목으로 대체분개하여 소멸시킨다.

[2] **8월 21일** 일반전표입력

(차) 상 　 　 　 품 100,000　　　　(대) 지급어음(동백상사) 100,000

[3] **9월 5일** 일반전표입력

(차) 선 수 금(미림전자) 600,000　　　　(대) 상 품 매 출 6,000,000
　　 외상매출금(미림전자) 5,400,000　　　　　 현 　 　 　 금 150,000
　　 운 반 비 (판) 150,000

※ 8월 25일 일반전표 조회 선수금 600,000원 확인
※ 상품 매입 시 당점 부담 운반비는 상품매입원가에 가산처리
※ 상품 매출 시 당점 부담 운반비는 따로 '운반비(판)' 비용 처리한다.

[4] **9월 7일** 일반전표입력

(차) 현 　 　 　 금 10,000,000　　　　(대) 토 　 　 　 지 30,000,000
　　 미수금(영동상사) 40,000,000　　　　　 유형자산처분이익 20,000,000

※ 현재 회사는 도소매기업이며 토지는 유형자산으로 본다. 따라서 외상매출금으로 회계처리하면 안됨
※ 지급받은 당좌수표가 당점발행인지 타인발행인지 명시가 되어있지 않으므로 현금과 당좌예금 모두 정답으로 인정한다.

[5] **9월 8일** 일반전표입력

(차) 현 　 　 　 금 5,000,000　　　　(대) 외상매출금(영아상사) 5,000,000

[6] **10월 14일** 일반전표입력

(차) 소 모 품 비 (판) 200,000　　　　(대) 미 지 급 금(국민카드) 200,000
　　　　　　　　　　　　　　　　　　　　　 또는 미지급비용(국민카드)

※ 통상적으로 화분과 꽃 등을 사무용품으로 분류하지 않고 소모품비로 처리하도록 한다.

[7] **11월 18일** 일반전표입력

(차) 임차보증금(남촌빌딩) 10,000,000　　　　(대) 현 　 　 　 금 10,000,000

※ 임차보증금에는 거래처를 입력하지 않아도 정답으로 인정한다고 하지만 거래처를 입력하는 것이 정상이다.

[8] 11월 30일 일반전표입력

(차) 차 량 운 반 구　15,600,000　　　　(대) 보 통 예 금　15,600,000

※ 취득세와 기타매입부대비용은 취득원가에 가산하여 회계처리한다.

문제5 입력된 내용 오류 정정 · 추가 입력 또는 삭제

[1] 9월 30일 일반전표입력 수정 입력

수정전 : (차) 수도광열비(판)　　200,000　(대) 보 통 예 금　200,000
수정후 : (차) 수도광열비(판)　　120,000　(대) 보 통 예 금　200,000
　　　　　　　통 신 비(판)　　 80,000

※ 전기요금 : 수도광열비(판)로 전화요금은 통신비(판)로 회계처리한다.

[2] 12월 11일 일반전표입력 된 내용 삭제(판매계약만 하였다면, 회계상 거래로 보지
　　　　　　않는다.)

수정전 : (차) 외 상 매 출 금　2,000,000　(대) 상 품 매 출　2,000,000
수정후 : 전표삭제(분개 없음)

문제6 결산정리사항을 입력 결산 완료

<수동결산> 12월 31일자로 일반전표에 직접 입력한다.

[1] 12월 31일 일반전표입력

(차) 소 모 품 비(판)　260,000　　　(대) 소 　 모 　 품　260,000

※ 취득 시 자산으로 처리한 경우 기말 수정분개 시 사용한 자산을 비용으로 수정 분개하여야 하며, 취
득 시 비용으로 회계 처리한 경우 기말 수정분개 시 남아 있는 미사용분을 자산으로 계상하는 분개하
여야 한다.

[2] 12월 31일 일반전표입력

(차) 이 자 비 용　300,000　　　(대) 미 지 급 비 용　300,000

[3] 12월 31일 일반전표입력

(차) 선 급 비 용　2,750,000　　(대) 보 험 료(판)　2,750,000

※ 보험료 지급시 비용 처리하였으므로 미경과분(선급비용)에 대한 회계처리를 한다.
· 3,000,000 × 11/12 = 2,750,000원

[4] 12월 31일 일반전표입력

(결차) 상 품 매 출 원 가　109,713,400　(결대) 상 　　　 품　109,713,400

※ 합계잔액시산표상 상품계정 차변잔액 − 기말상품재고액 = 매출원가

〈자동결산〉 결산자료입력란을 이용하여 자동결산을 할 경우

　　대손충당금설정과 감가상각비계상 및 기말상품재고액 및 퇴직급여충당부채 설정은 해당란에 계산된 금액을 입력을 한 후 반드시 결산자료입력 화면 상단의 ([F3] 전표추가) 단추를 클릭하여 결산전표를 자동생성 시킨 후 [일반전표 입력]에서 12월 31일자로 결산자동 분개를 확인한다.

> 【 참고사항 】
> 　-. 결산전 전표입력과정이 잘못 입력되었다 하더라도 채점은 자기가 입력한 데이터로 채점 된다. **예** 외상매출금, 받을어음, 상품 등

문제7 　**장부조회하여 답안 메뉴에 입력**

[1] [총계정원장(1월~6월) 복리후생비(판) 계정 조회] : 5월, 800,000원

[2] [재무상태표 6월 조회] : 32,650,000원

[3] [계정별원장 상품 계정 2~3월 조회] : 7건, 21,963,400원

⑨ 제84회 기출문제

이 론 시 험

➡ 다음 문제를 보고 알맞은 것을 골라 │이론문제 답안작성│ 메뉴화면에 입력하시오.
(※ 객관식 문항당 2점)

─── < 기 본 전 제 > ───
문제에서 한국채택국제회계기준을 적용하도록 하는 전제조건이 없는 경우, 일반기업회계기준을 적용한다.

01 다음 중 일정 시점 현재 기업이 보유하고 있는 경제적 자원인 자산과 경제적 의무인 부채, 그리고 자본에 대한 정보를 제공하는 재무보고서는 무엇인가?

① 손익계산서   ② 자본변동표
③ 재무상태표   ④ 현금흐름표

02 다음 중 비유동자산으로 볼 수 없는 것은?

① 단기대여금   ② 장기매출채권
③ 건물   ④ 기계장치

03 다음 자료에 의해 현금및현금성자산을 구하면 얼마인가?

• 당좌예금 : 200,000원	• 우표 : 100,000원
• 만기도래한 사채이자표 : 120,000원	• 배당금지급통지표 : 300,000원

① 500,000원   ② 620,000원
③ 600,000원   ④ 420,000원

04 선수수익으로 계상한 임대수익에 대하여 기말 결산을 수행하지 않았다. 이로 인한 영향으로 옳은 것은?

① 비용의 과대계상   ② 자산의 과소계상
③ 부채의 과소계상   ④ 수익의 과소계상

05 다음은 유형자산에 관한 설명이다. 옳지 않은 것은?

① 미래 경제적 효익이 유입될 가능성이 매우 높고 그 원가를 신뢰성 있게 측정할 수 있어야 한다.

② 토지, 건물, 구축물, 기계장치, 건설중인 자산 등은 유형자산의 대표적인 항목이다.

③ 판매를 목적으로 보유하고 있는 자산이다.

④ 장기적으로 사용할 목적으로 물리적 형체가 있는 자산이다.

06 기계장치를 구입하면서 구입대금 250,000원, 구입한 기계장치를 운반하기 위해 지불한 비용 50,000원, 구입 후 설치비 30,000원이 발생하였다. 이후 시제품을 생산하는데 5,000원이 발생하였으며, 이 시제품을 7,000원에 판매하였다. 기계장치의 취득원가는 얼마인가?

① 328,000원　　　② 330,000원　　　③ 335,000원　　　④ 337,000원

07 다음은 감가상각누계액의 변화추이에 따른 감가상각방법을 나타낸 그래프이다. (가)와 (나)에 대한 설명으로 옳은 것을 모두 고른 것은?

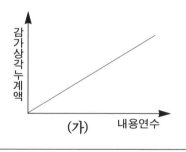
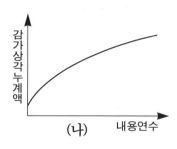

> ㄱ. (가)는 자산의 예상조업도 혹은 생산량에 근거하여 감가상각액을 인식하는 방법이다.
> ㄴ. (가)는 자산의 내용연수 동안 일정액의 감가상각액을 인식하는 방법이다.
> ㄷ. (나)는 자산의 내용연수 동안 감가상각액이 매기간 감소하는 방법이다.

① ㄱ　　　　　② ㄴ　　　　　③ ㄱ, ㄴ　　　　　④ ㄴ, ㄷ

08 다음 중 총계정원장의 잔액이 항상 대변에 나타나는 계정은?

① 보통예금　　　② 수수료비용　　　③ 임대료　　　④ 외상매출금

09 다음 중 재고자산에 해당되는 것으로 올바르게 묶은 것은?

a. 사무실에서 사용하는 컴퓨터	b. 판매용 상품
c. 당사가 제조한 제품	d. 공장에서 사용하는 기계장치

① a, b   ② b, c   ③ c, d   ④ b, d

10 2021년 12월 31일 장부를 조사하여 다음과 같은 자료를 얻었다. 2021년 기초자본은 얼마인가?

• 자 산 총 액 1,500,000원	• 수 익 총 액 400,000원
• 부 채 총 액 600,000원	• 비 용 총 액 350,000원

① 800,000원   ② 750,000원   ③ 850,000원   ④ 900,000원

11 다음 중 손익계산서상 판매비와관리비에 포함될 수 없는 것은?

① 이자비용   ② 복리후생비   ③ 접대비   ④ 광고선전비

12 다음은 미래상사의 상품거래와 관련된 내용이다. 판매가능금액으로 옳은 것은?

• 총 매 출 액 1,000,000원	• 기초상품재고액 400,000원
• 총 매 입 액 800,000원	• 매 입 에 누 리 액 40,000원
• 매 출 에 누 리 액 100,000원	• 기말상품재고액 450,000원

① 50,000원   ② 760,000원   ③ 900,000원   ④ 1,160,000원

13 다음 중 회계의 순환 과정 순서로 올바른 것은?

a. 분개   b. 시산표작성   c. 결산수정분개   d. 거래의 발생
e. 총계정원장의 마감   f. 결산보고서 작성 절차   g. 전기(총계정원장)

① a → b → c → d → e → f → g   ② b → a → d → g → c → e → f
③ d → a → g → b → c → e → f   ④ d → a → g → c → b → f → e

14 다음 중 거래의 종류를 연결한 것으로 틀린 것은?

① 이자수익 10,000,000원을 현금으로 받다. - 손익거래
② 영업용 비품을 1,000,000원에 구입하고 대금은 현금으로 지급하다. - 교환거래
③ 보험료 2,000,000원을 현금으로 지급하다. - 손익거래
④ 영업용 건물을 10,000,000원에 구입하고 대금 중 일부는 현금으로 지급하고, 나머지 잔액은 나중에 지급하기로 하다. - 혼합거래

15 다음 계정기입에 대한 설명으로 가장 옳은 것은?(단, 반드시 아래에 표시된 계정만으로 판단할 것.)

받 을 어 음		
	8/3 현 금	500,000원

① 상품 500,000원을 현금으로 매입하다.
② 받을어음 500,000원을 현금으로 회수하다.
③ 지급어음 500,000원을 현금으로 지급하다.
④ 상품 500,000원을 매출하고 거래처발행 약속어음으로 받다.

실 무 시 험

◉ 청도상사(코드번호 : 0844)는 화장품을 판매하는 개인기업이다. 당기(제10기) 회계
기간은 2021. 1. 1. ~ 2021. 12. 31. 이다. 전산세무회계 수험용 프로그램을 이용하
여 다음 물음에 답하시오.

―――――――――< 기 본 전 제 >――――――――

문제에서 한국채택국제회계기준을 적용하도록 하는 전제조건이 없는 경우, 일반기업회계기준을 적용한다.

문제1 다음은 청도상사의 사업자등록증이다. 회사등록메뉴에 입력된 내용을 검토하여
●●●●● 누락분은 추가입력하고 잘못된 부분은 정정하시오.(주소 입력시 우편번호는 입력
하지 않아도 무방함.) (6점)

사 업 자 등 록 증

(일반과세자)

등록번호 : 101-52-33477

상 호 명 : 청도상사
대 표 자 명 : 최범락
개 업 연 월 일 : 2012. 1. 23.
사업장소재지 : 경기도 안양시 동안구 학의로 332(관양동)
사업자의종류 : 업태 / 도소매   종목 / 화장품

사업자 단위 과세 적용사업자 여부 : 여( ) 부(∨)
전자세금계산서 전용 전자우편 주소 :

2012년 1월 23일

동안양세무서장

문제2 다음은 청도상사의 전기분 손익계산서이다. 입력되어 있는 자료를 검토하여 오류 부분은 정정하고 누락된 부분은 추가 입력하시오.(6점)

손 익 계 산 서

회사명 : 청도상사   제9기 2020. 1. 1. ~ 2020. 12. 31   (단위 : 원)

과 목	금 액	
Ⅰ. 매 출 액		491,000,000
상 품 매 출	491,000,000	
Ⅱ. 매 출 원 가		393,300,000
상 품 매 출 원 가		
기 초 상 품 재 고 액	12,000,000	
당 기 상 품 매 입 액	397,800,000	
기 말 상 품 재 고 액	16,500,000	
Ⅲ. 매 출 총 이 익		97,700,000
Ⅳ. 판 매 비 와 관 리 비		67,700,000
급 여	53,000,000	
복 리 후 생 비	3,200,000	
여 비 교 통 비	350,000	
접 대 비	880,000	
수 도 광 열 비	310,000	
세 금 과 공 과	320,000	
감 가 상 각 비	600,000	
임 차 료	6,500,000	
보 험 료	800,000	
차 량 유 지 비	1,300,000	
광 고 선 전 비	440,000	
Ⅴ. 영 업 이 익		30,000,000
Ⅵ. 영 업 외 수 익		330,000
이 자 수 익	310,000	
잡 이 익	20,000	
Ⅶ. 영 업 외 비 용		1,030,000
이 자 비 용	490,000	
기 부 금	540,000	
Ⅷ. 소 득 세 차 감 전 순 이 익		29,300,000
Ⅸ. 소 득 세 등		
Ⅹ. 당 기 순 이 익		29,300,000

문제3 다음 자료를 이용하여 입력하시오.(6점)

[1] 청도상사는 임원의 외국출장이 빈번하여 이를 별도로 구분하고자 한다. [812. 여비교통비] 계정과목에 다음의 적요를 등록 하시오.(3점)

현금적요 6. 임원 해외출장비 지급

[2] 청도상사의 외상매출금과 외상매입금에 대한 거래처별 초기이월 자료는 다음과 같다. 주어진 자료를 검토하여 잘못된 부분을 정정하거나 누락된 부분을 추가 입력하시오.(3점)

계정과목	거래처명	금액(원)	계정과목	거래처명	금액(원)
외상매출금	안양상사	5,000,000	외상매입금	영훈상사	4,400,000
	수원상사	3,800,000		창문상사	2,200,000
	안산상사	700,000		남대문상사	1,850,000

문제4 다음 거래 자료를 일반전표입력 메뉴에 추가 입력하시오.(24점)

─── < 입력시 유의사항 > ───

• 적요의 입력은 생략한다.

• 부가가치세는 고려하지 않는다.

• 채권·채무와 관련된 거래는 반드시 기 등록되어 있는 거래처코드를 선택하는 방법으로 거래처명을 입력한다.

• 회계처리시 계정과목은 등록되어 있는 계정과목 중 가장 적절한 과목으로 한다.

[1] 7월 25일   보관하고 있던 아모레상사가 발행한 당좌수표 5,000,000원을 당사 당좌예금 계좌에 예입하였다.(3점)

[2] 10월 4일   창문상사에서 상품 6,000,000원(300개, 1개당 20,000원)을 구입하기로 계약하고, 대금의 20%를 당좌예금 계좌에서 이체하였다.(3점)

[3] 10월 10일   호수상사의 외상매입금 5,000,000원을 결제하기 위해 매출처 일품컴퓨터에서 받아 보관중인 약속어음 5,000,000원을 배서양도하였다.(3점)

[4] **10월 19일** 거제물산에 납품하기 위한 상품의 상차작업을 위해 고용한 일용직 근로자에게 일당 100,000원을 현금으로 지급하였다. (3점)

[5] **10월 21일** 폭우로 인한 자연재해 피해자를 돕기 위해 현금 500,000원을 동작구청에 기부하였다. (3점)

[6] **11월 10일** 건강보험료 회사부담분 120,000원과 직원부담분 120,000원을 보통예금통장에서 이체하였다. (3점)

[7] **11월 16일** 다음의 휴대폰 이용요금 청구서를 수령하고 납부해야 할 총금액을 현금으로 지급하였다. (3점)

<기 본 내 역>

휴대폰서비스이용요금	29,526원
기본료	26,000원
국내이용료	3,636원
메세지이용료	60원
할인 및 조정	−170원
기타금액	14,764원
당월청구요금	44,290원
미납요금	0원
납부하실 총 금액	**44,290원**

[8] **12월 27일** 업무용 차량에 대한 제2기분 자동차세를 사업용카드(비씨카드)로 납부하고 다음과 같은 영수증을 수령하였다. (3점)

2021 년분 자동차세 세액 신고납부서				납세자 보관용 영수증
납세자 주 소	최 범 락 경기도 안양시 동안구 학의로 332			
납세번호	기관번호	제목	납세 년 월기	과세번호
과세대상	17바 1234 (비영업용, 1998cc)	구 분	자동차세	지방교육세	납부할 세액 합계
		당초산출세액	198,700		
		선납공제액(10%)		(자동차세액 ×30%)	258,310 원
과세기간	2021.07.01. ~2021.12.31.	요일제감면액(5%)			
		납 부 할 세 액	198,700	59,610	
<납부장소>			위의 금액을 영수합니다. 2021년 12 월 27일		

*수납인이 없으면 이 영수증은 무효입니다   *공무원은 현금을 수납하지 않습니다.

문제5 일반전표입력메뉴에 입력된 내용 중 다음과 같은 오류가 발견되었다. 입력된 내용을 확인하여 정정 또는 추가입력 하시오.(6점)

[1] 11월 15일 당사가 지급한 운반비 200,000원은 상품매입에 따른 운반비가 아니라 상품매출에 따른 운반비로 판명되다.(3점)

[2] 11월 30일 다음과 같은 거래명세표를 수령하고 복리후생비로 회계처리하였으며, 대금은 보통예금계좌에서 지급하였다.(단, 비용으로 처리할 것.)(3점)

권		호		**거래명세표**(보관용)				
2021년 11월 30 일			공급자	등록번호	123-03-85375			
				상 호	좋은문구	성명	정좋은 ㊞	
청도상사 귀하				사업장소재지	경기 의정부시 의정로 77(의정부동)			
아래와 같이 계산합니다.				업 태	도·소매업	종목	문구류	
합계금액			**이십만 원정 (₩ 200,000)**					
월일	품 목		규 격	수량	단 가	공 급 가 액	세 액	
11/30	A4 용지			10	20,000원	200,000원		
	계							
전잔금					합 계	200,000원		
입 금	200,000원		잔 금			인수자	김동호	㊞
비 고								

문제6 다음의 결산정리사항을 입력하여 결산을 완료하시오.(12점)

[1] 3월 1일에 12개월분 사무실 임차료(임차기간 : 2021. 3. 1. ~ 2022. 2. 29.) 12,000,000원을 보통예금 계좌에서 이체하면서 전액 자산 계정인 선급비용으로 처리하였다. 기말수정분개를 하시오.(단, 월할계산할 것.)(3점)

[2] 결산일 현재 현금과부족 계정으로 처리되어 있는 현금부족액 60,000원에 대한 원인이 밝혀지지 않고 있다.(3점)

[3] 단기대여금에 대한 기간 미경과분 이자 410,000원이 이자수익으로 계상되어 있다.(3점)

[4] 당기분 감가상각비는 비품 900,000원, 차량운반구 2,000,000원이다.(3점)

문제7 다음 사항을 조회하여 답안을 │이론문제 답안작성│ 메뉴에 입력하시오.(10점)

[1] 상반기(1월 1일 ~ 6월 30일) 판매비와 관리비 항목 중에서 거래금액이 가장 큰 계정과목 코드와 금액을 입력하시오.(3점)

[2] 3월 상품매입액은 얼마인가?(3점)

[3] 1월부터 6월까지의 판매비와 관리비 중 접대비 지출액이 가장 많은 월의 금액과 가장 적은 월의 금액을 합산하면 얼마인가?(4점)

이론과 실무문제의 답을 모두 입력한 후 「답안저장(USB로 저장)」을 클릭하여 저장하고, USB메모리를 제출하시기 바랍니다.

84회 전산회계 2급 A형 답안

이론시험

1	③	2	①	3	②	4	④	5	③
6	①	7	④	8	③	9	②	10	③
11	①	12	④	13	③	14	④	15	②

01. 재무상태표는 일정 시점 현재 기업이 보유하고 있는 경제적 자원인 자산과 경제적 의무인 부채, 그리고 자본에 대한 정보를 제공하는 재무보고서로서, 정보이용자들이 기업의 유동성, 재무적 탄력성, 수익성과 위험 등을 평가하는 데 유용한 정보를 제공한다.

02. 단기대여금은 유동자산에 해당한다.

03. 당좌예금+만기도래한사채이자표+배당금지급통지표 = 620,000원, 우표는 통신비 또는 소모품비로 처리할 수 있다.

04. 임대수익을 계상하지 않았으므로 수익의 과소계상이 발생한다.

05. 판매를 복적으로 보유하는 자산은 재고자산이다.

06. • 유형자산의 취득원가는 구입가격과 구입 시부터 사용가능한 상태가 될 때까지 직접 관련된 추가적 지출도 포함한다. 단, 유형자산이 정상적으로 작동되는지 여부를 시험하는 과정에서 발생하는 원가는 포함하지만 시험과정에서 생산된 시제품의 순 매각금액(매각금액에서 매각부대원가를 차감한 금액)은 당해 원가에서 차감한다.【2017. 12. 20. 개정】
   • 취득원가(328,000원) = 250,000원+50,000원+30,000원-(7,000원-5,000원)

07. ㄱ은 생산량비례법에 의한 감가상각액을 의미하며, (가)는 정액법에 의한 감가상각방법, (나)는 체감잔액법(정률법)과 연수합계법을 의미한다.

08. 계정 잔액은 증가, 발생하는 쪽에 남는다. 대변에 잔액이 남는 계정은 부채계정, 자본계정, 수익계정이다.

09. 사무실에서 사용하는 컴퓨터는 비품이며, 공장에서 사용하는 기계장치와 둘 다 유형자산이다.

10. • 기말자본(900,000원) = 기말자산(1,500,000원) − 기말부채(600,000원)
   • 총수익(400,000원) − 총비용(350,000원) = 당기순이익(50,000원)
   • 기초자본 : 기말자본 − 당기순이익 = 850,000원

11. 이자비용은 영업외비용에 속한다.

12. 판매가능금액 = 기초상품재고액 + 당기상품순매입액 또는 매출원가 + 기말상품재고액
400,000원 + (800,000원 − 40,000원) = 1,160,000원

13. 거래의 발생 → 분개(분개장) → 전기(총계정원장) → 결산 예비절차(시산표 작성 → 결산
수정분개) → 결산 본절차(총계정원장 마감) → 결산보고서 작성 절차(손익계산서와 재무
상태표 작성)

14. 보기4번은 (차) 건물(자산의 증가) (대) 현금(자산의 감소), 미지급금(부채의 증가)로써
교환거래이다. 혼합거래란 하나의 거래에서 교환거래와 손익거래가 동시에 발생하는 거래
를 말한다.

15. • 분개 추정 : 8/3 (차) 현금 500,000원 (대) 받을어음 500,000원
• 거래 추정 : 8/3 받을어음 500,000원을 현금으로 회수하다.

실무시험

문제1 ① 사업자등록번호 : 138-04-62548 → 101-52-33477
② 종목 : 컴퓨터부품 → 화장품
③ 사업장관할세무서 : 안산 → 동안양

문제2 ① 기말상품재고액 15,600,000원 → 16,500,000원(재무상태표에서 수정)
② 세금과공과금 누락분 320,000원 추가 입력
③ 광고선전비 4,400,000원 → 440,000원 수정

문제3 [1] 기초정보관리의 계정과목 및 적요등록 메뉴에서 812 여비교통비 현금적요란 6번에
'임원 해외출장비 지급'을 기입함.

[2] 기초정보관리의 전기분재무제표의 거래처별 초기이월에서 수정 및 추가입력
① 외상매출금 : 안양상사 4,500,000원을 5,000,000원으로 수정
② 외상매입금 : 창문상사 2,500,000원을 2,200,000원으로 수정
남대문상사 1,850,000원을 추가로 입력할 것

문제4 일반전표입력메뉴에 추가 입력

[1] 7월 25일 일반전표입력

(차) 당 좌 예 금 5,000,000 (대) 현 금 5,000,000
또는 출금전표

[2] 10월 4일 일반전표입력

(차) 선급금(창문상사) 1,200,000   (대) 당 좌 예 금 1,200,000

[3] 10월 10일 일반전표입력

(차) 외상매입금(호수상사) 5,000,000   (대) 받을어음(일품컴퓨터) 5,000,000

[4] 10월 19일 일반전표입력

(차) 잡   급(판) 100,000   (대) 현   금 100,000

※ 회계처리에서 계정과목을 구분하여 집계하는 것은 회계정보 활용을 위한 것으로서, 일반 상시 근로자의 급여와 구분하여 인건비를 집계할 필요성이 있기 때문에 일반근로자의 인건비는 '급여'로, 일용직근로자의 인건비는 '잡급'으로 회계 처리한다.

[5] 10월 21일 일반전표입력

(차) 기 부 금 500,000   (대) 현   금 500,000
또는 출금전표 기부금

[6] 11월 10일 일반전표입력

(차) 예 수 금 120,000   (대) 보 통 예 금 240,000
복리후생비(판) 120,000

[7] 11월 16일 일반전표입력

(차) 통 신 비(판) 44,290   (대) 현   금 44,290

[8] 12월 27일 일반전표입력

(차) 세금과공과(판) 258,310   (대) 미지급금(비씨카드) 258,310
또는 미 지 급 비 용

※ 자동차세는 보유세로 세금과공과로 처리한다.

문제5 입력된 내용 오류 정정

[1] 11월 15일 일반전표입력

수정전 : (차) 상   품 200,000   (대) 현   금 200,000
수정후 : (차) 운 반 비(판) 200,000   (대) 현   금 200,000

또는 추가입력 (차) 운반비(판) 200,000 (대) 상품 200,000

※ 상품 매입 시 당점 부담 운반비는 상품매입원가에 가산처리
※ 상품 매출 시 당점 부담 운반비는 따로 '운반비(판)' 비용 처리한다.

[2] 11월 30일 일반전표입력

  수정전 : (차) 복리후생비(판)   200,000   (대) 보 통 예 금   200,000
  수정후 : (차) 사무용품비(판)   200,000   (대) 보 통 예 금   200,000
     또는 소모품비 (판)

      [또는 (차) 사무용품비(판) 200,000   (대) 복리후생비(판) 200,000]

문제6 **결산정리사항을 입력 결산 완료**

<수동결산> 12월 31일자로 일반전표에 직접 입력한다.

[1] 12월 31일 일반전표입력

   (차) 임 차 료(판) 10,000,000   (대) 선 급 비 용 10,000,000

 ※ 12,000,000 ×10/12 = 10,000,000
 ※ 임차료 지급 시 자산으로 처리한 경우 기말 수정분개 시 기간경과분에 해당하는 선급비용(자산)을
   비용으로 수정 분개하여야 하며, 지급 시 비용으로 회계 처리한 경우 기말 수정분개는 미경과분에 대
   한 분을 자산으로 계상하는 분개하여야 한다.

[2] 12월 31일 일반전표입력

   (차) 잡 손 실   60,000   (대) 현 금 과 부 족   60,000

 ※ 본 문제는 기중에 현금부족액으로 60,000원이 계상되어 있는 상황에서 기말현재 그원인을 알 수 없
   어서 이를 정리하는 분개를 요구하고 있는 것이므로 현금과부족을 대변으로 없애면서 차변에 잡손
   실로 비용처리하는 분개를 하면 된다.

[3] 12월 31일 일반전표입력

   (차) 이 자 수 익   410,000   (대) 선 수 수 익   410,000

 ※ 받은 이자수익 중에서 기간미경과분에 대한 이자수익은 차기의 수익으로 이연하기 위하여, 이자수
   익계정을 선수수익계정으로 대체하는 분개를 해주어야 한다.

[4] (차) 감가상각비(판)   2,900,000   (대) 감가상각누계액(비품)   900,000
                              감가상각누계액(차량운반구) 2,000,000

〈자동결산〉 결산자료입력란을 이용하여 자동결산을 할 경우

대손충당금설정과 감가상각비계상 및 기말상품재고액 및 퇴직급여충당부채 설정은 해당란에 계산된 금액을 입력을 한 후 반드시 결산자료입력 화면 상단의 ([F3] 전표추가) 단추를 클릭하여 결산전표를 자동생성 시킨 후 [일반전표 입력]에서 12월 31일자로 결산자동 분개를 확인한다.

> 【 참고사항 】
>
> -. 결산전 전표입력과정이 잘못 입력되었다 하더라도 채점은 자기가 입력한 데이터로 채점 된다. **예** 외상매출금, 받을어음, 상품 등

문제7 장부조회하여 답안 메뉴에 입력

[1] [월계표 – 상반기(1월 ~ 6월 조회] : 801(급여), 20,000,000원

[2] [월계표 조회 3월 조회] : 상품매입액 51,000,000원

[3] [총계정원장 1월부터 6월까지 조회] : 2,148,000원[1,548,000원(1월) + 600,000원(2월)]

⑩ 제83회 기출문제

이 론 시 험

⬥ 다음 문제를 보고 알맞은 것을 골라 │이론문제 답안작성│ 메뉴화면에 입력하시오.
(※ 객관식 문항당 2점)

─────────< 기 본 전 제 >─────────
문제에서 한국채택국제회계기준을 적용하도록 하는 전제조건이 없는 경우, 일반기업회계기준을 적용한다.

01 다음 중 재무상태표에 표시되는 계정과목이 아닌 것은?

① 개발비　　　　　　　　　　　② 차입금
③ 광고선전비　　　　　　　　　④ 자본금

02 다음 중 당좌자산에 해당하는 것은?

① 상품　　　　　　　　　　　　② 매출채권
③ 비품　　　　　　　　　　　　④ 장기투자증권

03 다음 중 단기금융상품에 대한 설명으로 가장 틀린 것은?

① 단기매매증권은 주로 단기간 내의 매매차익을 목적으로 취득한 유가증권으로서 매수와 매도가 적극적이고 빈번하게 이루어지는 것을 말한다.
② 단기금융상품은 만기가 1년 이내에 도래하는 금융상품으로 현금성자산이 아닌 것을 말한다.
③ 만기가 1년 이내에 도래하는 양도성예금증서, 종합자산관리계좌, 환매채는 단기금융상품이다.
④ 단기매매증권은 다른 범주로 재분류할 수 있고, 다른 범주의 유가증권의 경우에도 단기매매증권으로 재분류할 수 있다.

04 재고자산의 매입원가에 가산하는 항목에 해당하지 않는 것은?

① 매입운임　　　　　　　　　　② 매입보험료
③ 매입에누리　　　　　　　　　④ 매입하역료

05 다음 중 재고자산의 단가결정방법 중 선입선출법에 대한 설명으로 적절하지 않은 것은?

① 물가 상승 시 기말재고자산이 과소평가된다.
② 물량 흐름과 원가 흐름이 대체적으로 일치한다.
③ 기말재고자산이 현행원가에 가깝게 표시된다.
④ 물가 상승 시 이익이 과대계상된다.

06 다음 자료를 토대로 당기 중 외상으로 매출한 금액으로 옳은 것은?

• 외상매출금 기초잔액 500,000원	• 외상매출금 당기회수액 600,000원
• 외상매출금 중 에누리액 10,000원	• 외상매출금 기말잔액 300,000원

① 200,000원   ② 390,000원   ③ 410,000원   ④ 790,000원

07 다음 중 유형자산 취득 후 수익적지출을 자본적지출로 처리한 경우 자산, 비용, 당기순이익에 미치는 영향으로 바르게 표시 한 것은?

① (자산) : 과대계상, (비용) : 과소계상, (당기순이익) : 과대계상
② (자산) : 과소계상, (비용) : 과소계상, (당기순이익) : 과대계상
③ (자산) : 과소계상, (비용) : 과대계상, (당기순이익) : 과소계상
④ (자산) : 과대계상, (비용) : 과소계상, (당기순이익) : 과소계상

08 다음 중 계정잔액의 표시로 옳지 않은 것은?

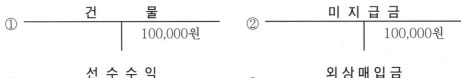

09 다음 중 받을어음 계정 대변에 기록되는 거래에 해당하는 것은?

① 상품 2,000,000원을 매출하고 매출처 발행 약속어음을 받다.
② 매입처에 발행한 약속어음 2,000,000원이 만기가 되어 현금으로 지급하다.
③ 외상매출금 2,000,000원을 매출처 발행 약속어음으로 받다.
④ 외상매입금 지급을 위하여 소지하고 있던 매출처 발행 약속어음 2,000,000원을 배서양도하여 외상매입금을 지급하다.

10 다음 설명 중 밑줄 친 (나)와 관련 있는 계정으로만 나열된 것은?

> 부채는 타인 자본을 나타내는 것으로 미래에 기업 외부의 권리자에게 현금이나 서비스를 지급해야 할 채무를 말하며, (가)유동부채와 (나)비유동부채로 분류한다.

① 외상매입금, 지급어음   ② 사채, 장기차입금
③ 선수금, 미지급금   ④ 예수금, 단기차입금

11 다음 항목 중 수익과 비용의 이연항목으로 바르게 짝지어진 것은?

① 선수수익 – 선급비용   ② 선수수익 – 미수수익
③ 미수수익 – 선급비용   ④ 미수수익 – 미지급비용

12 2020년 1월 1일에 구입한 영업용 건물(단, 취득원가 60,000,000원, 잔존가치 0원, 내용연수 10년, 결산 연 1회)에 대한 2021년 12월 31일 결산 시 정액법에 의한 감가상각비는 얼마인가?

① 5,000,000원   ② 5,500,000원
③ 6,000,000원   ④ 12,000,000원

13 다음 자료를 토대로 2021년 말 손익계산서에 보고 할 대손상각비는 얼마인가?

> • 2021년 1월 1일 현재 대손충당금 잔액은 150,000원이다.
> • 2021년 5월 10일 거래처의 파산으로 매출채권 200,000원이 회수불능 되었다.
> • 기말 매출채권 잔액 7,500,000원에 대해 1%의 대손을 설정하다.

① 25,000원　　　　② 75,000원　　　　③ 105,000원　　　　④ 125,000원

14 다음 자료를 이용하여 당기순이익을 계산하면 얼마인가?

> • 매　출　액　10,000,000원　　• 매　출　원　가　5,000,000원
> • 직　원　급　여　1,500,000원　　• 이　자　비　용　　100,000원
> • 접　대　비　　200,000원

① 5,000,000원　　　② 3,500,000원　　　③ 3,300,000원　　　④ 3,200,000원

15 결산의 절차 중 결산준비를 위한 예비절차에 해당하는 것은?

① 재무상태표의 작성　　　　　② 시산표의 작성
③ 총계정원장의 마감　　　　　④ 포괄손익계산서의 작성

실 무 시 험

○ 안양상사(회사코드 : 0834)는 컴퓨터를 판매하는 도 · 소매를 영위하는 개인기업이며, 당기(제7기) 회계기간은 2021. 1. 1. ~ 2021. 12. 31. 이다. 전산세무회계 수험용 프로그램을 이용하여 다음 물음에 답하시오.

─────────< 기 본 전 제 >─────────

문제에서 한국채택국제회계기준을 적용하도록 하는 전제조건이 없는 경우, 일반기업회계기준을 적용한다.

문제1 다음은 안양상사의 사업자등록증이다. 회사등록메뉴에 입력된 내용을 검토하여 누락분은 추가입력하고 잘못된 부분은 정정하시오.(주소입력시 우편번호는 입력하지 않아도 무방함.)(6점)

사 업 자 등 록 증

(일반과세자)

등록번호 : 119-01-75137

상 호 명 : 안양상사
대 표 자 명 : 오태식
개 업 연 월 일 : 2015. 6. 5.
사업장소재지 : 서울특별시 강남구 광평로 295, 812호
사업자의종류 : 업태 / 도소매   종목 / 컴퓨터
교 부 사 유 : 신규

사업자 단위 과세 적용사업자 여부 : 여( ) 부(∨)
전자세금계산서 전용 전자우편 주소 :

2015년 6월 5일

삼성세무서장

문제2 다음은 안양상사의 전기분 재무상태표이다. 입력되어 있는 자료를 검토하여 오류 부분은 정정하고 누락된 부분은 추가 입력하시오.(6점)

재 무 상 태 표

회사명 : 안양상사 제6기 2020년 12월 31일 현재 (단위 : 원)

과 목	금	액	과 목	금	액
현 금		15,000,000	외 상 매 입 금		15,000,000
당 좌 예 금		13,000,000	지 급 어 음		5,000,000
보 통 예 금		11,000,000	미 지 급 금		5,500,000
외 상 매 출 금	25,000,000		단 기 차 입 금		15,000,000
대 손 충 당 금	2,000,000	23,000,000	선 수 금		1,000,000
받 을 어 음	8,000,000		자 본 금		70,900,000
대 손 충 당 금	800,000	7,200,000	(당기순이익 : 7,694,200)		
미 수 금		3,000,000			
선 급 금		2,000,000			
단 기 대 여 금		10,000,000			
상 품		9,000,000			
차 량 운 반 구	20,000,000				
감 가 상 각 누 계 액	8,000,000	12,000,000			
비 품	9,000,000				
감 가 상 각 누 계 액	1,800,000	7,200,000			
자 산 총 계		112,400,000	부채와 자본총계		112,400,000

문제3 다음 자료를 이용하여 입력하시오.(6점)

[1] 안양상사의 거래처별 초기이월 채권과 채무잔액은 다음과 같다. 주어진 자료를 검토하여 잘못된 부분을 정정하거나 추가입력하시오.(거래처코드 사용)(3점)

계정과목	거 래 처	잔 액	계
외상매출금	봄 날 상 사	5,000,000원	25,000,000원
	좋 아 요 상 사	5,500,000원	
	갈 원 상 사	4,500,000원	
	영 등 포 상 사	10,000,000원	
지급어음	여 기 봐 완 구	800,000원	5,000,000원
	제 이 홉(주)	4,200,000원	

[2] 다음 자료를 이용하여 [기초정보등록]의 [거래처등록] 메뉴에서 거래처(신용카드)를 추가로 등록하시오.(단, 주어진 자료 외의 다른 항목은 입력할 필요 없음.) (3점)

> • 거래처코드 : 99600　　　• 거래처명 : 신한카드　　　• 유형 : 매입
> • 카드번호(매입) : 7895-4512-2365-8541　　　• 카드종류(매입) : 사업용카드

문제4 다음 거래 자료를 일반전표입력 메뉴에 추가 입력하시오.(24점)

─── < 입력시 유의사항 > ───

• 적요의 입력은 생략한다.

• 부가가치세는 고려하지 않는다.

• 채권·채무와 관련된 거래는 반드시 기 등록되어 있는 거래처코드를 선택하는 방법으로 거래처명을 입력한다.

• 회계처리시 계정과목은 등록되어 있는 계정과목 중 가장 적절한 과목으로 한다.

[1] 8월 10일　당사는 거래처 영광산업으로부터 상품을 2,000,000원에 매입하고, 그 대금으로 당좌수표를 발행하여 지급하였다.(당좌예금잔액 1,500,000원, 당좌차월 한도 1,000,000원) (3점)

[2] 9월 2일　초지전자에서 매입계약(8월 27일)한 판매용 컴퓨터 5대를 인수받고, 계약금 750,000원을 차감한 잔액은 외상으로 하였다.(3점)

1권		2호		거래명세표 (거래용)			
2021 년 09 월 02 일			공급자	등록번호	133-22-66643		
안양상사 귀하				상 호	초지전자	성명	우상갑 ㉑
				사업장소재지	경기도 안산시 단원구 초지로 90		
아래와 같이 계산합니다.				업 태	도소매	종목	가전제품
합계금액	**칠백오십만** 원정 (₩7,500,000)						
월일	품　목	규격	수량	단 가	공 급 가 액	세 액	
9/2	컴퓨터	펜티엄9	5	1,500,000원	7,500,000원		
		이하	여백				
	계						
전잔금				합　계	7,500,000원		
입 금	8/27 계약금 750,000원	잔 금		6,750,000원	인수자	나기동	㉑
비 고							

[3] 9월 11일 당사는 사무실에서 사용하던 비품인 냉난방기의 고장으로 새로운 냉난
방기를 설치하기로 하였다. 난방마트(주)에서 새로운 냉난방기를 구입
하고 구입대금 500,000원은 이달 20일에 지급하기로 하고 설치비
50,000원은 현금으로 지급하였다.(3점)

[4] 9월 12일 영업부 직원들이 사용할 사무용품 700,000원을 동보성문구로부터 구
입하고 사업용신용카드(비씨카드)로 결제하였으며, 비용계정으로 처리
하였다.(3점)

전자서명전표

단말기번호	
8002124738	120524128234
카드종류	
비씨카드	신용승인
회원번호	
4906-0302-3245-9958	
유효기간	
2021/09/12 13:52:46	
일반	
일시불	금액 700,000원
은행확인	세금 0원
비씨	
판매자	봉사료 0원
	합계 700,000원
대표자	
이성수	
사업자등록번호	
117-09-52793	
가맹점명	
동 보 성 문구	
가맹점주소	
서울 양천구 신정 동 973-12	
	서명 *안양상사*

[5] 9월 28일 관리부 직원이 시내 출장용으로 교통카드를 충전하고, 대금은 현금으로
지급하였다.(3점)

[교통카드 충전영수증]

역 사 명 : 평 촌 역
장비번호 : 163
카드번호 : 5089346652536693
결제방식 : **현금**
충전일시 : 2021. 09. 28.

충전 전 잔액 : 500원
충전금액   :   50,000원
충전 후 잔액 : 50,500원

대표자명 : 서울 메트로 사장
사업자번호 : 108-12-16397
주소 : 서울특별시 서초구 반포로 23

[6] **10월 17일** 추석 명절에 사용할 현금을 확보하기 위하여 주원고무 발행의 약속어음 3,000,000원을 은행에서 할인받고, 할인료 300,000원을 제외한 금액을 당좌예입하다.(단, 매각거래임.) (3점)

[7] **11월 30일** 11월 1일에 민영기획과 체결한 광고대행계약 관련하여 실제 옥외광고가 이뤄졌고, 이에 잔금 900,000원을 보통예금 계좌에서 이체하였다. 계약금 100,000원은 계약일인 11월 1일에 지급하고 선급비용으로 회계처리 하였다.(3점)

[8] **12월 30일** 사업주 개인용도로 사용하기 위해 신형카메라 690,000원을 구매하고, 사업용 신용카드(현대카드)로 결제하였다.(3점)

문제5 일반전표입력메뉴에 입력된 내용 중 다음과 같은 오류가 발견되었다. 입력된 내용을 확인하여 정정 또는 추가입력 하시오.(6점)

[1] **11월 29일** 임차료 300,000원을 보통예금 계좌에서 이체하여 지급한 것이 아니라 당좌수표를 발행하여 지급한 것으로 확인되었다.(3점)

[2] **12월 20일** 대한적십자사에 현금으로 기부한 100,000원이 세금과공과(판)로 처리되어 있음을 확인하였다.(3점)

문제6 다음의 결산정리사항을 입력하여 결산을 완료하시오.(12점)

[1] 4월 1일에 당사 소유 차량에 대한 보험료(보험기간 2021년 4월 1일 ~ 2022년 3월 31일) 360,000원을 지급하면서 자산으로 회계처리 하였다. 기말결산분개를 수행하시오.(월할계산할 것) (3점)

[2] 결산일 현재 장부에 계상되지 않은 당기분 임대료(영업외수익)는 300,000원이다.(3점)

[3] 매출채권(외상매출금, 받을어음) 잔액에 대하여 1%의 대손충당금을 보충법으로 설정하다.(3점)

[4] 10월 1일 우리은행으로부터 50,000,000원을 연이자율 6%로 12개월간 차입(차입기간 : 2021. 10. 1. ~ 2022. 9. 30.)했고, 이자는 12개월 후 차입금 상환시 일시에 지급하기로 하였다. 결산분개를 하시오.(월할계산할 것.) (3점)

문제7 다음 사항을 조회하여 답안을 [이론문제 답안작성] 메뉴에 입력하시오.(10점)

[1] 6월 30일 현재 매출처 본오전자의 외상매출금 잔액은 얼마인가?(3점)

[2] 5월에 발생한 이자비용은 얼마인가?(3점)

[3] 상반기(1월 ~ 6월) 중 광고선전비를 가장 많이 지출한 월과 가장 적게 지출한 월의 차이 금액은 얼마인가?(4점)

이론과 실무문제의 답을 모두 입력한 후 「답안저장(USB로 저장)」을 클릭하여 저장하고, USB메모리를 제출하시기 바랍니다.

83회 전산회계 2급 A형 답안

이 론 시 험

1	③	2	②	3	④	4	③	5	①
6	③	7	①	8	①	9	④	10	②
11	①	12	③	13	④	14	④	15	②

01. 광고선전비와 같은 비용은 손익계산서에 표시되는 계정과목이다.

02. 매출채권은 당좌자산에 해당한다. 한편, 상품은 재고자산, 비품은 유형자산, 장기투자증권 (매도가능증권, 만기보유증권)은 투자자산에 해당한다.

03. 단기매매증권은 다른 범주로 재분류할 수 없으며, 다른 범주의 유가증권의 경우에도 단기매 매증권으로 재분류할 수 없다. 다만, (일반적이지 않고 단기간 내에 재발할 가능성이 매우 낮은 단일한 사건에서 발생하는) 드문 상황에서 더 이상 단기간 내의 매매차익을 목적으로 보유하지 않는 단기매매증권은 매도가능증권이나 만기보유증권으로 분류할 수 있으며, 단 기매매증권이 시장성을 상실한 경우에는 매도가능증권으로 분류하여야 한다.

04. 재고자산의 매입원가는 매입금액에 매입운임, 하역료 및 보험료 등 취득과정에서 정상적으 로 발생한 부대원가를 가산한 금액이다. 매입과 관련된 할인, 에누리 및 기타 유사한 항목은 매입원가에서 차감한다.

05. 선입선출법을 적용하면 물가 상승 시에는 기말재고자산이 높게 평가된다.

06.

외 상 매 출 금

기 초 잔 액	500,000원	당 기 회 수 액	600,000원
당 기 매 출 액	410,000원	에 누 리 액	10,000원
		기 말 잔 액	300,000원

07. 수익적지출(비용처리)을 자본적지출(자산처리)로 잘못 처리하면 비용이 과소계상되고 자 산은 과대계상되어 당기순이익이 과대계상된다.

08. 건물과 같은 자산 계정은 잔액이 차변에 남고, 부채, 자본 계정은 대변에 잔액이 남는다.

09. 받을어음의 할인, 받을어음 금액 회수, 받을어음 배서양도는 받을어음 계정 대변에 회계 처 리한다.

① (차) 받 을 어 음   2,000,000   (대) 상 품 매 출   2,000,000
② (차) 지 급 어 음   2,000,000   (대) 현   금   2,000,000
③ (차) 받 을 어 음   2,000,000   (대) 외상매출금   2,000,000
④ (차) 외상매입금   2,000,000   (대) 받 을 어 음   2,000,000

10. 비유동 부채에는 사채, 장기차입금, 퇴직급여충당부채 등이 있다.

11. 수익의 이연은 선수수익, 비용의 이연은 선급비용, 수익의 예상은 미수수익, 비용의 예상은 미지급비용

12. (60,000,000 − 0)/10년 = 6,000,000원

13.
• 5/10 (차) 대손충당금 150,000, 대손상각비 50,000 (대) 외상매출금 200,000
• 결산 시 7,500,000×1% = 75,000원 (차) 대손상각비 75,000 (대) 대손충당금 75,000
• 그러므로 50,000+75,000 = 125,000원

14.
• 매출액 − 매출원가 − 판매비와관리비 + 영업외수익 − 영업외비용 = 당기순이익
• 10,000,000원 − 5,000,000원 −(1,500,000원 + 200,000원) + 0원 − 100,000원 = 3,200,000원

15.
• 예비절차 : 시산표 작성, 재고조사표 작성, 결산정리기입, 정산표 작성
• 본절차 : 총계정원장의 마감, 보조장부의 마감
• 재무제표 작성 절차 : 재무상태표의 작성, (포괄)손익계산서의 작성

실 무 시 험

문제1
① 사업자등록번호 : 119−01−75133를 119−01−75137로 수정
② 업태 : 제조업을 도소매로 수정
③ 사업장관할세무서 : 강남세무서를 삼성세무서로 수정

문제2
① 당좌예금 : 10,300,000원을 13,000,000원으로 수정 입력
② 감가상각누계액(차량운반구) : 800,000원을 8,000,000원으로 수정 입력
③ 미지급금 5,500,000원을 추가 입력

문제3
[1] ① [108]외상매출금계정의 봄날상사 잔액을 8,000,000원에서 5,000,000원으로 수정
   ② [252]지급어음계정의 제이홈(주) 4,200,000원을 추가 입력

[2] [기초정보관리]의 [거래처등록] 메뉴에서 추가로 등록
   [거래처등록] 메뉴의 신용카드 탭에 거래처코드를 99600으로 등록

문제4 일반전표입력메뉴에 추가 입력

[1] **8월 10일** 일반전표입력

(차) 상　　　　　품　2,000,000　　(대) 당 좌 예 금　1,500,000
　　　　　　　　　　　　　　　　　　　　당 좌 차 월　　500,000
　　　　　　　　　　　　　　　　　　　　(또는 단기차입금)

※ 당좌예금 잔액을 초과하는 부분에 대하여 당좌차월로 인식하며, 기초데이터 상에 (0256) 당좌차월, (0260)단기차입금 계정을 주어 졌기 때문에 당좌차월 또는 단기차입금 계정을 선택하여 입력하면 된다.

[2] **9월 2일** 일반전표입력

(차) 상　　　　　품　7,500,000　　(대) 선급금(초지전자)　　750,000
　　　　　　　　　　　　　　　　　　　　외상매입금(초지전자)　6,750,000

[3] **9월 11일** 일반전표입력

(차) 비　　　　　품　550,000　　(대) 현　　　　　금　　50,000
　　　　　　　　　　　　　　　　　　　미지급금[난방마트(주)]　500,000

※ 냉난방기 설치비는 취득원가에 가산하여 회계처리하고, 상품이외의 거래에 대한 외상거래는 미지급금으로 회계처리한다.

[4] **9월 12일** 일반전표입력

(차) 사 무 용 품 비 (판)　700,000　　(대) 미지급금(비씨카드)　700,000
또는 소 모 품 비 (판)　　　　　　　또는 미지급비용(비씨카드)

※ 기초데이터 상에 (0829) 사무용품비, (0830)소모품비 계정을 주어 졌기 때문에 사무용품비 또는 소모품비 계정을 선택하여 입력하면 된다.

[5] **9월 28일** 일반전표입력

(차) 여비교통비(판)　50,000　　(대) 현　　　　　금　　50,000

[6] **10월 17일** 일반전표입력

※ 10월 17일 기초데이터 상 당좌예금 잔액을 조회하면 당좌차월 잔액없이 당좌예금 잔액을 3,700,000원 확인할 수가 있기 때문에 아래와 같이 회계처리를 하면 된다.

(차) 당 좌 예 금　2,700,000　　(대) 받을어음(주원고무)　3,000,000
　　매출채권처분손실　300,000

※ 하지만 위 (1)번의 8월 10일 거래 입력 시 처리한 당좌차월 500,000원을 조회한다면 다음과 같이 회계처리 하여도 정답으로 인정했다.

(차) 당 좌 예 금　2,200,000　　(대) 받을어음(주원고무)　3,000,000
　　당좌차월(또는 단기차입금)　500,000
　　매출채권처분손실　300,000

[7] 11월 30일　일반전표입력

　(차) 광고선전비(판)　1,000,000　　　(대) 선급비용(민영기획)　100,000
　　　　　　　　　　　　　　　　　　　　　보 통 예 금　900,000

[8] 12월 30일　일반전표입력

　(차) 인　출　금　690,000　　　(대) 미지급금(현대카드)　690,000

　※ 문제상에 언급된 '사업주 개인용도로 사용하기 위한 지출에 대해서는 인출금 계정으로 처리하고,
　　회사사업용 카드로 결제하였기 때문에 미지급금 계정으로 처리하면 된다. 확정 답안 제시에는 미
　　지급비용으로 처리하여도 정답으로 인정하였으나, 미지급금 계정으로 처리하도록 한다.

문제5　입력된 내용 오류 정정

[1] 11월 29일　일반전표입력

　수정전： (차) 임 차 료(판)　300,000　(대) 보 통 예 금　300,000
　수정후： (차) 임 차 료(판)　300,000　(대) 당 좌 예 금　300,000

[2] 12월 20일　일반전표입력

　수정전： (차) 세금과공과(판)　100,000　(대) 현　　　금　100,000
　수정후： (차) 기　부　금　100,000　(대) 현　　　금　100,000

문제6　결산정리사항을 입력 결산 완료

<수동결산> 12월 31일자로 일반전표에 직접 입력한다.

[1] 12월 31일　일반전표입력

　(차) 보 험 료(판)　270,000　　　(대) 선 급 비 용　270,000
　※ 보험료 = 360,000원 × 9개월/12개월 = 270,000원

[2] 12월 31일　일반전표입력

　(차) 미 수 수 익　300,000　　　(대) 임 대 료(904)　300,000

[3] 12월 31일　일반전표입력

　(차) 대손상각비(판)　1,300,220　　　(대) 대손충당금(109)　1,186,500
　　　　　　　　　　　　　　　　　　　　　대손충당금(111)　113,720

　※ 외상매출금: 353,650,000원 × 1% − 2,350,000원 : 1,186,500원
　※ 받을어음 : 91,372,000원 × 1% − 800,000원 : 113,720원

[4] 12월 31일 일반전표입력

　(차) 이 자 비 용　750,000　　(대) 미 지 급 비 용　750,000

※ 미지급이자 = 50,000,000원 × 6% × 3개월/12개월 = 750,000원

※ 미지급비용이란 일정기간 계속 발생하는 비용으로서 이미 당기에 발생하였으나 아직 지급기일이 도래하지 않아 지급되지 않고 있는 비용을 말한다. 반면 미지급금은 이미 그 지급기일이 도래하여 지급채무가 성립하였지만 대금을 지급하지 못하였을 경우 처리하는 계정이다. 특히, 결산과정에서 이자비용 중 기간경과분에 대한 회계처리를 하는 경우에는 지급시기가 도래하지 않았으므로 미지급비용계정으로 처리하는 것이 타당하다.

<자동결산> 결산자료입력란을 이용하여 자동결산을 할 경우

　대손충당금설정과 감가상각비계상 및 기말상품재고액 및 퇴직급여충당부채 설정은 해당란에 계산된 금액을 입력을 한 후 반드시 결산자료입력 화면 상단의 ([F3] 전표추가) 단추를 클릭하여 결산전표를 자동생성 시킨 후 [일반전표 입력]에서 12월 31일자로 결산자동 분개를 확인한다.

【 참고사항 】
　-. 결산전 전표입력과정이 잘못 입력되었다 하더라도 채점은 자기가 입력한 데이터로 채점 된다. **예** 외상매출금, 받을어음, 상품 등

문제7 **장부조회하여 답안 메뉴에 입력**

[1] [거래처원장 조회] : 12,000,000원(매출처 본오전자의 6월 30일 현재 외상매출금 잔액)

[2] [월계표 5월 조회] : 이자비용 550,000원

[3] [총계정원장 (1월 ~ 6월 조회)] : 2월 1,000,000원 − 1월 330,000원 = 670,000

⑪ 제82회 기출문제

이 론 시 험

⊙ 다음 문제를 보고 알맞은 것을 골라 이론문제 답안작성 메뉴화면에 입력하시오.
(※ 객관식 문항당 2점)

─< 기 본 전 제 >─

문제에서 한국채택국제회계기준을 적용하도록 하는 전제조건이 없는 경우, 일반기업회계기준을 적용한다.

01 다음 중 이월시산표에 기입할 수 있는 계정과목은?

① 이자수익　　　　　　　　　　② 임차료
③ 건물　　　　　　　　　　　　④ 매출원가

02 다음은 용역의 제공에 대한 수익인식기준이다. 틀린 것은?

① 경제적 효익의 유입 가능성이 매우 높아야 한다.
② 거래전체의 수익금액을 신뢰성 있게 측정할 수 있어야 한다.
③ 진행률을 신뢰성 있게 측정할 수 있어야 한다.
④ 수익을 인식하기 위해서 투입하여야 할 원가를 신뢰성 있게 측정할 필요는 없다.

03 다음 자료에 의하여 2기 기말자본금을 계산하면 얼마인가?(자본거래는 없음)

구분	기초자본금	기말자본금	총수익	총비용	순이익
1기	20,000원	(　　　　)	40,000원	(　　　　)	10,000원
2기	(　　　　)	(　　　　)	60,000원	40,000원	(　　　　)

① 20,000원　　　　　　　　　　② 30,000원
③ 40,000원　　　　　　　　　　④ 50,000원

04 다음에서 설명하고 있는 자산의 종류는 무엇인가?

1. 보고기간 종료일로부터 1년 이내에 보유하는 자산
2. 판매를 목적으로 보유하지 않는 자산

① 당좌자산　　　　　　　　　　② 재고자산
③ 투자자산　　　　　　　　　　④ 무형자산

05 다음 중 거래의 성립요건에 해당하지 않는 것은?

① 상품 200,000원을 도난당하다.
② 컴퓨터 1대를 500,000원에 구입하고 대금은 월말에 지급하기로 하다.
③ 회사의 신문대금 30,000원을 현금으로 결제하다.
④ 제주도 감귤농장에 감귤 5,000,000원 어치를 주문하다.

06 다음 합계잔액시산표의 자본금( )에 들어갈 금액은 얼마인가?

차 변		계 정 과 목	대 변	
잔 액	합 계		잔 액	합 계
4,400,000	60,300,000	현　　　　　　금	55,900,000	
7,550,000	10,000,000	당　좌　예　금	2,450,000	
2,650,000	5,000,000	보　통　예　금	2,350,000	
1,450,000	1,450,000	당기손익·공정가치측정 금융자산		
5,300,000	5,300,000	상　　　　　　품		
5,000,000	5,000,000	토　　　　　　지		
65,000,000	65,000,000	건　　　　　　물		
2,000,000	2,000,000	비　　　　　　품		
		외　상　매　입　금	3,300,000	3,300,000
		지　급　어　음	3,000,000	3,000,000
		예　　수　　금	1,000,000	1,000,000
		자　　본　　금	(　　　　)	(　　　　)
		상　품　매　출	50,000,000	50,000,000
3,000,000	3,000,000	급　　　　　　여		
2,000,000	2,000,000	감　가　상　각　비		
		합　　　　　　계		

① 41,050,000원　　　　　　　② 41,150,000원
③ 44,050,000원　　　　　　　④ 44,150,000원

07 결산 시 미수이자에 대한 분개를 누락한 경우 기말 재무제표에 어떤 영향을 미치는가?

① 비용이 과소 계상된다.　　　② 부채가 과소 계상된다.
③ 자산이 과소 계상된다.　　　④ 수익이 과대 계상된다.

08 다음 중 현금및현금성자산에 포함되지 않는 것은?

① 지폐　　　　　② 자기앞수표　　　　③ 우편환　　　　④ 선일자수표

09 다음의 유형자산과 관련된 지출금액 중 유형자산의 취득원가에 포함할 수 없는 것은?

① 취득 시 발생한 설치비
② 취득 시 사용가능한 장소까지 운반을 위하여 발생한 외부 운송 및 취급비
③ 유형자산을 사업에 사용함에 따라 발생하는 수리비
④ 유형자산의 제작 시 설계와 관련하여 전문가에게 지급하는 수수료

10 아래의 거래내용과 관련이 없는 계정과목은?

> 업무에 사용 중인 토지를 15,000,000원에 처분하였다. 대금 중 2,000,000원은 보통예금으로 이체받고, 나머지는 만기가 3개월 후인 어음으로 받았다. 이 토지의 취득가액은 10,000,000원이다.

① 보통예금　　　　　　　　② 미수금
③ 감가상각누계액　　　　　④ 유형자산처분이익

11 다음 중 손익계산서상의 계정과목 중 영업외비용에 해당하지 않는 항목은?

① 이자비용　　　　　　　　② 접대비
③ 기부금　　　　　　　　　④ 유형자산 처분손실

12 다음은 상품과 관련된 내용이다. 매출원가는 얼마인가?

• 상 품 월 초 잔 액	500,000원	• 당 월 매 입 액	700,000원
• 매 입 환 출 액	100,000원	• 매 출 에 누 리	100,000원
• 매 출 환 입 액	50,000원	• 상 품 월 말 잔 액	400,000원

① 550,000원　　　　　　　② 600,000원
③ 650,000원　　　　　　　④ 700,000원

13 다음 거래 내용에서 기록되어야 할 모든 장부로 묶여진 것 중 옳은 것은?

> 상품을 720,000원에 매출하고, 대금 중 300,000원은 현금으로 200,000원은 상대방이 발행한 약속어음으로 받았다. 그리고 잔액은 외상으로 하다.

① 매출장, 현금출납장, 받을어음기입장, 매출처원장, 상품재고장
② 매출장, 당좌예금출납장, 지급어음기입장, 매출처원장, 상품재고장
③ 매출장, 매입처원장, 지급어음기입장, 매출처원장, 상품재고장
④ 매출장, 매입처원장, 매출처원장, 받을어음기입장, 상품재고장

14 다음 중 회계상 자산의 감소를 발생시키는 거래가 아닌 것은?

① 직원 회식대를 현금으로 지급하였다.
② 회사 비품을 구입하고 신용카드로 결제하였다.
③ 거래처 외상대를 당좌수표를 발행하여 지급하였다.
④ 금고에 보관하던 현금을 도난당했다.

15 다음 중 비유동부채에 해당하는 것은 무엇인가?

① 퇴직급여충당부채   ② 예수금
③ 외상매입금   ④ 선수금

실무시험

◯ 동방상사(회사코드 : 0824)는 전기부품을 판매하는 도.소매 개인기업이며, 당기
(제4기) 회계기간은 2021. 1. 1. ~ 2021. 12. 31. 이다. 전산세무회계 수험용 프로
그램을 이용하여 다음 물음에 답하시오.

─── < 기 본 전 제 > ───
문제에서 한국채택국제회계기준을 적용하도록 하는 전제조건이 없는 경우, 일반기업회계기준을 적용한다.

문제1 다음은 동방상사의 사업자등록증이다. 회사등록 메뉴에 입력된 내용을 검토하여
누락분은 추가입력하고 잘못된 부분은 징정하시오.(6점)

사 업 자 등 록 증
(일반과세자)
등록번호 : 101-23-33351

상 호 명 : 동방상사
대 표 자 명 : 김동방
개 업 연 월 일 : 2018. 1. 1.
사업장소재지 : 경기도 안양시 만안구 양화로37번길 10(안양동)
사업자의 종류 : 업태 / 도소매   종목 / 전기부품
교 부 사 유 : 신규

사업자 단위 과세 적용사업자 여부 : 여( ) 부( )
전자세금계산서 전용 전자우편 주소 :

2018년 1월 1일

안양세무서장

문제2 다음은 동방상사의 전기분 재무상태표이다. 입력되어 있는 자료를 검토하여 오류
부분은 수정하고 누락된 부분은 추가 입력하시오.(6점)

재 무 상 태 표

회사명 : 동방상사   제3기 2020년 12월 31일 현재   (단위 : 원)

과 목	금	액	과 목	금	액
현 금		17,000,000	외 상 매 입 금		12,360,000
당 좌 예 금		18,000,000	지 급 어 음		29,800,000
보 통 예 금		31,500,000	미 지 급 금		4,500,000
외 상 매 출 금	15,000,000		단 기 차 입 금		13,000,000
대 손 충 당 금	150,000	14,850,000	가 수 금		3,000,000
받 을 어 음	12,500,000		임 대 보 증 금		7,000,000
대 손 충 당 금	125,000	12,375,000	자 본 금		63,815,000
미 수 금		3,300,000	(당기순이익 : 16,700,000)		
상 품		13,000,000			
장 기 대 여 금		3,500,000			
차 량 운 반 구	17,000,000				
감 가 상 각 누 계 액	4,000,000	13,000,000			
비 품	5,500,000				
감 가 상 각 누 계 액	550,000	4,950,000			
임 차 보 증 금		2,000,000			
자 산 총 계		133,475,000	부채와 자본총계		133,475,000

문제3 다음 자료를 이용하여 입력하시오.(6점)

[1] 당사의 외상매출금과 지급어음에 대한 거래처별 초기이월 자료는 다음과 같다. 주어진
자료를 검토하여 잘못된 부분을 정정하거나 누락된 부분을 추가 입력하시오.(3점)

계정과목	거래처명	금액(원)	계정과목	거래처명	금액(원)
외상매출금	목포상사	5,000,000	지 급 어 음	부산상사	20,000,000
	대전상사	5,500,000		광주상사	4,300,000
	천안상사	4,500,000		강원상사	5,500,000

[2] 당사의 신규거래처를 거래처등록메뉴에 추가등록하시오.(3점)

- 상호 : 미래전자   • 코드 : 2033   • 대표자 : 오미래
- 사업자등록번호 : 104-08-56781   • 업태 : 도소매
- 종목 : 컴퓨터주변기기   • 유형 : 동시
- 사업장 소재지 : 서울특별시 성북구 보문로27길 11
- ※ 주소 입력 시 우편번호는 입력하지 않아도 무방함

문제4 다음 거래 자료를 일반전표입력 메뉴에 추가 입력하시오.(24점)

―――――――― < 입력시 유의사항 > ――――――――

• 적요의 입력은 생략한다.

• 부가가치세는 고려하지 않는다.

• 채권·채무와 관련된 거래는 반드시 기 등록되어 있는 거래처코드를 선택하는 방법으로 거래처명을 입력한다.

• 회계처리시 계정과목은 등록되어 있는 계정과목 중 가장 적절한 과목으로 한다.

[1] 8월 15일 판매용 전기부품 5,000,000원과 업무용 컴퓨터 2,000,000원을 선진전기에서 구입하였다. 대금 중 판매용 전기부품은 당좌수표를 발행하여 지급하고, 업무용 컴퓨터는 외상으로 하였다.(3점)

[2] 8월 30일 원봉상사의 외상매출금 25,800,000원이 국민은행 보통예금 계좌에 10,000,000원, 나머지는 대한은행 당좌예금 계좌에 입금되었다.(3점)

[3] 8월 31일 회계부에서 구독한 신문구독료를 현금으로 지급하였다.(도서인쇄비로 처리할 것)(3점)

> **2021년도 08월분 구독료**
>
> 기간 : 2021. 08. 1. ~ 08. 31.
> 월구독료 : 30,000원
>
> 상기와 같이 영수함.
> 2021. 08. 31.
>
> 웅비신문사
> 구독해주셔서 감사합니다.

[4] 9월 10일 업무용 차량의 주유비를 현금으로 결제하고 현금영수증을 수취하였다.(3점)

[5] **10월 1일** 본사 사옥을 신축할 목적으로 토지를 취득하면서 토지대금 300,000,000 원, 취득세 5,000,000원을 당좌수표를 발행하여 지급하였다. (3점)

[6] **10월 25일** 북구상사의 외상매입금 420,000원을 약정기일 이전에 지급함으로써 20,000원을 할인받고, 잔액은 당좌수표를 발행하여 지급하였다. (3점)

[7] **11월 5일** 국제상사에 상품을 7,000,000원에 판매하기로 계약하고, 계약금 2,000,000원을 당사 당좌예금 계좌로 이체받다. (3점)

[8] **11월 22일** 대전상사에 상품 1,000,000원을 판매하고, 대금은 9월 2일 수령한 계약금 100,000원을 차감한 잔액 중 600,000원은 보통예금으로 이체받고 잔액은 외상으로 하다. (3점)

문제5 일반전표입력메뉴에 입력된 내용 중 다음과 같은 오류가 발견되었다. 입력된 내용을 확인하여 정정 또는 추가입력 하시오. (6점)

[1] **9월 30일** 대표자 소유 주택의 취득세 250,000원을 회사 보통예금에서 계좌이체 하여 납부하고 세금과공과로 회계처리하였다. (3점)

[2] **11월 10일** 카드결제일에 신용카드(국민카드) 대금을 납부하고 비품으로 회계처리 하였다. 해당 신용카드 대금은 10월 30일에 사무실 에어컨을 500,000 원에 신용카드로 구입한 금액이다. (11월 10일 회계처리만 수정할 것) (3점)

문제6 다음의 결산정리사항을 입력하여 결산을 완료하시오. (12점)

[1] 매출채권(외상매출금, 받을어음) 잔액에 대하여 1%의 대손충당금을 보충법으로 설정하다. (3점)

[2] 12월분 영업부 직원의 급여 미지급액은 2,000,000원이다. (3점)

[3] 인출금 계정 잔액을 조회하여 자본금 계정에 대체하다. (3점)

[4] 결산일 현재 보통예금에 대한 기간경과분 이자 1,000원을 계상하시오. (3점)

문제7 다음 사항을 조회하여 답안을 │이론문제 답안작성│ 메뉴에 입력하시오.(10점)
•••••

[1] 3월 1일부터 6월 30일 사이의 유동부채 증가 금액은 얼마인가?(3점)

[2] 5월 말 현재 비품의 장부가액은 얼마인가?(4점)

[3] 4월 말 외상매입금 잔액이 가장 적은 거래처와 금액은 얼마인가?(3점)

이론과 실무문제의 답을 모두 입력한 후 「답안저장(USB로 저장)」을 클릭하여 저장하고, USB메모리를 제출하시기 바랍니다.

82회 전산회계 2급 A형 답안

이론시험

1	③	2	④	3	④	4	①	5	④
6	①	7	③	8	④	9	③	10	③
11	②	12	④	13	①	14	②	15	①

01. 총계정원장을 마감 후에 작성되는 이월시산표에 기입할 수 있는 계정과목은 자산·부채·자본 계정이다.

02. 용역(서비스) 제공에 따른 수익을 인식하기 위해서는 이미 발생한 원가 및 거래의 완료를 위하여 투입하여야 할 원가를 신뢰성 있게 측정할 수 있어야 한다.

03. • 제1기 기말자본금 : 1기 기초자본금 + 순이익 = 30,000원
 • 제1기의 기말자본금은 제2기의 기초자본금으로 인식해야 한다.
 • 제2기 순이익 : 총수익 − 총비용 = 20,000원,
 • 제2기 기말자본금 : 제2기 기초자본금 + 순이익 = 50,000원

04. 보고기간 종료일로부터 1년 이내에 보유하는 유동자산에는 당좌자산과 판매과정을 거치는 재고자산으로 분류한다. 박스에 판매를 목적으로 보유하지 않는 자산이라고 했으므로 당좌자산에 대한 설명이다.

05. 상품의 주문이나 종업원의 채용 건물의 임대차 계약 등은 회계상의 거래가 아니다.

06. 차변의 합계 159,050,000원과 대변합계 118,000,000원을 집계하면 그 차액 41,050,000원이 자본금 금액이 된다. 시산표의 당기손익−공정가치측정금융자산은 한국채택국제회계기준(K-IFRS)에서 사용하는 계정과목인데, 일반기업회계기준에서는 단기매매증권이라고 한다.

07. 결산 시 미수이자의 분개 (차)미수수익 ××× (대) 이자수익 ××× 을 누락하면, 자산과 수익이 과소계상된다.

08. 선일자수표란 당좌수표를 발행할 때 약속어음과 같이 실제 발행일이 아닌 미래의 날짜로 발행하는 수표를 말하는 것으로 거래처로부터 받아 보관하면 받을어음(또는 미수금)으로 처리하고 발행하는 경우는 지급어음(또는 미지급금)으로 처리한다.

09. 유형자산의 취득원가는 구입원가 또는 제작원가 및 경영진이 의도하는 방식으로 자산을 가동하는 데 필요한 장소와 상태에 이르게 하는데 직접 관련되는 지출로 구성된다. 따라서 유형자산을 사업에 사용한 후에 발생하는 수리비의 경우 취득원가에 포함되지 않는다.

10. (차) 보통예금   2,000,000   (대) 토지   10,000,000
       미 수 금   13,000,000   유형자산처분이익 5,000,000

11. 접대비는 판매비와관리비에 속한다.

12. • 당기순매입액 : 당월 매입액 − (매입에누리+매입환출액+매입할인) = 600,000원
     • 매출원가 : (월초상품재고액+당기순매입액) − 월말상품재고액 = 700,000원

13. (차) 현   금   300,000   (대) 상품매출   720,000
       받 을 어 음   200,000
       외상매출금   220,000

     • 현금 → 현금출납장, 받을어음 → 받을어음기입장, 외상매출금 → 매출처원장, 상품매출
      → 매출장, 상품매입매출 → 상품재고장

14. 보기1번 : (차) 비용의 발생 (대) 자산의 감소, 2번 : (차) 자산의 증가 (대) 부채의 증가, 3
번 : (차) 부채의 감소 (대) 자산의 감소, 4번 : (차) 비용의 발생 (대) 자산의 감소이다.

15. 비유동부채는 장기차입금, 사채, 퇴직급여충당부채로 분류한다.

실 무 시 험

문제1 ① 사업장소재지 : 경기도 안양시 만안구 양화로37번길 10 (안양동)으로 수정 입력
      ② 사업의 종목 : 전자계산기 → 전기부품
      ③ 관할세무서장 : 관악세무서장 → 안양세무서장

문제2 ① 보통예금 29,500,000원 → 보통예금 31,500,000원으로 수정
      ② 상품 12,000,000원 → 상품 13,000,000원으로 수정
      ③ 임대보증금 4,000,000원 → 임대보증금 7,000,000원으로 수정

문제3 [1] 기초정보관리의 거래처별 초기이월 자료 정정 및 추가 입력
         ① 외상매출금 : 천안상사 4,500,000원 추가입력
         ② 지급어음 : 부산상사 22,000,000원을 20,000,000원으로 수정

      [2] 기초정보관리의 거래처등록에 신규거래처 등록
         ① [코드 : 2033 미래전자]를 거래처등록메뉴에 모든 정보 추가 등록
        ※ 주소입력 시 우편번호는 입력하지 않아도 무방함.

문제4 일반전표입력메뉴에 추가 입력

[1] **8월 15일** 일반전표입력

(차) 상　　　　품　5,000,000　　　(대) 당 좌 예 금　5,000,000
　　　비　　　　품　2,000,000　　　　　미지급금(선진전기)　2,000,000

※ 판매용 전기부품은 상품 계정으로, 영업용 컴퓨터는 비품으로 처리하면 된다.

[2] **8월 30일** 일반전표입력

(차) 당 좌 예 금　15,800,000　　(대) 외상매출금(원봉상사)　25,800,000
　　　보 통 예 금　10,000,000

※ 입력 시 유의사항에서 '채권·채무와 관련된 거래처명은 반드시 기 등록되어 있는 거래처코드를 선택하는 방법으로 거래처 명을 입력한다.' 라고 제시하였음으로 당좌예금과 보통예금에는 거래 처은행 등록을 해도 되고, 하지 않아도 정답으로 인정된다.

[3] **8월 31일** 일반전표입력

(차) 도서인쇄비(판)　30,000　　　(대) 현　　　　금　30,000

※ 지문상 도서인쇄비로 처리할 것으로 제시하였음으로 잡비 계정으로 처리하면 안된다.

[4] **9월 10일** 일반전표입력

(차) 차량유지비(판)　50,000　　　(대) 현　　　　금　50,000

[5] **10월 1일** 일반전표입력

(차) 토　　　　지　305,000,000　　(대) 당 좌 예 금　305,000,000

※ 토지 취득 시 지급한 등기료 및 취득세는 토지 취득원가에 가산한다.

[6] **10월 25일** 일반전표입력

(차) 외상매입금(북구상사)　420,000　(대) 당 좌 예 금　400,000
　　　　　　　　　　　　　　　　　　　　매 입 할 인　20,000

※ 매입할인은 외상매입 후 약정기일 이전에 지급함으로 할인 받은 금액으로 상품(0146)에 대한 (0148)매입할인을 선택하여 입력 하여야 한다.

[7] **11월 5일** 일반전표입력

(차) 당 좌 예 금　2,000,000　　　(대) 선수금(국제상사)　2,000,000

[8] **11월 22일** 일반전표입력

(차) 보 통 예 금　600,000　　　(대) 상 품 매 출　1,000,000
　　　선 수 금(대전상사)　100,000
　　　외상매출금(대전상사)　300,000

문제5 입력된 내용 오류 정정

[1] **9월 30일** 일반전표입력

　수정전 : (차) 세 금 과 공 과　250,000　　(대) 현　　　　　금　250,000
　수정후 : (차) 인 　 출 　 금　250,000　　(대) 보 　 통 　 예 금　250,000

[2] **11월 10일** 일반전표입력

　일반전표 10월 30일자를 조회하여 보면
　(차) 비품 500,000원　　(대) 미지급금(국민카드) 500,000원으로 처리되어 있으며,
　카드결제일에 대금을 납부한 거래로서 다음과 같이 수정하면 된다.

　수정전 : (차) 비　　　　　품　500,000　　(대) 보 　 통 　 예 금　500,000
　수정후 : (차) 미지급금(국민카드)　500,000　　(대) 보 　 통 　 예 금　500,000

문제6 결산정리사항을 입력 결산 완료

〈수동결산〉 12월 31일자로 일반전표에 직접 입력한다.

[1] **12월 31일** 일반전표입력

　(차) 대 손 상 각 비　2,196,000　　(대) 대손충당금(109)　2,054,000
　　　　　　　　　　　　　　　　　　　　　대손충당금(111)　　142,000

　※ 합계잔액시산표상 차변잔액을 기준으로
　　① 외상매출금 잔액 212,000,000원×1% −기 설정충당금 66,000원 = 보충금액 2,054,000원
　　② 받을어음 잔액 44,200,000원×1% −기 설정충당금 300,000원 = 보충금액 142,000원

[2] **12월 31일** 일반전표입력

　(차) 급 　 　 여(판)　2,000,000　　(대) 미 지 급 비 용　2,000,000
　　　　　　　　　　　　　　　　　　　　또는 미 　 지 　 급 　 금

[3] **12월 31일** 일반전표입력

　(차) 자 　 본 　 금　300,000　　(대) 인 　 출 　 금　300,000

[4] **12월 31일** 일반전표입력

　(차) 미 수 수 익　　1,000　　(대) 이 자 수 익　　1,000

　※ 문제에서 제시한대로 이자수익에 대한 당기 기간경과분을 결산일에 수익으로 인식하는 회계처리를
　　묻고 있는 문제이다.

<자동결산> 결산자료입력란을 이용하여 자동결산을 할 경우

대손충당금설정과 감가상각비계상 및 기말상품재고액 및 퇴직급여충당부채 설정은 해당란에 계산된 금액을 입력을 한 후 반드시 결산자료입력 화면 상단의 ([F3] 전표추가) 단추를 클릭하여 결산전표를 자동생성 시킨 후 [일반전표 입력]에서 12월 31일자로 결산자동 분개를 확인한다.

【 참고사항 】

 -. 결산전 전표입력과정이 잘못 입력되었다 하더라도 채점은 자기가 입력한 데이터로 채점 된다. ⓔ 외상매출금, 받을어음, 상품 등

문제7 장부조회하여 답안 메뉴에 입력

[1] [월계표 3월 ~ 6월 조회] : 41,993,600원(유동부채 대변 합계 – 차변 합계)

[2] [재무상태표 5월 조회] : 29,000,000원(비품 52,000,000원 – 비품 감가상각누계액 23,000,000원)

[3] [4월 말 거래처원장 외상매입금 잔액 조회] : 남산전기, 2,348,600원

⑫ 제81회 기출문제

❏ 다음 문제를 보고 알맞은 것을 골라 [이론문제 답안작성] 메뉴화면에 입력하시오.
(※ 객관식 문항당 2점)

─────< 기 본 전 제 >─────
문제에서 한국채택국제회계기준을 적용하도록 하는 전제조건이 없는 경우, 일반기업회계기준을 적용한다.

01 다음 거래의 유형 중 혼합거래에 해당하는 것은?

① 상품 500,000원을 매입하고 대금은 현금으로 지급하다.
② 상품 700,000원을 매출하고 대금 중 500,000원은 현금으로 받고 잔액은 외상으로 하다.
③ 8월분 직원 급여 2,000,000원을 보통예금에서 계좌이체하다.
④ 단기차입금 500,000원과 이자 30,000원을 현금으로 상환하다.

02 다음 중 비용의 이연에 해당하는 계정과목은?

① 선수수익　　　　　　　　② 미지급비용
③ 선급비용　　　　　　　　④ 미수수익

03 다음 중 비유동부채에 해당하는 것은?

① 장기차입금　　　　　　　② 외상매입금
③ 미지급비용　　　　　　　④ 선수금

04 건물의 에어컨을 수리하고 대금을 현금으로 지급한 후 수익적지출로 처리할 것을 자본적지출로 잘못 처리한 경우에 발생하는 효과로 옳은 것은?

① 자산은 감소하고 부채가 증가한다.
② 자산은 증가하고 비용도 증가한다.
③ 자산은 감소하고 이익도 감소한다.
④ 자산은 증가하고 비용은 감소한다.

05 다음 보기 내용에 맞는 올바른 회계처리는?

> 제품을 공급하고 받은 약속어음 550,000원을 주 거래 국민은행에서 50,000원
> 할인비용을 차감한 후 보통예금계좌로 입금 받았다.(매각거래로 처리할 것.)

① (차) { 보 통 예 금　550,000　　(대) 받 을 어 음　550,000
　　　　　매출채권처분손실　50,000

① (차) { 보 통 예 금　500,000　　(대) 받 을 어 음　550,000
　　　　　매출채권처분손실　50,000

② (차) { 보 통 예 금　500,000　　(대) { 받 을 어 음　500,000
　　　　　매출채권처분손실　50,000　　　　　 현　　　금　 50,000

③ (차) { 보 통 예 금　500,000　　(대) 받 을 어 음　550,000
　　　　　수 수 료 비 용　50,000

④ (차) 보 통 예 금　500,000　　(대) 받 을 어 음　500,000

06 다음 중 인출금 계정에 대한 설명으로 옳은 것은?

① 임시 계정으로 개인기업의 자본금 계정에 대한 평가 계정이다.
② 임시 계정으로 외상매출금에 대한 평가계정이다.
③ 법인기업에서 사용하는 결산 정리 분개이다.
④ 결산 시 재무상태표에 필수적으로 기재할 계정이다.

07 다음 자료에 의하여 매출원가를 구하면?

> • 기초 상품 재고액　700,000원　　• 당기 총매입액　1,200,000원
> • 기말 상품 재고액　400,000원　　• 상품 매입 시 운반비　20,000원
> • 매입환출 및 에누리　150,000원

① 1,070,000원　　② 1,370,000원　　③ 1,530,000원　　④ 1,770,000원

08 다음 설명의 (ⓐ), (ⓑ)의 내용으로 옳은 것은?

> 정상적인 영업과정에서 판매할 목적으로 자산을 취득하면 (ⓐ)으로, 시세
> 차익을 목적으로 자산을 취득하면 (ⓑ)으로 처리한다.

	ⓐ	ⓑ		ⓐ	ⓑ
①	투자자산	유형자산	②	재고자산	투자자산
③	무형자산	당좌자산	④	유형자산	비유동자산

09 다음과 같은 거래요소의 결합관계로 이루어지는 거래는?

(차변) 자산의 증가	(대변) 자산의 감소

① 사회기부단체에 500,000원을 보통예금에서 계좌이체하여 기부하다.
② 현금 100,000,000원을 출자하여 영업을 개시하다.
③ 사무실 임차보증금 5,000,000원을 당좌수표를 발행하여 지급하다.
④ 사무실에서 사용할 컴퓨터를 2,000,000원에 구매하고 신용카드로 결제하다.

10 다음 중 상품을 외상 및 어음으로 매입, 매출 시 발생하는 계정과목이 아닌 것은?

① 외상매출금 　　② 외상매입금 　　③ 받을어음 　　④ 미지급금

11 다음 자료를 기초로 판매비와 관리비를 계산하면 얼마인가?

• 기부금	400,000원	• 급여	1,500,000원
• 복리후생비	600,000원	• 이자비용	120,000원

① 2,020,000원 　　② 2,100,000원 　　③ 2,500,000원 　　④ 2,620,000원

12 아래의 당기 외상매출금 자료를 이용하여 외상매출금 당기 수령액을 계산하면 얼마인가?

• 기초잔액	4,000,000원	• 기말잔액	2,000,000원
• 외상매출액	3,000,000원	• 외상매출액 중 매출취소액	1,000,000원

① 3,000,000원 　　② 4,000,000원 　　③ 5,000,000원 　　④ 6,000,000원

13 다음 보기를 참고하여 2021년 12월 31일 기말에 부채로 계상될 금액은 얼마인가?(월할 계산 적용함)

• 상지상사는 2021년 8월 1일에 1년분 임대료 4,200,000원을 선수하고 전액 수익으로 처리하였다.
• 상지상사의 당기 39기 회계기간은 1월 1일 ~ 12월 31일이다.

① 1,750,000원 　　② 2,100,000원 　　③ 2,450,000원 　　④ 4,200,000원

14 다음 거래에서 표시될 수 없는 계정과목은?

> 8/5 목포상회로부터 상품 200,000원을 매입하고 대금은 3개월만기 약속어음
> 으로 지급하다. 운임 5,000원은 현금으로 지급하다.

① 상품   ② 지급어음   ③ 현금   ④ 운반비

15 다음 중 영업외비용에 대하여 말한 내용은?

> A : 오늘은 사무실 전기료 납부 마지막일이네!
> B : 오늘 은행에 이자를 갚는 날인데!
> C : 오늘은 종업원들에게 월급을 지급하는 날이구나!
> D : 과장님 시내출장을 가시는데 여비를 드려야겠네!

① A   ② B   ③ C   ④ D

실 무 시 험

한라상사(코드번호 : 0814)는 의류용 원단을 판매하는 개인기업이다. 당기(제2기) 회계기간은 2021. 1. 1. ~ 2021. 12. 31. 이다. 전산세무회계 수험용 프로그램을 이용하여 다음 물음에 답하시오.

< 기 본 전 제 >

문제에서 한국채택국제회계기준을 적용하도록 하는 전제조건이 없는 경우, 일반기업회계기준을 적용한다.

문제1 **다음은 한라상사의 사업자등록증이다. 회사등록메뉴에 입력된 내용을 검토하여 누락된 부분을 추가입력하고 잘못된 부분을 정정하시오.(주소 입력 시 우편번호는 입력하지 않아도 무방함.)(6점)**

국세청

사 업 자 등 록 증

(일반과세자)

등록번호 : 120-12-42888

상 호 명 : 한라상사
대 표 자 명 : 신윤복
개 업 연 월 일 : 2020. 4. 5.
사업장소재지 : 경기도 수원시 영통구 신원로 85(신동)
사업자의종류 : 업태 / 도소매 종목 / 원단
교 부 사 유 : 신규

사업자 단위 과세 적용사업자 여부 : 여( ) 부( )
전자세금계산서 전용 전자우편 주소 :

2020년 4월 5일

동수원세무서장

NTS 국세청 NATIONAL TAX SERVICE

문제2 다음은 한라상사의 전기분 손익계산서이다. 입력되어 있는 자료를 검토하여 오류
●●●●● 부분을 정정하고 누락된 부분을 추가 입력하시오.(6점)

손 익 계 산 서

회사명 : 한라상사   제1기 2020. 1. 1 ~ 2020. 12. 31   (단위 : 원)

과 목	금 액	과 목	금 액
Ⅰ 매 출 액	100,000,000	Ⅴ 영 업 이 익	4,800,000
상 품 매 출	100,000,000	Ⅵ 영 업 외 수 익	200,000
Ⅱ 매 출 원 가	80,000,000	이 자 수 익	200,000
상 품 매 출 원 가	80,000,000	Ⅶ 영 업 외 비 용	360,000
기 초 상 품 재 고 액	0	이 자 비 용	360,000
당 기 상 품 매 입 액	100,000,000	Ⅷ 소 득 세 차 감 전 순 이 익	4,640,000
기 말 상 품 재 고 액	20,000,000	Ⅸ 소 득 세 등	0
Ⅲ 매 출 총 이 익	20,000,000	Ⅹ 당 기 순 이 익	4,640,000
Ⅳ 판 매 비 와 관 리 비	15,200,000		
급 여	10,000,000		
복 리 후 생 비	4,000,000		
여 비 교 통 비	600,000		
차 량 유 지 비	100,000		
소 모 품 비	200,000		
광 고 선 전 비	300,000		

문제3 다음 자료를 이용하여 입력하시오.(6점)
●●●●●

[1] 당사의 신규 거래처이다. 거래처등록메뉴에 추가 등록하시오.(3점)

> • 상호 : 동호상사　　　　　　• 거래처코드 : 44300
> • 대표자명 : 김동호　　　　　• 사업자등록번호 : 215-48-16654
> • 사업장소재지 : 경기도 수원시 팔달구 효원로73번길 11
> • 업태/종목 : 도소매 / 면직물　　• 유형 : 동시
> ※ 주소 입력 시 우편번호는 입력하지 않아도 무방함

[2] 당사는 신문사에 광고를 의뢰하고 광고비를 수표 발행하여 지급 하였다. 다음의 적
요를 등록하시오.(3점)

코드	계정과목	적요구분	적요 등록 사항
833	광고선전비	대체적요	8. 신문광고비 지급

문제4 다음 거래 자료를 일반전표입력 메뉴에 추가 입력하시오.(24점)

─── < 입력시 유의사항 > ───

- 적요의 입력은 생략한다.
- 부가가치세는 고려하지 않는다.
- 채권·채무와 관련된 거래는 반드시 기 등록되어 있는 거래처코드를 선택하는 방법으로 거래처명을 입력한다.
- 회계처리시 계정과목은 등록되어 있는 계정과목 중 가장 적절한 과목으로 한다.

---

[1] **7월 2일** 2년 후에 상환할 목적으로 국빈은행에서 50,000,000원을 차입하여 보통예금에 입금하였다.(3점)

[2] **7월 9일** 상품 5,000,000원을 한국산업에 외상으로 판매하고 운송비 50,000원을 현금으로 지급하였다.(하나의 거래로 입력할 것.)(3점)

[3] **8월 10일** 관리부 소속 건물의 외벽에 피난 시설을 설치하면서 설치비 10,000,000원을 국민은행 보통예금으로 지급하고, 외벽 도장공사비 2,000,000원은 현금으로 지급하였다.(단, 피난시설 설치비는 자본적 지출, 도장공사는 수익적 지출로 처리함.)(3점)

[4] **8월 31일** 한라상사는 소유한 창고를 (주)동윤전자에 임대하는 임대차계약을 아래와 같이 체결하여 임대보증금의 10%를 계약일에 (주)동윤전자가 발행한 당좌수표로 받고 잔금은 임대를 개시하는 다음해 1월 1일에 받기로 하였다.(3점)

부동산 임대차 계약서						■월세 □전세
임대인과 임차인 쌍방은 표기 부동산에 관하여 다음 계약 내용과 같이 임대차계약을 체결한다.						
1. 부동산의 표시						
소재지	경기도 수원시 영통구 선원로 71 B13					
토 지	지 목	대지			면 적	572㎡
건 물	구 조	창고	용 도	사업용	면 적	176㎡
임대할 부분	전체				면 적	572㎡
2. 계약내용						
제1조 (목적)위 부동산의 임대차에 한하여 임대인과 임차인은 합의에 의하여 임차보증금 및 차임을 아래와 같이 지불하기로 한다.						
보증금	金	300,000,000 원정				
계약금	金	30,000,000원정은 계약 시에 지불하고 영수함 영수 자( )			(인)	
중도금	金	원정은	년 월 일에 지불하며			
잔 금	金	270,000,000 원정은	2022 년 1 월 1일에 지불한다.			
차 임	金	5,000,000 원정은	매월 25 일 (후불)에 지불한다.			

[5] 10월 10일 한미상사에 외상으로 매출한 상품 중 불량품 500,000원이 반품되어 오다. 반품액은 외상매출금과 상계하기로 하였다.(3점)

[6] 11월 5일 매출처의 체육행사에 협찬으로 제공하기 위해 스마트폰을 1,200,000원에 구매하고 회사 비씨카드(신용카드)로 결제하다.(3점)

[7] 11월 15일 영업부 사무실의 냉장고가 고장이 나서 이를 수리하고 수리비를 현금으로 지급하였다.(3점)

영 수 증 (공급받는자용)

No.		한라상사 귀하		
공급자	사업자등록번호	105-18-89246		
	상 호	최고설비	성명	백하윤
	사업장소재지	경주시 감포읍 오류리 15		
	업 태	서비스업	종목	가전제품 수리
작성일자		공급대가총액		비고
2021. 11. 15		65,000		
공 급 내 역				
월일	품명	수량	단가	금액
11. 15	수리비			65,000
합 계		₩65,000		
위 금액을 영수(청구)함				

[8] 12월 15일 판매장 직원용 유니폼을 300,000원에 누리패션에서 제작하고 신용카드(국민카드)로 결제하다.(3점)

문제5 일반전표입력메뉴에 입력된 내용 중 다음과 같은 오류가 발견되었다. 입력된 내용을 확인하여 정정 또는 추가입력 하시오.(6점)

[1] 9월 20일 현금 지출한 300,000원은 영업부서 통신비가 아니라 영업부서의 인쇄비인 것으로 판명되었다.(3점)

[2] 11월 1일 수진상회로부터 상품을 매입하고 4,500,000원을 보통예금에서 지급하였다. 해당 상품매입에 대한 회계처리 시 매입계약에 따라 선지급했던 계약금 500,000원을 누락하였다.(3점)

문제6 다음의 결산정리사항을 입력하여 결산을 완료하시오.(12점)

[1] 기말 외상매입금 중에는 미국 NICE의 외상매입금 12,000,000원(미화 $10,000)이 포함되어 있으며, 결산일 환율에 의해 평가하고 있다. 결산일 현재의 적용환율은 미화 1$당 1,100원이다.(3점)

[2] 결산일 현재 현금 실제액보다 현금 장부잔액이 85,000원 많은 것으로 확인되며, 원인은 밝혀지지 않았다.(3점)

[3] 11월 2일 지급시 전액 비용 처리한 보험료 지급분 중 당기 기간미경과분은 200,000원이다.(3점)

[4] 기말상품재고액은 3,000,000원이다.(3점)

문제7 다음 사항을 조회하여 답안을 │이론문제 답안작성│ 메뉴에 입력하시오.(10점)

[1] 6월 말 현재 외상매출금 잔액이 가장 큰 거래처명과 그 금액은 얼마인가?(3점)

[2] 5월의 보통예금 출금액은 총 얼마인가?(3점)

[3] 1월의 외상매입금 지급액은 얼마인가?(4점)

이론과 실무문제의 답을 모두 입력한 후 「답안저장(USB로 저장)」을 클릭하여 저장하고, USB메모리를 제출하시기 바랍니다.

81회 전산회계 2급 A형 답안

이론시험

1	④	2	③	3	①	4	④	5	①
6	①	7	②	8	②	9	③	10	④
11	②	12	②	13	③	14	④	15	②

01. 보기의 결합관계와 거래의 종류는 1번 : (차) 자산의 증가 (대) 자산의 감소(교환거래), 2번 : (차) 자산의 증가 (대) 자산의 감소(교환거래), 3번 : (차) 비용의 발생 (대) 자산의 감소 (손익거래), 4번 : (차) 부채의 감소, 비용의 발생 (대) 자산의 감소(혼합거래), 혼합거래는 한쪽 금액 일부가 수익 또는 비용인 거래를 의미한다.

02. 1번 : 수익의 이연, 2번 : 비용의 예상, 3번 : 비용의 이연, 4번 : 수익의 예상

03. 비유동부채는 재무상태표일로부터 1년 이후에 걸쳐 만기가 도래하는 부채로 장기차입금은 비유동부채에 해당한다.

04. 수익적지출로 처리하면 비용이 발생하게 되는데 이를 자본적지출로 잘못 처리하게 되면 자산이 증가하는 대신에 비용이 감소하게 된다. 반면, 자본적지출을 수익적지출로 잘못 처리하면 자산의 증가가 비용의 발생으로 되므로 자산은 과소계상되고 비용은 과대계상된다.

05. 만기도래 전 받을어음을 할인할 경우 할인금액(할인료)은 매출채권처분손실 계정으로 처리한다.

06. 인출금은 개인기업에서 사용하며 자본금에 대한 차감적 평가 계정으로 기말결산 시 자본금계정에 대체하는 임시 계정이다. 외상매출금에 대한 차감적 평가 계정은 대손충당금 계정이고, 법인기업에서는 사장 개인이 인출해 가는 금액은 대표이사가지급금 계정으로 처리하며, 결산 시 재무상태표에는 인출금 계정과 같은 임시 계정은 표시해서는 아니된다.

07. 기초 상품재고액 700,000원 + (당기 총매입액 1,200,000원+상품매입운반비 20,000원 -매입환출 및 에누리 150,000원) - 기말 상품재고액 400,000원 = 1,370,000원

08. 영업활동이나 경영활동의 판매목적으로 자산을 취득하면 재고자산이며, 시세차익을 목적으로 자산을 취득하면 투자자산으로 인식한다.

09. 1번 : (차) 기부금(비용의 발생)　　500,000원　　(대) 보통예금(자산의 감소)　　500,000원
2번 : (차) 현금(자산의 증가)　　100,000,000원　　(대) 자본금(자본의 증가)　　100,000,000원
3번 : (차) 임차보증금(자산의 증가)　　5,000,000원　　(대) 당좌예금(자산의 감소)　　5,000,000원
4번 : (차) 비품(자산의 증가)　　2,000,000원　　(대) 미지급금(부채의 증가)　　2,000,000원

10. 1번 : 외상매출금은 상품을 외상으로 매출한 경우 사용하는 계정
2번 : 외상매입금은 상품을 외상으로 매입하고 사용하는 계정
3번 : 받을어음은 상품을 외상으로 매출하고 약속어음을 받은 경우 사용하는 계정
4번 : 미지급금은 재고자산 이외의 물품을 구입하고 대금을 나중에 지급하는 경우 사용하는
계정

11. 급여 1,500,000원 + 복리후생비 600,000원 = 2,100,000원, 기부금과 이자비용은 영업
외비용 항목이다.

12.

외 상 매 출 금

기 초 잔 액	4,000,000	매 출 취 소 액	1,000,000
외 상 매 출 액	3,000,000	당 기 수 령 액	(4,000,000)
		기 말 잔 액	2,000,000
	7,000,000		7,000,000

13. 2021년 당기 수익에 속하는 2021. 8. 1.부터 12월 31일까지 5개월 분을 제외한 7개월분
(2022년 1월 ~ 7월) 4,200,000×7/12 = 2,450,000원을 (차) 임대료 2,450,000 (대)
선수임대료 2,450,000으로 처리한다.

14. 분개를 하면 (차) 상품 205,000 (대) 지급어음 200,000, 현금 5,000으로 매입 시 운임
은 상품의 취득원가에 포함한다.

15. A : 수도광열비(판매비와관리비)   B : 이자비용(영업외비용)
C : 급여(판매비와관리비)   D : 여비교통비(판매비와관리비)

실무시험

문제1 기초정보등록의 회사등록메뉴에서 정정 및 추가입력
① 사업자등록번호를 120-12-42885에서 120-12-42888로 수정
② 업태를 서비스에서 도소매로 수정, 종목을 경영컨설팅에서 원단으로 수정
③ 개업연월일을 2020년 3월 30일에서 2020년 4월 5일로 수정

문제2 ① 복리후생비 40,000,000원을 4,000,000원으로 수정
② 소모품비를 2,000,000원을 200,000원으로 수정
③ 이자비용 0원을 360,000원으로 수정

문제3 [1] 거래처등록 메뉴(일반거래처 탭)에 등록
[2] 계정과목 및 적요등록에 등록

문제4 일반전표입력메뉴에 추가 입력

[1] **7월 2일** 일반전표입력

(차) 보 통 예 금 50,000,000　　　　(대) 장기차입금(국민은행) 50,000,000

※ 문제 단서(입력시 유의사항)에 '채권·채무와 관련된 거래처명은 반드시 기 등록되어 있는 거래처코드를 선택하는 방법으로 거래처명을 입력한다.'고 제시되어 있으므로 장기차입금(채무)에 대한 거래처 코드(국민은행)을 입력하여야 정답으로 인정된다.

[2] **7월 9일** 일반전표입력

(차) 외상매출금(한국산업) 5,000,000　　　　(대) 상 품 매 출 5,000,000
　　　운 반 비(판) 50,000　　　　　　　　　　현 금 50,000

[3] **8월 10일** 일반전표입력

(차) 건 물 10,000,000　　　　(대) 보통예금(국민은행) 10,000,000
　　　수 선 비(판) 2,000,000　　　　　　현 금 2,000,000

※ 보통예금에 대한 거래처 등록 하지 않아도 된다.

[4] **8월 31일** 일반전표입력

(차) 현 금 30,000,000　　　　(대) 선수금[(주)동윤전자] 30,000,000

※ 부동산임대계약의 경우 잔금일(임대개시일)을 기준으로 계약이 확정되어 효력이 발생하며, 일반기업회계기준에 따라 확정된 부채(임대보증금)의 인식은 계약이 확정되는 2022년 1월 1일에 이루어져야 한다. 따라서 계약금 지급시점(2021년 8월 31일)의 거래는 선수금이라는 미확정부채로 인식 후 잔금일(임대개시일)에 확정된 채무인 임대보증금으로 인식한다.

[5] **10월 10일** 일반전표입력

(차) 상 품 매 출 500,000　　　　(대) 외상매출금(한미상사) 500,000

※ 차변에 '상품매출' 대신 '매출환입및에누리'를 입력하여도 정답처리된다.

[6] **11월 5일** 일반전표입력

(차) 접 대 비(판) 1,200,000　　　　(대) 미 지 급 금 1,200,000
　　　　　　　　　　　　　　　　　　　또는 미지급비용(비씨카드)

※ 매출처에 제공하기 위해 구입한 스마트폰은 해당 기업에 자산으로 등록할 사항이 아니라 접대비로 처리하여야 한다.

[7] **11월 15일** 일반전표입력

(차) 수 선 비(판) 65,000　　　　(대) 현 금 65,000
　　　　　　　　　　　　　　　　　　또는 (출금)수선비(판)

※ 복리후생비는 건강보험료, 고용보험료 외에 직장에서 사원들의 공동시설에 관한 부분을 복리후생경비의 범주에 포함하고 있다. 하지만 출제된 영업부 냉장고 수리비는 기업의 정상적인 경영에 필요한 것으로서 수선비로 처리함이 타당하다.

[8] 12월 15일 일반전표입력

    (차) 복리후생비(판) 300,000 (대) 미 지 급 금 300,000
                                                             또는 미지급비용(국민카드)

문제5 입력된 내용 오류 정정

[1] 9월 20일 일반전표입력

  수정전 : (차) 통 신 비(판) 300,000 (대) 현   금 300,000
  수정후 : (차) 도서인쇄비(판) 300,000 (대) 현   금 300,000
              또는 (출금전표)도서인쇄비(판)

[2] 11월 1일 일반전표입력

  수정전 : (차) 상   품 4,500,000 (대) 보 통 예 금 4,500,000
  수정후 : (차) 상   품 5,000,000 (대) 보 통 예 금 4,500,000
                                                   선급금(수진상회) 500,000

※ 주어진 지문에 '11월 1일 수진상회로부터 상품을 매입하고 4,500,000원을 보통예금에서 지급하였다.'라고 명확히 주어져 있기 때문에 11월 1일 보통예금에서 4,500,000원이 지급된 것은 분명한 것이고, 상품매입시점에 선급금을 정리한 것이다.

문제6 결산정리사항을 입력 결산 완료

＜수동결산＞ 12월 31일자로 일반전표에 직접 입력한다.

[1] 12월 31일 일반전표입력

    (차) 외상매입금(NICE) 1,000,000 (대) 외 화 환 산 이 익 1,000,000

※ 전산회계2급 실무 범위에 결산정리사항의 입력이 포함되어 있으며, 해당 출제내용은 상기업의 기본 결산정리사항에 해당하며, 결산일 환율에 의한 외화자산, 부채의 인식은 결산의 범위에 포함된다.

[2] 12월 31일 일반전표입력

    (차) 잡 손 실 85,000 (대) 현   금 85,000
    또는 (출금) 잡손실

※ 결산일에 현금부족액을 발견했기 때문에, 현금과부족 계정은 임시적(가계정)으로 결산 시에는 현금과부족 계정을 설정하지 않고 바로 잡손실로 처리하여야 한다.

[3] 12월 31일 일반전표입력

    (차) 선 급 비 용 200,000 (대) 보 험 료(판) 200,000

[4] 12월 31일 일반전표입력

(결차) 상 품 매 출 원 가 161,230,000   (결대) 상   품   161,230,000

(상품매출원가 = 기초상품재고액 + 당기상품매입액 − 기말상품재고액)

- −. 여기에서 기초상품재고액과 당기상품매입액의 합계액은 12/31 합계잔액시산표 상의 상품 계정 차변 잔액이다.
- −. 수동으로 회계처리 시 상품매출원가 분개를 [5.결산차변, 6.결산대변]을 사용하지 않으면 손익계산서상 상품매출원가 계산이 이루지지 않기 때문에 결산시에는 반드시 [5.결산차변, 6.결산대변]을 사용하도록 한다. 상품 이외의 결산정리사항은 (차변)(대변)을 사용하여도 된다.

<자동결산> 결산자료입력란을 이용하여 자동결산을 할 경우

대손충당금설정과 감가상각비계상 및 기말상품재고액 및 퇴직급여충당부채 설정은 해당란에 계산된 금액을 입력을 한 후 반드시 결산자료입력 화면 상단의 ([F3] 전표추가) 단추를 클릭하여 결산전표를 자동생성 시킨 후 [일반전표 입력]에서 12월 31일자로 결산자동 분개를 확인한다.

문제7 장부조회하여 답안 메뉴에 입력

[1] [거래처원장 조회(기간 : 6월 30일, 계정과목 : 외상매출금)]
   : 무한상사, 35,000,000원

[2] [총계정원장 조회 → 5월의 보통예금 계정 대변 월계액] : 4,875,000원

[3] [총계정원장 조회 → 1월의 외상매입금 계정 차변 월계액] : 3,850,000원

⑬ 제80회 기출문제

〔 이 론 시 험 〕

❍ 다음 문제를 보고 알맞은 것을 골라 이론문제 답안작성 메뉴화면에 입력하시오.
(※ 객관식 문항당 2점)

──< 기 본 전 제 >──

문제에서 한국채택국제회계기준을 적용하도록 하는 전제조건이 없는 경우, 일반기업회계기준을 적용한다.

01 다음 중 회계상의 거래에 해당하는 것은?

① 회사 업무용 차량이 필요하여 15,000,000원에 주문하다.
② 신입 사원을 채용하고 매월 2,000,000원을 지급하기로 근로계약을 하다.
③ 판매장에서 사용할 에어컨 구입계약을 하다.
④ 장마로 인한 홍수피해로 회사 창고에 보관중인 상품의 손실이 3,000,000원 발생하였다.

02 다음 보기에서 발생되는 영향으로 올바른 것은?

상지상사는 낙동강 상수원 수질정화사업을 위한 기금으로 안동시청에 1개월 만기결제 약속어음 10,000,000원을 기부하였다.

① (차변) 비용의 발생   (대변) 자산의 감소
② (차변) 자본의 감소   (대변) 부채의 감소
③ (차변) 비용의 발생   (대변) 부채의 증가
④ (차변) 자본의 감소   (대변) 자산의 감소

03 다음 자료에 의한 기말부채(가)와 기말자본금(나)을 계산하면 얼마인가?

| 기 초 자 산 | 500,000원 | 기 말 자 산 | 800,000원 | 기 초 부 채 | 200,000원 |
| 총 수 익 | 1,000,000원 | 총 비 용 | 700,000원 | | |

① (가) 300,000원 (나) 400,000원   ② (가) 200,000원 (나) 600,000원
③ (가) 400,000원 (나) 300,000원   ④ (가) 600,000원 (나) 200,000원

04 다음 중 비유동자산에 해당하지 않는 것은?

① 보통예금   ② 장기대여금
③ 만기보유증권   ④ 건물

05 다음 중 시산표 작성 시 오류를 발견 할 수 있는 경우는?

① 한 거래에 대한 분개 전체가 누락된 경우
② 분개 시 차변과 대변의 계정과목을 잘못 기록한 경우
③ 분개 시 차변과 대변의 금액을 다르게 입력한 경우
④ 한 거래를 이중으로 분개한 경우

06 다음 중 상기업의 손익계산서에서 영업외비용으로 분류하여야 하는 거래는?

① 관리부 소모품 구입비   ② 영업부 직원의 출장비
③ 상품 운반용 차량 감가상각비   ④ 공장 건물 처분 손실

07 다음 중 재고자산의 취득원가에서 차감하지 않는 것은?

① 매입부대비용   ② 매입환출   ③ 매입에누리   ④ 매입할인

08 다음 중 받을어음 계정을 대변에 기입하는 거래내용은?

① 외상매출대금을 타인발행 약속어음으로 받은 경우
② 외상매입대금을 타인에게 받았던 약속어음으로 지급한 경우
③ 발행하였던 약속어음이 만기가 되어 현금으로 지급한 경우
④ 상품을 매입하고 약속어음을 발행하여 지급한 경우

09 다음은 차량 처분과 관련된 자료이다. 차량의 처분가액은 얼마인가?

• 취득가액 : 15,000,000원	• 감가상각누계액 : 6,500,000원
• 유형자산처분손실 : 2,000,000원	

① 1,300,000원   ② 1,500,000원   ③ 6,500,000원   ④ 8,500,000원

10 다음 중 재무상태표 계정과 손익계산서 계정의 분류상 올바르지 않은 것은?

① 재고자산 : 원재료, 재공품, 상품
② 기타의 비유동자산 : 장기매출채권, 임차보증금, 전신전화가입권
③ 판매비와관리비 : 접대비, 이자비용, 사무용품비
④ 유동부채 : 단기미지급금, 유동성장기부채, 미지급비용

11 결산 시 이자 100,000원을 현금으로 지급한 건의 회계처리가 누락된 경우 재무제표에 미치는 영향으로 옳은 것은?

① 비용의 과소계상   ② 자산의 과소계상
③ 당기순이익의 과소계상   ④ 부채의 과소계상

12 현금과부족에 대한 설명으로 가장 옳은 것은?

① 회계기간 중 현금의 실제잔액이 장부잔액보다 많은 경우에만 처리하는 계정과목이다.
② 회계기간 중 현금의 실제잔액이 장부잔액보다 적은 경우에만 처리하는 계정과목이다.
③ 기말 결산 시 현금의 장부잔액과 실제잔액의 차이가 발생하는 경우 처리하는 계정과목이다.
④ 회계기간 중 현금의 장부잔액과 실제잔액의 차이가 발생하는 경우 처리하는 계정과목이다.

13 다음 거래에 대한 기말 분개로 가장 옳은 것은?

> 12월 31일 결산 시 외상매출금 잔액 10,000,000원에 대해 1%의 대손을 예상하였다. (단, 당사는 보충법을 사용하고 있으며 기말 분개 전 대손충당금 잔액은 50,000원이 계상되어 있다.)

① (차) 대손충당금 100,000원   (대) 대손상각비 100,000원
② (차) 대손상각비   50,000원   (대) 대손충당금   50,000원
③ (차) 대손상각비 100,000원   (대) 외상매출금 100,000원
④ (차) 대손상각비 100,000원   (대) 대손충당금 100,000원

14 결산 결과 당기순이익 500,000원이 발생하였으나, 기말 정리 사항이 다음과 같이 누락되었다. 수정 후의 당기순이익은 얼마인가?

> • 임대료 미수분 20,000원을 계상하지 않았다.
> • 단기차입금에 대한 이자미지급액 15,000원을 계상하지 않았다.

① 465,000원   ② 495,000원
③ 505,000원   ④ 535,000원

15 다음의 재고자산에 대한 설명 중 틀린 것은?

① 판매를 목적으로 보유하는 자산은 재고자산에 해당한다.
② 재고자산은 유동자산에 속하는 자산이다.
③ 재고자산은 취득원가를 장부금액으로 한다. 다만, 시가가 취득원가보다 낮은 경우에는 시가를 장부금액으로 한다.
④ 재고자산을 판매하기 위하여 발생하는 비용도 재고자산의 취득원가에 포함된다.

실무시험

◎ 상지상사(코드번호 : 0804)는 컴퓨터부품을 판매하는 개인기업이다. 당기(제5기) 회계기간은 2021. 1. 1. ~ 2021. 12. 31. 이다. 전산세무회계 수험용 프로그램을 이용하여 다음 물음에 답하시오.

< 기 본 전 제 >

문제에서 한국채택국제회계기준을 적용하도록 하는 전제조건이 없는 경우, 일반기업회계기준을 적용한다.

문제1 다음은 상지상사의 사업자등록증이다. 회사등록메뉴에 입력된 내용을 검토하여 누락분은 추가입력하고 잘못된 부분은 정정하시오.(주소입력시 우편번호는 입력하지 않아도 무방함.) (6점)

사 업 자 등 록 증

(일반과세자)

등록번호 : 123-03-85375

상 호 명 : 상지상사
대 표 자 명 : 정상호
개 업 연 월 일 : 2017. 1. 23.
사업장소재지 : 경기도 의정부시 의정로 77(의정부동)
사업자의종류 : 업태 / 도소매   종목 / 컴퓨터부품
교 부 사 유 : 신규

사업자 단위 과세 적용사업자 여부 : 여( ) 부( )
전자세금계산서 전용 전자우편 주소 :

2017년 1월 23일

의정부세무서장

문제2 다음은 상지상사의 전기분 재무상태표이다. 입력되어 있는 자료를 검토하여 오류 부분은 정정하고 누락된 부분은 추가 입력하시오.(6점)

재 무 상 태 표

회사명 : 상지상사 　　　제4기 2020년 12월 31일 현재 　　　(단위 : 원)

과　목	금　액		과　목	금　액
현　　　　금		70,00,000	외 상 매 입 금	60,000,000
당 좌 예 금		50,000,000	지 급 어 음	30,000,000
보 통 예 금		40,000,000	선 　 수 　 금	10,000,000
외 상 매 출 금	70,000,000		단 기 차 입 금	60,000,000
대 손 충 당 금	700,000	69,300,000	자 　 본 　 금	225,000,000
받 을 어 음	30,000,000		(당기순이익 : 15,000,000)	
대 손 충 당 금	300,000	29,700,000		
상　　　　품		80,000,000		
차 량 운 반 구	30,000,000			
감가상각누계액	3,000,000	27,000,000		
비　　　　품	20,000,000			
감가상각누계액	1,000,000	19,000,000		
자 산 총 계		385,000,000	부채와 자본총계	385,000,000

문제3 다음 자료를 이용하여 입력하시오.(6점)

[1] 회사 체육대회를 위해 임직원들에게 운동화를 지원하기로 하였다. 판매비와관리비의 복리후생비 계정에 다음 내용의 적요를 등록 하시오.(3점)

대체적요 3. 　체육대회용 운동화 외상 구입

[2] 다음은 당사가 새로 개설한 은행계좌 정보이다. 거래처등록메뉴(금융기관)에 추가 등록 하시오.(3점)

• 거래처코드 : 98000	• 거래처명 : KV국빈은행
• 계좌번호 : 870302-03-023308	• 유형 : 당좌예금
• 계좌개설일 : 2020. 7. 1	• 예금종류 : 당좌예금
• 만기 : 2022. 12. 31.	• 이자율 : 1.5%

문제4 다음 거래 자료를 일반전표입력 메뉴에 추가 입력하시오.(24점)

< 입력시 유의사항 >

• 적요의 입력은 생략한다.

• 부가가치세는 고려하지 않는다.

• 채권·채무와 관련된 거래는 반드시 기 등록되어 있는 거래처코드를 선택하는 방법으로 거래처명을 입력한다.

• 회계처리시 계정과목은 등록되어 있는 계정과목 중 가장 적절한 과목으로 한다.

---

[1] 7월 1일 사업을 개시하기 위하여 더케이빌딩과 사무실 임차 계약을 하고 사업용 보통예금 계좌에서 1개월분 월세 3,000,000원을 송금하였다. 해당 사무실에 대한 실제 임차개시일은 7월 15일이다.(3점)

[2] 9월 13일 상품을 판매하고 발급한 거래명세서이다. 대금 중 콘덴서 대금은 당좌예금 계좌로 입금 받고, 플러그 대금은 외상으로 하였다.(3점)

권		호		**거 래 명 세 표** (보관용)					
2021 년 9 월 13 일			공 급 자	등록번호	123-03-85375				
				상 호	상지상사		성명	정 상 호 ㊞	
동호상사 귀하				사업장소재지	경기 의정부시 의정로 77(의정부동)				
아래와 같이 계산합니다.				업 태	도·소매업		종목	컴퓨터부품	
합계금액			이천만 원정 (₩ 20,000,000)						
월일	품 목		규 격	수량	단 가		공 급 가 액	세 액	
9/13	콘덴서			30	500,000		15,000,000		
	플러그			20	250,000		5,000,000		
	계								
전잔금					합 계		20,000,000		
입 금	15,000,000		잔 금	5,000,000			인수자	김 동 호 ㊞	
비 고									

[3] 9월 15일 영업부서에서 거래처 직원과 식사를 하고 회사카드인 삼성카드로 결제하였다.(3점)

카드매출전표
카드종류 : 삼성카드
회원번호 : 1111-2222-3333-4444
거래일시 : 2021. 9. 15. 11:22 : 25
거래유형 : 신용승인
매   출 : 100,000원
합   계 : 100,000원
결제방법 : 일시불
승인번호 : 89662511
가맹점명 : 고향식당
- 이 하 생 략 -

[4] 9월 25일 신규로 구입한 승용차의 취득세를 국민은행에 현금으로 납부하였다.(3점)

경기도	차량 취득세 (전액)		납부(납입) 서	납세자보관용 영수증	
납세자	상지상사				
주소	경기도 의정부시 의정로 77 (의정부동)				
납세번호	기관번호 5567991	제목 10101503	납세 년 월기	과세번호	
과세내역	차번	21로 2011	년 식	2021	과 세 표 준 액
	목적	신규 등록(일반등록)	특례	세율 특례 없음	45,000,000
	차명	K5			
	차종	승용자동차	세율	70/1000	
세목	납 부 세 액		납부할 세액 합계	전용계좌로도 편리하게 납부!!	
취 득 세	2,150,000			대구은행 021-08-3703795	
가산세	0		2,150,000원	신한은행 661-53-21533	
				기업은행 123-59-33333	
지방교육세	0			국민은행 624-24-0142-911	
농어촌특별세	0		신고납부기한		
합계세액	2,150,000		2021.9.30. 까지		
지방세법 제6조~22조, 제30조의 규정에 의하여 위와 3이 신고하고 납부 합니다.				▪전용계좌 납부안내(뒷면참조)	
담당자	위의 금액을 영수합니다.				수납인
이은아	납부 장소 : 전국은행(한국은행제외) 우체국 농협			2021년 9월 25일	

[5] 9월 30일 경동상사의 파산으로 7월 30일에 대손처리 하였던 외상매출금 300,000원을 보통예금으로 회수하였다.(7월 30일자 전표입력을 참고하여 처리할 것.)(3점)

[6] 10월 3일 거래처 미니전기로부터 외상매입금 1,500,000원의 지급을 면제 받았다.(3점)

[7] 10월 10일 9월분 급여지급 시 원천징수한 근로소득세 120,000원과 지방소득세 12,000원을 현금으로 납부하다.(3점)

[8] 12월 12일 출장을 마치고 돌아온 영업부 나영업 대리로부터 출장비 정산내역을 보고받고 부족액은 현금으로 추가 지급하였다.(3점)

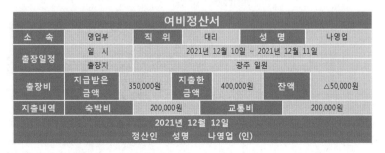

여비정산서					
소 속	영업부	직 위	대리	성 명	나영업
출장일정	일 시	2021년 12월 10일 ~ 2021년 12월 11일			
	출장지	광주 일원			
출장비	지급받은 금액	350,000원	지출한 금액	400,000원	잔액 △50,000원
지출내역	숙박비	200,000원	교통비		200,000원
2021년 12월 12일 정산인 성명 나영업 (인)					

문제5 일반전표입력메뉴에 입력된 내용 중 다음과 같은 오류가 발견되었다. 입력된 내용을 확인하여 정정 또는 추가입력 하시오.(6점)

[1] **12월 15일** 강원상사로부터 상품을 매입하고 지급한 운임 100,000원을 운반비로 잘못 처리한 것으로 확인되었다.(3점)

[2] **12월 20일** 영업부 직원에게 경조사비로 지급한 200,000원이 접대비 계정으로 처리되어 있음을 확인하였다.(3점)

문제6 다음의 결산정리사항을 입력하여 결산을 완료하시오.(12점)

[1] 당기 감가상각비는 건물 800,000원, 차량운반구 1,000,000원이다.(3점)

[2] 소모품 구입 시 자산으로 처리한 금액 중 기말 현재 사용한 금액은 120,000원이다.(3점)

[3] 가수금 잔액은 기쁨상사(주)의 외상대금을 수령한 것으로 판명된다.(3점)

[4] 수진상사로부터 상품 보관을 위한 창고를 임차하면서 1년분 임대료 60,000,000원을 보통예금에서 지급하고 전액 지급임차료로 회계처리하였다. 임차료는 월할계산한다.(3점)

부동산 임대차 계약서					■월세 □전세	
임대인과 임차인 쌍방은 표기 부동산에 관하여 다음 계약 내용과 같이 임대차계약을 체결한다.						
1. 부동산의 표시						
소재지	경기도 화성 시 목성 군 토성 면 B612					
토 지	지 목	대지			면 적	3,242㎡
건 물	구 조	창고	용 도	사업용	면 적	1,530㎡
임대할 부분	전체				면 적	3,242㎡
2.계약내용						
제1조(목적) 위 부동산의 임대차에 한하여 임대인과 임차인은 합의에 의하여 임차보증금 및 차임을 아래와 같이 지불하기로 한다.						
보증금	金 - 원정					
계약금	金 -원정은 계약 시에 지불하고 영수함 영수 자( )					(인)
중도금	金 원정은 년 월 일에 지불하며					
잔 금	金 - 원정은 2021 년 월 일에 지불한다.					
차 임	1년분 차임 金 60,000,000 원정은 2021년 10월 1에 전액(선불) 지불한다.					
제2조(존속기간) 임대인은 위 부동산을 임대차 목적대로 사용할 수 있는 상태로 2021년 10월 1일 까지 임차인에게 인도하며 임대차기간은 인도일로부터 2022년 09월 30일(12개월)까지로 한다.						

문제7 다음 사항을 조회하여 답안을 이론문제 답안작성 메뉴에 입력하시오.(10점)

[1] 6월 말 현재 유동자산은 전기말과 비교하여 얼마 증가하였는가?(4점)

[2] 5월에 발생한 복리후생비의 총액은 얼마인가?(3점)

[3] 4월 ~ 6월에 한국상사에 발행한 지급어음 금액은 총 얼마인가?(3점)

이론과 실무문제의 답을 모두 입력한 후 「답안저장(USB로 저장)」을 클릭하여 저장하고, USB메모리를 제출하시기 바랍니다.

80회 전산회계 2급 A형 답안

이론시험

1	④	2	③	3	②	4	①	5	③
6	④	7	①	8	②	9	③	10	③
11	①	12	④	13	②	14	③	15	④

01. 업무용 차량이나 상품의 주문, 사원의 채용과 근로 계약, 에어컨 구입 계약 등은 회계상의 거래에 해당되지 않고, 홍수 피해로 보관 중인 상품의 손실은 재해손실(손상차손)로 회계상의 거래에 해당한다.

02. 지방자치단체 및 정부기관에 기부하는 금액은 영업외비용에 속하는 기부금 계정이며, 약속어음의 지급은 상품대금으로 지급하면 지급어음 계정으로 처리하지만 본 문제처럼 상품대금이 아닌 경우는 부채에 속하는 미지급금 계정으로 회계 처리한다.

03. • 총수익 − 총비용 = 300,000원(당기순이익)
   • 기초자산 − 기초부채 = 300,000원(기초자본)
   • 기초자본 + 당기순이익 = 600,000원(나−기말자본)
   • 기말자산 − 기말자본 = 200,000원(가−기말부채)

04. 보통예금은 유동자산에 속한다.

05. 분개 시 차변과 대변의 금액을 다르게 입력하면 시산표의 차변합계와 대변합계가 일치하지 않으므로 시산표 작성 시 오류를 발견할 수 있다.

06. 공장처분손실은 유형자산처분손실 계정으로 영업외비용으로 분류한다. 1번 : 소모품비, 2번: 여비교통비(단, 출장여비 개산 지급액은 가지급금으로 처리한다.), 3번:감가상각비로서 판매비와관리비에 속한다.

07. 재고자산을 매입함에 따른 매입부대비용은 재고자산의 취득원가에 가산한다.

08. 1번 : (차) 받을어음 (대) 외상매출금, 2번 : (차) 외상매입금 (대) 받을어음−배서양도한 경우이다, 3번 : (차) 지급어음 (대) 현금, 4번 : (차) 상품(대) 지급어음이다.

09. 분개를 하면 ...

(차) 감가상각누계액	6,500,000	(대) 차량운반구	15,000,000
처분가액	(6,500,000)		
유형자산처분손실	2,000,000		

10. 이자비용은 영업외비용에 속한다.

11. 이자비용 지급의 누락으로 비용이 과소계상되고 당기순이익은 과대계상된다.

12. 현금과부족 계정은 회계기간 중에 현금의 실제잔액과 장부잔액과의 차이가 발생 시 원인이 밝혀질 때까지 일시적으로 처리하는 가 계정이다.

13. 결산일 대손추산액 : 외상매출금 10,000,000원×대손율 1% = 100,000원 − 대손충당금 50,000원 = 50,000원(추가 설정)

14. 500,000원 + 임대료 미수분 20,000원 − 이자 미지급액 15,000원 = 505,000원

15. 재고자산을 판매하기 위하여 발생하는 비용은 취득원가에 포함하지 않고 운반비 계정으로 판매관리비로 처리한다.

실 무 시 험

문제1 ① 사업자등록번호 : 123-08-85753 → 123-03-85375
② 종목 : 의료기기 → 컴퓨터부품
③ 사업장관할세무서 : 동수원 → 의정부

문제2 ① 현금 : 7,000,000원을 70,000,000원으로 수정 입력
② 대손충당금(받을어음) : 30,000원을 300,000원으로 수정 입력
③ 단기차입금 : 60,000,000원 추가 입력

문제3 [1] 기초정보등록의 계정과목 및 적요등록 메뉴에서 811.복리후생비 대체적요란 3번에 '체육대회용 운동화 외상 구입'을 입력함.

[2] 거래처등록 메뉴(금융기관 탭)에 제시된 자료 등록

문제4 일반전표입력메뉴에 추가 입력

[1] 7월 1일 일반전표입력

(차) 선 급 금(더케이빌딩) 3,000,000 (대) 보 통 예 금 3,000,000
또는 선급비용(더케이빌딩)

[2] 9월 13일 일반전표입력

(차) 당 좌 예 금 15,000,000 (대) 상 품 매 출 20,000,000
외상매출금(동호상사) 5,000,000

• 타인에게 받은 당좌수표 : 현금 • 당좌예금계좌로 직접입금 : 당좌예금

[3] 9월 15일 일반전표입력

(차) 접 대 비(판)   100,000   (대) 미 지 급 금(삼성카드)   100,000
                              또는 미지급비용(삼성카드)

• 상품 이외의 것을 매입하고 카드 결제 : 미지급금   • 상품을 매입하고 카드 결제 : 외상매입금

[4] 9월 25일 일반전표입력

(차) 차 량 운 반 구   2,150,000   (대) 현   금   2,150,000
                              또는 (출금)차량운반구

※ 토지 등을 취득 시 지급하는 재세공과금(등기료, 취득세)은 취득원가에 포함한다.

[5] 9월 30일 일반전표입력

(차) 보 통 예 금   300,000   (대) 109 대손충당금(외상매출금)   300,000

※ 7월 30일 대손처리하였던 (차) 대손충당금(외상매출금) 300,000 (대) 외상매출금(경동상사) 300,000 전표를 조회한 다음 답안과 같이 수정분개를 하여 주면 된다.

[6] 10월 3일 일반전표입력

(차) 외상매입금(미니전기)   1,500,000   (대) 채 무 면 제 이 익   1,500,000

[7] 10월 10일 일반전표입력

(차) 예   수   금   132,000   (대) 현   금   132,000
                              또는 (출금)예 수 금

[8] 12월 12일 일반전표입력

(차) 여비교통비(판)   400,000   (대) 가 지 급 금   350,000
                                   현   금   50,000

※ 당초 지급한 350,000원을 "가지급금"으로 회계처리하였으므로 정리절차에 대한 분개가 이루어져야 한다.

※ 실제 지출한 금액 400,000원을 (차변) 여비교통비로 처리하고 차액 50,000원은 (대변) 현금으로 처리한다.

문제5 입력된 내용 오류 정정

[1] 12월 15일 일반전표입력

수정전 : (차) 상   품 5,000,000   (대) 현   금   5,100,000
                 운   반   비 100,000
수정후 : (차) 상   품 5,100,000   (대) 현   금   5,100,000

[2] 12월 20일 일반전표입력

수정전 : (차) 접 대 비(판)   200,000   (대) 현   금   200,000
수정후 : (차) 복리후생비(판) 200,000   (대) 현   금   200,000

문제6 결산정리사항을 입력 결산 완료

<수동결산> 12월 31일자로 일반전표에 직접 입력한다.

[1] (차) 감가상각비(판) 1,800,000   (대) 203 감가상각누계액(건물)   800,000
                                        209 감가상각누계액(차량) 1,000,000

[2] (차) 소 모 품 비(판)   120,000   (대) 소   모   품   120,000

[3] (차) 가   수   금   550,000   (대) 외상매출금[기쁨상사(주)] 550,000

[4] (차) 선 급 비 용 45,000,000   (대) 지급임차료(판) 45,000,000

<자동결산> 결산자료입력란을 이용하여 자동결산을 할 경우

대손충당금설정과 감가상각비계상 및 기말상품재고액 및 퇴직급여충당부채 설정은 해당란에 계산된 금액을 입력을 한 후 반드시 결산자료입력 화면 상단의 ([F3] 전표추가) 단추를 클릭하여 결산전표를 자동생성 시킨 후 [일반전표 입력]에서 12월 31일자로 결산자동 분개를 확인한다.

문제7 장부조회하여 답안 메뉴에 입력

[1] [재무상태표 6월 조회, 6월 말 현재 유동자산 전기말에 비해 증가한 금액 (555,035,000원 − 339,000,000원)] : 216,035,000원

[2] [총계정원장 조회, 5월에 발생한 복리후생비의 총액] : 7,840,000원

[3] [거래처원장 조회, 4월 ~ 6월 한국상사에 발행한 지급어음 총액] : 2,500,000원

⑭ 제79회 기출문제

이 론 시 험

❖ 다음 문제를 보고 알맞은 것을 골라 이론문제 답안작성 메뉴화면에 입력하시오.
(※ 객관식 문항당 2점)

---< 기 본 전 제 >---
문제에서 한국채택국제회계기준을 적용하도록 하는 전제조건이 없는 경우, 일반기업회계기준을 적용한다.

01 거래내용과 거래요소의 결합관계를 적절하게 나타내지 않은 것은?

거래내용	거래요소의 결합관계
① 대여금에 대한 이자를 현금으로 받다.	자산의 증가 – 자산의 감소
② 외상매입금을 약속어음으로 발행하여 지급하다.	부채의 감소 – 부채의 증가
③ 업무용 컴퓨터를 현금으로 매입하다.	자산의 증가 – 자산의 감소
④ 이번 달 전화요금이 보통예금에서 이체되다.	비용의 발생 – 자산의 감소

02 그림의 (가)에 들어갈 금액으로 옳은 것은?

2021년					
기초자산	15,000원	총수익	(**가**)	기말자산	15,000원
기초부채	10,000원	총비용	4,000원	기말부채	7,000원

① 1,000원 ② 7,000원
③ 8,000원 ④ 12,000원

03 현금시재액이 장부상 시재액보다 50,000원 부족한 경우 해야 할 적절한 조치는?

① 당좌차월 계정으로 대체한다. ② 선급금 계정으로 대체한다.
③ 현금과부족 계정에 대체한다. ④ 소액현금 계정으로 대체한다.

04 다음 중 총계정원장의 기록이 오류가 있는지 여부를 파악하는 검증 기능을 갖는 것은?

① 분개장   ② 재무상태표   ③ 시산표   ④ 원장

05 다음 자료에서 재무상태표에 단기투자자산 항목으로 표시되는 금액은?

현 금	150,000원	보 통 예 금	200,000원	당 좌 예 금	100,000원
단기매매증권	50,000원	받 을 어 음	100,000원	단기대여금	80,000원

① 130,000원   ② 150,000원   ③ 180,000원   ④ 230,000원

06 다음은 ○○상사의 분개장 일부이다. 10월 7일 '적요' 란 (가) 의 내용으로 가장 적절한 것은?

분 개 장

날짜		적 요	원면	차 변	대 변
10	5	(현 금)	1	800,000	
		(자 본 금)	7		800,000
		현금 출자 개업			
	7	(상 품)	4	100,000	
		(현 금)	1		100,000
		(가)			

① 업무용 책상 구입   ② 판매용 컴퓨터 구입
③ 장기투자 목적 토지 구입   ④ 대표자 개인용 승용차 구입

07 외상대금의 조기회수로 인한 매출할인을 당기 총매출액에서 차감하지 않고, 영업외 비용으로 처리하였을 경우 손익계산서상 매출총이익과 당기순이익에 미치는 영향으로 옳은 것은?

	매출총이익	당기순이익		매출총이익	당기순이익
①	과소계상	과대계상	②	과소계상	불 변
③	과대계상	불 변	④	과대계상	과소계상

08 다음 계정 기입에 대한 설명으로 옳은 것만을 〈보기〉에서 있는 대로 고른 것은?

대 손 충 당 금

3/15 외 상 매 출 금 100,000원	1/ 1 전 기 이 월 200,000원
	4/10 현 금 50,000원
	12/31 대 손 충 당 금 120,000원

보기	ㄱ. 당기 중 대손확정액은 50,000원이다. ㄴ. 재무상태표에 표시되는 대손충당금은 270,000원이다. ㄷ. 손익계산서에 표시되는 대손상각비는 120,000원이다.

① ㄱ, ㄴ   ② ㄱ, ㄷ   ③ ㄴ, ㄷ   ④ ㄱ, ㄴ, ㄷ

09 다음 거래와 관련된 설명으로 옳은 것은?

> 업무용 승용차를 30,000,000원에 구입하고 대금 중 20,000,000원은 보통예금에서 이체하였으며, 10,000,000원은 신용카드(일시불)로 계산하였다. 승용차 구입관련 취득세 2,000,000원은 현금으로 지급하였다.

① 비용발생인 세금과공과로 계상되는 금액은 2,000,000원이다.
② 부채증가인 미지급금으로 계상되는 금액은 20,000,000원이다.
③ 자산증가인 보통예금으로 계상되는 금액은 10,000,000원이다.
④ 자산증가인 차량운반구로 계상되는 금액은 32,000,000원이다.

10 다음 중 재고자산으로 분류되는 것은?

① 투자 목적으로 취득한 건물
② 사무실에서 사용하는 책상과 의자
③ 부동산매매업자가 판매하기 위해 보유하고 있는 토지
④ 직원용 휴게실에 비치되어 있는 TV

11 선입선출법에 의한 블루진상사의 기말 상품재고액은 얼마인가?

• 기초상품 : 100개(@2,000원)	• 당기상품매입 : 900개(@3,000원)
• 당기상품판매 : 800개(@4,000원)	

① 300,000원   ② 360,000원   ③ 400,000원   ④ 600,000원

12 다음에서 설명하고 있는 자산에 해당하는 계정과목은?

> • 보고기간종료일로부터 1년 이상 장기간 사용가능한 자산
> • 영업활동에 사용할 목적으로 보유한 자산
> • 물리적 형태가 있는 자산

① 상품   ② 비품   ③ 임차보증금   ④ 외상매출금

13 9월 중 개업한 튼튼가구점의 자료이다. 9월 영업이익을 계산한 금액으로 옳은 것은?

> • 거실장판매 대금   450,000원   • 식탁판매 대금   300,000원
> • 판매용 가구 구입 대금   250,000원   • 종업원 급여   100,000원
> • 은행 장기차입금의 이자   10,000원   • 매장 임차료   100,000원
> ※ 9월 말 재고는 없는 것으로 가정한다.

① 300,000원   ② 400,000원   ③ 390,000원   ④ 290,000원

14 다음 중 결산마감 시 가장 먼저 마감되는 계정은?

① 선급비용   ② 선수수익   ③ 자본금   ④ 여비교통비

15 다음 중 비용으로 처리해야 하는 계정은?

① 매출할인   ② 매출에누리   ③ 매출환입   ④ 대손상각비

실무시험

○ 호가구(회사코드 : 0794)는 가구를 판매하는 도 · 소매 개인기업이며, 당기(제2기) 회계기간은 2021. 1. 1. ~ 2021. 12. 31. 이다. 전산세무회계 수험용 프로그램을 이용하여 다음 물음에 답하시오.

─────< 기 본 전 제 >─────

문제에서 한국채택국제회계기준을 적용하도록 하는 전제조건이 없는 경우, 일반기업회계기준을 적용한다.

문제1 다음은 호가구의 사업자등록증이다. 회사등록메뉴에 입력된 내용을 검토하여
●●●●● 누락분은 추가입력하고 잘못된 부분은 정정하시오.(6점)

사 업 자 등 록 증

(일반과세자)

등록번호 : 105-54-13351

상 호 명 : 호가구
대 표 자 명 : 한아름
개 업 연 월 일 : 2020. 2. 5.
사업장소재지 : 서울시 마포구 토정로 290-1
사업자의종류 : 업태 / 도소매 　　종목 / 가구
교 부 사 유 : 신규

사업자 단위 과세 적용사업자 여부 : 여( ) 부( )
전자세금계산서 전용 전자우편 주소 :

2020년 2월 10일

의정부세무서장

문제2 다음은 호가구의 전기분재무상태표이다. 입력되어 있는 자료를 검토하여 오류
●●●●● 부분은 정정하고 누락된 부분은 추가 입력하시오.(6점)

재 무 상 태 표

회사명 : 호가구　　　　　　제1기 2020년 12월 31일 현재　　　　　　(단위 : 원)

과　　목	금　　액		과　　목	금　　액
현　　　　　금		50,00,000	외 상 매 입 금	45,000,000
보 통 예 금		30,000,000	지 급 어 음	20,000,000
정 기 예 금		20,000,000	선 　수　 금	20,000,000
외 상 매 출 금	50,000,000		단 기 차 입 금	40,000,000
대 손 충 당 금	500,000	49,500,000	자 　본 　금	212,200,000
받 을 어 음	30,000,000		(당기순이익 : 15,000,000)	
대 손 충 당 금	300,000	29,700,000		
단 기 대 여 금		10,000,000		
미 　수 　금		20,000,000		
상　　　　　품		80,000,000		
차 량 운 반 구	52,000,000			
감 가 상 각 누 계 액	23,000,000	29,000,000		
비　　　　　품	20,000,000			
감 가 상 각 누 계 액	1,000,000	19,000,000		
자 산 총 계		337,200,000	부채와 자본총계	337,200,000

문제3 다음 자료를 이용하여 입력하시오.(6점)

[1] 다음 자료를 이용하여 거래처별 초기이월 메뉴에 수정 또는 추가 입력하시오.(3점)

계정과목	거래처명	금액(원)	계정과목	거래처명	금액(원)
단기대여금	강 남 상 회	2,000,000	외상매입금	호 국 상 사	21,000,000
	성 수 상 사	8,000,000		민 한 상 사	20,000,000
				통 큰 가 구	4,000,000

[2] 계정과목 및 적요등록 메뉴에서 다음 각 계정과목의 적요를 추가로 등록하시오.(3점)

계정과목	적요 종류	적요 번호	적요 내용
복리후생비	대체적요	3	부서별 회식
미 지 급 금	대체적요	9	카드대금 계좌이체 결제

문제4 다음 거래 자료를 일반전표입력 메뉴에 추가 입력하시오.(24점)

―― < 입력시 유의사항 > ――

• 적요의 입력은 생략한다.

• 부가가치세는 고려하지 않는다.

• 채권·채무와 관련된 거래는 반드시 기 등록되어 있는 거래처코드를 선택하는 방법으로 거래처명을 입력한다.

• 회계처리시 계정과목은 등록되어 있는 계정과목 중 가장 적절한 과목으로 한다.

[1] 8월 12일 거래처 하늘상회의 상품매출에 대한 외상대금 1,500,000원을 회수하면서 약정기일보다 빠르게 회수하여 1%를 할인해 주고, 대금은 보통예금 계좌로 입금받다.(3점)

[2] 8월 20일 광속마차에서 할부로 구입하고 미지급금으로 처리한 차량할부금 500,000원이 보통예금계좌에서 자동이체 되다.(3점)

[3] 9월 2일 봄봄상사에 대여한 단기대여금 6,000,000원과 이자 270,000원을 당사 보통예금계좌로 회수하다.(3점)

[4] 9월 8일 업무용 복사용지(비용처리)를 구입하고 대금은 보통예금 계좌에서 인터넷 뱅킹으로 지급하다.(3점)

NO.	영 수 증 (공급받는자용)			
	호 가 구			귀하
공급자	사 업 자 등록번호	126-01-18454		
	상 호	청라문구	성명	오희연
	사 업 장 소 재 지	인천 서구 승학로 58번길		
	업 태	도, 소매업	종목	문구
작성일자		금액합계		비고
2021. 9. 8.		₩100,000원		
공급내역				
월/일	품명	수량	단가	금액
9. 8.	A4 용지	8	12,500원	100,000원
합 계				100,000원
위 금액을 영수(청구)함				

[5] 9월 20일 매출처 서울상사의 외상매출금 중 1,500,000원은 약속어음(만기일 2021년 12월 20일)으로 받고 500,000원은 당사 보통예금계좌로 입금 받다.(3점)

[6] 9월 25일 9월분 사무실 수도요금 60,000원과 사무실 전화요금 40,000원을 보통예금계좌에서 이체하였다.(3점)

[7] 10월 1일 사업확장을 위한 자금조달 목적의 차입금 10,000,000원이 복저축은행에서 보통예금에 입금되었다. (상환예정일 : 2023년 4월 30일, 이자 지급일 : 매월 말일, 이자율 : 연 6%)(3점)

[8] 10월 13일   상품 2,500,000원을 영광산업에 외상으로 판매하고 운송비 30,000 원을 보통예금에서 이체하여 지급하였다.(3점)

문제5   일반전표입력메뉴에 입력된 내용 중 다음과 같은 오류가 발견되었다. 입력된 내용을 확인하여 정정 또는 추가입력 하시오.(6점)

[1] 10월 20일   해동무역에 외상대금을 결제하기 위해 이체한 금액 600,000원에는 송금수수료 3,000원이 포함되어 있다.(3점)

[2] 12월 20일   영업부에서 사용하는 승용차의 제2기분 자동차세 86,000원을 납부기 한 내에 보통예금계좌에서 납부하고 차량운반구로 처리하였다.(3점)

문제6   다음의 결산정리사항을 입력하여 결산을 완료하시오.(12점)

[1] 결산일 현재 12월분 차입금 이자비용 미지급액 150,000원이 계상되어 있지 않음 을 발견하였다.(3점)

[2] 당기에 비용으로 처리한 보험료 중 기간미경과분 300,000원이 있다.(3점)

[3] 당기분 차량운반구 감가상각비는 300,000원이며, 비품 감가상각비는 100,000원 이다.(3점)

[4] 매출채권(외상매출금, 받을어음) 잔액에 대하여 1%의 대손충당금을 보충법으로 설정하다.(3점)

문제7   다음 사항을 조회하여 답안을 `이론문제 답안작성` 메뉴에 입력하시오.(10점)

[1] 1분기(1월~3월)의 현금으로 지출된 접대비는 얼마인가?(3점)

[2] 5월 말 현재 차량운반구의 장부가액은 얼마인가?(3점)

[3] 6월 말 현재 외상매입금의 잔액이 가장 많은 거래처와 금액은 얼마인가?(4점)

이론과 실무문제의 답을 모두 입력한 후 「답안저장(USB로 저장)」을 클릭하여 저장하고, USB메모리를 제출하시기 바랍니다.

79회 전산회계 2급 A형 답안

이론시험

1	①	2	②	3	③	4	③	5	①
6	②	7	③	8	③	9	④	10	③
11	④	12	②	13	①	14	④	15	④

01. 보기 1번 : 대여금에 대한 이자를 받았을 때의 결합관계는 (차) 자산의 증가 (대) 수익의 발생으로 나타낸다.

02. • 기초자산 15,000원 − 기초부채 10,000원 = 기초자본 5,000원
  • 기말자산 15,000원 − 기말부채 7,000원 = 기말자본 8,000원
  • 기말자본 8,000원 − 기초자본 5,000 = 순이익 3,000원
  • 총수익 (가) − 총비용 4,000원 = 순이익 3,000원

03. 현금 시재액과 장부액이 불일치하는 경우에는 임시적 성질을 가진 현금과부족 계정으로 처리해두고 그 불일치 원인을 조사하여 원인이 판명되면 해당 계정으로 대체하며 결산일까지 원인 불명인 경우에는 잡손실 또는 잡이익 계정으로 대체한다.

04. 시산표는 총계정원장의 기록이 정확한지 여부를 검증하는 계정 잔액 집계표이다.

05. 현금, 보통예금, 당좌예금은 재무상태표에 '현금및현금성자산' 으로 통합 표시하고, 받을어음은 외상매출금과 함께 '매출채권' 으로, 단기매매증권과 단기대여금은 단기금융상품과 함께 '단기투자자산' 항목으로 통합표시한다.

06. 보기를 분석해 보면... 1번 : 업무용 책상은 '비품', 3번 : 장기투자목적 토지는 '투자부동산', 4번 : 대표자 개인용 승용차 구입은 '인출금' 계정으로 처리한다.

07. 매출할인을 당기 총매출액에서 차감하지 않으면 매출액이 과대하게 되어 매출총이익이 과대계상되지만, 매출할인을 영업외비용으로 처리하면 매출총이익이 과대계상된 만큼 당기순이익이 줄어지므로 결국 당기순이익은 불변이다.

08. 3/15 (차) 대손충당금 100,000 (대) 외상매출금 100,000으로 당기 중 대손확정액은 100,000원이고, 4/10 (차) 현금 50,000 (대) 대손충당금 50,000은 대손처리한 외상매출금을 현금으로 회수한 것이며, 12/31 (차) 대손상각비 120,000 (대) 대손충당금 120,000은 당기 설정액이다. 따라서 대손충당금 계정 대변합계 370,000원에서 차변금액 100,000원을 차감한 잔액 270,000원이 재무상태표에 표시되는 대손충당금이고, 손익계산서에 표시되는 대손상각비는 12/31 대손충당금 설정액 120,000원이다.

09. 거래를 분개하면,
(차) 차량운반구 32,000,000
(대) 보통예금 20,000,000, 미지급금 10,000,000, 현금 2,000,000

10. 보기 1번 : 투자부동산(투자자산)으로 처리하고, 2번과 4번은 비품(유형자산)으로 처리한다.

11. 기말상품재고수량 : 100개+900개−800개 = 200개에 단가 3,000원을 곱하면 600,000원이다.

12. 보기의 내용은 유형자산에 대한 설명이다. 1번 : 상품은 재고자산, 3번 : 임차보증금은 기타비유동자산, 4번 : 외상매출금은 당좌자산이다.

13. • 거실장과 식탁 판매대금은 매출액이고, 판매용 가구 구입대금은 매입원가인데, 기말재고는 없는 것으로 하므로 전액 매출원가이다. 따라서 매출액 750,000원 − 매출원가 250,000원 = 매출총이익 500,000원
 • 매출총이익 − 종업원급여 − 매장임차료 = 영업이익 300,000원이다. 은행 장기차입금의 이자는 영업외비용이므로 제외한다.

14. 총계정원장의 마감은 수익·비용 계정을 먼저 마감하고, 순손익을 산출한 후 자산·부채·자본 계정을 마감한다. 1번 : 자산, 2번 : 부채, 3번 : 자본, 4번 : 비용 계정이다.

15. 매출할인, 매출에누리, 매출환입은 비용계정이 아니라 매출에서 차감하는 계정이다.

실 무 시 험

문제1 ① 업태 : 제조업을 도소매로 수정
② 소재지 : 서울시 서대문구 북아현로 32−1을 서울시 마포구 토정로 290−1로 수정
③ 서대문세무서를 마포세무서로 수정

문제2 ① 보통예금 : 3,000,000원을 30,000,000원으로 수정입력
② 감가상각누계액(비품) : 100,000원을 1,000,000원으로 수정입력
③ 단기차입금 : 40,000,000원 추가입력

문제3 [1] • 단기대여금에 거래처 성수상사 추가입력
 • 외상매입금 계정에 거래처 통큰가구 추가입력

[2] 계정과목 및 적요등록에서 복리후생비, 미지급금 대체적요에 해당 내용 입력

문제4 ┃ 일반전표입력메뉴에 추가 입력

[1] 8월 12일 일반전표입력

(차) 매 출 할 인(403)   15,000   (대) 외상매출금(하늘상회)   1,500,000
　　　 보 통 예 금 1,485,000

※ 매출할인은 매출액의 일정액을 차감하여 주는 것이고, 매출채권처분손실은 매출채권 회수기
일 도래 전 타인에게 양도하는 경우에 발생하는 것으로 매출할인과는 성격과 내용이 완전히
다르므로 매출할인을 매출채권처분손실로 처리하면 안된다.

[2] 8월 20일 일반전표입력

(차) 미지급금(광속마차)   500,000   (대) 보 통 예 금   500,000

※ 사산에 해당하는 '차량운반구'에 내한 미시급내금을 추후에 시급한 것으로 미시급금의 상환
과 관련된 회계처리를 해야 하는 것이다. 차량유지비 계정으로 처리하면 안된다.

[3] 9월 2일 일반전표입력

(차) 보 통 예 금 6,270,000   (대) 단기대여금(봄봄상사)   6,000,000
　　　　　　　　　　　　　　　　　　 이 자 수 익   270,000

[4] 9월 8일 일반전표입력

(차) 소 모 품 비(판)   100,000   (대) 보 통 예 금   100,000
또는 사무용품비(판)   100,000

※ 업무용으로 구입한 복사용지(비용처리)는 '소모품비' 또는 '사무용품비'로 회계처리한다.

[5] 9월 20일 일반전표입력

(차) 받을어음(서울상사) 1,500,000   (대) 외상매출금(서울상사)   2,000,000
　　　 보 통 예 금   500,000

[6] 9월 25일 일반전표입력

(차) 수 도 광 열 비   60,000   (대) 보 통 예 금   100,000
　　　 통 신 비(판)   40,000

[7] 10월 1일 일반전표입력

(차) 보 통 예 금 10,000,000   (대) 장기차입금(복저축은행)   10,000,000

※ 장기차입금은 반드시 거래처가 입력되어야 정답으로 인정된다.

[8] 10월 13일 일반전표입력

(차) 외상매출금(영광산업) 2,500,000   (대) 상 품 매 출 2,500,000
　　　 운 반 비(판)   30,000   　　　 보 통 예 금   30,000

문제5 입력된 내용 오류 정정

[1] 10월 20일 일반전표입력 - 전표 중복분 삭제

수정전 : (차) 외상매입금(해동무역) 600,000   (대) 보 통 예 금 600,000
수정후 : (차) 외상매입금(해동무역) 597,000   (대) 보 통 예 금 600,000
　　　　　 수수료비용(판)　　 3,000

※ 송금액 600,000원 중에 외상매입금의 상환에 수수료비용이 포함되어 있던 것을 구분하여 수수료
비용으로 회계처리하는 오류수정 문제로서 수수료비용 3,000원이 구분되어 회계처리되어야 한다.

[2] 12월 20일 일반전표입력

수정전 : (차) 차 량 운 반 구　 86,000   (대) 보 통 예 금　 86,000
수정후 : (차) 세금과공과(판)　 86,000   (대) 보 통 예 금　 86,000

※ 영업부에서 사용하는 승용차에 대한 자동차세는 세금과공과(판) 계정으로 처리한다.

문제6 결산정리사항을 입력 결산 완료

<수동결산> 12월 31일자로 일반전표에 직접 입력한다.

[1] (차) 이 자 비 용　 150,000   (대) 미 지 급 비 용　 150,000

※ 미지급비용은 발생주의 회계를 적용함에 따라 지급시기가 도래하지 않는 미확정채무에 사용하
는 계정으로서 주로 결산시기에 사용하는 계정이며, 미지급금은 외부와의 거래에서 상품 이외
의 재화나 용역을 구입하고 대금의 지급시기가 도래하였으나 지급하지 못하고 있는 확정채무
에 사용하는 계정이다. 따라서 미지급비용과 미지급금은 구분하여 회계처리하여야 하며, 해당
문제에서는 미지급비용으로 처리하여야 한다.

[2] (차) 선 급 비 용　 300,000   (대) 보 험 료(판)　 300,000

[3] (차) 감가상각비(판)　 400,000   (대) 209 감가상각누계액(차량)　 300,000
　　　　　　　　　　　　　　　　　　　　213 감가상각누계액(비품)　 100,000

[4] (차) 대손상각비(판)　 1,297,000   (대) 109 대손충당금(외상)　 884,000
　　　　　　　　　　　　　　　　　　　　111 대손충당금(받을)　 413,000

※ 외상매출금 : 138,400,000원 × 1% - 500,000원 = 884,000원
※ 받을어음 : 71,300,000원 × 1% - 300,000원 = 413,000원
※ 앞의 일반전표 문제 중 매출채권에 대한 입력사항이 잘못 되었다 해도 응시자 본인의 매출채권
잔액으로 대손충당금 설정액의 계산 절차가 정확한 경우 정답으로 인정한다.

<자동결산> 결산자료입력란을 이용하여 자동결산을 할 경우

대손충당금설정과 감가상각비계상 및 기말상품재고액 및 퇴직급여충당부채 설정은 해당란에 계산된 금액을 입력을 한 후 반드시 결산자료입력 화면 상단의 ([F3] 전표추가) 단추를 클릭하여 결산전표를 자동생성 시킨 후 [일반전표 입력]에서 12월 31일자로 결산자동 분개를 확인한다.

문제7 장부조회하여 답안 메뉴에 입력

[1] [월계표 조회(1월~3월)] : 2,140,000원

　　※ 월계표에 현금으로 지출된 접대비는 2,140,000이며, 그 외(대체)로 지출된 접대비는 1,000,000으로 접대비 총발생액인 총계가 3,140,000이다.

[2] [재무상태표 조회] : 29,000,000원(차량운반구 52,000,000원 − 차량운반구의 감가상각누계액 23,000,000원 = 29,000,000원)

[3] [거래처원장 외상매입금 조회] : 남한상회, 25,300,000원

⑮ 제78회 기출문제

이론시험

➡ 다음 문제를 보고 알맞은 것을 골라 이론문제답안작성 메뉴화면에 입력하시오.
(※ 객관식 문항당 2점)

─────< 기 본 전 제 >─────

문제에서 한국채택국제회계기준을 적용하도록 하는 전제조건이 없는 경우, 일반기업회계기준을 적용한다.

01 다음 중 회계상 거래에 해당되지 않는 것은?

① 보관 중인 현금 100,000원을 도난당하였다.
② 화재로 인해 창고에 보관되어 있던 상품 3,000,000원이 소실되었다.
③ (주)햇님과 1억 원의 상품판매계약을 체결하였다.
④ 현금 30,000,000원을 기업주 명의 통장으로 출자하다.

02 다음 내용과 관련 있는 회계 용어로 옳은 것은?

> "복식부기에서는 모든 계정의 차변합계와 대변합계는
> 항상 일치하여 자기검증기능을 갖는다."

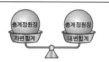

① 거래의 8요소   ② 거래의 이중성
③ 대차평균의 원리   ④ 수익·비용 대응의 원리

03 회계기말까지 미지급한 이자비용이 결산 시 장부에 반영되지 않았을 때 나타나는 현상으로 옳은 것은?

① 자산의 과대평가와 비용의 과대평가
② 부채의 과대평가와 비용의 과소평가
③ 자산의 과소평가와 비용의 과대평가
④ 부채의 과소평가와 비용의 과소평가

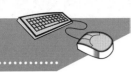

04 다음의 대화에서 박대리의 답변을 분개하는 경우 대변 계정과목으로 옳은 것은?

> • 김부장 : 박대리님. 매출처 대한상점에 대한 외상 대금은 받았습니까?
> • 박대리 : 네. 외상대금 100만 원이 당사 보통예금 계좌에 입금된 것을 확인
> 하였습니다.

① 현금   ② 보통예금   ③ 외상매출금   ④ 외상매입금

05 다음 현금및현금성자산의 종류 중 그 성격상 분류가 다른 하나는 무엇인가?

① 자기앞수표
② 타인(동점)발행수표
③ 일람출급어음
④ 취득당시 만기가 3개월 이내에 도래하는 채권

06 다음 빈칸 안에 들어 갈 내용으로 알맞은 것은?

구 분	항 목	재무제표
단기매매증권평가손익	영업외손익	(가)
선급비용	(나)	재무상태표

① (가) 손익계산서, (나) 유동자산   ② (가) 손익계산서, (나) 유동부채
③ (가) 재무상태표, (나) 유동자산   ④ (가) 재무상태표, (나) 유동부채

07 다음 자료에 의하여 당기 외상매입금 지급액을 계산하면 얼마인가?

> • 외상매입금 기초잔액   600,000원   • 당기의 외상매입액 3,200,000원
> • 외상매입금 기말잔액   400,000원

① 3,400,000원   ② 3,200,000원   ③ 2,600,000원   ④ 600,000원

08 다음 설명 중 옳은 것은?

① 대손상각비는 상품매입의 차감적 평가계정이다.
② 대손충당금은 손익계산서에 표시된다.
③ 외상매입금에 대하여 대손충당금을 설정할 수 있다.
④ 대손충당금은 채권에 대한 차감적 평가계정이다.

09 성수상사는 9월 1일 차입한 차입금(만기 1년)에 대한 이자 3개월분 48,000원을 차입한 당일 현금으로 선지급하였다. 12월 31일 결산분개 시 미지급이자 계상액은 얼마인가?

① 24,000원
② 26,000원
③ 16,000원
④ 64,000원

10 다음 자료에 기초한 장보고회사의 매출원가와 매출총이익은 얼마인가?

> • 기초상품 : 100개(@2,000)　　• 당기상품매입 : 900개(@2,000)
> • 당기상품판매 : 800개(@3,000)

	매출원가	매출총이익		매출원가	매출총이익
①	1,600,000원	900,000원	②	1,600,000원	800,000원
③	2,400,000원	900,000원	④	2,400,000원	800,000원

11 상품매입에 의한 매입에누리와 매입환출, 매입할인에 대한 올바른 회계처리방법은?

① 매입에누리와 매입환출, 매입할인 모두 총매입액에서 차감한다.
② 매입에누리는 수익처리하고, 매입환출은 외상매입금에서 차감한다.
③ 매입에누리와 매입환출은 총매입액에서 차감하고 매입할인은 수익처리한다.
④ 매입에누리와 매입환출, 매입할인 모두 수익처리한다.

12 다음 자료에서 2021년 12월 31일 결산 후 재무제표와 관련된 내용으로 옳은 것은?

> • 2020년 1월 1일 차량운반구 10,000,000원에 취득
> • 정률법 상각, 내용연수 5년, 상각률 40%

① 손익계산서에 표시되는 감가상각비는 4,000,000원이다.
② 재무상태표에 표시되는 감가상각누계액은 6,400,000원이다.
③ 상각 후 차량운반구의 미상각잔액은 6,000,000원이다.
④ 상각 후 차량운반구의 미상각잔액은 2,400,000원이다.

13 다음은 손익 계정의 일부이다. 이에 대한 설명으로 옳은 것은?

손			익		
매 입	460,000원		매 출	780,000원	
급 여	12,000원		이 자 수 익	62,000원	
⋮	⋮		⋮	⋮	
자 본 금	150,000원				
	930,000원			930,000원	

① 순매입액은 460,000원이다.　　　② 매출총이익은 320,000원이다.
③ 기말자본금은 150,000원이다.　　④ 당기 총수익은 780,000원이다.

14 다음 중 기말결산 수정정리사항이 아닌 것은?

① 외상매출금의 회수　　　　　　　② 기타채권에 대한 대손의 추산
③ 단기매매증권의 평가　　　　　　④ 건물의 감가상각

15 다음 지출내역서에서 8월의 판매비와관리비 금액으로 옳은 것은?

(8월) 지 출 내 역 서

(단위 : 원)

일자	적요	금액	신용카드	현금	비고
8/ 5	종업원 회식비용	200,000	100,000	100,000	
8/11	차입금 이자 지급	50,000		50,000	
8/16	수재의연금 기부	30,000		30,000	
8/20	거래처 선물 대금	100,000	100,000		
8/30	8월분 영업부 전기요금	20,000		20,000	

① 220,000원　　　　　　　　　　② 320,000원
③ 350,000원　　　　　　　　　　④ 400,000원

○ 이윤상회(코드번호 : 0784)는 화장품을 판매하는 개인기업이며, 당기(제4기) 회계기간은 2021. 1. 1. ~ 2021. 12. 31. 이다. 전산세무회계 수험용 프로그램을 이용하여 다음 물음에 답하시오.

─────< 기 본 전 제 >─────

문제에서 한국채택국제회계기준을 적용하도록 하는 전제조건이 없는 경우, 일반기업회계기준을 적용한다.

문제1 다음은 이윤상회의 사업자등록증이다. 회사등록메뉴에 입력된 내용을 검토하여 누락분은 추가입력하고 잘못된 부분은 정정하시오.(6점)

사 업 자 등 록 증

(일반과세자)

등록번호 : 135-15-91233

상 호 명 : 이윤상회
대 표 자 명 : 이윤주
개 업 연 월 일 : 2018. 2. 6.
사 업 장 소재지 : 경기도 화성시 효행로 1068
사업자의 종류 : 업태 / 도소매   종목 / 화장품
교 부 사 유 : 신규

사업자 단위 과세 적용사업자 여부 : 여( ) 부( )
전자세금계산서 전용 전자우편 주소 :

2018년 2월 6일

화성세무서장

문제2 다음은 이윤상회의 전기분 손익계산서이다. 입력되어 있는 자료를 검토하여 오류부분은 수정하고 누락부분은 추가입력하여 완성하시오. 전기분 재무상태표는 적정한 것으로 본다.(6점)

손 익 계 산 서

회사명 : 이윤상회   제3기 2020. 1. 1. ~ 2020. 12. 31   (단위 : 원)

과 목	금	액
Ⅰ. 매 출 액		520,000,000
상 품 매 출	520,000,000	
Ⅱ. 매 출 원 가		412,000,000
상 품 매 출 원 가		
기 초 상 품 재 고 액	13,000,000	
당 기 상 품 매 입 액	415,000,000	
기 말 상 품 재 고 액	16,000,000	
Ⅲ. 매 출 총 이 익		108,000,000
Ⅳ. 판 매 비 와 관 리 비		73,000,000
급 여	50,000,000	
복 리 후 생 비	5,200,000	
여 비 교 통 비	1,350,000	
접 대 비	2,880,000	
수 도 광 열 비	410,000	
세 금 과 공 과	620,000	
감 가 상 각 비	500,000	
임 차 료	5,500,000	
보 험 료	1,800,000	
차 량 유 지 비	1,300,000	
광 고 선 전 비	3,440,000	
Ⅴ. 영 업 이 익		35,000,000
Ⅵ. 영 업 외 수 익		500,000
이 자 수 익	280,000	
잡 이 익	220,000	
Ⅶ. 영 업 외 비 용		850,000
이 자 비 용	400,000	
기 부 금	450,000	
Ⅷ. 소 득 세 차 감 전 순 이 익		34,650,000
Ⅸ. 소 득 세 등		
Ⅹ. 당 기 순 이 익		34,650,000

문제3 다음 자료를 이용하여 입력하시오.(6점)

[1] 이윤상회의 신규 거래처이다. 거래처등록메뉴에 추가 등록하시오.(3점)

> - 거래처코드 : 300 • 상호 : 나눔상사
> - 유형 : 동시 • 사업자등록번호 : 124-37-38356
> - 대표자명 : 길나임 • 업태/종목 : 도매/화장품
> - 사업장소재지 : 경기도 수원시 권선구 경수대로 336(권선동)
> - 주소입력 시 우편번호는 입력하지 않아도 무방함.

[2] 이윤상회의 거래처별 초기이월 자료는 다음과 같다. 주어진 자료를 검토하여 오류를 정정하거나 누락된 것은 입력하시오.(3점)

계 정 과 목	거 래 처	금 액
외 상 매 출 금	한 국 유 통	1,300,000원
외 상 매 입 금	일 등 상 사	150,000원
	제 일 무 역	460,000원

문제4 다음 거래 자료를 일반전표입력 메뉴에 추가 입력하시오.(24점)

< 입력시 유의사항 >

- 적요의 입력은 생략한다.
- 부가가치세는 고려하지 않는다.
- 채권·채무와 관련된 거래는 반드시 기 등록되어 있는 거래처코드를 선택하는 방법으로 거래처명을 입력한다.
- 회계처리시 계정과목은 등록되어 있는 계정과목 중 가장 적절한 과목으로 한다.

[1] 8월 5일 쥬쥬상사에 상품을 6,000,000원에 판매하기로 계약하고, 계약금(판매금액의 10%)을 자기앞수표로 받다.(3점)

[2] 9월 11일 추석선물로 벌꿀세트 5개(1개당 100,000원)를 신용카드(하나카드)로 결제하여 구입하고, 당사 영업직원에게 2개, 나머지 3개는 거래처에 전달하다.(3점)

[3] 10월 10일 서양상사에 판매용 화장품을 3,500,000원에 판매하고 대금은 6개월 만기의 약속어음을 받았다.(3점)

[4] 10월 15일 현대카드사의 청구에 의해 회사의 월별 카드이용대금 1,030,000원이 당사 보통예금에서 인출되었다.(3점)

[5] 10월 25일 화장품박람회를 성공적으로 마무리 한 후 더줌갈비에서 사내영업부 직원과 회식하고 식사대 200,000원은 신용카드(국민카드)로 결제하였다.(3점)

[6] 11월 5일 단기매매차익을 얻을 목적으로 보유하고 있는 (주)동해의 주식 100주를 1주당 15,000원에 처분하고 대금은 수수료 등 20,000원을 차감한 금액이 보통예금계좌에 입금되었다.(단, (주)동해의 주식 1주당 취득원가는 10,000원이다)(3점)

[7] 11월 21일 거래처 송도조명에 3개월 전에 대여한 금액과 이자 100,000원까지 현금으로 회수하고 다음의 입금표를 발행하다.(3점)

No. 1												(공급자보관용)					
				입 금 표													
											송도조명 귀하						
공급자	사업자등록번호					135-15-91233											
	상 호			이윤상회				성 명				이 윤 주 (인)					
	사업장소재지					경기도 화성시 효행로 1068											
	업 태			도소매				종 목				화장품					
작성일			금 액											세 액			
년	월	일	공란수	억	천	백	십	만	천	백	일	천	백	십	만	천	백	일
21	11	21																
합계				억	천	백	십	만	천	백	십	일					
						3	1	0	0	0	0	0					
내용 : 대여금 및 이자 현금 입금																	
	위 금액을 영수함																
	영 수 자 이 윤 주 (인)																

[8] 12월 19일 영업부사원 최지방 사원이 12월 5일부터 12월 7일까지 부산 출장 시 지급받은 가지급금 350,000원에 대해 아래와 같이 사용하고 잔액은 현금으로 정산하다.(단, 가지급금에 대한 거래처 입력은 생략한다)(3점)

• 왕복교통비 및 숙박비 : 320,000원

문제5 일반전표입력메뉴에 입력된 내용 중 다음과 같은 오류가 발견되었다. 입력된 내용
을 확인하여 정정 또는 추가입력 하시오.(6점)

[1] 10월 20일 매출거래처 이룸상사에서 당좌예금으로 입금된 250,000원이 담당직
원의 실수로 10월 20일 이중으로 입력됨을 확인하였다.(3점)

[2] 12월 10일 직원 급여 지급 시 징수한 소득세 245,000원을 현금 납부하고 세금과
공과금으로 처리하였다.(3점)

문제6 다음의 결산정리사항을 입력하여 결산을 완료하시오.(12점)

[1] 결산일 현재 정기예금에 대한 기간경과분 미수이자 51,000원을 계상하시오.(3점)

[2] 영업부 소모품 구입 시 자산으로 처리한 금액 중 기말 현재 사용한 금액은 230,000
원이다.(3점)

[3] 12월분 영업부 직원급여 3,000,000원은 다음달 4일에 지급될 예정이다.(3점)

[4] 기말상품재고액은 5,400,000원이다.(결산차변, 결산대변으로 입력할 것)(3점)

문제7 다음 사항을 조회하여 답안을 이론문제 답안작성 메뉴에 입력하시오.(9점)

[1] 6월 말 현재 받을어음 잔액은 얼마인가?(3점)

[2] 상반기(1월~6월) 접대비 월평균발생액은 얼마인가?(3점)

[3] 4월 중에 발생한 상품구입 거래는 몇 건이며, 구입대금 합계액은 얼마인가?(4점)

이론과 실무문제의 답을 모두 입력한 후 「답안저장(USB로 저장)」을 클릭하여 저장하고, USB메모리를 제출하시기 바랍니다.

78회 전산회계 2급 A형 답안

이 론 시 험

1	③	2	③	3	④	4	③	5	④
6	①	7	①	8	④	9	③	10	②
11	①	12	②	13	②	14	①	15	②

01. 상품의 주문, 상품의 판매 계약, 보관 등은 기업의 자산·부채·자본에 증감변화를 가져오지 않기 때문에 회계상의 거래에 해당되지 않는다.

02. 복식부기에서는 거래의 이중성에 의해 모든 계정의 차변합계와 대변합계는 항상 일치하여 자기검정기능을 갖는 것을 대차평균의 원리라고 한다.

03. (차) 이자비용(비용) ××× (대) 미지급비용(부채) ×××의 분개를 장부에 반영되지 않는 경우 비용의 과소평가와 부채의 과소평가가 발생된다.

04. (차변) 보통예금 1,000,000원 (대변) 외상매출금 1,000,000원

05. 자기앞수표, 타인발행수표, 일람출급어음은 현금으로 분류되고, 취득 당시 만기가 3개월 이내에 도래하는 채권은 현금성자산으로 분류한다.

06. 단기매매증권평가손익은 결산 시 단기매매증권의 공정가치와 장부금액과의 차이를 회계 처리하는 계정으로 영업외손익으로 분류하고 손익계산서에 표시되며, 선급비용은 유동자산으로 분류하고 재무상태표에 표시된다.

07.

외 상 매 입 금

당기 지급액	(3,400,000)	기초 잔액	600,000
기말 잔액	400,000	당기 외상매입액	3,200,000
	3,800,000		3,800,000

08. 대손충당금은 채권에 대한 차감적 평가계정으로 재무상태표에 표시된다.

09. 한 달간의 이자비용은 48,000÷3개월=16,000원이다. 당기 결산일까지의 경과분 (9/1~12/31)에 해당되는 이자비용은 4개월×16,000원 = 64,000원인데 9월 1일에 선지급한 이자는 3개월 분 48,000원이므로 12월 한 달 경과분 이자비용 16,000원이 미지급 되었다.

10. 기초상품과 당기매입상품의 단가가 동일하게 @2,000원이므로 선입선출법이든 후입선출법이든 평균법이든 단가결정방법은 어느 것을 적용해도 동일한 결과가 나온다. 따라서 매출원가는 판매수량 800개에 단위당원가 2,000원이므로 1,600,000원이고 매출총이익 = 매출액 2,400,000원 (판매수량 800개×판매가격 3,000원) − 매출원가 1,600,000원 = 800,000원이 된다.

11. 총매입액에서 매입에누리와 매입환출, 매입할인은 차감한다.

12. • 2020년 12월 31일의 감가상각비 : 10,000,000원×0.4 = 4,000,000원
  • 2021년 12월 31일의 감가상각비 : (10,000,000원−4,000,000원) × 0.4 = 2,400,000원
  • 2021년 12월 31일의 감가상각누계액은 4,000,000+2,400,000 = 6,400,000원이고, 미상 각잔액은 10,000,000−6,400,000 = 3,600,000원이다.

13. 손익계정 대변의 매출은 순매출액, 차변의 매입은 매출원가이다. 따라서 매출총이익은 320,000원이다. 차변의 자본금 150,000원은 당기순이익을 자본금계정에 대체하는 것을 의미하며, 당기 총수익은 대변합계 930,000원이다.

14. 외상매출금의 회수는 기간 중에 발생하는 거래이다.

15. 8/5 종업원회식비용은 복리후생비 200,000원 + 8/20 거래처선물대금은 접대비 100,000원 + 8/30 전기요금은 수도광열비 20,000원 = 320,000원(판매비와관리비)이다. 차입금이자 는 이자비용, 수재의연금 기부는 기부금으로 영업외비용으로 분류한다.

실 무 시 험

문제1 ① 성명 : 이은주를 이윤주로 수정
② 업태 : 제조업을 도소매로 수정
③ 사업장관할세무서 : 수원세무서를 화성세무서로 수정

문제2 ① 임차료 550,000원을 5,500,000원으로 수정
② 잡이익 220,000원 추가입력
③ 기부금 540,000원을 450,000원으로 수정

문제3 [1] 거래처등록 메뉴에 주어진 자료 등록

[2] 외상매출금 : 한국유통 130,000원 → 한국유통 1,300,000원으로 수정
외상매입금 : 일등상사 460,000원 → 일등상사 150,000원으로 수정
    제일무역 150,000원 → 제일무역 460,000원으로 수정

문제4 일반전표입력메뉴에 추가 입력

[1] **8월 5일** 일반전표입력

(차) 현   금   600,000   (대) 선수금(쥬쥬상사)   600,000

[2] 9월 11일 일반전표입력

(차) 복리후생비(판)	200,000	(대) 미 지 급 금	500,000
접 대 비(판)	300,000	미지급비용(하나카드)	

[3] 10월 10일 일반전표입력

(차) 받을어음(서양상사)	3,500,000	(대) 상 품 매 출	3,500,000

※ 문제에서 판매용 화장품의 판매라고 언급되어 있어 상품의 매출로 판단할 수 있으며, 일반전
표입력 메뉴에 분개할 때는 (0401)상품매출로 회계처리한다.

[4] 10월 25일 일반전표입력

(차) 미지급금(현대카드)	1,030,000	(대) 보 통 예 금	1,030,000

※ 거래처원장 외상매입금계정을 조회하면 거래처 현대카드의 외상매입금 잔액이 없으며, 거래
서원장 미지급금계징을 조회하면 거래처 현대카드의 미지급금 잔액이 1,030,000원이 있음을
알수가 있다.

[5] 10월 25일 일반전표입력

(차) 복리후생비(판)	200,000	(대) 미 지 급 금	200,000
		미지급비용(국민카드)	

[6] 11월 5일 일반전표입력

(차) 보 통 예 금	1,480,000	(대) 단 기 매 매 증 권	1,000,000
		단기매매증권처분이익	480,000

※ 단기매매증권 처분 시 장부금액과 처분금액(매가)과의 차액은 단기매매증권처분손익(단기투
자자산처분손익)으로 회계 처리한다. 단, 처분 시 지급한 수수료는 단기매매증권처분손익(단
기투자자산처분손익)에 가감하여 회계처리 한다.

※ 단기매매증권 취득 시 지급한 지급수수료는 (0984)수수료비용(영업외비용)으로 처리한다.

[7] 11월 21일 일반전표입력

(차) 현 금	3,100,000	(대) 단기대여금(송도조명)	3,000,000
		이 자 수 익	100,000

[8] 12월 19일 일반전표입력

(차) 여비교통비(판)	320,000	(대) 가 지 급 금	350,000
현 금	30,000		

※ 영업활동에서 발생한 직원의 출장 경비(숙박비, 교통비 등)은 '여비교통비' 계정으로 처리하
며, 종업원의 복지를 위해 지출된 비용은 '복리후생비' 계정으로 회계 처리한다.

문제5 | 입력된 내용 오류 정정

[1] 10월 20일 일반전표입력 – 전표 중복분 삭제

수정전:	(차) 당 좌 예 금	250,000	(대) 외상매출금(이룸상사)	250,000
	(차) 당 좌 예 금	250,000	(대) 외상매출금(이룸상사)	250,000
수정후:	(차) 당 좌 예 금	250,000	(대) 외상매출금(이룸상사)	250,000

※ 입력된 내용을 확인하여 정정 또는 추가입력하는 오류수정문제이므로 차변과 대변을 모두 수정해야 하는 문제이다.

[2] 12월 10일 일반전표입력

수정전 : (차) 세 금 과 공 과 245,000   (대) 보 통 예 금 245,000
수정후 : (차) 예 　 수 　 금 245,000   (대) 현 　 　 　 금 245,000

문제6 　결산정리사항을 입력 결산 완료

<수동결산> 12월 31일자로 일반전표에 직접 입력한다.

[1] (차) 미 수 수 익　　51,000   (대) 이 자 수 익　　51,000

[2] (차) 소 모 품 비 (판)　230,000   (대) 소 　 모 　 품　230,000

[3] (차) 급 　 　 여 (판)　3,000,000   (대) 미 지 급 비 용 3,000,000
　　　　　　　　　　　　　　　　　　　또는 미지급금

[4] (결차) 상 품 매 출 원 가 104,600,000   (결대) 상 　 　 품 104,600,000

※ 기말 합계잔액시산표의 상품계정 차변잔액에서 기말상품 재고액을 차감한 금액을 상품매출원가로 대체한다.(110,000,000 − 5,400,000 = 104,600,000)

※ 12/31 합계잔액시산표상 상품 계정 차변잔액 = 기초상품재고액 + 당기상품매입액이다.

※ 문제에서 '전표입력 구분으로 5:결산차변, 6:결산대변을 사용한다.' 라고 제시하였기 때문에 (차) 상품매출원가 104,600,000 (대) 상품 104,600,000으로 입력하면 오답으로 인정된다.

<자동결산> 결산자료입력란을 이용하여 자동결산을 할 경우

　대손충당금설정과 감가상각비계상 및 기말상품재고액 및 퇴직급여충당부채 설정은 해당란에 계산된 금액을 입력을 한 후 반드시 결산자료입력 화면 상단의 ([F3] 전표추가) 단추를 클릭하여 결산전표를 자동생성 시킨 후 [일반전표 입력]에서 12월 31일자로 결산자동 분개를 확인한다.

문제7 　장부조회하여 답안 메뉴에 입력

[1] [재무상태표 조회 → 6월 말 현재 받을어음 잔액] : 6,000,000원

[2] [계정별원장 또는 합계잔액시산표 조회, 상반기(1~6월)접대비 월평균 발생액] : 총액 9,000,000원 ÷ 6개월 = 1,500,000원

[3] [계정별원장 조회] : 3건, 16,600,000원

⑯ 제77회 기출문제

(이 론 시 험)

⭕ 다음 문제를 보고 알맞은 것을 골라 │이론문제 답안작성│ 메뉴화면에 입력하시오.
(※ 객관식 문항당 2점)

─────< 기 본 전 제 >─────
문제에서 한국채택국제회계기준을 적용하도록 하는 전제조건이 없는 경우, 일반기업회계기준을 적용한다.

01 다음 중 손익계산서에 반영되는 계정과목이 아닌 것은?

① 복리후생비　　② 대손상각비　　③ 선급비용　　④ 감가상각비

02 결산 시 미지급이자비용을 계상하지 않을 경우 당기 재무제표에 어떤 영향을 주는가?

① 비용이 과대계상된다.　　　　② 자산이 과소계상된다.
③ 부채가 과대계상된다.　　　　④ 순이익이 과대계상된다.

03 다음 거래 요소의 결합 관계에 해당하는 거래로 옳은 것은?

┌─────────────────────────────────┐
│ (차변요소) 자산의증가　　(대변요소) 자산의 감소 │
└─────────────────────────────────┘

① 거래처에 현금 500,000원을 3개월간 대여하다.
② 당월 분 전기요금 160,000원을 현금으로 지급하다.
③ 정기예금에 대한 이자 180,000원을 현금으로 받다.
④ 거래처의 외상 대금 550,000원을 현금으로 지급하다.

04 다음 그림의 (가) 절차에 대한 설명으로 옳은 것만을 <보기>에서 있는 대로 고른 것은?

┌───┐
│　　　┌─────┐　　┌─────┐　(가)　┌─────────┐　│
│　　　│ 거 래 │ ─→ │ 분개장 │ ─→ │ 총계정원장 │　│
│　　　└─────┘　　└─────┘　　└─────────┘　│
│ ┌──┐ ㄱ. 분개장의 기입 내용을 해당 계정에 옮겨 적는 과정이다. │
│ │보││ ㄴ. 전산회계에서는 자동 처리되므로 (가)의 과정이 생략된다. │
│ │기││ ㄷ. (가)는 어느 계정, 어느 변에 얼마를 기입할 것인가를 결정하는 절차이다. │
│ └──┘ │
└───┘

① ㄱ　　　　② ㄱ, ㄴ　　　　③ ㄴ, ㄷ　　　　④ ㄱ, ㄴ, ㄷ

05 다음 중 회계상 현금으로 처리할 수 있는 것은?

① 거래처발행 약속어음　　　　　② 자기앞수표
③ 보통예금　　　　　　　　　　　④ 국채

06 다음은 (주)태평의 단기매매증권과 관련된 총계정원장의 일부이다. 이와 관련된 내용으로 옳지 않은 것은?

단 기 매 매 증 권

4/ 5　당 좌 예 금 1,000,000원	7/24　보 통 예 금　500,000원
	12/31　단기투자자산평가손실　100,000원

단 기 투 자 자 산 처 분 이 익

	7/24　보 통 예 금　　80,000원

단 기 투 자 자 산 평 가 손 실

12/31　단기매매증권　100,000원	

① 4월 5일 단기매매증권의 취득원가는 1,000,000원이다.
② 7월 24일에 매각한 단기매매증권의 처분 금액은 580,000원이다.
③ 12월 31일 단기매매증권의 기말 공정가액은 400,000원이다.
④ 12월 31일 결산시 공정가치가 장부금액보다 상승하였다.

07 다음의 계정과 분개장에 기록하는 방법의 묶음이 옳지 않은 것은?

① 외상매출금 계정 : 증가할 때 차변에 기록
② 미수금 계정 : 감소할 때 대변에 기록
③ 보험료 계정 : 발생할 때 차변에 기록
④ 차입금 계정 : 증가할 때 차변에 기록

08 다음은 차량 처분과 관련된 자료이다. 차량의 처분가액은 얼마인가?

• 취득가액 : 35,000,000원	• 감가상각누계액 : 21,000,000원
• 유형자산처분이익 : 3,000,000원	

① 5,000,000원　　　　　　　　　② 15,000,000원
③ 17,000,000원　　　　　　　　　④ 20,000,000원

09 다음은 급여명세표의 일부이다. 공제 내역의 (가) 내용을 예수금 계정으로 회계 처리하는 경우 (가)의 내용으로 적절하지 않은 것은?

성   명 : 김세무   직급(호봉) : ×××(××)
실 수령액 : 2,120,000원

급여 내역		공제 내역	
기본급	1,900,000	(가)	180,000
○○수당	100,000		
○○수당	200,000		
○○수당	100,000		
급여 계	2,300,000	공제 계	180,000

① 소득세   ② 상여금   ③ 국민연금   ④ 건강보험료

10 (주)서울의 12월 매입과 매출자료이다. 선입선출법에 의한 12월 말 재고자산과 매출원가는 얼마인가?

일 자	내 역	입 고		출 고
		수 량	단 가	수 량
12월 1일	월초재고	100개	300원	
12월 10일	매 입	200개	400원	
12월 18일	매 출			150개
12월 27일	매 입	100개	500원	

	기말재고자산	매출원가		기말재고자산	매출원가
①	110,000원	50,000원	②	80,000원	50,000원
③	60,000원	110,000원	④	50,000원	110,000원

11 다음 내용을 모두 포함하는 계정과목에 해당하는 것은?

- 기업의 영업활동에 장기간 사용되며, 기업이 통제하고 있다.
- 물리적 형체가 없으나 식별가능하다.
- 미래의 경제적 효익이 있다.

① 유가증권   ② 미수금   ③ 특허권   ④ 상품권

12 자산과 자본이 다음과 같을 때 부채총액은 얼마인가?

• 상품	200,000원	• 비품	100,000원
• 차량운반구	150,000원	• 자본금	200,000원

① 200,000원 　　② 250,000원 　　③ 300,000원 　　④ 350,000원

13 다음의 거래가 발생하였을 때 회계처리로 가장 적절한 것은?

사용 목적으로 토지를 100,000,000원에 취득하고 대금은 약속어음을 발행해 지급하였으며, 취득 및 등기와 관련된 비용 300,000원은 자기앞수표로 납부하다.

① (차) 토　　　지　　100,300,000　　(대) { 지 급 어 음　100,000,000 / 현　　　금　　　300,000

② (차) { 토　　　지　100,000,000 / 세 금 과 공 과　　300,000 }　　(대) { 지 급 어 음　100,000,000 / 현　　　금　　　300,000

③ (차) 토　　　지　　100,300,000　　(대) { 미 지 급 금　100,000,000 / 현　　　금　　　300,000

④ (차) { 토　　　지　100,000,000 / 수 수 료 비 용　　300,000 }　　(대) { 미 지 급 금　100,000,000 / 현　　　금　　　300,000

14 다음 일반 기업회계기준의 손익계산서 작성기준에 대한 설명 중 가장 잘못된 설명은?

① 수익은 실현시기를 기준으로 계상한다.
② 수익과 비용은 순액으로 기재함을 원칙으로 한다.
③ 비용은 관련 수익이 인식된 기간에 인식한다.
④ 수익과 비용의 인식기준은 발생주의를 원칙으로 한다.

15 장하늘회사의 기말 재무상태표에 계상되어 있는 미지급보험료는 8,000원이며(기초 미지급보험료는 없음), 당기 발생되어 손익계산서에 계상되어 있는 보험료가 30,000원 일때 당기에 지급한 보험료는 얼마인가?

① 12,000원 　　② 32,000원 　　③ 22,000원 　　④ 28,000원

실 무 시 험

◆ 서해상사(코드번호 : 0774)는 조명기구을 판매하는 개인기업이다. 당기(제5기) 회계기간은 2021. 1. 1. ~ 2021. 12. 31. 이다. 전산세무회계 수험용 프로그램을 이용하여 다음 물음에 답하시오.

─── < 기 본 전 제 > ───
문제에서 한국채택국제회계기준을 적용하도록 하는 전제조건이 없는 경우, 일반기업회계기준을 적용한다.

문제1 다음은 서해상사의 사업자등록증이다. 회사등록메뉴에 입력된 내용을 검토하여 누락분은 추가입력하고 잘못된 부분은 정정하시오(주소입력시 우편번호는 입력하지 않아도 무방함).(6점)

사 업 자 등 록 증

(일반과세자)

등록번호 : 107-42-68373

상 호 명 : 서해상사
대 표 자 명 : 김푸름
개 업 연 월 일 : 2017. 3. 25.
사업장소재지 : 인천시 서구 승학로 495번길(검암동)
사업자의종류 : 업태 / 도소매   종목 / 조명기구
교 부 사 유 : 신규

사업자 단위 과세 적용사업자 여부 : 여( ) 부( )
전자세금계산서 전용 전자우편 주소 :

2017년 3월 25일

서인천세무서장

문제2 다음은 서해상사의 전기분 재무상태표이다. 입력되어 있는 자료를 검토하여 오류 부분은 정정하고 누락된 부분은 추가 입력하시오.(6점)

재 무 상 태 표

회사명 : 서해상사   제4기 2020년 12월 31일 현재   (단위 : 원)

과 목	금	액	과 목	금	액
현 금		11,300,000	외 상 매 입 금		96,900,000
당 좌 예 금		40,450,000	지 급 어 음		29,000,000
보 통 예 금		18,250,000	미 지 급 금		7,580,000
외 상 매 출 금	52,500,000		예 수 금		355,000
대 손 충 당 금	525,000	51,975,000	선 수 금		5,200,000
받 을 어 음	11,000,000		자 본 금		38,630,000
대 손 충 당 금	110,000	10,890,000	(당기순이익 : 14,170,000)		
미 수 금		2,000,000			
선 급 금		1,400,000			
단 기 대 여 금		6,500,000			
상 품		9,600,000			
차 량 운 반 구	31,000,000				
감가상각누계액	9,500,000	21,500,000			
비 품	6,000,000				
감가상각누계액	2,200,000	3,800,000			
자 산 총 계		177,665,000	부채와 자본총계		177,665,000

문제3 다음 자료를 이용하여 입력하시오.(6점)

[1] 서해상사의 전기분 기말채권과 기말채무 잔액은 다음과 같다. 주어진 자료를 검토 하여 수정 및 추가입력하시오.(3점)

계정과목	거래처명	금액(원)	계정과목	거래처명	금액(원)
외상매출금	강 동 상 사	20,000,000	지 급 어 음	청 계 상 사	12,000,000
	송 도 조 명	17,500,000		제 일 상 사	8,800,000
	서 울 상 사	15,000,000		마 포 상 사	8,200,000

[2] 서해상사는 영업부 직원들의 사기를 높이기 위해 기능성 신발을 구입해 주기로 하였 다. 판매비와관리비의 복리후생비 계정에 다음 내용의 적요를 등록 하시오.(3점)

대체적요 3.	영업부 직원 기능성 신발 구입비

문제4 다음 거래 자료를 일반전표입력 메뉴에 추가 입력하시오.(24점)

─── < 입력시 유의사항 > ───

• 적요의 입력은 생략한다.

• 부가가치세는 고려하지 않는다.

• 채권·채무와 관련된 거래는 반드시 기 등록되어 있는 거래처코드를 선택하는 방법으로 거래처명을 입력한다.

• 회계처리시 계정과목은 등록되어 있는 계정과목 중 가장 적절한 과목으로 한다.

[1] 7월 10일 직원의 업무관련 교육을 위해 학원수강료를 현금으로 결제하고 현금
영수증을 수령하다.(3점)

> **(주)인재개발원**
>
> 114-81-80641 　　　　　 남 재 안
> 서울 송파구 문정동 101-2 TEL:3289-8085
> 홈페이지 http://www.kacpta.or.kr
>
> **현금(지출증빙)**
>
> 구매 2021/07/10/14:06 　 거래번호 : 0026-0107
> | 상품명 | 수량 | 금액 |
> |---|---|---|
> | 교육비 | | 250,000 |
> | -생략- | | |
> | 합 계 | | 250,000 |
> | 받은 금액 | | 250,000 |

[2] 7월 20일 (주)P산업의 파산으로 외상매출금 700,000원이 회수불가능하게 되
어 대손처리 하다.(단, 대손충당금 잔액은 525,000원이다) (3점)

[3] 8월 12일 덕우상사의 받을어음 9,000,000원이 만기가 도래하여 거래은행에 추
심의뢰하였는바 추심료 30,000원을 차감한 잔액이 당사 보통예금계
좌에 입금되었음을 통보받다.(3점)

[4] 8월 20일 사용 중인 업무용 컴퓨터 1대(취득가액 2,000,000원, 처분 시까지 감
가상각누계액 1,800,000원)를 한라컴퓨터에 100,000원에 처분하고
대금은 월말에 받기로하다.(3점)

[5] 8월 27일 단기 운용목적으로 군자상사 발행주식 100주(1주당 액면 4,000원)
를 1주당 7,000원에 구입하다. 취득 시 수수료 30,000원을 포함한 대
금은 보통예금에서 지급하다.(3점)

[6] **10월 5일** 다음과 같이 상품을 판매하고 대금 중 1,000,000원은 자기앞수표로 받고 잔액은 외상으로 하다.(3점)

5권		12호	거 래 명 세 표 (거래용)					
2021년 10월 5일			공급자	등록번호	107-42-68373			
송도조명 귀하				상호	서해상사	성명	김푸름 ㉑	
				사업장 소재지	인천 서구 승학로 495번길(검암동)			
아래와 같이 계산합니다.				업태	도소매	종목	조명기구	
합계금액 **삼백오십만원** 정					(₩3,500,000)			
월일	품 목		규격	수량	단가	공급가액		세액
10/5	LED 등 기구			50	30,000	1,500,000		
	할로겐 램프			50	40,000	2,000,000		
					합 계	3,500,000		

[7] **11월 5일** 1개월간 주방가구용품을 판매하기 위한 대형마트용 진열대를 임차하면서 엄마마트에 보증금 300,000원과 1개월분 임차료(당기 비용으로 계상할 것) 100,000원을 보통예금계좌에서 이체하다.(3점)

[8] **12월 2일** 나라상사와의 판매계약이 해지되어 11월 6일에 수령하였던 계약금을 당사 보통예금계좌에서 반환하였다.(3점)

문제5 일반전표입력메뉴에 입력된 내용 중 다음과 같은 오류가 발견되었다. 입력된 내용을 확인하여 정정 또는 추가입력 하시오.(6점)

[1] **10월 20일** 외상매출금 600,000원의 회수거래는 강동상사가 발행한 약속어음 (만기일 12월 31일)으로 회수한 것이다.(3점)

[2] **11월 25일** 거래처 하극상사로부터 외상매출금 5,000,000원을 현금으로 회수한 것으로 회계처리한 거래는, 실제로는 부족한 사업자금 운용을 위해 3개월간 다금상사에서 차입한 것이다.(3점)

문제6 다음의 결산정리사항을 입력하여 결산을 완료하시오.(12점)

[1] 이자수익계정에는 단기대여금에 대한 기간미경과분 이자 390,000원이 포함되어 있다.(3점)

[2] 기말 현재 현금과부족은 원인이 판명되지 않았다.(3점)

[3] 기말 합계잔액시산표의 가수금 잔액은 거래처 행복상사에 대한 외상대금 회수액으로 판명되다.(3점)

[3] 기말 매출채권(외상매출금, 받을어음)잔액에 대하여 1%의 대손충당금을 설정하다.(보충법)(3점)

문제7 다음 사항을 조회하여 답안을 │이론문제 답안작성│ 메뉴에 입력하시오.(9점)

[1] 상반기(1월 ~ 6월) 중 상품 매입이 가장 많은 달은 몇 월이며, 그 금액은 얼마인가?(3점)

[2] 4월 ~ 6월에 단풍상사에 발행한 약속어음은 총 얼마인가?(3점)

[3] 매월 1일에서 말일까지의 현대신용카드 사용액이 다음 달 25일에 보통예금으로 자동이체 되고 있다. 6월 25일 결제하여야 할 현대카드대금은 얼마인가?(4점)

이론과 실무문제의 답을 모두 입력한 후 「답안저장(USB로 저장)」을 클릭하여 저장하고, USB메모리를 제출하시기 바랍니다.

77회 전산회계 2급 A형 답안

이론시험

1	③	2	④	3	①	4	②	5	②
6	④	7	④	8	③	9	②	10	①
11	③	12	②	13	③	14	②	15	③

01. 선급비용은 자산이므로 재무상태표 계정과목이고, 나머지 계정은 손익계산서 계정과목이다.

02. 이자비용(비용)과 미지급이자비용(부채)를 계상하지 않으면 비용과 부채가 과소계상되고, 순이익은 과대계상된다. 이 경우 자산은 관련이 없다.

03. 보기의 결합관계를 분석하면 1번 : (차)자산의 증가(대)자산의 감소, 2번 : (차)비용의 발생 (대)자산의 감소, 3번 : (차)자산의 증가(대)수익의 발생, 4번 : (차)부채의 감소(대)자산의 감소이다.

04. (가)는 '전기'를 말하며, ㄷ은 분개에 대한 설명이다.

05. 보기1번은 받을어음, 2번 : 현금, 3번 : 현금성자산, 4번 : 단기매매증권(또는 매도가능증권, 만기보유증권, 취득 시 만기가 3개월 이내인 경우는 현금성자산)

06. 단기투자자산평가손실이 발생한 것은 결산 시 공정가치가 장부금액보다 하락하였기 때문이다. 공정가치가 장부금액보다 상승하면 평가이익이 발생한다.

07. 차입금 계정이 증가할 때는 대변에 기록한다.

08. (차) 감가상각누계액   21,000,000   (대) 차량운반구   35,000,000
          처분가액   (17,000,000)   유형자산처분이익   3,000,000

09. 기업이 종업원에게 급여 지급 시 종업원이 국가에 납부하야 할 소득세, 국민연금, 건강보험료 등을 차감하여 지급하고, 이렇게 차감한 금액은 기업이 종업원을 대신하여 해당 기관(세무서 등)에 납부하는 절차를 원천징수라 하며, 이때 사용하는 계정은 예수금 계정이다. 상여금은 왼쪽의 급여내역에 표시될 항목이며 분개 시에도 차변에 상여수당으로 표시하기도 하고, 급여에 포함하기도 한다.

10. 선입선출법가정 하의 출고수량 150개의 매출원가 : (출고수량 150개에 적용되는 단가 : 12/1일 100개×300원 + 12/10일 50개×400원) = 50,000원이고, 기말재고수량은 250개이므로 : (12/10일 150개×400원 + 12/27일 100개×500원) = 110,000원이다.

11. 박스의 내용은 무형자산에 대한 설명으로 특허권이 해당된다.

12. 자산 − 자본 = 부채이므로, 상품 200,000원 + 비품 100,000원 + 차량운반구 150,000원 − 자본금 200,000원= 250,000원이 계산된다.

13. 토지 취득 및 등기와 관련된 비용 300,000원은 토지 원가에 포함시키고, 유형자산 취득과 관련된 약속어음 발행은 미지급금으로 처리한다. 단, 상품매입 시 약속어음의 발행은 지급어음으로 처리한다.

14. 보기2번은 순액주의이다. 일반기업회계기준에서는 수익과 비용은 총액으로 기재함을 원칙으로 한다.(총액주의)

15.

보 험 료			
당기지급액	(22,000)	당기발생 손익	30,000
기말미지급보험료	8,000		

실 무 시 험

문제1 주소입력 시 우편번호는 입력하지 않아도 무방함

① 대표자명 [　] 빈 칸에 '김푸름' 입력
② 종목: '전자제품'을 '조명기구'로 수정
③ 개업연월일 : 2018. 10. 25.를 2017. 3. 25.로 수정

문제2 ① 받을어음에 대한 대손충당금 110,000원 추가입력
② 단기대여금 6,500,000원 추가입력
③ 예수금 3,550,000원을 355,000원으로 수정

문제3 [1] • 외상매출금 : 송도조명 1,750,000원을 17,500,000원으로 수정
• 지 급 어 음 : 청계상사 120,000,000원을 12,000,000원으로 수정
마포상사 8,200,000원 추가 입력

[2] 계정과목 및 적요등록 메뉴 입력

문제4 **일반전표입력메뉴에 추가 입력**

[1] 7월 10일 일반전표입력

(차) 교육훈련비(판)　250,000　　(대) 현　　　　금　250,000

[2] 7월 20일 일반전표입력

(차) 109 대손충당금(외상)　525,000　　(대) 외상매출금[(주)P산업]　700,000
대손상각비(판)　175,000

※ 실제로 대손이 발생한 경우에는 대손충당금 계정을 차감하고, 대손충당금 잔액을 초과하는 부분에 대하여만 대손상각비로 분개하여야 한다.

[3] **8월 12일** 일반전표입력

(차) 보 통 예 금 8,970,000   (대) 받을어음(덕우상사) 9,000,000
　　수수료비용(판) 30,000

※ 매출채권처분손실은 채권의 권리의무가 실질적으로 이전되는 받을어음을 할인하는 경우, 매각
　 거래로 인식할 때 할인으로 받은 실수령액과 액면가액 간의 차액을 처리하는 계정이다.

[4] **8월 20일** 일반전표입력

(차) 213 감가상각누계액(비품) 1,800,000   (대) 비　　　　품 2,000,000
　　미수금(한라컴퓨터) 100,000
　　유형자산처분손실 100,000

※ 2,000,000(취득원가) − 1,800,000(감가상각누계액) = 장부잔액(200,000)
※ 처분가격(100,000) − 장부잔액(200,000) = 유형자산처분손실(100,000)

[5] **8월 27일** 일반전표입력

(차) 단 기 매 매 증 권 700,000   (대) 보 통 예 금 730,000
　　수수료비용(984) 30,000

※ 단기 운용 목적으로 구입한 것이므로 단기매매증권으로 처리하며, 단기매매증권 취득 시 지급
　 한 수수료는 (984)수수료비용 (영업외비용)으로 처리한다.

[6] **10월 5일** 일반전표입력

(차) 현　　　　금 1,000,000   (대) 상 품 매 출 3,500,000
　　외상매출금(송도조명) 2,500,000

[7] **11월 5일** 일반전표입력

(차) 임 차 보 증 금 300,000   (대) 보 통 예 금 400,000
　　지급임차료(판) 100,000

※ 임차보증금은 채권계정으로 거래처등록을 하여야 하나 거래처등록 란에 엄마마트가 등록되어
　 있지 않기 때문에 등록하지 않아도 된다.
※ 문제에서 거래처입력을 생략하라는 표현이 없었으므로 답안에 거래처를 입력한 것도 정답으
　 로 인정한다.

[8] **12월 2일** 일반전표입력

(차) 선수금(나라상사) 450,000   (대) 보 통 예 금 450,000

※ 11월 6일자를 조회하여 선수금(나라상사) 450,000원을 확인한 후 회계처리하면 된다.

문제5 | 입력된 내용 오류 정정

[1] **10월 20일**

수정전 : (차) 현　　　　금 600,000   (대) 외상매출금(강동상사) 600,000
수정후 : (차) 받을어음(강동상사) 600,000   (대) 외상매출금(강동상사) 600,000

[2] 11월 25일

　　수정전 : (차) 현　　　　　금 5,000,000　　　(대) 외상매출금(하국상사)　5,000,000

　　수정후 : (차) 현　　　　　금 5,000,000　　　(대) 단기차입금(다금상사)　5,000,000

　　※ 분개의 차변과 대변은 거래의 '원인과 결과'이다. 해당 문제는 오류를 올바른 회계처리로 바로
　　　잡는 것으로서 외상매출금이라는 채권 회수를 원인으로 하여 현금자산이 증가한 결과라는 오류
　　　를 자금 차입이 원인이 되어 현금자산이 증가한 결과로 바로 잡는 것이다. 따라서, 차변에 현금
　　　계정을, 대변에 단기차입금 계정으로 분개하는 것이다.

문제6 결산정리사항을 입력 결산 완료

<수동결산> 12월 31일자로 일반전표에 직접 입력한다.

　　[1] (차) 이 자 수 익　　390,000　　　　(대) 신 수 수 익　　390,000

　　※ 대변에 이자수익 계정으로 인식된 금액 중에서 '기간미경과분'이란 이자수익으로 인식하여서
　　　는 안되는 금액을 말한다. 따라서 대변에 계상되었던 이자수익을 차변으로 분개하여 이자수익
　　　을 취소하고, 대변에 선수수익으로 분개하여 부채로 인식하는 것이다.

　　[2] (차) 잡 손 실　　120,000　　　　(대) 현 금 과 부 족　　120,000

　　※ 현금과부족은 회계 기간 중 현금 실제액과 장부 잔액이 일치하지 않은 경우 회계 처리하는 임
　　　시계정으로. 주어진 문항이 결산 정리사항으로 기중에 발생한 '현금과부족' 계정을 조회하여
　　　'잡손실' 또는 '잡이익' 계정으로 대체하는 분개이다.

　　[3] (차) 가 수 금　　550,000　　　　(대) 외상매출금(행복상사)　　550,000

　　[4] (차) 대손상각비(판)　851,700　　　(대) 109 대손충당금(외상)　654,700
　　　　　　　　　　　　　　　　　　　　　111 대손충당금(받을)　197,000

　　　　※ 대손충당금(외상매출금) : 65,470,000 × 1% = 654,700
　　　　　대손충당금(받을어음) : 30,700,000 × 1% − 110,000 = 197,000

<자동결산> 결산자료입력란을 이용하여 자동결산을 할 경우

　　대손충당금설정과 감가상각비계상 및 기말상품재고액 및 퇴직급여충당부채 설정은 해당란에
계산된 금액을 입력을 한 후 반드시 결산자료입력 화면 상단의 ([F3] 전표추가) 단추를 클릭하여
결산전표를 자동생성 시킨 후 [일반전표 입력]에서 12월 31일자로 결산자동 분개를 확인한다.

문제7 장부조회하여 답안 메뉴에 입력

　　[1] [총계정원장에서 상품계정 차변 금액이 가장 많은 월 조회] : 3월, 12,860,000원

　　[2] [거래처원장 조회] : 5,700,000원

　　[3] [5월 거래처원장조회 미지급금(현대신용카드)] : 753,000원

　　※ 매월 1일에서 말일까지의 현대신용카드 사용액이 다음 달 25일에 보통예금으로 자동이체 되고
　　　있다면 6월 25일 결제해야 할 금액은 5월 1일부터 5월 31일까지의 사용액이 된다.

　　※ 외상매입금 계정으로 거래처원장을 조회하여 보면 현대신용카드사의 잔액이 없고, 미지급금 계
　　　정으로 거래처원장을 조회하여 보면 현대신용카드사의 잔액이 753,000원 임을 알 수가 있다.

⑰ 제76회 기출문제

이론시험

◆ 다음 문제를 보고 알맞은 것을 골라 | 이론문제 답안작성 | 메뉴화면에 입력하시오.
(※ 객관식 문항당 2점)

―――――< 기 본 전 제 >―――――
문제에서 한국채택국제회계기준을 적용하도록 하는 전제조건이 없는 경우, 일반기업회계기준을 적용한다.

01 다음 중 재무상태표에 표시되는 항목이 아닌 것은?

① 자산　　　　　② 부채　　　　　③ 비용　　　　　④ 자본

02 다음 중 비용의 인식기준으로 맞는 것은?

① 총액주의　　　　　　　　　② 수익·비용 대응의 원칙
③ 구분표시의 원칙　　　　　　④ 유동성배열법

03 다음 중 자본감소의 원인이 되는 계정과목인 것은?

① 상품매출　　　　② 이자수익　　　　③ 수수료수익　　　　④ 상품매출원가

04 다음 자료에서 설명하는 자산은?

> 정상적인 영업과정에서 판매를 위하여 보유하거나 생산과정에 있는 자산 및 생산 또는 서비스 제공과정에 투입될 상품이나 원재료의 형태로 존재하는 자산

① 재고자산　　　　　　　　　② 현금및현금성자산
③ 유형자산　　　　　　　　　④ 무형자산

05 다음 중 계정의 증가, 감소, 발생, 소멸을 나타낸 것으로 잘못된 것은?

① 외 상 매 입 금		② 미 수 금	
감　소	증　가	감　소	증　가

③ 예 수 금		④ 수 수 료 수 익	
감　소	증　가	소　멸	발　생

06 다음 중 계정의 마감이 옳지 않은 것은?

①

임 대 료 수 익

12/31 손 익	150,000	8/19 현 금	150,000

②

이 자 수 익

12/31 손 익	150,000	8/19 현 금	150,000

③

보 험 료

8/19 현 금	150,000	12/31 손 익	150,000

④

미 수 금

8/19 현 금	150,000	12/31 손 익	150,000

07 다음은 개인기업인 청석상점의 총계정원장 전기 후 작성한 잔액시산표이다. 오류를 올바르게 수정 후 차변의 합계 금액은 얼마인가?

잔 액 시 산 표

청석상점   2021년 12월 31일   (단위 : 원)

차 변	원면	계정과목	대 변
350,000	1	현 금	
120,000	2	받 을 어 음	
80,000	3	선 급 금	
	4	상 품	150,000
	5	외 상 매 입 금	250,000
	6	미 지 급 금	130,000
200,000	7	자 본 금	
	8	상 품 매 출 이 익	120,000
80,000	9	이 자 수 익	
50,000	10	보 험 료	
30,000	11	여 비 교 통 비	
910,000			650,000

① 630,000원   ② 680,000원

③ 780,000원   ④ 830,000원

08 다음 중 회계상 현금 계정으로 처리할 수 없는 것은?

① 당점 발행 당좌수표   ② 세무은행 발행 자기앞수표

③ 배당금지급통지표   ④ 우편환증서

09 다음은 한국상사의 상품매출과 관련된 내용이다. 당월에 회수한 외상매출금은 얼마인가?

• 외상매출금 월초 잔액 : 250,000원	• 당월 외상매출액 : 400,000원
• 외상매출액 중 환입액 : 70,000원	• 외상매출금 월말 잔액 : 120,000원

① 390,000원   ② 460,000원   ③ 530,000원   ④ 600,000원

10 당기 말 결산 후 당기순이익은 5,000원이나 다음과 같은 사항이 누락되었음이 발견되었다. 수정 후 당기순이익은 얼마인가?

• 보험료 미지급분 2,000원	• 임대료 선수분 1,000원
• 이자비용 선급분 3,000원	

① 3,000원   ② 4,000원   ③ 5,000원   ④ 7,000원

11 다음의 자료를 이용하여 당기순이익을 계산하면 얼마인가?

• 매 출 액 8,000,000원	• 기초상품재고액 1,500,000원
• 판매비와관리비 2,000,000원	• 기말상품재고액 2,500,000원
• 당기상품매입액 4,000,000원	• 영업외비용 700,000원

① 1,800,000원   ② 2,300,000원   ③ 3,800,000원   ④ 3,400,000원

12 다음 자료를 이용하여 순매입액을 계산하면 얼마인가

• 총매입액 320,000원	• 매입환출 50,000원
• 매입에누리 30,000원	• 매출할인 30,000원

① 110,000원   ② 210,000원   ③ 240,000원   ④ 270,000원

13 다음 공문에 나타난 거래를 회계처리 할 때 차변 계정과목과 금액으로 옳은 것은?

도담상사

수신 내부결재

(경유)

제목 : 회사 별관 신축 건립 보고

가. 별관 신축 관련

　1) 토지 30,000,000원(제비용 1,000,000원 포함)을 취득.

　2) 사무실 업무용 컴퓨터, TV 등 2,000,000원(제비용 10만원 포함)구입.

~~~~~~이하생략

---

① 토지 30,000,000원, 비품 2,000,000원

② 토지 31,000,000원, 비품 2,000,000원

③ 토지 29,000,000원, 비품 1,900,000원

④ 토지 30,000,000원, 비품 1,900,000원

14 다음 중 일상적인 거래와 회계상의 거래가 동시에 발생하는 것은?

① 매출채권의 대손상각비　　　　　② 유형자산의 감가상각비

③ 종업원 채용 약속　　　　　　　　④ 상품의 매출과 매출채권의 발생

15 다음 중 재무상태표상 유동자산에 속하는 계정과목이 아닌 것은?

① 받을어음　　　　　　　　　　　② 기계장치

③ 단기대여금　　　　　　　　　　④ 외상매출금

실무시험

⬦ 연산문구팬시(코드번호 : 0764)는 어린이 장난감을 판매하는 개인기업이다. 당기(제7기) 회계기간은 2021. 1. 1. ~ 2021. 12. 31. 이다. 전산세무회계 수험용 프로그램을 이용하여 다음 물음에 답하시오.

─── < 기 본 전 제 > ───

문제에서 한국채택국제회계기준을 적용하도록 하는 전제조건이 없는 경우, 일반기업회계기준을 적용한다.

문제1 다음은 연산문구팬시의 사업자등록증이다. 회사등록메뉴에 입력된 내용을 검토하여 누락분은 추가입력하고 잘못된 부분은 정정하시오.(주소입력 시 우편번호는 입력하지 않아도 무방함)(6점)

사 업 자 등 록 증
(일반과세자)

등록번호 : 607-45-24653

상 호 명 : 연산문구팬시
대 표 자 명 : 남궁동현
개 업 연 월 일 : 2015. 3. 2.
사업장소재지 : 부산광역시 동래구 안연로 64
사업자의 종류 : 업태 / 도소매   종목 / 문구및팬시
교 부 사 유 : 신규

사업자 단위 과세 적용사업자 여부 : 여( ) 부( )
전자세금계산서 전용 전자우편 주소 :

2015년 3월 4일

동래세무서장

문제2 다음은 연산문구팬시의 전기분재무상태표이다. 입력되어 있는 자료를 검토하여 오류부분은 정정하고 누락된 부분은 추가 입력하시오.(6점)

재 무 상 태 표

회사명 : 연산문구팬시　　　제6기 2020년 12월 31일 현재　　　(단위 : 원)

과　　목	금	액	과　　목	금	액
현　　　　　금		25,000,000	외 상 매 입 금		20,500,000
당 좌 예 금		18,700,000	지 급 어 음		11,600,000
보 통 예 금		5,600,000	미 지 급 금		17,000,000
외 상 매 출 금	32,500,000		선　　수　　금		12,000,000
대 손 충 당 금	325,000	32,175,000	자　　본　　금		104,970,000
받 을 어 음	15,500,000		(당기순이익:57,717,000)		
대 손 충 당 금	155,000	15,345,000			
단 기 대 여 금		6,500,000			
미　　수　　금		3,300,000			
상　　　　　품		14,650,000			
기 계 장 치	33,000,000				
감가상각누계액	2,200,000	30,800,000			
차 량 운 반 구	20,000,000				
감가상각누계액	6,000,000	14,000,000			
자 산 총 계		166,070000	부채와 자본총계		153,715,000

문제3 다음 자료를 이용하여 입력하시오.(6점)

[1] 당사의 신규거래처이다. 거래처등록메뉴에 추가등록 하시오.(3점)

> ・상호 : 연제문구　　　・거래처 코드 : 2202　　　・대표자명 : 변재형
> ・사업자등록번호 : 607-46-34522　　・업태 : 도소매　　　・종목 : 팬시
> ・유형 : 동시　　　・사업장소재지 : 부산 연제구 연제로 27

※ 주소입력 시 우편번호는 입력하지 않아도 무방함.

[2] 당사의 거래처별 초기이월은 다음과 같다. 거래처별초기이월 메뉴에서 수정 또는 추가 입력하시오.(3점)

계정과목	거래처명	금액(원)	계정과목	거래처명	금액(원)
외상매출금	사직문구	15,000,000	외상매입금	장전팬시	15,000,000
	거제문구	12,000,000		부곡팬시	5,500,000
	서동문구	5,500,000	지급어음	지혜상사	11,600,000
받을어음	거제문구	11,000,000	선 수 금	수정문구	12,000,000
	서동문구	4,500,000			

문제4 다음 거래 자료를 일반전표입력 메뉴에 추가 입력하시오.(24점)

─── < 입력시 유의사항 > ───

• 적요의 입력은 생략한다.

• 부가가치세는 고려하지 않는다.

• 채권·채무와 관련된 거래는 반드시 기 등록되어 있는 거래처코드를 선택하는 방법으로 거래처명을 입력한다.

• 회계처리시 계정과목은 등록되어 있는 계정과목 중 가장 적절한 과목으로 한다.

[1] 7월 19일 현금 시재를 확인하던 중 실제 현금이 장부상 현금보다 20,000원 많은 것을 발견하였으나 그 원인을 파악할 수 없다.(3점)

[2] 7월 23일 서동문구로부터 받은 상품매입 견적서에 대해서, 계약금으로 견적 합계금액의 10%를 보통예금 통장에서 서동문구의 통장으로 이체하였다.(3점)

견적서 : 연산문구팬시	공급자	사업자번호	113-23-79350		
발송번호 : 17-07-22-101		상 호	서동문구	대 표 자	한원석(인)
아래와 같이 견적서를 발송합니다.		소 재 지	부산 연제구 연제로 277		
		업 태	도소매	종 목	팬시
2021년 7월 23일		담 당 자	김길동	전화번호	051-524-7756

품 명	규 격	수 량	단 가	금 액	비 고
팬시	박스	100개	40,000원	4,000,000원	
합 계 금 액				4,000,000원	

유효기간 : 견적 유효기간은 발행 후 7일
납 기 : 발주 후 30일
결제방법 : 현금결제 / 송금하시고 전화주시면 작업이 접수됩니다.
송금계좌 : 국민은행(서동문구 한 원석) / 845621-02-456891
기 타 : 운반비 별도

[3] 7월 25일 당사는 태풍으로 피해를 입은 수재민을 돕기 위해 인근 KTBC 방송사에 아래와 같이 현금으로 지급하다.(3점)

영 수 증

				등록번호	607-45-24653	
				상 호	연산문구팬시	대 표	남궁동현
발행일	2021.7.25	거래번호		모 집 처	**K T B C 방송**	
				등록번호	123-23-43251	소재지	

내용

년 월 일	품명	규격	수량	단가	금액	비고
2021.7.25	불우이웃돕기성금				300,000원	
총계					300,000원	

[4] 8월 9일 당사는 사업확장과 판매촉진에 관련되는 자문을 개인인 김창해에게 받고, 자문료 5,000,000원 중 원천징수세액 165,000원을 차감한 나머지 금액인 4,835,000원을 보통예금 통상에서 이체하여 지급하다.(단, 당사는 자문료를 수수료비용으로 회계처리하기로 하다) (3점)

[5] 8월 16일 판매용 복사기 구입과 관련하여 태평사무에게 지급하지 못한 외상매입금 중 1,000,000원을 다른 거래처가 발행한 당좌수표로 지급하다.(3점)

[6] 8월 29일 판매매장에서 일하는 판매직원들과 식사를 하고, 다음과 같은 현금영수증을 받다.(3점)

```
              연산식당

   607-34-31245            김 경 현

부산 연제구 안연로 10    TEL: 051-523-7561
홈페이지

        현금(지출증빙)

구매 2021/08/29/21:30   거래번호 : 0829-0197
      상품명          수량        금액
      정식            3        45,000원
                   -생략-

  합  계                       45,000원
  받은금액                      45,000원
```

[7] 11월 14일 상품 300,000원을 매입하고 대금은 당좌수표를 발행하여 지급하였다.(단, 당좌예금 잔액은 100,000원이었고 국민은행과의 당좌차월계약 한도액은 500,000원이다) (3점)

[8] 12월 21일 청암상사에서 9월 22일 차입한 단기차입금 10,000,000원에 대하여 상환기일이 도래하여 이자 300,000원과 함께 전액 보통예금 계좌에서 이체하였다.(3점)

문제5 일반전표입력메뉴에 입력된 내용 중 다음과 같은 오류가 발견되었다. 입력된 내용을 확인하여 정정 또는 추가입력 하시오.(6점)

[1] 7월 30일   서동문구에 지급한 금액은 단기대여금이 아니라 상품매입 계약금으로 보통예금통장에서 지급한 것이다.(3점)

[2] 9월 9일   현금으로 납부한 세금과공과 550,000원에는 사업주의 개인자택 재산세 210,000원이 포함되어 있다. 사업주의 개인자택 재산세는 인출금 계정으로 처리하다.(3점)

문제6 다음의 결산정리사항을 입력하여 결산을 완료하시오.(12점)

[1] 전액 비용처리된 화재보험료 300,000원 중 기간이 미경과된 60,000원이 포함되어 있다.(단, 거래처 입력은 생략하며 음수로 입력하지 말 것)(3점)

[2] 대손충당금은 기말 매출채권(외상매출금, 받을어음) 잔액에 대하여 1%를 보충법으로 설정하다.(3점)

[3] 12월분 건물 임차료 4,200,000원은 다음달 5일에 지급될 예정이다.(단, 거래처 입력은 생략한다.)(3점)

[4] 기말상품재고액은 4,100,000원이다.(단, 5.결산차변, 6.결산대변을 사용하시오)(3점)

문제7 다음 사항을 조회하여 답안을 │이론문제 답안작성│ 메뉴에 입력하시오.(9점)

[1] 당사의 4월 1일부터 6월 30일까지에 대한 상품매출액과 상품매입액은 각각 얼마인가.(3점)

[2] 4월의 상품매출은 몇 건이며, 총금액은 얼마인가?(3점)

[3] 1월부터 3월까지의 판매비와관리비 중 복리후생비 지출액이 가장 많은 월의 금액에서 가장 적은 월의 금액을 차감하면 얼마인가?(4점)

76회 전산회계 2급 A형 답안

이 론 시 험

1	③	2	②	3	④	4	①	5	②
6	④	7	③	8	①	9	②	10	③
11	②	12	③	13	①	14	④	15	②

01. 비용은 경영성과를 나타내는 손익계산서에 표시되는 항목이다.

02. 수익은 실현주의에 따라 인식하며, 비용은 수익비용대응의 원칙으로 인식한다.

03. 비용항목은 자본의 감소원인이고, 수익항목은 자본의 증가원인이다. 상품매출원가는 비용항목이다.

04. 박스 안의 내용은 자고자산에 대한 설명이다.

05. 미수금은 자산 계정으로 증가는 차변에, 감소는 대변에 기록한다.

06. 결산 시 수익, 비용 계정은 손익으로 마감하지만 자산, 부채, 자본은 차기이월로 마감한다. 미수금은 자산 계정이므로 차기이월로 마감해야 한다.

07. 상품은 자산 계정이므로 차변에, 자본금은 자본 계정이므로 대변에, 이자수익은 수익 계정이므로 대변에 기장되면 차변과 대변합계액은 780,000원이 기록된다.

08. 당점 발행 당좌수표는 당좌예금 계정으로 처리한다.

09.

외 상 매 출 금

월초 잔액	250,000	외상매출액 중 환입액	70,000
당월 외상매출액	400,000	당월 회수액	(460,000)
		월말 잔액	120,000
	650,000		650,000

10. 당기순이익 – 보험료 미지급분(부채) – 임대료 선수분(부채) + 이자비용 선급분(자산) = 5,000원

11. • 매출총이익(5,000,000원) = 매출액(8,000,000원) – 매출원가(3,000,000원=기초재고 1,500,000원+당기매입 4,000,000원–기말재고 2,500,000원)

- 영업이익(3,000,000원) = 매출총이익(5,000,000원) − 판매관리비(2,000,000원)
- 당기순이익(2,300,000원) = 영업이익(3,000,000원) + 영업외수익(0원) − 영업외비용(700,000원)

12. 총매입액−매입환출−매입에누리=240,000원(순매입액), 매출할인은 총매출액에서 차감한다.

13. 토지구입 시 제비용을 포함한 금액은 30,000,000원이고, 컴퓨터와 TV 등은 비품으로 2,000,000원이다.

14. 보기1번과 2번은 회계상의 거래에만 속하고, 보기3번은 일상 생활상의 거래이다.

15. 기계장치는 비유동자산(유형자산)에 해당된다.

실 무 시 험

문제1 기초정보등록의 회사등록메뉴에서 정정 및 추가입력
① 사업자등록번호 : 607-35-23559 → 607-45-24653
② 사업장소재지 : 부산광역시 연제구 안연로 64 → 부산광역시 동래구 안연로 64
③ 종목 : 잡화 → 문구 및 팬시

문제2 ① 받을어음 대손충당금 1,550,000을 155,000으로 수정
② 차량운반구 감가상각누계액 6,000,000원 추가 입력
③ 미지급금 170,000을 17,000,000원으로 수정

문제3 [1] 기초정보등록의 거래처등록메뉴에서 '2202 연제문구' 추가 등록
[2] • 외상매출금 : 서동문구 15,000,000원을 5,500,000원으로 수정 입력
• 선수금 : 수정문구 12,000,000원을 추가 입력

문제4 일반전표입력메뉴에 추가 입력

[1] 7월 19일 일반전표입력
(차) 현　　　　　금　　20,000　　(대) 현 금 과 부 족　　20,000
또는, 7월 19일 입금전표입력 : 현금과부족 20,000원

※ 현금과부족 계정은 실제금액과 장부상금액이 일치하지 않을 경우 그 원인이 밝혀질 때까지 일시적으로 처리하는 임시적 계정(가계정)으로서 실제액이 장부액보다 과잉 시는 대변에, 부족 시는 차변에 기장하였다가 불일치의 원인이 밝혀지면, 적절한 계정에 대체하여 소멸시킨다. 만약 결산 시까지 불일치의 원인이 밝혀지지 않으면, 과잉 시는 잡이익으로, 부족 시는 잡손실 계정으로 대체하여 소멸시킨다.

[2] **7월 23일** 일반전표입력

(차) 선급금(서동문구) 400,000   (대) 보 통 예 금 400,000

[3] **7월 25일** 일반전표입력

(차) 기 부 금 300,000   (대) 현 금 300,000

또는 출금전표에 입력해도 정답처리 됨.

[4] **8월 9일** 일반전표입력

(차) 수수료비용(판) 5,000,000   (대) 예 수 금 165,000

보 통 예 금 4,835,000

[5] **8월 16일** 일반전표입력

(차) 외상매입금(태평사무) 1,000,000   (대) 현 금 1,000,000

※ 현금 및 현금성자산에는 통화 및 통화대용증권, 당좌예금, 보통예금 등이 포함된다. 현금 계정인 통화대용증권에는 타인발행 당좌수표를 포함하며, 본인(당점)이 발행한 당좌수표는 당좌예금 계정을 사용하는 것이다. 따라서 타인이 발행한 당좌수표로 지급하였으므로 현금으로 분개하면 된다.

[6] **8월 29일** 일반전표입력

(차) 복리후생비(판) 45,000   (대) 현 금 45,000

또는, 출금전표 복리후생비(판) 45,000원

[7] **11월 14일** 일반전표입력

(차) 상 품 300,000   (대) 당 좌 예 금 100,000

당 좌 차 월 200,000

(또는 단기차입금)

※ 당좌차월 대신 단기차입금을 사용한 경우에도 정답으로 인정된다.

[8] **12월 21일** 일반전표입력

(차) 단기차입금(청암상사) 10,000,000   (대) 보 통 예 금 10,300,000

이 자 비 용 300,000

문제5 입력된 내용 오류 정정

[1] 7월 30일 일반전표입력

수정전 : (차) 단기대여금(서동문구) 500,000   (대) 보 통 예 금 500,000
수정후 : (차) 선 급 금(서동문구) 500,000   (대) 보 통 예 금 500,000

[2] 9월 9일

수정전 : (차) 세금과공과(판) 550,000   (대) 현   금 550,000
정 정 : (차) 세금과공과(판) 340,000   (대) 현   금 550,000
또는   인 출 금 210,000

수정전 : (차) 세금과공과(판) 550,000   (대) 현   금 550,000
추가입력 : (차) 인 출 금 210,000   (대) 세금과공과(판) 210,000

문제6 결산정리사항을 입력 결산 완료

<수동결산> 12월 31일자로 일반전표에 직접 입력한다.

[1] (차) 선 급 비 용   60,000   (대) 보 험 료(판)   60,000

[2] (차) 대손상각비(판) 420,000   (대) 109 대손충당금(외상) 75,000
                                    111 대손충당금(받을) 345,000

※ 대손충당금(외상매출금) : 40,000,000 × 1% − 325,000 = 75,000
   대손충당금(받을어음) : 50,000,000 × 1% − 155,000 = 345,000

[3] (차) 임 차 료(판) 4,200,000   (대) 미 지 급 비 용 4,200,000
                                    (또는 미지급금)

[4] (결차) 상 품 매 출 원 가 142,980,000   (결대) 상   품 142,980,000

※ (상품매출원가 = 기초상품재고액 + 당기상품매입액 − 기말상품재고액) 여기서, 기초상품재
  고액과 당기상품매입액의 합계액은 12/31 합계잔액시산표 상의 상품 잔액이다.

<자동결산> 결산자료입력란을 이용하여 자동결산을 할 경우

대손충당금설정과 감가상각비계상 및 기말상품재고액 및 퇴직급여충당부채 설정은 해당란에
계상된 금액을 입력을 한 후 반드시 결산자료입력 화면 상단의 ([F3] 전표추가) 단추를 클릭하여
결산전표를 자동생성 시킨 후 [일반전표 입력]에서 12월 31일자로 결산자동 분개를 확인한다.

문제7 장부조회하여 답안 메뉴에 입력

[1] [월계표 조회(4월~6월)]
  : 상품매출액 : 87,800,000원, 상품매입액 : 47,480,000원

[2] [계정별원장 조회] : 5(건), 47,200,000원

[3] [총계정원장 조회] : 1월부터 3월까지의 판매비와 관리비 중
  ① 복리후생비 지출액이 가장 많은 월의 금액 : 2,632,000(3월)
  ② 가장 적은 월의 금액 : 793,000(1월)
    ∴ 2,632,000(3월) − 793,000(1월) = 1,839,000원

※ 문제에서 "판매관리비 중 복리후생비의 지출액이"라고 제시되어 있다. 위 문장에서 주겨조사
 (이/가)가 복리후생비의 지출액에 붙어 있으므로 복리후생비의 지출액이 '주어' 이므로, 본 문
 장에서는 복리후생비의 지출액을 계산해야 한다.

⑱ 제75회 기출문제

이 론 시 험

◆ 다음 문제를 보고 알맞은 것을 골라 이론문제 답안작성 메뉴화면에 입력하시오.
(※ 객관식 문항당 2점)

─────< 기 본 전 제 >─────
문제에서 한국채택국제회계기준을 적용하도록 하는 전제조건이 없는 경우, 일반기업회계기준을 적용한다.

01 다음 중 부기를 기록·계산하는 방법에 따라 분류할 때 아래의 특징에 해당하는 부기로 옳은 것은?

> 일정한 원리나 원칙에 따라 현금이나 재화의 증감은 물론 손익의 발생을 조직적으로 기록·계산하는 부기로 대차평균의 원리에 의하여 오류를 자동으로 검증하는 자기검증기능이 있다.

① 단식부기　　　② 복식부기　　　③ 영리부기　　　④ 비영리부기

02 손익에 관한 결산정리 중 수익의 이연에 해당하는 계정과목은?

① 선급보험료　　② 미수이자　　③ 미지급비용　　④ 선수수익

03 다음 중 유동자산 항목으로만 구성된 것은?

① 매출채권, 건물, 토지, 기계장치
② 상품, 선급금, 현금, 당좌예금
③ 현금, 받을어음, 미수금, 구축물
④ 매출채권, 미수이자, 건물, 투자유가증권

04 다음 중 각 날짜별 분개에 대한 거래의 종류로 옳은 것은?

> • 10/6 : (차) 단기차입금　30,000,000원　　(대) 현　　　금 31,000,000원
> 　　　　　　　 이 자 비 용　 1,000,000원
> • 10/9 : (차) 현　　　금　10,000,000원　　(대) 자 본 금 10,000,000원

① 10/6 : 혼합거래, 10/9 : 손익거래　　② 10/6 : 혼합거래, 10/9 : 교환거래
③ 10/6 : 손익거래, 10/9 : 교환거래　　④ 10/6 : 교환거래, 10/9 : 손익거래

05 다음 중 출금거래가 아닌 것은?

① 상품 1,000,000원을 매입하고 상품대금은 지폐로 지급하다.
② 상품 1,000,000원을 매입하고 상품대금은 자기앞수표로 지급하다.
③ 상품 1,000,000원을 매입하고 상품대금은 당좌수표를 발행하여 지급하다.
④ 상품 1,000,000원을 매입하고 상품대금은 받아두었던 타인발행수표로 지급하다.

06 다음 중 개인기업의 자본금 계정에서 처리되는 항목이 아닌 것은?

① 원시출자액   ② 인출액   ③ 당기순손익   ④ 이익잉여금

07 청석상점은 2021년 10월 15일 단기시세차익을 목적으로 시장성 있는 (주)대성의 주식을 600,000원(액면금액 5,000원, 100주)에 구입하고 수수료 10,000원과 함께 현금으로 지급하였다. 이 주식을 2021년 11월 20일 700,000원에 전량 매각하였을 경우 단기매매증권처분이익으로 계상될 금액은 얼마인가?

① 90,000원   ② 100,000원   ③ 110,000원   ④ 190,000원

08 다음 중 영업외비용에 속하는 계정과목으로만 짝지어진 것은?

① 재해손실, 잡손실   ② 가지급금, 가수금
③ 대손상각비, 가수금   ④ 접대비, 잡손실

09 다음 중 기말재고자산을 과대평가하였을 때 나타나는 현상으로 옳은 것은?

① 매출원가 : 과소, 당기순이익 : 과대   ② 매출원가 : 과대, 당기순이익 : 과소
③ 매출원가 : 과대, 당기순이익 : 과대   ④ 매출원가 : 과소, 당기순이익 : 과소

10 다음은 영동기업의 당기 재고자산에 관련된 자료이다.

	수량	매입단가
기초재고(1월 1일)	50개	500원
매 입(5월 10일)	200개	600원
매 입(6월 25일)	300개	650원
매 입(7월 15일)	250개	800원

영동기업은 당해 연도 8월 중에 600개의 재고자산을 판매하였다. 영동기업이 원가흐름의 가정을 선입선출법으로 적용할 경우 당기의 매출원가와 기말재고자산의 가액은?

	매출원가	기말재고자산가액		매출원가	기말재고자산가액
①	340,000원	200,000원	②	360,000원	180,000원
③	380,000원	160,000원	④	400,000원	140,000원

11 다음 주어진 자료에 의하여 당기순이익을 계산하면 얼마인가?

• 매출총이익	300,000원		• 대손상각비	50,000원
• 기 부 금	70,000원		• 이 자 수 익	30,000원

① 120,000원　　　② 150,000원　　　③ 210,000원　　　④ 260,000원

12 다음 계정기입에서 당기 발생한 소모품비 총 금액은?

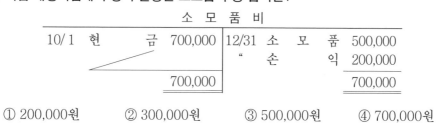

소 모 품 비

10/1 현　　　금	700,000	12/31 소 모 품	500,000
		" 손　　익	200,000
	700,000		700,000

① 200,000원　　　② 300,000원　　　③ 500,000원　　　④ 700,000원

13 아래의 자료를 토대로 재무상태표에 현금 및 현금성자산으로 합산되어 기록되는 금액은?

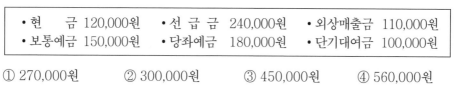

• 현　　금	120,000원	• 선 급 금	240,000원	• 외상매출금	110,000원
• 보통예금	150,000원	• 당좌예금	180,000원	• 단기대여금	100,000원

① 270,000원　　　② 300,000원　　　③ 450,000원　　　④ 560,000원

14 다음 중 지급어음 계정의 차변에 기입되는 거래는?

① 상품 1,000,000원을 매입하고 약속어음을 발행하여 지급하다.
② 상품 3,000,000원을 매입하고 소지하고 있던 약속어음을 배서양도하다.
③ 외상매입금 5,000,000원을 약속어음을 발행하여 지급하다.
④ 당점 발행의 약속어음 6,000,000원이 만기가 되어 현금으로 지급하다.

15 다음 중 비용으로 회계 처리할 수 있는 것은?

① 차량운반구 취득에 따른 취득세　　　② 토지 구입 시 지급한 중개수수료
③ 상품 구입 시 지급한 매입제비용　　　④ 상품 매출 시 발생한 운반비

실 무 시 험

◐ 한국상사(코드번호 : 0754)는 사무용품을 판매하는 개인기업이다. 당기(제2기)
회계기간은 2021. 1. 1. ~ 2021. 12. 31. 이다. 전산세무회계 수험용 프로그램을
이용하여 다음 물음에 답하시오.

─< 기 본 전 제 >─

문제에서 한국채택국제회계기준을 적용하도록 하는 전제조건이 없는 경우, 일반기업회계기준을 적용한다.

문제1 다음은 한국상사의 사업자등록증이다. 회사등록메뉴에 입력된 내용을 검토하여
누락분은 추가입력하고 잘못된 부분은 정정하시오.(주소 입력 시 우편번호는 입
력하지 않아도 무방함)(6점)

사 업 자 등 록 증
(일반과세자)
등록번호 : 124-23-12344

상 호 명 : 한국상사
대 표 자 명 : 신민주
개 업 연 월 일 : 2020. 4. 23.
사업장소재지 : 경기도 수원시 권선구 구운로 911(구운동)
사업자의종류 : 업태 / 도소매   종목 / 문구
교 부 사 유 : 신규

사업자 단위 과세 적용사업자 여부 : 여( ) 부( )
전자세금계산서 전용 전자우편 주소 :

2020년 4월 23일

수원세무서장

문제2 다음은 한국상사의 전기분 손익계산서이다. 입력되어 있는 자료를 검토하여 오류
부분과 관련된 재무제표를 정정하고 누락된 부분은 추가 입력하시오.(6점)

손 익 계 산 서

회사명 : 한국상사   제1기 2020. 4. 23 ~ 2020. 12. 31   (단위 : 원)

과 목	금 액	과 목	금 액
I. 매 출 액	85,000,000	V. 영 업 이 익	56,850,000
상 품 매 출	85,000,000	VI. 영 업 외 수 익	1,110,000
II. 매 출 원 가	22,000,000	이 자 수 익	300,000
상 품 매 출 원 가	22,000,000	임 대 료	810,000
기 초 상 품 재 고 액	4,000,000	VII. 영 업 외 비 용	400,000
당 기 상 품 매 입 액	31,000,000	유형자산처분손실	400,000
기 말 상 품 재 고 액	13,000,000	VIII. 소득세차감전순이익	57,560,000
III. 매 출 총 이 익	63,000,000	IX. 소 득 세 등	0
IV. 판 매 비 와 관 리 비	6,150,000	X. 당 기 순 이 익	57,560,000
급 여	3,200,000		
복 리 후 생 비	1,400,000		
여 비 교 통 비	540,000		
차 량 유 지 비	100,000		
소 모 품 비	230,000		
광 고 선 전 비	680,000		

문제3 다음 자료를 이용하여 입력하시오.(6점)

[1] 한국상사의 선급금과 외상매입금에 대한 거래처별 초기이월 자료는 다음과 같다. 주어
진 자료를 검토하여 잘못된 부분을 정정하거나 누락된 부분을 추가 입력하시오.(3점)

계정과목	거래처명	금액(원)	계정과목	거래처명	금액(원)
선 급 금	안 양 상 사	1,000,000	외상매입금	대 한 상 사	8,600,000
	수 원 상 사	1,800,000		국 제 상 사	4,400,000
	대 전 상 사	700,000		민 국 상 사	3,850,000

[2] 한국상사는 마트에서 추석명절에 직원들에게 지급할 선물을 현금으로 구입하였다.
계정과목 및 적요등록 메뉴에서 판매비와관리비의 복리후생비 계정에 다음 내용의
적요를 등록하시오.(3점)

> 현금적요 9 : 추석선물대금지급

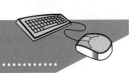

문제4 다음 거래 자료를 일반전표입력 메뉴에 추가 입력하시오.(24점)

─── < 입력시 유의사항 > ───

• 적요의 입력은 생략한다.

• 부가가치세는 고려하지 않는다.

• 채권·채무와 관련된 거래는 반드시 기 등록되어 있는 거래처코드를 선택하는 방법으로 거래처명을 입력한다.

• 회계처리시 계정과목은 등록되어 있는 계정과목 중 가장 적절한 과목으로 한다.

[1] 7월 10일 한국상사는 기존 건물이 좁아서 새로운 건물을 구입하여 이전하기로 하였다. 건물 취득 시 취득가액은 50,000,000원이며, 건물에 대한 취득세 550,000원과 중개수수료 800,000원을 지급하였다. 건물구입 및 취득과 관련한 부대비용의 지출은 전액 보통예금으로 이체하였다.(3점)

[2] 8월 11일 민국상사에 2년 후 회수예정으로 30,000,000원을 대여하고 이자를 미리 2,000,000원을 공제하고 나머지 금액을 보통예금계좌에서 이체하다.(단, 미리 받은 이자는 전액 당기 수익으로 처리함)(3점)

[3] 9월 2일 판매매장에서 사용할 비품으로 이동가능한 중고난방기를 연산냉난방기로부터 500,000원에 구입하고 대금은 15일 후에 지급하기로 하다.(3점)

[4] 9월 6일 김해상점에 상품을 매출하고 받은 약속어음 250,000원을 거래 은행에서 할인받고 할인료 20,000원을 차감한 나머지 금액은 당좌 예입하다.(매각거래로 회계 처리할 것)(3점)

[5] 9월 18일 천안상사에서 상품 3,000,000원을 매입하고, 8월 30일 기 지급한 계약금(500,000원)을 차감한 대금 중 1,000,000원은 보통예금에서 이체하고 잔액은 외상으로 하다.(3점)

[6] 9월 25일 다음의 급여명세표에 따라 판매직원 박희찬의 9월 급여를 당사 보통예금통장에서 지급하였다.(3점)

한국상사 2021년 9월 급여내역			(단위:원)
이 름	박 희 찬	지 급 일	2021. 9. 25.
기 본 급 여	1,600,000	소 득 세	37,000
직 책 수 당	100,000	지 방 소 득 세	3,700
상 여 금		고 용 보 험	16,450
특 별 수 당	100,000	국 민 연 금	105,000
차 량 유 지	200,000	건 강 보 험	36,000
교 육 지 원		기 타	
급 여 계	2,000,000	공 제 합 계	198,150
노고에 감사드립니다.		지 급 총 액	1,801,850

[7] **11월 19일** 영업부에서 사용하는 업무용 승용차에 대한 자동차세 365,000원을 보통예금계좌에서 이체하여 납부하다.(3점)

[8] **12월 13일** 한국상사는 상품인 문구를 현승상사에게 8,000,000원에 판매하고, 판매대금 중 60%는 현승상사가 발행한 9개월 만기인 약속어음으로 받았으며, 나머지 판매대금은 9월 말에 받기로 하다.(3점)

문제5 일반전표입력메뉴에 입력된 내용 중 다음과 같은 오류가 발견되었다. 입력된 내용을 ●●●●● 확인하여 정정 또는 추가입력 하시오.(6점)

[1] **7월 20일** 대한상사에 대한 외상매입금 중 2,000,000원을 당사가 발행한 당좌수표를 발행하여 지급한 것으로 회계 처리하였는데, 실제로는 다른 거래처가 발행한 당좌수표로 지급된 것으로 확인되었다.(3점)

[2] **9월 19일** 진정가구에서 구매한 가구 1,500,000원을 회사 비품으로 처리하였는데, 나중에 확인한 결과 회사대표의 자녀 결혼을 위해 보통예금으로 지출한 것이다.(3점)

문제6 다음의 결산정리사항을 입력하여 결산을 완료하시오.(12점)
●●●●●

[1] 우리은행의 보통예금은 마이너스 통장이다. 기말현재 보통예금잔액 −5,500,000 원을 단기차입금계정으로 대체하다.(단, 음수로 입력하지 말 것)(3점)

[2] 한국상사에서 사용하고 있는 자산에 대한 당기분 감가상각비는 기계장치 680,000 원, 차량운반구 500,000원, 비품 100,000원이다.(3점)

[3] 2021년 8월 1일에 아래와 같이 보험에 가입하고 전액 당기비용으로 처리하였다. 기말수정분개를 하시오.(단, 월할 계산하고, 음수로 입력하지 말 것)(3점)

> • 보험회사 : (주)나라　　　　　　• 보험금 납입액 : 1,200,000원
> • 보험 적용 기간 : 2021년 8월 1일 ~ 2022년 7월 31일

[4] 기말상품재고액은 16,500,000원이다.(단, 전표입력에서 구분으로 5:결산차변, 6: 결산대변을 사용한다.)(3점)

문제7 다음 사항을 조회하여 답안을 │ 이론문제 답안작성 │ 메뉴에 입력하시오.(10점)

[1] 5월 말 현재 유동자산에서 유동부채를 차감한 금액은 얼마인가?(3점)

[2] 상반기(1월 ~ 6월) 현금으로 지급한 판매비와관리비는 얼마인가?(3점)

[3] 6월 30일 현재 기계장치의 장부가액은 얼마인가?(4점)

75회 전산회계 2급 A형 답안

이론시험

1	②	2	④	3	②	4	②	5	③
6	④	7	②	8	①	9	①	10	③
11	③	12	①	13	③	14	④	15	④

01. 부기는 기록·계산하는 방법에 따라 단식부기와 복식부기로 분류된다. 복식부기는 일정한 원리나 원칙에 따라 현금이나 재화의 증감은 물론 손익의 발생을 조직적으로 기록·계산하는 부기로 대차평균의 원리에 의하여 오류를 자동으로 검증하는 자기검증기능이 있다.

02. 보기1번 : 비용의 이연, 2번 : 수익의 예상, 3번 : 비용의 예상, 4번 : 수익의 이연

03. 건물, 토지, 기계장치, 구축물, 투자유가증권은 비유동자산에 속한다.

04. 10/6 분개는 혼합거래이고, 10/9 분개는 교환거래이다.

05. 출금거래는 현금의 지출이 있는 거래를 말하는 것으로 보기3번은 (차) 상품 1,000,000 (대) 당좌예금 1,000,000이므로 대체거래이다.

06. 이익잉여금은 법인기업(주식회사)에서 나타나는 항목이다.

07. 단기매매증권 구입 시 수수료는 (판)수수료비용 계정으로 당기 비용 처리한다. 그러므로 취득원가는 600,000원이고 처분가액은 700,000원이어서 처분이익은 100,000원 계상된다.

08. 가지급금과 가수금은 임시 계정이고, 대손상각비와 접대비는 판매비와관리비에 속한다.

09. 기말재고자산을 과대 평가하면, 매출원가가 과소 계상되고, 매출총이익과 당기순이익이 과대 계상된다.

10. 선입선출법은 먼저 매입한 것이 먼저 판매되는 것이므로, 판매량 600개의 구성은 기초재고 50개, 5월 10일 매입한 200개, 6월 25일 매입한 300개, 그리고 7월 15일 매입한 50개이다. 따라서 매출원가는 (50개×500원+200개×600원+300개×650원+50개×800원) = 380,000원이며, 기말재고자산가액은 (200개×800원) = 160,000원이다.

11. 매출총이익+이자수익−대손상각비−기부금 = 210,000원

12. 소모품비 계정 대변의 손익 200,000원이 당기 발생한 소모품비를 손익 계정에 대체하는 기록이다.

13. 현금및현금성자산에는 현금, 당좌예금, 보통예금, 현금성자산, 소액현금 등이 포함된다. 그러므로 현금 120,000원, 보통예금 150,000원, 당좌예금 180,000원이 현금및현금성자산에 합산되어 기록된다.

14. 보기 1번 : (차) 상　　　품　1,000,000원　　(대) 지급어음　1,000,000원
　　보기 2번 : (차) 상　　　품　3,000,000원　　(대) 받을어음　3,000,000원
　　보기 3번 : (차) 외상매입금　5,000,000원　　(대) 지급어음　5,000,000원
　　보기 4번 : (차) 지 급 어 음　6,000,000원　　(대) 현　　　금　6,000,000원

15. 상품 매출 시 발생한 운반비는 비용이다.

실 무 시 험

문제1 사업자등록증 입력된 내용 누락분 추가 입력 및 잘못된 부분 정정

① 대표자명 : 김정훈 → 신민주로 수정 입력
② 업태 : 제조 → 도, 소매 로 수정 입력
③ 관할세무서 : '용인' 세무서에서 → '수원' 세무서로 수정한다.
④ 개업연월일 : 2019. 04. 23을 2020. 04. 23로 수정

문제2 전기분 손익계산서 오류부분과 관련된 재무제표를 정정 및 누락된 부분 추가 입력

① 전기분 재무상태표의 기말상품재고액 12,800,000원을 13,000,000원으로 수정 후 전기분손익계산서 확인
② 전기분손익계산서의 여비교통비 54,000원을 540,000원으로 수정
③ 전기분손익계산서의 광고선전비 680,000원 추가 입력하면 당기순이익 57,560,000원이 된다.

문제3 거래처별 초기이월 잘못된 부분 정정 및 누락된 부분을 추가 입력, 적요 등록

[1] ① 선급금 : 수원상사 800,000원을 1,800,000원으로 수정한다.
　　　대전상사 1,700,000원을 700,000원으로 수정한다.
　　② 외상매입금 : 국제상사 4,000,000원을 4,400,000원으로 수정한다.

[2] 계정과목 및 적요등록에서 판매비및일반관리비의 복리후생비(811) 계정의 현금적요란의 9번에 추석선물대금지급이라고 입력한다.

문제4 일반전표입력메뉴에 추가 입력

[1] 7월 10일 일반전표입력

(차) 건 물 51,350,000 (대) 보 통 예 금 51,350,000

[2] 8월 11일 일반전표입력

(차) 장기대여금[민국상사] 30,000,000 (대) 보 통 예 금 28,000,000
　 이 자 수 익 2,000,000

※ 문제에서 미리 받는 이자를 전액 당기 수익으로 처리하도록 명시하고 있다. 선수수익으로
　처리하면 오답

[3] 9월 2일 일반전표입력

(차) 비 품 500,000 (대) 미지급금[연산냉난방기] 500,000

※ 채권·채무와 관련된 거래처명은 반드시 기 등록되어 있는 거래처코드를 선택하는 방법
　으로 거래처 명을 입력하여야 한다.

[4] 9월 6일 일반전표입력

(차) 당 좌 예 금 230,000 (대) 받을어음[김해상점] 250,000
　 매출채권처분손실 20,000

[5] 9월 18일 일반전표입력

(차) 상 품 3,000,000 (대) 선 급 금[천안상사] 500,000
　 보 통 예 금 1,000,000
　 외상매입금[천안상사] 1,500,000

※ 선급금은 비화폐성 자산으로서 향후에 특정자산이나 용역으로 제공받을 권리에 해당하는
　채권으로 간주되므로 거래처등록이 필요하다.

[6] 9월 25일 일반전표입력

(차) 급 여(판) 2,000,000 (대) 예 수 금 198,150
　 보 통 예 금 1,801,850

※ 특별수당을 제수당(판)으로 처리한 답안도 인정된다.

[7] 11월 19일 일반전표입력

(차) 세금과공과(판) 365,000 (대) 보 통 예 금 365,000

[8] 12월 13일 일반전표입력

  (차) 받 을 어 음[현승상사] 4,800,000   (대) 상 품 매 출 8,000,000
     외상매출금[현승상사] 3,200,000

※ 상품의 판매로 인한 수익을 인식하는 분개로 대변에는 상품매출로, 차변에는 매출로 인한 매출채권인 받을어음과 외상매출금으로 회계처리 해야 하고, 반드시 거래처코드 번호와 거래처 명을 등록한다.

문제5 입력된 내용 오류 정정 및 추가 입력

[1] 7월 20일 일반전표 수정

  수정전 : (차) 외상매입금(대한상사) 2,000,000   (대) 당 좌 예 금 2,000,000
  수정후 : (차) 외상매입금(대한상사) 2,000,000   (대) 현   금 2,000,000

[2] 9월 19일 일반전표 수정

  수정전 : (차) 비   품 1,500,000   (대) 보 통 예 금 1,500,000
  수정후 : (차) 인   출   금 1,500,000   (대) 보 통 예 금 1,500,000

※ 전산회계2급은 개인기업과 관련된 문제로서 회사 대표는 개인기업의 대표로 해석하는 것이 적절하다. 접대로 보기 위해서는 최소한의 접대와 관련된 문구가 있어야 할 것이다.

문제6 결산정리사항을 입력 결산을 완료

[1] 12월 31일 일반전표입력

  (차) 보 통 예 금 5,500,000   (대) 단기차입금(우리은행) 5,500,000

※ 본 거래는 마이너스 통장 보통예금잔액 −5,500,000원을 단기차입금으로 대체하는 거래(음수입력 제한)입니다. 즉, 단기 차입한 금액이 마이너스 통장 보통예금으로 들어오게 되므로 차변에 보통예금의 증가, 대변에 단기차입금의 증가로 분개 처리하면 된다.

[2] 12월 31일 일반전표입력

  (차) 감가상각비(판) 1,280,000   (대) 207 감가상각누계액(기계) 680,000
                        209 감가상각누계액(차량) 500,000
                        213 감가상각누계액(비품) 100,000

[3] 12월 31일 일반전표입력

  (차) 선 급 비 용 700,000   (대) 보 험 료(판) 700,000

※ 보험료 지급 시 당기비용으로 처리하였다. (비용처리법)

※ 보험금 납입액 1,200,000원 중 2021. 8. 1. ~ 2021. 12. 31에 해당하는 금액은 500,000원을 당기손익에 계상하고, 2022. 1. 1 ~ 2022. 7. 31.에 해당하는 금액은 700,000원은 차기비용〈선급비용〉으로 이연하는 회계처리를 하여야 한다.

[4] 12월 31일 일반전표입력

　(결차) 상 품 매 출 원 가 157,500,000 　　　 (결대) 상 　　　 품 157,500,000

　※ 상품매출원가 157,500,000원
　　= 174,000,000원(시산표 또는 재무상태표의 상품잔액)−16,500,000원(기말상품재고액)

　※ 문제에서 '전표입력 구분으로 5:결산차변, 6:결산대변을 사용한다.' 라고 제시하였기 때문에 (차) 상품매출원가 157,500,000원 (대) 상품 157,500,00원으로 처리하면 오답으로 인정된다.

문제7 　**장부조회하여 답안 메뉴에 입력**

[1] [유동자산(162,785,230원)−유동부채(44,175,000원), 재무상태표 5월 말 조회]
　: 118,610,230원

[2] [월계표(1월 ~ 6월) 조회] : 42,293,030원

[3] [재무상태표(6월 30일) 조회]
　: 8,500,000원(취득원가 10,000,000원, 감가상각누계액 1,500,000원)

　※ 장부가액이란 해당자산이나 부채에서 평가 계정을 차감하여 계산한다. 유형자산의 장부가액은 해당 유형자산에서 감가상각누계액을 차감한 금액이다. 참고로 매출채권의 장부가액 역시 매출채권잔액에서 대손충당금을 차감한 금액을 의미한다.

Memo

Chapter 09 실전대비 모의고사

① 제 1회 실전모의고사

※모의고사 기초데이터는 제8장 기출문제 교육용으로 실행하기(p.122~125)를 참고한다.

이 론 시 험

❖ 다음 문제를 보고 알맞은 것을 골라 이론문제 답안작성 메뉴화면에 입력하시오.
(※ 객관식 문항당 2점)

─< 기 본 전 제 >─

문제에서 한국채택국제회계기준을 적용하도록 하는 전제조건이 없는 경우, 일반기업회계기준을 적용한다.

01 다음 중 당좌자산이 아닌 것은?

① 매출채권　　　　　　　　　② 단기대여금
③ 장기대여금　　　　　　　　④ 단기매매증권

02 유형자산의 장부금액(미상각잔액)에 일정한 상각률을 곱하여 당기의 감가상각비를 산출하는 방법은?

① 정액법　　　　　　　　　　② 정률법
③ 생산량비례법　　　　　　　④ 연수합계법

03 분개장에 분개된 거래가 총계정원장에 바르게 전기되었는지의 정확성 여부를 대차평균의 원리에 따라 검증하기 위하여 작성하는 것은?

① 시산표　　　　　　　　　　② 손익계산서
③ 매출장　　　　　　　　　　④ 재무상태표

04 다음의 거래에서 발생하지 않는 거래요소는?

인천상사는 사용중이던 비품 장부금액 300,000원을 350,000원에 처분하고 대금은 자기앞수표로 받다.

① 자산의 증가　　　　　　　② 자산의 감소
③ 수익의 발생　　　　　　　④ 부채의 증가

05 다음 중 결산 시 손익 계정에 대체되는 계정은?

① 비품   ② 감가상각비
③ 외상매입금   ④ 단기차입금

06 대신상회의 다음 자료를 이용해서 추가출자액을 구하면 얼마인가?

기초자본금	150,000원	기말자본금	500,000원
총 수 익	300,000원	총 비 용	200,000원

① 250,000원   ② 300,000원
③ 350,000원   ④ 550,000원

07 결산 결과 당기순이익 10,000원이 산출되었으나 아래 사항이 누락된 것을 추후에 발견하였다. 수정 후 당기순이익은?

• 보험료 선급분 2,000원	• 이자 미지급분 1,000원

① 9,000원   ② 11,000원
③ 12,000원   ④ 13,000원

08 다음 자료에 의한 당기순이익은?

매 출 총 이 익	200,000원	영 업 외 수 익	150,000원
영 업 외 비 용	220,000원		

① 100,000원   ② 120,000원
③ 130,000원   ④ 160,000원

09 다음과 같은 결합 관계를 갖는 거래는?

(차변) 자 산 의 증 가	(대변) 부 채 의 증 가

① 현금을 은행에 예금하다.   ② 현금을 거래처에 빌려주다.
③ 상품을 외상으로 매입하다.   ④ 상품을 매출하고 현금을 받다.

10 다음과 관련 있는 장부는?

> • 총계정원장과 함께 주요부라 한다.
> • 거래의 발생순서에 따라 분개하여 기록하는 장부이다.

① 보조부   ② 매입장
③ 분개장   ④ 상품재고장

11 다음 중 당좌차월액은 재무상태표에 어떤 계정으로 보고되는가?

① 미지급금   ② 선수금
③ 예수금   ④ 단기차입금

12 다음 유형자산에 대한 지출 항목 중 수익적 지출에 해당하는 것은?

ㄱ. 원상 회복	ㄴ. 능률 유지	ㄷ. 내용연수 연장	ㄹ. 증설

① ㄱ, ㄴ   ② ㄱ, ㄹ   ③ ㄴ, ㄷ   ④ ㄷ, ㄹ

13 다음 대화를 통해 상품 순 매입액을 구하면 얼마인가?

> 사　장 : 김부장! 제주상사에 주문한 상품이 들어왔습니까?
> 김부장 : 예, 5월 1일 갑상품 300개(개당 단가 2,000원)가 들어와서 창고에 입고했습니다.
> 사　장 : 그럼 상품 매입시 운임은 누구 부담인가요? 그리고 대금은 지불했습니까?
> 김부장 : 예, 상품대금 중 150,000원은 현금지급하고, 나머지는 외상으로 하였습니다. 또 운임 20,000원은 상대방이 지불 하였습니다. 그리고 5월 12일에 갑상품 10개가 흠이 발견되어 반품시켰습니다. 그리고 약속기일(5월 31일) 전인 5월 25일에 나머지 외상매입대금을 지급하고, 그 외상매입대금의 10%를 할인 받았습니다.

① 387,000원   ② 537,000원
③ 557,000원   ④ 600,000원

14 다음 거래에 대한 거래 요소의 결합 관계를 보기에서 모두 고른 것은?

> [거래]　차입금 50,000원과 그 이자 3,000원을 현금으로 상환하다.
>
> [보기]　가. 자산의 증가　　나. 자산의 감소　　다. 부채의 증가
> 　　　　　 라. 부채의 감소　　마. 수익의 발생　　바. 비용의 발생

① 가, 나, 바　　　　　　　　　　② 나, 다, 마

③ 나, 라, 바　　　　　　　　　　④ 라, 마, 바

15 본사 건물을 신축하기 위해 총 공사비 중 일부를 계약금으로 지급하였다, 차변에 기입되는 계정으로 옳은 것은?

① 건설중인자산　　　　　　　　② 건물

③ 보증금　　　　　　　　　　　 ④ 선급금

실 무 시 험

○ 명동만물상사(회사코드 : 6001)는 잡화류를 도·소매하는 개인기업이며, 당기(제5기) 회계기간은 2021. 1. 1 ~ 2021. 12. 31이다. 전산세무회계 수험용 프로그램을 이용하여 다음 물음에 답하시오.

─────< 기 본 전 제 >─────

문제에서 한국채택국제회계기준을 적용하도록 하는 전제조건이 없는 경우, 일반기업회계기준을 적용한다.

문제1 명동만물상사의 전기분 손익계산서는 다음과 같다. 전기분 손익계산서를 검토하여 수정 및 추가 입력하시오.(6점)

손 익 계 산 서

회사명 : 명동만물상사	제4기 2020. 1. 1 ~ 2020. 12. 31		(단위 : 원)
과 목	금 액	과 목	금 액
매 출 액	125,000,000	영 업 이 익	20,492,000
상 품 매 출	125,000,000	영 업 외 수 익	0
매 출 원 가	85,000,000	영 업 외 비 용	1,000,000
상 품 매 출 원 가	85,000,000	이 자 비 용	550,000
기 초 상 품 재 고 액	45,000,000	기 부 금	450,000
당 기 상 품 매 입 액	80,000,000	소득세비용차감전순이익	19,492,000
기 말 상 품 재 고 액	40,000,000	소 득 세 비 용	492,000
매 출 총 이 익	40,000,000	당 기 순 이 익	19,000,000
판 매 비 와 관 리 비	19,508,000		
급 여	10,000,000		
복 리 후 생 비	2,055,000		
여 비 교 통 비	353,000		
접 대 비	755,000		
통 신 비	812,000		
수 도 광 열 비	733,000		
소 모 품 비	2,900,000		
운 반 비	800,000		
임 차 료	1,000,000		
대 손 상 각 비	100,000		

문제2 명동만물상사의 거래처에 대한 다음 자료를 검토하여 거래처등록메뉴에서 추가
등록하시오.(4점)

매입처	회사명 : (주)보성상회(코드 00601)	매출처	회사명 : 성지상사(코드 00616)
	대표자명 : 길중석		대표자명 : 김동성
	사업자등록번호 : 212-81-07890		사업자등록번호 : 125-05-81909
	업태 : 도매 종목 : 잡화		업태 : 도, 소매 종목 : 잡화
	주소 : 서울시 강동구 구천면로142(천호동)		주소 : 경기도 평택시 경기대로874(모곡동)

문제3 명동만물상사의 거래처별 초기이월 메뉴를 검토하고 다음 사항을 추가 또는 정
정하시오.(3점)

[1] 지 급 어 음 :
  • 0602 (주)정수상사 18,000,000원
  • 0603 (주)천일상사 8,900,000원

[2] 외상매입금 : 0602 (주)정수상사 6,100,000원, 0603 (주)천일상사 5,500,000원

문제4 다음 거래 자료를 일반전표입력메뉴에 추가 입력하시오.(24점)

─────────── < 입력시 유의사항 > ───────────

• 적요의 입력은 생략한다.
• 채권·채무와 관련된 거래처명은 반드시 기 등록되어 있는 거래처코드를 선택하
 는 방법으로 거래처명을 입력한다.
• 회계처리시 계정과목은 등록되어 있는 계정과목 중 가장 적절한 과목으로 한다.

[1] 1월   5일   (주)정수상사에서 상품 700,000원을 외상매입하고 당점 부담운임
            20,000원을 (주)정수상사가 대신 현금으로 지급하였다.(3점)

[2] 1월   6일   매입처 (주)천일상사에 주문한 신상품 5,000,000원이 도착하여 이를
            인수하고, 상품 주문 시 선 지급한 계약금(2020년 12월 29일)을 차감
            한 잔액은 수표를 발행하여 지급하다.(3점)

[3] 1월 10일   2020년 12월 급여 지급 시 공제하여 둔 소득세 250,000원과 지방소득세 25,000원을 관할세무서와 관할구청에 현금으로 납부하였다. (3점)

[4] 1월 25일   1월분 종업원의 급여를 다음과 같이 현금으로 지급하였다. (3점)

| 성명 | 급여 | 수당 | 지급액 | 소득세 | 건강보험 | 공제계 | 차인지급액 |
				지방소득세	국민연금		
한수미 (영업부)	2,000,000	150,000	2,150,000	15,000	10,000	46,500	2,103,500
				1,500	20,000		

[5] 1월 26일   1월분 임차료 3,000,000원을 현금으로 지급하다. 단, 직전 연도 사업 부진으로 지급하지 못한 임차료 1,500,000원이 포함되어 있음(성수빌딩 대표자 박무궁) (3점)

[6] 1월 28일   출장 중인 영업부 직원 박철수가 당점 보통예금계좌에 3,000,000원을 입금하였다는 통지를 받았으나 그 내역을 알 수가 없다. (3점)

[7] 1월 29일   거래처 한신상사에 주문 받은 상품 8,000,000원을 (주)한진택배를 통하여 발송하고, 대금은 앞서 받은 계약금 1,000,000원(1월 11일자)과 상계처리하고, 잔액은 현금으로 받아 즉시 보통예금 하였으며, 별도로 택배비 85,000원을 현금으로 지급하였다. (3점)

[8] 1월 31일   거래처 부실상사의 파산으로 외상매출금 1,500,000원이 회수 불가능하게 되어 이를 대손처리 하였다. 적절한 회계처리를 하시오. (3점)

문제5 다음 거래 내용에 대하여 적절한 회계처리를 하여 일반전표입력에 입력하시오. (6점)

[1] 2월 2일   1월 31일 부도로 처리한 부실상사의 외상매출금을 금일 당점 보통예금 계좌에 입금되었다는 통지를 받았다. 적절한 회계처리를 하시오. (3점)

[2] 2월 3일 1월 28일 보통예금의 입금액 중 1,500,000원은 매출처 평양상사의 외상대금의 회수분이고, 잔액은 거래처 (주)도성상사의 신상품 주문 대금으로 밝혀지다.(3점)

문제6 결산 정리사항은 다음과 같다. 해당 메뉴에 입력하여 결산을 완료하시오.(12점)

[1] 기말 현재 상품재고액은 49,000,000원이다.(3점)

[2] 매출채권(외상매출금과 받을어음)잔액에 대하여 1%의 대손충당금을 설정한다. (보충법으로 처리할 것)(3점)

[3] 차량운반구에 대한 당기감가상각비는 500,000원이고, 비품에 대한 당기 감가상각비 는 200,000원이다.(3점)

[4] 결산에 있어 소모품 미사용분 100,000원을 계상하다.(3점)

문제7 다음 사항을 조회하여 답안을 │ 이론문제 답안작성 │ 입력하시오.(10점)

[1] 상품총매출액은 전기에 비해 얼마나 증가 또는 감소 되었는가?(3점)

[2] 5월에서 6월까지 상품총매입액은 얼마인가?(3점)

[3] 12월말 현재 받을어음 잔액은 거래처별로 각각 얼마인가?(3점)

[4] 1월 1일에서 1월 31일까지 현금으로 지출된 판매비와 관리비는 얼마인가?(3점)

[5] 하반기 중 복리후생비가 가장 많이 지출된 월과 금액은 얼마인가?(3점)

② 제 2회 실전모의고사

이 론 시 험

◉ 다음 문제를 보고 알맞은 것을 골라 │이론문제 답안작성│ 메뉴화면에 입력하시오.
(※ 객관식 문항당 2점)

―――――< 기 본 전 제 >―――――
문제에서 한국채택국제회계기준을 적용하도록 하는 전제조건이 없는 경우, 일반기업회계기준을 적용한다.

01 다음 중 재무제표로부터 직접적으로 제공되는 정보가 아닌 것은?

① 기업의 재무상태 　　　　　　　　 ② 기업의 재무성과
③ 기업의 현금흐름변동 　　　　　　 ④ 외상매입처별 매입내역

02 다음 중 세금과공과 계정으로 처리하는 것은?

① 등기료 　　　　 ② 취득세 　　　　 ③ 자동차세 　　　　 ④ 등록세

03 판매비와관리비에 해당하는 계정을 모두 고르면?

| A. 광고선전비 　　 B. 이자비용 　　 C. 복리후생비 　　 D. 기부금 |

① A , B 　　　　 ② A, C 　　　　 ③ B, D 　　　　 ④ C, D

04 다음 중 기말 결산의 본절차에 해당하는 것은?

① 재고조사표의 작성 　　　　　　 ② 총계정원장의 마감
③ 재무상태표의 작성 　　　　　　 ④ 수정 전 시산표의 작성

05 다음 유형자산에 대한 지출 항목 중 자본적 지출에 해당하는 것은?

| ㄱ. 원상회복 　　 ㄴ. 능률유지 　　 ㄷ. 내용연수 연장 　　 ㄹ. 증설 |

① ㄱ, ㄴ 　　　　 ② ㄱ, ㄹ 　　　　 ③ ㄴ, ㄷ 　　　　 ④ ㄷ, ㄹ

06 기업주 가족의 여행경비를 현금으로 대신 지급한 경우 차변 계정과목은?

① 현금   ② 인출금
③ 여비교통비   ④ 복리후생비

07 다음 중 (가)에 해당하는 내용은?

[결산절차 : (가) 예비절차 – 본절차 – 보고서 작성]

① 총계정원장의 마감   ② 손익계산서 작성
③ 시산표 작성   ④ 재무상태표 작성

08 다음 자료에 의하여 분개할 때 대변에 기입되는 계정과목으로 옳은 것은?

• 다음 상품을 주문받고, 계약금 80,000원을 현금으로 받다.
갑상품 200개 @5,000원 1,000,000원

① 매출   ② 선수금
③ 선급금   ④ 예수금

09 다음 중 손익계산서의 구성항목이 아닌 것은?

① 영업외비용   ② 영업외수익
③ 법인세비용차감전순이익   ④ 이익잉여금

10 한국상사는 2021년 12월 31일 다음과 같은 결산정리분개를 하였다. 한국상사는 2021년도 중 소모품 350,000원을 현금으로 구입하였으며 당기 초에 소모품의 재고는 보유하지 않았다. 당기 말의 소모품 재고액은 얼마인가?

2021년 12월 31일 (차변) 소 모 품 200,000원 (대변) 소모품비 200,000원

① 200,000원   ② 350,000원
③ 550,000원   ④ 150,000원

11 다음 자료에 의하여 정액법에 의한 2차년도의 감가상각비는?

• 취득원가 1,000,000원 • 잔존가치 200,000원 • 내용연수 8년

① 200,000원　　　② 250,000원　　　③ 150,000원　　　④ 100,000원

12 다음 중 손익계산서와 관련한 설명으로 잘못된 것은?

① 일정기간의 기업의 경영성과를 나타낸다.
② 즉시 현금으로 받지 못하고 판매한 상품 매출액도 수익으로 손익계산서에 표시할 수 있다.
③ 차기에 속하는 수익은 당기의 손익계산서에 표시하지 않는다.
④ 감가상각비는 현금으로 지급하지 않은 비용이므로 손익계산서에 비용으로 표시할 수 없다.

13 종업원의 급여 지급 시 소득세를 차감하고 현금으로 지급한 경우, 분개 시 대변 계정 과목은?

① 급여　　　　　　　　　　　② 현금
③ 급여, 현금　　　　　　　　④ 예수금, 현금

14 다음의 회계순환과정 중 회계담당자의 판단이 요구되어 컴퓨터로는 자동적으로 수행하기 어려운 절차는?

① 재무제표의 작성
② 원장 잔액으로부터 시산표 작성
③ 총계정원장의 마감
④ 원장 계정잔액의 수정을 위한 수정 분개

15 다음 중 증가액이 재무상태표 차변에 기록되는 것은?

① 미지급비용　　　　　　　　② 선급비용
③ 선수금　　　　　　　　　　④ 단기차입금

실 무 시 험

❷ 한양아트방(회사코드 : 6002)는 문구류를 판매하는 개인기업이며, 당기(제5기) 회계기간은 2021. 1. 1 ~ 2021. 12. 31이다. 전산세무회계 수험용 프로그램을 이용하여 다음 물음에 답하시오.

─< 기 본 전 제 >─
문제에서 한국채택국제회계기준을 적용하도록 하는 전제조건이 없는 경우, 일반기업회계기준을 적용한다.

문제1 다음은 한양아트방의 사업자등록증이다. 회사등록 메뉴에 입력된 내용을 검토하여 누락된 부분은 추가입력하고, 잘못된 부분은 정정하시오.(5점)

사 업 자 등 록 증
(일반과세자)
등록번호 : 106-52-12458

상 호 명 : 한양아트방
대 표 자 명 : 이칠우
개 업 연 월 일 : 2017. 7. 1
사업장소재지 : 서울특별시 용산구 원효로 80길 19(문배동)
사업자의 종류 : 업태 도,소매   종목 문구류
교 부 사 유 : 신규

사업자 단위 과세 적용사업자 여부 : 여( ) 부(√)
전자세금계산서 전용 전자우편 주소 :

2017년 7월 6일

용산세무서장

문제2 한양아트방의 거래처에 대한 다음 자료를 검토하여 거래처 등록메뉴에서 추가 등록 및 삭제하시오.(5점)

매입처	회사명 : (주)우정상사(코드 00103)	매출처	회사명 : 용산문구(코드 00104)
	대표자명 : 성진우		대표자명 : 이영구
	사업자등록번호 : 215-81-40544		사업자등록번호 : 104-36-37263
	사업장소재지 : 서울 송파 동남로111(가락동)		사업장소재지 : 서울 중구 남대문로 112(남대문로 1가)
	업태 : 제조 종목 : 제지		업태 : 소매 종목 : 문구

문제3 한양아트방의 거래처별 초기이월 메뉴를 검토하고 다음 사항을 추가입력 하거나 정정하시오.(6점)

[1] 외상매출금 : 원효문구 : 6,800,000원,   우리문구 : 10,000,000원,
           세븐M-T : 600,000원

[2] 받 을 어 음 : 원효문구 : 20,000,000원

[3] 외상매입금 : (주)동양제지 : 1,000,000원   (주)한성제지 : 11,250,000원

문제4 다음 거래 자료를 일반전표입력메뉴에 추가 입력하시오.(24점)

─────── < 입력시 유의사항 > ───────

- 적요의 입력은 생략한다.
- 채권·채무와 관련된 거래처명은 반드시 기 등록되어 있는 거래처코드를 선택하는 방법으로 거래처명을 입력한다.
- 회계처리시 계정과목은 등록되어 있는 계정과목 중 가장 적절한 과목으로 한다.

[1] 10월 6일   (주)동양제지에서 판매용 문구류 15,000,000원을 매입하고 대금 중 5,000,000원은 수표를 발행하여 지급하고 잔액은 외상으로 하다. 그리고 당점 부담운임 100,000원을 (주)동양제지에서 대신 현금으로 지급하다.(3점)

[2] 10월 7일   판매용 A4용지(원가 50,000원) 70,000원을 회계과 사무용으로 사용하다. <당사는 자산처리법으로 회계처리 하고 있다.>(3점)

[3] 10월 8일   현금출납장의 잔액보다 실제 현금의 잔고가 50,000원이 부족함을 발
견하고 이를 조사 중에 있다.(3점)

[4] 10월 19일   10월 8일 부족액 50,000원은 전화요금 지급의 기장 누락임을 발견하
였다.(3점)

[5] 10월 20일   거래처 세븐M-T에 판매용 문구류 일체 440,000원을 매출하고, 대
금은 신용카드매출 전표를 발급하였다.(3점)<부가가치세 무시>

신용카드 매출전표

가 맹 점 : 한양 아트방	
사업자번호 : 106-52-12458	
대 표 자 명 : 이 칠 우	
주 소 : 서울시 용산구 원효로 80길 19	
비 씨 카 드	신용승인
거래일시	2021-10-20 오후 19:08:04
카드번호	5790-1234-****-6834
유효기간	**/**
가맹점번호	1065212458
매입 사 : 비씨 카드 사(전자서명전표)	

상품명	수 량	금 액
문구류		
과세금액		400,000원
부가세액		40,000원
합 계		440,000원
	서 명	박미선

[6] 10월 25일   (주)한성제지에 주문한 판매용 문구용품 6,500,000원이 도착하여 운
임 50,000원을 현금으로 지급하고 상품을 인수하다. 상품대금은 월말
에 결제하기로 하다.(3점)

[7] 10월 26일   10월 25일 (주)한성제지에서 매입한 상품이 주문품과 달라 전량을 반
품 하고, 반품 운반비 50,000원을 현금으로 지급하다.(3점)

[8] 10월 31일   제일은행과 당좌 및 예금거래를 맺고 10,000,000원을 대출함에 있어
선이자 200,000원을 차감한 실수금은 동 은행에 당좌예입하다. (당좌
차월한도 1,500,000원까지이며, 건물시가 상당 20,000,000원의 저당
권을 설정하다.) (3점)

문제5 일반전표입력메뉴에 입력된 내용 중 다음과 같은 오류가 발견되었다. 입력된 내용을 확인하여 정정하시오.(6점)

[1] 8월 20일 광고선전비로 처리한 700,000원 중 100,000원은 거래처 (주)한성제지의 판매관리부 직원의 회식대금을 잘못 회계처리 하였다.(3점)

[2] 12월 9일 가지급금으로 처리한 800,000원은 기업주 개인의 차량보험료 지급으로 확인되다.(3점)

문제6 결산 정리사항은 다음과 같다. 해당 메뉴에 입력하여 결산을 완료하시오.(15점)

[1] 기말상품재고액은 50,000,000원이다.(3점)

[2] 결산일 현재 소모품에 대한 미사용액 138,900원이다.(3점)

[3] 매출채권(외상매출금과 받을어음)잔액에 대하여 1%의 대손충당금을 설정한다. (보충법으로 처리할 것)(3점)

[4] 당기분 감가상각비는 비품은 정액법 차량운반구는 정률법으로 상각하여 당기손익에 반영하시오.(3점)
   • 비품 취득원가 8,300,000원, 내용연수 10년, 잔존가치는 취득원가의 10% 감가상각누계액은 1,440,000원(정액법)
   • 차량운반구 취득원가 32,000,000원, 내용연수 5년, 정률 0.451 감가상각누계액은 5,412,000원

[5] 인출금을 정리하다.(3점)

문제7 다음 사항을 조회하여 답안을 | 이론문제 답안작성 | 입력하시오.(10점)

[1] 1월에서 6월까지 중 상품매입이 가장 많은 월과 금액은 얼마인가? (3점)

[2] 6월 30일 기말상품재고액이 20,000,000원 일 때 상반기 상품매출이익은 얼마인가?

[3] 한양아트방의 1년간 접대비 총 지출액은 얼마인가? (3점)

❸ 제 3회 실전모의고사

이 론 시 험

⬥ 다음 문제를 보고 알맞은 것을 골라 이론문제 답안작성 메뉴화면에 입력하시오.
(※ 객관식 문항당 2점)

───< 기 본 전 제 >───

문제에서 한국채택국제회계기준을 적용하도록 하는 전제조건이 없는 경우, 일반기업회계기준을 적용한다.

01 다음 중 재무상태표와 관련된 설명으로 잘못된 것은?

① 기업의 일정기간의 경영성과를 알려주는 보고서이다.
② 자산−부채=자본을 자본등식이라 한다.
③ 자산, 부채, 자본에 대한 정보를 제공하고 있다.
④ 자산의 합계액과 부채 및 자본의 합계액은 항상 일치한다.

02 2021년 1월 1일 다음의 비품을 1,500,000원에 매각한 경우 유형자산처분손익을 계산한 것으로 옳은 것은?

- 취 득 일 : 2019년 1월 1일
- 취득원가 : 2,000,000원
- 상각방법 : 정액법 (내용연수 5년, 잔존가치 0원)
- 회계기간 말 : 매년 12월 31일

① 100,000원 손실   ② 300,000원 손실
③ 100,000원 이익   ④ 300,000원 이익

03 소득세, 건강보험료 등과 같이 궁극적으로 제3자에게 지급하여야 할 금액을 기업이 거래처나 종업원으로부터 미리 받아 일시적으로 보관하는 경우에 사용되는 유동부채를 무엇이라고 하는가?

① 가수금   ② 선수금
③ 미수금   ④ 예수금

04 다음 중 재무상태표계정이 아닌 것은?

① 임차료   ② 외상매입금
③ 미수수익   ④ 미지급금

05 한국상사는 보험료 1년분을 8월 1일에 240,000원을 현금으로 지급하고 비용처리하였
다. 12월 31일 기말 결산 시의 선급보험료는 얼마인가? 단, 보험료는 월할계산 할 것.

① 100,000원   ② 120,000원
③ 140,000원   ④ 150,000원

06 다음 중 재무상태표에 유동자산으로 분류할 수 없는 것은?

① 주로 단기매매 목적으로 보유하고 있는 유가증권
② 정상영업주기 내에 판매될 예정인 제품
③ 12개월 이내 회수될 대여금
④ 사무용으로 구입한 소프트웨어

07 상품 100,000원을 매입할 때 이에 대한 분개가 될 수 없는 것은?

① (차) 상   품   100,000   (대) 외 상 매 입 금   100,000
② (차) 매   입   100,000   (대) 외 상 매 입 금   100,000
③ (차) 매   입   100,000   (대) 미 지 급 금   100,000
④ (차) 상   품   100,000   (대) 현   금   100,000

08 장부금액이 500,000원인 비품을 대금은 2달 후에 받기로 하고 400,000원에 처분
하였다. 이 거래가 기업에 미치는 영향으로 올바른 것은?

① 자산의 감소와 부채의 증가
② 자산의 증가와 부채의 증가
③ 자산의 감소와 자본의 감소
④ 자산의 증가와 자본의 증가

09 유형자산에 관한 설명으로 옳지 않은 것은?

① 정상적인 영업활동에 사용할 목적으로 취득한 자산이다.
② 물리적 실체가 없는 자산이다.
③ 여러 회계기간에 걸쳐 비용으로 계상한다.
④ 건물, 비품, 건설중인자산 등이 있다.

10 다음 거래에 대한 거래요소의 결합관계를 바르게 나타낸 것은?

> 이달분 임차료를 현금으로 지급하다.

① 자산의 증가와 수익의 발생
② 비용의 발생과 자산의 증가
③ 자산의 감소와 수익의 발생
④ 비용의 발생과 자산의 감소

11 다음의 자료에서 매출원가를 구하면 얼마인가?

> • 기초상품재고액　3,000,000원　　• 당기매입액　6,000,000원
> • 기말상품재고액　4,000,000원

① 5,000,000원　　　② 5,200,000원　　　③ 5,400,000원　　　④ 5,600,000원

12 개인기업인 서울상사는 당기에 세금 또는 공과금 등으로 다음과 같이 납부하였다. 세금과공과 계정으로 처리되어야 할 총액은 얼마인가?

> 자 동 차 세　65,000원　　적십자회비　　5,000원　　전 화 요 금　10,000원
> 건물재산세　80,000원　　건물취득세　25,000원　　사업소득세　30,000원

① 150,000원　　　② 160,000원　　　③ 185,000원　　　④ 215,000원

13 다음 중 자산 계정을 증가시키는 거래와 동시에 발생할 수 있는 사실은?

① 부채 계정이 동일한 금액만큼 감소한다.
② 자본 계정이 동일한 금액만큼 감소한다.
③ 다른 자산 계정이 동일한 금액만큼 증가한다.
④ 다른 자산 계정이 동일한 금액만큼 감소한다.

14 다음 중 재무상태표등식으로 맞는 것은?

① 자산 + 부채 = 자본   ② 자산 − 부채 = 자본

③ 부채 = 자산 + 자본   ④ 자산 = 부채 + 자본

15 다음 중 재고자산 평가방법에 해당하지 않는 것은?

① 선입선출법   ② 후입선출법

③ 정액법   ④ 이동평균법

실 무 시 험

◆ 동작상사(회사코드 : 6003)는 잡화류를 도·소매하는 개인기업이며, 당기(제5기) 회계기간은 2021. 1. 1 ~ 2021. 12. 31이다. 전산세무회계 수험용 프로그램을 이용하여 다음 물음에 답하시오.

─────< 기 본 전 제 >─────
문제에서 한국채택국제회계기준을 적용하도록 하는 전제조건이 없는 경우, 일반기업회계기준을 적용한다.

문제1 다음은 동작상사의 사업자등록증이다. 회사등록메뉴에 입력된 내용을 검토하여 누락된 부분은 추가 입력하고 잘못된 부분은 정정하시오.(3점)

사 업 자 등 록 증
(일반과세자)
등록번호 : 605-37-07099

상 호 명 : 동작상사
대 표 자 명 : 방주희
개 업 연 월 일 : 2017. 1. 15
사업장소재지 : 부산광역시 부산진구 국악로 20(연지동)
사업자의 종류 : 업태 도,소매   종목 잡화류
교 부 사 유 : 신규

사업자 단위 과세 적용사업자 여부 : 여( ) 부(√)
전자세금계산서 전용 전자우편 주소 :

2017년 1월 20일

부산진세무서장

문제2 다음은 동작상사의 (제4기)결산 후 잔액시산표이다. 해당 메뉴에 입력되어 있는 전기분 재무상태표와 손익계산서를 검토하여 수정 및 추가 입력 하시오.(10점)

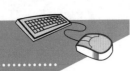

잔 액 시 산 표

회사명 : 동작상사 　　　　제4기 2020. 12. 31 현재 　　　　(단위 : 원)

과 목	금 액	과 목	금 액
현　　　　　금	47,540,000	외 상 매 입 금	55,500,000
보 통 예 금	33,500,000	지 급 어 음	35,290,000
당 좌 예 금	40,000,000	미 지 급 금	5,225,000
단 기 매 매 증 권	5,300,000	외상매출금대손충당금	404,000
외 상 매 출 금	40,400,000	받을어음대손충당금	351,000
받 을 어 음	35,100,000	건물감가상각누계액	2,500,000
상　　　　　품	60,000,000	비품감가상각누계액	550,000
건　　　　　물	70,000,000	사 본 금	224,040,000
비　　　　　품	4,000,000	**상 품 매 출**	**90,000,000**
상 품 매 출 원 가	**64,086,000**	단기매매증권평가이익	295,000
급　　　　　여	6,580,000	이 자 수 익	811,000
복 리 후 생 비	3,150,000		
여 비 교 통 비	663,000		
접 대 비	758,000		
수 도 광 열 비	739,000		
소 모 품 비	1,050,000		
운 반 비	350,000		
임 차 료	1,750,000		
	414,966,000		414,966,000

문제3 동작상사의 주요 거래처에 대한 자료를 거래처 등록메뉴에서 추가 등록하시오.(6점)

매출처	회사명 (코드) : 용당상사(주) (00205)	매입처	회사명 (코드) : 영소프트(00206)
	대표자명 : 배 삼 용		대표자명 : 사 미 자
	사업자등록번호 : 605-81-00240		사업자등록번호 : 605-43-79110
	주소 : 부산시 부산진구 부전로 149(부전동)		주소 : 부산시 부산진구 가야대로 725(부암동)
	업태 : 도, 소매　종목 : 잡화류		업태 : 도, 소매　종목 : 잡화류

문제4 다음 거래 자료를 일반전표 입력메뉴에 추가 입력하시오.(24점)

┌─────────── < 입력시 유의사항 > ───────────┐

• 적요의 입력은 생략한다.

• 채권·채무와 관련된 거래처명은 반드시 기 등록되어 있는 거래처코드를 선택하
  는 방법으로 거래처명을 입력한다.

• 회계처리시 계정과목은 등록되어 있는 계정과목 중 가장 적절한 과목으로 한다.

└──┘

[1] 7월 18일 신규 거래처인 대림유통[135-04-35477 경기도 안산시 단원구 강촌
로 100(성곡동)]에 상품 7,000,000원을 외상으로 매출하였다.(회사코
드 : 0209 거래처 추가등록 후 사용) (3점)

[2] 7월 22일 부산은행에 예치된 정기예금이 만기가 되어 원금 10,000,000원과 당
기발생분 이자 500,000원이 보통예금 통장으로 이체되었다는 통지를
받다.(3점)

[3] 8월 23일 사용하던 차량을 반송중고자동차에 3,550,000원에 매각하고 대금은 1
개월 후에 받기로 하였다.(단, 취득원가는 5,000,000원이고 감가상각
누계액은 없는 것으로 한다.) (3점)

[4] 8월 29일 가야문구에서 불특정다수인을 대상으로 한 회사홍보용 화장지를 구입
하고, 대금은 현금으로 지급하고, 현금영수증을 수취하다.(3점)

** 현금영수증 **	
(RECEIPT)	
사업자등록번호	112-31-28718 이철규
사 업 자 명	가야문구
단 말 기 I D	27364789(Tel:02-325-8879)
가 맹 점 주 소	부산시 중구 중구로 2(남포동5가)
현금영수증 회원번호	
603-37-07093	동작상사
승 인 번 호	11041104(PK)
거 래 일 시	2021년 8월 29일 15시33분30초
공 급 가 액	500,000원
부 가 세 금 액	
총 합 계	**500,000원**
휴대전화, 카드번호 등록	
http://현금영수증.kr	
국세청문의(126)	
38036926-gca10106-3870-u490	

[5] 9월 12일 거래처 부전전자상회의 파산으로 외상매출금 1,500,000원을 대손처리
하였다.(3점)

[6] 9월 18일 부전석유에서 사무실 난방용 유류 156,000원을 구입하고 대금은 국민 신용카드로 결제하여 주다.(3점)

[7] 9월 25일 윤철중 세무회계사무소에 기장수수료 200,000원을 현금으로 지급하다.(3점)

[8] 9월 30일 영업용 차량을 유민카센타에서 수리하고 수리비 5,000원을 현금 지급하다.(3점)

문제5 일반전표입력메뉴에 입력된 내용 중 다음과 같은 오류가 발견되었다. 입력된 내용을 확인하여 정정하시오.(6점)

[1] 9월 30일의 사무실 전기요금 58,000원의 지급은 9월 22일의 거래이다.(3점)

[2] 10월 7일 세금과공과로 처리한 당일의 거래는 차량을 구입하고 등록세를 납부한 거래로 확인되었다.(3점)

문제6 결산 정리사항은 다음과 같다. 해당 메뉴에 입력하여 결산을 완료하시오.(12점)

[1] 매출채권(외상매출금, 받을어음) 잔액에 대하여 1%의 대손충당금을 보충법으로 설정하다.(3점)

[2] 인출금 계정을 자본금계정으로 대체하다.(3점)

[3] 자산으로 계상 되어있는 소모품 중 당기 사용액은 260,000원이다.(3점)

[4] 기말상품재고액은 24,354,000원이다.(3점)

문제7 다음 사항을 조회하여 답안을 [이론문제 답안작성] 입력하시오.(10점)

[1] 하반기 현재 외상매입금 잔액이 가장 적은 거래처와 금액은 얼마인가? (단, 국민신용카드는 제외) (3점)

[2] 12월 중에 발생한 판매비와 관리비의 총액은 얼마인가?(3점)

[3] 하반기(7월 ~ 12월까지) 상품매입이 가장 많은 월과 금액은 얼마인가?(3점)

Chapter 10 해 답 편

- 정답 및 해설

분개실습문제(80선) 답안

No.	차변과목	금액	대변과목	금액
01	토지	20,300,000	현금 미지급금[한국개발(주)]	5,300,000 15,000,000
02	외상매입금(태평상사)	2,000,000	보통예금	2,000,000
03	임차료	1,500,000	현금	1,500,000
04	여비교통비 현금	490,000 10,000	가지급금	500,000
05	현금 보통예금	5,000,000 10,000,000	외상매출금(영남상사)	15,000,000
06	당좌예금 수수료비용	11,970,000 30,000	받을어음(일제자전거)	12,000,000
07	복리후생비	500,000	현금	500,000
08	당좌예금	500,000	선수금(태백상사)	500,000
09	가지급금	500,000	현금	500,000
10	장기성예금	1,000,000	보통예금	1,000,000
11	현금 받을어음(하늘기업)	1,000,000 1,400,000	상품매출	2,400,000
12	복리후생비 접대비	500,000 200,000	미지급금(비자카드)	700,000
13	(209)감가상각누계액 미수금(종로중고) 유형자산처분손실	4,200,000 1,500,000 300,000	차량운반구	6,000,000
14	건물	6,000,000	미지급금(태극설비)	6,000,000
15	보통예금 매출채권처분손실	962,000 38,000	받을어음(태안상회)	1,000,000
16	현금과부족	50,000	현금	50,000
17	복리후생비	182,000	현금	182,000
18	당좌예금	800,000	선수금(우신유통)	800,000
19	미지급비용	18,000,000	예수금 보통예금	1,200,000 16,800,000
20	장기대여금(한국상사)	6,000,000	보통예금 이자수익	5,400,000 600,000
21	상품	3,500,000	지급어음(미래상사)	3,500,000
22	광고선전비	330,000	현금	330,000
23	받을어음(칠성문구) 보통예금	1,000,000 500,000	외상매출금(칠성문구)	1,500,000
24	급여	6,500,000	예수금 보통예금	130,000 6,370,000
25	소모품비	780,000	미지급금(한일전자)	780,000
26	현금	300,000	선수금(보해산업)	300,000
27	(209)감가상각누계액 현금 유형자산처분손실	4,800,000 100,000 100,000	차량운반구	5,000,000
28	받을어음(별사랑레스토랑) 선수금(별사랑레스토랑)	800,000 200,000	상품매출	1,000,000
29	(109)대손충당금 대손상각비	180,000 350,000	외상매출금(명품식당)	530,000
30	보통예금	3,200,000	외상매출금(더씨백화점)	3,200,000
31	상품	5,050,000	외상매입금(정일상사) 현금	5,000,000 50,000
32	차량유지비	10,000	현금	10,000
33	상품	2,000,000	선급금(한라상사) 외상매입금(한라상사) 현금	200,000 1,300,000 500,000
34	여비교통비 현금	270,000 330,000	가지급금	600,000
35	이자비용 보통예금	500,000 9,500,000	단기차입금(경동은행)	10,000,000
36	현금	200,000	선수금(지혜상사)	200,000
37	광고선전비	330,000	현금	330,000
38	받을어음(수동가구) 외상매출금(영남상사)	2,000,000 1,000,000	상품매출	3,000,000
39	접대비	200,000	현금	200,000
40	(209)감가상각누계액 미수금(군산상사) 유형자산처분손실	4,000,000 3,000,000 1,000,000	차량운반구	8,000,000
41	현금과부족	100,000	현금	100,000
42	매출할인(403) 보통예금	40,000 1,960,000	외상매출금(푸른상사)	2,000,000
43	상품	1,500,000	선급금(미래상사) 외상매입금(미래상사)	200,000 1,300,000
44	급여	7,700,000	예수금 보통예금	473,000 7,227,000
45	이자비용 보통예금	140,000 9,860,000	단기차입금(나라은행)	10,000,000
46	기부금	500,000	현금	500,000
47	미지급금(하늘부동산)	1,000,000	임차보증금(하늘부동산)	1,000,000
48	여비교통비 현금	450,000 50,000	가지급금	500,000
49	수수료비용 보통예금	40,000 3,960,000	받을어음(영남상사)	4,000,000
50	보통예금	5,000,000	장기차입금(한라저축은행)	5,000,000
51	선수금(경기상사) 받을어음(경기상사) 외상매출금(경기상사)	500,000 1,000,000 3,500,000	상품매출	5,000,000
52	(213)감가상각누계액 미수금(경인상사) 유형자산처분손실	1,800,000 800,000 400,000	비품	3,000,000
53	외상매입금(보라상사)	1,500,000	받을어음(대박상사)	1,500,000
54	미지급금(삼일카드)	800,000	보통예금	800,000
55	잡급	250,000	현금	250,000
56	세금과공과 인출금	100,000 60,000	현금	160,000
57	상품	2,020,000	현금 당좌예금	520,000 1,500,000
58	교육훈련비	800,000	보통예금	800,000
59	선수금(백제상사)	450,000	보통예금	450,000
60	복리후생비 접대비	400,000 600,000	미지급금(비씨카드)	1,000,000
61	매출채권처분손실 보통예금	45,000 1,955,000	받을어음(영남상사)	2,000,000
62	수수료비용	200,000	보통예금	200,000
63	상여금(급여)	3,000,000	보통예금	3,000,000
64	보통예금	9,000,000	임차보증금(대성건실)	9,000,000
65	상품	1,610,000	선급금(동신상사) 외상매입금(동신상사) 현금	200,000 1,400,000 10,000
66	이자비용	150,000	보통예금	150,000
67	건물	10,200,000	현금 미지급금(장미전자) 보통예금	2,000,000 8,000,000 200,000
68	선급금(세운상사)	600,000	보통예금	600,000
69	복리후생비 접대비	100,000 100,000	보통예금	200,000
70	현금	110,000	현금과부족	110,000
71	급여	1,800,000	예수금 보통예금	160,000 1,640,000
72	차량유지비	150,000	현금	150,000
73	선급금(진미상사)	100,000	당좌예금	100,000
74	상품	1,030,000	선급금(진미상사) 외상매입금(진미상사) 현금	100,000 900,000 30,000
75	보통예금 매출할인(403)	2,940,000 60,000	외상매출금(성동상사)	3,000,000

No.	차 변 과 목	금 액	대 변 과 목	금 액
76	가 수 금	1,500,000	선 수 금(우리상사)	1,000,000
			외상매출금(백제상사)	500,000
77	인 출 금	600,000	현 금	600,000
78	건 물	6,000,000	현 금	6,500,000
	수 선 비	500,000		
79	광 고 선 전 비	1,000,000	현 금	1,000,000
80	급 여	5,350,000	예 수 금	535,000
			보 통 예 금	4,815,000

❖ 제1회 모의고사 이론 답안

1	③	2	②	3	①	4	④	5	②
6	①	7	②	8	③	9	③	10	③
11	④	12	①	13	②	14	③	15	①

【해설】

01 보기3번은 투자자산이다.

04 (차) 자산의 증가 (대) 자산의 감소, 수익의 발생

06 총수익－총비용 = 100,000(당기순이익)

자 본 금

기말자본	500,000	기초자본	150,000
		추가출자	(250,000)
		당기순이익	100,000
	500,000		500,000

07 당기순이익+선급보험료－이자미지급액 = 11,000원

08 매출총이익+영업외수익－영업외비용 = 130,000원

12 내용연수의 연장과 증설은 자본적지출에 해당한다.

13 • (가) 매입할인액을 우선 구하면 300개×2,000=600,000원－
대금지급액 150,000원－반품(10개×2,000)=430,000×
10% = 43,000원

• (나) 순매입액은 300개×2,000=600,000원－반품(10개×
2,000)－매입할인 43,000 = 537,000

• (다) 운임은 상대방이 지불하였으므로 상대방이 부담하는 것
으로 본다.

14 (차) 부채의 감소, 비용의 발생 (대) 자산의 감소

❖ 6001 명동만물상사 실무 답안

【문제1】 전기분 재무상태표와 손익계산서 수정

① 전기분 재무상태표에 기말상품 40,000,000원 입력
　– 전기분 재무상태표 대차일치 금액 : 354,400,000원

② 전기분 손익계산서에서 상품매출원가입력 박스에
　– 기초상품재고액 : 45,000,000원 입력하고 [Enter]로 빠져나
온다.

③ 전기분 손익계산서에 여비교통비 353,000원으로 금액 수정

④ 전기분 손익계산서에 소득세등 492,000원 추가 입력

⑤ 전기분 손익계산서 당기순이익 19,000,000원

【문제2】 거래처 등록

① (주)보성상회(00601) 추가 등록 유형은 동시를 선택한다.

② 성지상사(00616) 추가 등록 유형은 동시를 선택한다.

【문제3】 거래처별 초기이월

① 기초정보관리란 거래처별 초기이월을 누른 후 지급어음에 추가
입력 :　00602 (주)정수상사 18,000,000원
　　　　00603 (주)천일상사 8,900,000원

② 기초정보관리란 거래처별 초기이월을 누른 후 외상매입금에
00603 (주)천일상사 5,500,000 추가 입력

【문제4】 일반전표 입력

No.	차 변 과 목	금 액	대 변 과 목	금 액
(1)	상 품	720,000	외상매입금((주)정수상사)	720,000
(2)	상 품	5,000,000	선급금((주)천일상사)	500,000
			당 좌 예 금	4,500,000
(3)	예 수 금	275,000	현 금	275,000
(4)	급 여	2,150,000	예 수 금	46,500
			현 금	2,103,500
(5)	임 차 료	1,500,000	현 금	3,000,000
	미지급비용(성수빌딩)	1,500,000		
(6)	보 통 예 금	3,000,000	가수금(박철수)	3,000,000
(7)	선수금(한신상사)	1,000,000	상 품 매 출	8,000,000
	보 통 예 금	7,000,000	현 금	85,000
	운 반 비	85,000		
(8)	109.대손충당금	600,000	외상매출금(부실상사)	1,500,000
	대 손 상 각 비	900,000		

※ (1) 매입운임은 당점부담 임으로 상품 매입원가에 가산하고, 이를
((주)정수상사)가 대신 지급하여 주었으므로 외상매입금에 가산하
면 된다.

(2) [기초정보등록]-[전기분재무제표] : 선급금 500,000원
[거래처별 초기이월]에서 선급금 500,000원이 (주)천일상사 에 지
급한 계약금이 맞는지 확인한다.

(3) 금액이 주어지지 않으면, [전기분 재무상태표]-[예수금 275,000]
을 확인 후 분개를 한다.

(5) [전기분 재무상태표 : 미지급비용 1,500,000원]-[거래처별초기이
월]-[미지급비용]-[성수빌딩 1,500,000]을 확인하여 본 후 분
개를 하도록 한다.

(7) 상품 매출 시 지급한 발송운임은 따로 운반비로 처리한다.

(8) 합계잔액시산표(또는 계정별원장) 1월 31일 현재 외상매출금에 대
한 대손충당금 600,000원을 확인 후 회계 처리한다.

【문제5】 오류 수정

※ 전기에 대손처리된 채권의 회수는 '대손충당금' 계정으로 처리

※ 주의 : 당기에 대손처리된 채권의 회수는 → 1월 31일자 분개를
수정분개한다.

[1] 2월 2일 :
(차) 보 통 예 금 1,500,000 　(대) 대손충당금(109) 600,000
　　　　　　　　　　　　　　　　　　 대 손 상 각 비 900,000

[2] 2월 3일 :
(차) 가 수 금 3,000,000 　(대) 외상매출금(610 평양상사) 1,500,000
　　　　　　　　　　　　　　　　　 선수금(211 (주)도성상사) 1,500,000

【문제6】 결산정리사항

[1] [결산/재무제표] − [결산자료입력] 실행
0146 기말상품재고액란에 49,000,000원을 입력

[2] [결산/재무제표] − [결산자료입력] 실행
0835 대손상각비 : 외상매출금란에 140,800원 입력
받을어음란에 345,000원 입력

※ 합계잔액시산표 차변잔액을 기준으로 계산한다.
− 외상매출금 : 74,080,000×1%−600,000 = 140,800
− 받을어음 : 54,500,000×1%−200,000 = 345,000

[3] [결산/재무제표] − [결산자료입력] 실행
0818 감가상각비 : 차량운반구란에 500,000원 입력
비품란에 200,000원 입력

[4] 12월 31일 : 일반전표에 입력

(차) 소 모 품	100,000	(대) 수 무 품 비	100,000

【마무리】

대손충당금설정과 감가상각비 계상 및 기말상품재고액은 반드시 [결산자료입력]화면 상단의 [(F3) 전표추가]단추를 클릭하여 결산전표를 자동생성 시킨 후 [일반전표입력]에서 12월 31일로 결산자동 분개를 확인한다.

【문제7】 답안수록메뉴에 입력

[1] [결산/재무제표] − [손익계산서] :
− 전기 : 125,000,000원, 당기 : 467,080,000원, 당기 상품매출액 3,42,080,000원 증가

[2] [결산/재무제표] − [월계표] : 44,900,000원

[3] [장부관리] − [거래처원장 잔액란]
− 안민상회 : 5,500,000원, 농수상회 : 13,000,000원, (주)도성상사 : 36,000,000원

[4] [장부관리] − [월계표 또는 일계표] : 12,873,520원

[5] [장부관리] − [총계정원장] : 11월, 1,951,000원

❖ 제2회 모의고사 이론 답안

1	④	2	③	3	②	4	②	5	④
6	②	7	③	8	②	9	④	10	①
11	④	12	④	13	④	14	④	15	②

【해설】

01 보기4번은 보조원장인 매입처원장에서 확인 가능하다.

04 보기1번과 4번은 예비절차이고, 3번은 후 절차이다.

05 원상회복과 능률유지는 수익적지출에 해당하고, 내용연수의 연장과 증설은 자본적지출에 해당한다.

09 보기4번은 자본에 속한다.

10 12월 31일 분개금액이 당기 말 소모품 재고액이다.

11 (1,000,000−200,000)/8년 = 100,000원(정액법은 매년도 감가상각비가 동일하다.)

12 현금으로 지급하지 않아도 당기에 발생한 비용은 손익계산서에 표시해야 한다.

❖ 6002 한양아트방 실무 답안

【문제1】 회사등록메뉴 수정

① 사업자등록번호 : 106-52-12458
② 개업년월일 : 2017. 7. 1
③ 종목 : 문구류
④ 관활세무서 : 106 용산세무서

【문제2】 거래처 등록

− 기초정보란 거래처 등록란에 (주)우정상사(00103), 용산문구(00104) 추가등록 입력

【문제3】 거래처별 초기이월

▶ 기초정보관리란 거래처별 초기이월 란에 수정 또는 추가 입력
▶ 외상매출금 : (00101) 원효문구 : 6,800,000원
(00102) 우리문구 : 10,000,000원
(00106) 세븐M−T : 600,000원
▶ 받을어음 : 00102 우리문구를 삭제한다.
▶ 외상매입금 : 00203 (주)동양제지 : 1,000,000원, 00205 (주)한성제지 : 11,250,000원

【문제4】 일반전표 입력

No.	차변과목	금 액	대변과목	금 액
(1)	상 품	15,100,000	외상매입금((주)동양제지)	10,100,000
			당 좌 예 금	5,000,000
(2)	소 모 품	50,000	상 품(적요8번)	50,000
(3)	현 금 과 부 족	50,000	현 금	50,000
(4)	통 신 비	50,000	현 금 과 부 족	50,000
(5)	외상매출금(세븐M−T)	25,000,000	상 품 매 출	25,000,000
	접 대 비	30,000	현 금	30,000
(6)	상 품	6,550,000	외상매입금((주)한성제지)	6,500,000
			현 금	50,000
(7)	외 상 매 출 금	440,000	상 품 매 출	440,000
(8)	당 좌 예 금	9,800,000	단기차입금(제일은행)	10,000,000
	이 자 비 용	200,000		

※ (1) 당점(자회사)이 부담할 운임을 (주)동양제지가 대신 지급하였기에 외상매입금 지급 시 합산하여 지급한다.
(2) 적요등록 8번 : 타계정으로 대체 손익계산서 반영분 선택
(7) 상품매입에 관련된 매입제비용은 매입원가에 포함한다.
(8) 근 저당권설정은 회계상 거래가 아니므로 분개하지 않는다.

【문제5】 오류 수정

[1] 8월 20일
− 수정전 : (차변) 광고선전비 700,000 (대변) 현 금 700,000
− 수정후 : (차변) 광고선전비 600,000 (대변) 현 금 700,000
접 대 비 100,000

[2] 12월 9일 : 가지급금을 인출금으로 수정

【문제6】 결산정리사항

[1] [결산/재무제표] − [결산자료입력] 실행
0146 기말상품재고액란에 50,000,000원을 입력

404

[2] 12월 31일 : 일반전표에 입력

　 -. 자산처리법이므로 사용액을 분개한다.

(차) 소 모 품 비	111,100	(대) 소　모　품	111,100

　※ 합계잔액시산표 소모품 계정 차변잔액(자산처리법) 250,000 –
　138,900(미사용액) = 111,100(사용액)

[3] [결산/재무제표] – [결산자료입력] 실행
　0835 대손상각비 : 외상매출금란에 1,085,400원 입력
　　　　　　　　　받을어음란에 390,000원 입력

　※ 합계잔액시산표 차변잔액을 기준으로 계산한다.
　– 외상매출금 : 126,080,000×1%–175,400 = 1,085,400
　– 받을어음 : 59,000,000×1%–200,000 = 390,000

[4] [결산/재무제표] – [결산자료입력] 실행
　0818 감가상각비 : 비품란에 747,000원 입력
　　　　　　　　　차량운반구란에 11,991,188원 입력

　– 비품 : 8,300,000–830,000/10년 = 747,000원
　– 차량 : (32,000,000–5,412,000)×0.451 = 11,991,188원

[5] [합계잔액시산표]를 실행하여 인출금 계정을 조회한다.

(차) 자　본　금	800,000	(대) 인　출　금	800,000

【마무리】

　대손충당금설정과 감가상각비 계상 및 기말상품재고액은 반드시 [결산자료입력]화면 상단의 [[F3] 전표추가]단추를 클릭하여 결산전표를 자동생성 시킨 후 [일반전표입력]에서 12월 31일로 결산자동 분개를 확인한다.

【문제7】 답안수록 메뉴에 입력

[1] [장부관리] – [총계정원장] : 6월 : 36,100,000원
[2] [결산/재무제표] – [합계잔액시산표] : 182,459,070원
　　　　상품계정차변 잔액　　74,300,000
　　　　(–) 기말상품재고액　　20,000,000
　　　　상품매출원가　　　　54,300,000
　▶ 상품매출액(236,759,070) – 상품매출원가(54,300,000)
　　=상품매출총이익(182,459,070)
[3] [결산/재무제표] – [합계잔액시산표] : 11,530,000원

❖ 제3회 모의고사 이론 답안

1	①	2	④	3	④	4	①	5	③
6	④	7	③	8	③	9	②	10	④
11	①	12	①	13	④	14	④	15	③

【해설】

01 보기1번은 손익계산서에 대한 내용이다.

02 (2,000,000–0)÷5년=400,000원×2년=800,000원이 2년간 감가상각누계액이다.
　2021년 1월 1일의 장부금액은 2,000,000–800,000=1,200,000원 이므로 매각금액과 비교하면 300,000원의 처분이익이 생긴다.

05 240,000÷1년 = 20,000원×7개월 = 140,000원

06 보기4번은 무형자산에 속한다.

08 유형자산처분손실 100,000원이 발생하므로 최종적으로 자본이 감소하는 결과가 초래하는 것이다.

09 물리적 실체가 없는 자산은 무형자산이다.

11 기초상품+당기매입액–기말상품 = 5,000,000원

12 자동차세+적십자회비+건물재산세=150,000원. 전화요금은 통신비 계정이고, 건물 취득세는 건물 취득원가에 포함되며, 사업소득세는 인출금 계정으로 처리한다.

15 정액법은 감가상각 방법이다.

❖ 6003 동작상사 실무 답안

【문제1】 회사등록메뉴 수정

① 사업자등록번호 : 605-37-07099
② 업장소재지 : 부산광역시 부산진구 국악로 20(연지동)
③ 개업년월일 : 2017. 1. 15로 수정 입력
④ 관할세무서 : (605) 부산진세무서로 수정 입력

【문제2】 잔액시산표를 토대로 (재무상태표 와 손익계산서) 수정

① 자산, 부채, 자본에 속하는 계정은 전기분재무상태표로 수익과 비용은 손익계산서에서 수정 작업을 하면 된다.
② 재무상태표에
– 대손충당금(0109) 404,000 추가 입력, 지급어음 35,290,000 수정 입력한다.
– 자본금 236,020,000원으로 수정 입력
– 전기분재무상태표 차변, 대변 일치금액 332,035,000원이 된다.
　　224,040,000　← 잔액시산표상 기초자본금
　＋ 11,980,000　← 전기분손익계산서 당기순이익
　──────────
　= 236,020,000을 자본금으로 입력한다.

【문제3】 거래처 등록

① 기초정보등록란 거래처 등록란을 클릭
② 용당상사(주) (205), 영소프트컴(주) (206) 추가 입력

【문제4】 일반전표 입력

No.	차 변 과 목	금 액	대 변 과 목	금 액
(1)	외상매출금 (대림유통)	7,000,000	상 품 매 출	7,000,000
(2)	보통예금 (부산은행) (보통)	10,500,000	정기예금 (부산은행) (정기)	10,000,000
			이 자 수 익	500,000
(3)	미수금 (방송중고자동차)	3,550,000	차 량 운 반 구	5,000,000
	유형자산처분손실	1,450,000		
(4)	광 고 선 전 비	500,000	현　　　금	500,000
(5)	109.대손충당금	404,000	외상매출금 (부전전자상회)	1,500,000
	대 손 상 각 비	1,096,000		
(6)	수 도 광 열 비	156,000	미지급금 (국민신용카드)	156,000
(7)	수 수 료 비 용	200,000	현　　　금	200,000
(8)	차 량 유 지 비	5,000	현　　　금	5,000

※ (1) 209 대림유통 거래처 신규 등록 : 대림유통 [135-04 -35477] 경기도 안산시 단원구 강촌로 100(성곡동)

【문제5】 오류 수정

[1] 9월 30일 : 9월 30일 분개 삭제 / 9월 22일로 날짜 수정 입력

– 전표이동을 이용 하여 날짜를 변경 이동하는 방법

① 9월 30일자에 체크(∨)를 한다.

② 상단 툴바의 "F4(복사)의 역삼각형(▼)이동을 선택하여 나타
나는 화면에서 이동하고자 하는 월(9월)과 일자(22일)를 입
력한 다음 "확인(Tab)"을 하면 된다.

[2] 10월 7일 : 세금과공과 계정을 차량운반구 계정으로 수정

【문제6】 결산정리사항

[1] [결산/재무제표]–[결산자료입력] 실행

　0835 대손상각비 : 외상매출금란에 281,300원 입력

　　　　　　　　　　받을어음란에 719,000원 입력

※ 합계잔액시산표 차변잔액을 기준으로 계산한다.

– 외상매출금 : 28,130,000×1% −0 = 281,300

– 받을어음 : 107,000,000×1% −351,000 = 719,000

[2] [합계잔액시산표]를 실행하여 인출금 계정을 조회한다.

(차) 자 본 금	1,000,000	(대) 인 출 금	1,000,000

[3] 12월 31일 : 일반전표에 입력

–. 자산처리법이므로 사용액을 분개한다.

(차) 소 모 품 비	260,000	(대) 소 모 품	260,000

[4] [결산/재무제표]–[결산자료입력] 실행

　0146 기말상품재고액란에 24,354,000원을 입력

【마무리】

　대손충당금설정과 감가상각비 계상 및 기말상품재고액은 반드시
[결산자료입력]화면 상단의 [(F3) 전표추가]단추를 클릭하여 결
산전표를 자동생성 시킨 후 [일반전표입력]에서 12월 31로 결
산자동 분개를 확인한다.

【문제7】 답안수록메뉴에 입력

[1] [회계원리]–[장부관리]–[거래처원장 잔액] : 7월–12월, 기린
오피스 300,000원

[2] [회계원리]–[장부관리]–[월계표] : 5,227,900원

[3] [회계원리]–[장부관리]–[총계정원장] : 11월, 24,750,000원